CELLTRIONISM

셀트리오니즘

1쇄 발행 2020년 12월 4일
3쇄 발행 2020년 12월 14일

지은이 전예진
펴낸이 유해룡
펴낸곳 (주)스마트북스
출판등록 2010년 3월 5일 | 제2011-000044호
주소 서울시 마포구 월드컵북로12길 20, 3층
편집전화 02)337-7800 | **영업전화** 02)337-7810 | **팩스** 02)337-7811
홈페이지 www.smartbooks21.com
원고투고 www.smartbooks21.com/about/publication

ISBN 979-11-90238-33-5 03320

Published by SmartBooks, Inc. Printed in Korea

셀트리오니즘.
CELLTRIONISM

셀트리온은
어떻게
일하는가

전예진
지음

CELL.

TRION.

ISM.

스마트북스

기회는 늘 위기와 함께 옵니다

전예진 기자가 셀트리온과 저에 대한 책을 쓴다고 했을 때 약속한 것이 있습니다.

첫 번째는 저에게 포커스를 맞춘 사실상의 '자서전'을 쓰면 안 된다는 것입니다. 셀트리온을 오랜 기간 취재했던 기자로서 객관적 시각을 견지하고 셀트리온이 어떤 회사인지 있는 그대로 써줄 것을 요청했습니다.

두 번째는 내용을 수정하거나 교정하지 않겠다는 점을 명확히 밝혔습니다. 물론 출간 전에 저도 내용을 일독하고 이견이 있는 내용에 대해 몇 가지 솔직한 제 생각을 전달하긴 했습니다. 그러나 관찰자의 입장에서 쓴 글이기 때문에 제가 고치겠다고 나서진 않았습니다.

이 책에는 우리 회사의 성장 과정에서 탁월했던 점 못지않게 힘들고 아팠던 기억도 담겨 있는 것 같습니다. 이 책을 읽는 분들이 셀트리온이라는 회사에 대해서 이해하는 것도 중요하지만 셀트리온이 성장하면서 겪은 다양한 경험과 어려움을 목도하며 '저 정도의 난관은 통과해야 한 분야에서 성공하는구나' 하는 일종의 위안과 함께 벤치마킹할 수 있는 부분을 찾았으면 하는 바람입니다.

셀트리온이 걸어온 길, 셀트리온의 선택이 정답이 아닐 수 있습니다. 묵묵히 무에서 유를 창출해가고 있는 많은 분들께 '셀트리온이 걸었던 길도 하나의 방법이 될 수 있구나'라고 생각해보는 계기가 됐으면 좋겠습니다. 또한, 셀트리온그룹 임직원들도 이 책을 보며 우리가 주인공인 회사가 성장해온 무용담을 함께 즐겁게 읽었으면 합니다.

물론 이 책은 우리 회사에 투자하려는 투자자들을 위한 참고서가 아니라는 점도 말씀드립니다.

긴 시간 셀트리온을 취재하고서 이 책을 집필한 전예진 기자에게 고맙게 생각합니다.

또 이 책을 읽게 될 분들께 송구스러운 마음도 없지 않습니다. 혹시 일부 사실과 다르게 보이는 부분이 있더라도 전 기자가 직접 보고 듣고 읽고 취재하고 관찰하면서 셀트리온을 냉정하고 최대한 정확하게 표현하려 애썼다는 것을 혜량해주시기 바랍니다.

이미 알고 있었지만, 이 책을 보니 제가 부족한 점이 많은 사람이라는 걸 새삼 느낍니다. 그저 저를 흠결도 있지만 좋은 면도 있는 우리 주변의 평범한 사람으로 봐주시면 좋겠습니다.

아무쪼록 여러 의미에서 이 책이 독자분들께 조금이나마 도움이 되길 바랍니다.

독자 여러분, 이 책을 읽고 계신 지금도 신종 코로나 바이러스 감염증으로 인해 전 세계 산업의 패러다임이 완전히 흔들리고 있습니다. 저는 이런 위기가 누군가에게는 새로운 기회가 된다고 수차례 얘기해 왔습니다.

독자 여러분, 지금 힘들다고 주저앉지 마십시오.

셀트리온이 그래왔던 것처럼, 우리나라가 그래왔던 것처럼 더욱 큰 도약을 함께 준비하셨으면 합니다.

감사합니다.

셀트리온그룹 회장

서정진 드림

가지 않은 길, 하지 않은 방법으로, 끝까지

더 많은 사람을 살리는 값싼 약

매년 1월 둘째 주가 되면 전 세계 제약바이오 회사 최고경영자CEO들이 미국 샌프란시스코에 총집결한다. 세계 최대 바이오 투자 행사인 'JP모건 헬스케어 콘퍼런스'가 열리기 때문이다. 500여 개 기업에서 1만 명이 몰려온다. 샌프란시스코행 비행기표는 동이 나고 주변 호텔 숙박비는 일박에 1000달러 이상으로 치솟는다. 행사가 열리는 더웨스틴세인트프랜시스호텔은 전쟁터다. 나흘간 아침 7시부터 30분 간격으로 기업설명회가 숨 가쁘게 이어진다. 참가 기업들은 투자자의 마음을 사로잡기 위해 분주하다. CEO가 직접 나와 지난해 실적과 성과를 자랑하고 인공지능AI, 빅데이터 등 최첨단 기술을 신약 개발에 접목시키고 있다며 열을 올린다.

2020년 1월 15일(현지 시간), 서정진 셀트리온 회장은 이 콘퍼런스의 마지막 발표자로 연단에 올랐다. 2년 전만 해도 행사장에서 멀찌감치 떨어진 별관 작은 방에서 발표했지만 이날은 달랐다. 셀트리온은 수용 인원 500명으로 가장 큰 발표장인 그랜드볼룸을 배정받았다. 화이자, 노바티스, 존슨앤드존슨 등 '빅파마'(Big Pharma, 대형 제약사)들만 서는 자리에서 행사의 대미를 장식할 기회가 셀트리온에 주어졌다. 연단 한가운데로 뚜벅뚜벅 걸어간 서정진은 은퇴 전 마지막 프레젠테이션을 시작했다.

"앞서 발표한 기업들을 보면서 셀트리온의 목표에 대해 다시 생각해봤습니다. 대다수가 작년에 얼마만큼 매출을 올렸고 얼마나 많은 이익을 거뒀는지 강조하더군요. 우리가 설명해야 할 것은 이런 것들이 아닙니다. 제약사의 슬로건이 뭡니까? 제약회사라면 얼마나 많은 환자를 살리려고 노력했는지 말해야 합니다. 인공지능으로 약을 만들면 뭐가 달라집니까? 중요한 건 딱 하나입니다. 가격경쟁력입니다. 동일한 비용으로 예전보다 많은 사람을 살릴 수 있는 약을 만드는 것입니다."

여태껏 어떤 제약회사 CEO도 약값을 직접 입에 올린 적은 없었다. 약가를 따지는 것은 격조 낮은 행위로 여겨진다. 그것은 의료보험 재정을 절감해야 하는 정부와 치료비를 부담해야 하는 환자들이 왈가왈부할 문제다. 제약사들은 환자의 생명을 구하고 삶의 질을 향상시키겠다는 고고한 비전을 내세우면서도 약값은 언급하길 꺼려왔다. 탐욕적인 기업으로 비치기 싫어서다. 그러나 속내를 들여다보면 그들의 관심은 어떻게 하면 약을 비싸게, 많이 팔 수 있는지에 있다. 신생 바이오 벤처까지 고가의 신약 개발에 매달리는 것은 이 때문이다.

그런데 서정진은 반대였다. 경쟁사보다 값싼 약을 만들겠다고 선언했다. 셀트리온이 바이오시밀러(바이오의약품 복제약) 개발을 시작한 것도 약값을 낮춰야 한다는 생각에서 비롯된 것이다.

"공룡 제약사들의 시대는 지났습니다. 임상부터 생산, 판매 유통 단계까지 전부 다이어트를 하지 않으면 살아남을 수 없습니다. 제 앞에 발표한 삼성이 바이오시밀러 세계 챔피언이 되겠다고 하더군요. 그동안 셀트리온이 1위를 달려왔지만 조만간 삼성에게 챔피언 자리를 내주려고 합니다. 셀트리온은 코스트 리더십 부문의 선두 주자가 될 겁니다."

서정진은 세계 최초, 시장점유율 1위 등의 화려한 수식어에는 관심이 없었다. 제약사의 궁극적 목표인 신약에도 집착하지 않았다. 그의 머릿속에는 오로지 '비용 절감'뿐이었다. 그는 다른 제약사들이 무엇을 하든 상관하지 않고 고집스럽게 가격만 바라보고 달렸다. 셀트리온이 다른 제약사들과 차별되는 점이다.

기존 틀로는 이해할 수 없다

셀트리온은 기존 사고방식으로는 절대 이해할 수 없다. 창업자, 임직원, 주주 들의 면면을 살펴보면 더욱 그렇다. IMF 경제위기로 실업자가 된 서정진과 대우자동차 동료들이 5000만 원으로 바이오 벤처를 창업한 이야기는 널리 알려져 있다. 이들은 생명공학 분야의 일자무식이었을 뿐만 아니라 스펙도 변변치 못했다. 명문대 출신은커녕 집안이 좋거나 재산이 있는 사람도 없었다. 대기업에 다녔다는 점을 빼면 대한민국에서 가장 평범한 이력을 가진 오합지졸 백수들이 셀트리온의 시작이다.

하지만 셀트리온은 대담하게도 수천억 원이 투입되는 바이오시밀러 개발에 뛰어들었다. 바이오시밀러는 글로벌 제약사도 감히 시도하지 못했던 일이다. 당시 우리나라의 연구개발 능력으로는 성공 확률이 10퍼센트도 되지 않았다. '무모한 도전'이라고 했다. 그런데도 '할 수 있다'는 신념을 가지고 밀어붙였다. 패기도 넘쳤다. 물불 가리지 않고 달려들었다. 영화 〈매드맥스〉에 나오는 강력한 지도자 임모탄과 그를 추종하는 워 보이를 연상케 한다.● 서정진의 진두지휘 아래 셀트리온 임직원들은 전쟁 중인 것처럼 사력을 다해 일했다. 실제 인천 송도에 위치한 셀트리온 본사에는 '워 룸'으로 불리는 방이 있다. 이곳에서 모두가 불가능하다고 했던 바이오시밀러를 세계 최초로 개발해냈다. 할 수 없다고 여긴 일을 미친 듯이 해낸 것이다.

주주들도 다르지 않다. 셀트리온 주주들은 셀트리온이 개발하지 못하는 약은 없으며 세계 최고의 바이오 회사가 될 것을 털끝만큼도 의심하지 않는다. 게다가 열성적으로 활동한다. 셀트리온을 알리는 홍보물과 만화, 책자를 자비로 제작해 돌릴 정도다. 이들은 임상 데이터와 외신 등 셀트리온과 관련된 모든 소식을 실시간으로 주식 게시판에 올리고 분석한다. 셀트리온의 주가를 떨어뜨리는 공매도 세력은 단죄해야 할 악의 축이다. 주주들은 공매도 근절과 주식 대여 금지를 목표로 청와대 국민청원과 촛불집회, 1인 시위를 벌이며 일사불란하게 움직인다. 공매도로부터 셀트리온을 지키겠다며 코스닥에서 코스

● 워 보이는 죽음을 불사하며 싸우는 특공대로, 8기통 엔진을 신줏단지처럼 모시는 괴상한 종교의 창시자 임모탄을 숭배한다.

피로 이전 상장을 추진한 것도 주주들이다. 2020년 9월 JP모건이 셀트리온의 목표가를 하향한 리포트를 발표하자 약 1만 5000명의 주주들이 청와대 국민청원으로 조사를 요구하기도 했다. 주주들이 온라인에서 사용하는 아이디는 셀트리온이 그들의 인생에 얼마나 큰 영향을 끼쳤는지 보여준다. 셀트지기, 셀트바라기, 셀트버디는 무난한 편이다. 주주연대 이사장의 아이디는 '삶의이유'다.

회사와 주주, 믿음의 이인삼각

셀트리온 주주들은 회사와 자신의 운명을 동일시한다. 셀트리온 주주들은 셀트리온에 조금이라도 해가 되는 기사에는 항의 댓글로 도배하는 것은 물론이고 항의 메일과 항의 전화도 서슴지 않았다. 언론사뿐만 아니라 한국거래소, 금융감독원, 증권사까지 셀트리온과 관련된 곳은 예외 없이 극성 주주들에게 시달려본 경험이 있다. 셀트리온이 개발 중인 독감 치료제의 임상시험을 돕겠다며 불법으로 환자를 모집한 일도 있다. 스스로 임상시험 대상자가 되겠다고 나선 주주들이 줄을 섰다. 이 일로 증권가에서는 "셀트리온은 절대 망하지 않을 것"이라는 말이 떠돌았다. 주주들이 금 모으기 운동을 해서라도 회사를 살려낼 것이라고 말이다.

셀트리온 주주들의 단단한 믿음은 주주총회에서 꽃을 피운다. 전국 각지에서 고속버스를 대절해서 새벽부터 송도로 집결하는데, 4000여 명이 구름 떼처럼 몰려든다. 주주총회 장소인 인천 송도 컨벤시아에 들어서면 주주연대에서 음료수와 빵, 떡 등 간식을 나눠준다. 비영

리단체인 희망나눔주주연대도 만들었다. 이들은 자발적으로 모은 후원금으로 소외계층을 돕는다.

셀트리온은 열혈 주주들의 뜨거운 지지와 성원으로 성장한 회사다. 그래서 회사는 주주를 지극정성으로 대한다. 주주총회 때마다 대표이사와 임원진이 총출동해 주주들의 질문에 일일이 답하느라 질의응답만 3시간에 달한다. "단 한 주를 가져도 셀트리온의 주인"이라고 서정진은 말한다. 의사결정을 할 때 주주의 의견을 최우선으로 고려한다. 중대한 사안이 있으면 보도자료는 뒷전이고 회사 홈페이지에 제일 먼저 띄운다. 기자들에게는 불친절하고 불편한 기업이다.

선봉장인 서정진은 또 어떤가? 그야말로 요주의 인물이다. 언제 어떤 말을 할지 모르는 '시한폭탄' 같은 존재다. 그는 글로벌 제약사에 정면 도전하는 발언도 거리낌 없고 입만 열면 과대망상 같은 이야기를 쏟아낸다. 2019년 셀트리온의 연 매출이 1조 원을 돌파했을 때 이듬해 출시할 '램시마SC'로 연간 10조 매출을 올리겠다고 말하는가 하면, 2030년까지 40조를 투자하겠다고 밝히기도 했다. 신종 코로나바이러스가 확산되자 6개월 만에 치료제를 개발하겠다고 큰소리도 쳤다. 대기업 회장이 이래도 되나 싶을 정도다.

셀트리온은 단군 이래 가장 독특하고 희한한 기업일 것이다. 이런 회사에 열광하는 사람들을 이해할 수 없었다. 퇴직금, 전세금도 모자라 전 재산을 셀트리온에 투자할 정도의 믿음은 어디서 오는 걸까? 서정진에게 사람의 마음을 홀리는 '마법의 피리'라도 있는 걸까? 셀트리온을 취재할수록 의문은 더욱 커졌다. 바이오업계의 이단아였던 셀트리온은 어떻게 글로벌 제약사들도 하지 못한 걸 해냈을까? 경험도 일천하고 돈도 없었던 셀트리온이 성공한 이유는 과연 뭘까?

"기업가정신 같은 건 없다"

2019년 1월, 서정진을 만나러 미국 샌프란시스코행 비행기에 몸을 실었다. 성공한 창업자들의 기업가정신을 담은 신년 기획기사를 준비해야 했다. 부리부리한 눈에 우락부락한 외모, 100킬로그램이 넘는 거구, 연신 줄담배를 피워대는 서정진의 첫인상은 그야말로 충격이었다. 화통을 삶아 먹은 것 같은 목소리와 호탕한 웃음은 주변 사람들의 기를 죽일 정도로 압도적이었다. 13시간이나 비행기를 타고 찾아온 내게 서정진은 좀처럼 원하는 말을 해주지 않았다. 그의 대답은 내가 예상했던 모범 답안을 한참 빗나가 있었다. 취직이 안 돼 어쩔 수 없이 창업을 했고, 어쩌다 보니 바이오 사업을 하게 됐다고 했다. 운이 좋았다고도 했다. 보통 이렇게 말하지 않는다. 먹고살기 위해 사업을 시작했어도 매스컴을 몇 번 타면 거창한 이유를 들먹인다. 그런데 최근 10년간 언론의 스포트라이트를 받아온 서정진은 달랐다. 자신의 밑바닥까지 보여줄 정도로 솔직했다. 판에 박힌 질문들이 이어지자 그가 말했다.

"전 기자, 기업가정신 같은 건 없어. 환자들을 위해 바이오 회사를 시작했다는 건 다 거짓말이야."

순간 머릿속이 멍해졌다. 한편으론 속이 시원했다. 감동적인 이야기로 새해 신문을 장식하길 바라는 편집국 데스크에 '한 방' 날려준 것 같은 기분이었다. 서정진은 내가 지켜본 비슷한 연령대의 사람들과 달랐다. 권위의식도, 가식도 없었다. 그는 이해하기 쉬운 용어로 자신이 체득한 것에 대해서만 말했다. 돈을 많이 벌고 싶다는 욕심, 즉 본능을 제어할 수 있는 단계에 올라서야 상생과 나눔 같은 가치에 대해 생각하게 된다는 말부터가 그랬다. 처음부터 기업가로 태어나는 사람은 없다. 그는 월급쟁이였던 자신이 기업가로 성장하게 된 과정을 들려줬다. 사업이 안 풀려 사기를 치려고 마음먹었던 일부터 투자를 받기 위해 술집에서 접대를 했던 일화까지 숨김없이 털어놨다. 인류를 질병에서 해방시키겠다는 포부는 애초에 없었다. 지난 10여 년간 어림잡아 500여 명의 CEO들과 인터뷰했지만 기업인의 속물적 본성을 이야기해준 사람은 서정진이 처음이었다. 서정진은 생계를 위해 바이오 벤처를 시작했고 동물적 감각으로 사업의 본질을 꿰뚫어봤다. 환자들이 바라는 것은 터무니없는 가격의 신약이 아니라 더 나은 치료 기회라는 걸 그는 간파했다.

그날 이후 셀트리온의 행보에 의문점이 생기면 그에게 직접 물었다. 서정진에게는 확고한 원칙과 명쾌한 해답이 있었다. 그와 대화를 나눌수록 나는 인간 서정진과 셀트리온에 깊이 뿌리내린 독특한 문화를 이해하게 됐다. 그 속에 내가 궁금했던 점에 대한 답이 숨겨져 있었다.

화제의 중심, 셀트리온의 실체는 ●

신문에 인터뷰가 게재되고 한 달 뒤 광화문 포시즌호텔 1층 카페에서 서정진을 다시 만났다. 나는 셀트리온의 비밀에 대한 책을 쓰겠다고 했다. 그는 커피 잔을 옆으로 밀쳐놓고 펜과 종이를 꺼내 그림을 그렸다. 글로벌 제약 시장의 구도, 셀트리온의 전장 지도였다. 그는 은퇴 전 자신이 마무리해야 할 원대한 계획과 전략에 대해 강의했다. 1단계

기술 자립, 2단계 파이프라인* 확보, 3단계 직접판매망 구축이 2020년 그가 은퇴 전까지 완수해야 할 임무였다. 셀트리온은 그의 구상대로 순항하고 있었다. 서정진은 최근 3년 동안 마지막 3단계를 완수하기 위해 전 세계를 돌며 판매 네트워크를 정비했다. 그러나 서정진은 "아직 할 일이 남아 있다"며 "때가 되면 알려줄 테니 기다려 달라"고 했다. 글로벌기업으로 확고히 자리매김한 다음 평가받고 싶다는 말이었다. 지금까지 셀트리온에 대한 이야기가 정식으로 출판되지 않은 것은 이 때문이다.

셀트리온은 항상 논란의 중심에 있었다. 임상 실패설, 분식회계 의혹, 주가 거품론에 끊임없이 시달렸다. 셀트리온그룹(셀트리온, 셀트리온헬스케어, 셀트리온제약)이 시가총액 57조 원(2020년 11월 기준)에 이르는 기업으로 성장한 뒤에도 그랬다. 서정진의 한마디는 뉴스 헤드라인을 장식했고 때로는 화살이 되어 그에게 돌아왔다. 셀트리온에 얽힌 이상한 소문도 넘쳐났다. 나는 진위 여부를 확인하기 위해 셀트리온의 창업부터 지금에 이르기까지의 일들을 조사했다. 셀트리온 전현직 임직원들을 인터뷰했으며 서정진과 그의 가족, 친구, 동료 들도 만났다. 셀트리온에 적대적인 세력과 경쟁사 관계자도 접촉했다. 그것은 전혀 어려운 일이 아니었다. 셀트리온은 안티팬도 많았으며 나도 그중 하나였다. 자그만 벤처로 시작한 회사들이 대부분 그렇듯 셀트리온은 예전 자료를 제대로 보존해놓지 못했다. 사사社史라고는 창립 15주년에 발간한 사진집이 전부다. 전 직원이 사선에서 고비를 넘기느라 지나온 과거에는 신경 쓸 여력이 없었다. 이 책은 셀트리온의 실

* 신약후보물질. 제약업계에서 의약품으로 개발 중인 물질을 뜻한다. 발명 특허가 출원됐으나 시험이 필요해 제품화 과정이 오래 걸린다.

체에 가장 근접한 객관적 기록일 것이다.

평범한 사람의 전혀 평범하지 않은 리더십

앞으로 펼쳐지는 이야기는 지난 20년간 바이오시밀러라는 미지의 세계를 개척한 탐험가 서정진과 셀트리온호의 험난한 여정을 그린 여행기다.

탁월한 리더로 손꼽히는 서정진은 기업경영 측면에서 탐구할 만한 인물이다. 그는 베이비붐세대로 태어나 IMF 경제위기를 견뎌냈고 밀레니엄 시대에 맨손으로 창업해 샐러리맨 신화를 일궜다. 대우차 동료들은 서정진을 믿고 회사를 뛰쳐나왔다. 셀트리온 임직원들은 살인적인 업무 강도에도 충성을 다해 일했다. 그는 구성원을 하나로 똘똘 뭉치게 만드는 구심점 역할을 했다.

서정진은 MZ세대(밀레니얼세대+Z세대)와 함께 일하는 기업인들에게 새로운 경영자상을 제시한다. 셀트리온은 임직원 평균연령이 31.8세일 정도로 젊은 회사다. 이들과 직장인 익명 애플리케이션 '블라인드'로 소통하는 서정진은 1세대 기업인인 김우중, 이병철, 정주영과 결이 다른 리더십을 보여준다. '세상은 넓고 할 일은 많다'(김우중 자서전)거나 '이봐, 해봤어?'(정주영 회고록)라며 개인 역량으로 회사를 끌고 나가지 않는다. 서정진은 자신의 부족한 점을 인정하고 임직원들의 의견에 귀를 기울이며 스스럼없이 도움을 요청한다. 사람들은 셀트리온이 서정진의 강력한 리더십과 상명하복 구조로 움직인다고 생각하지만 내부를 들여다보면 전혀 그렇지 않다. 그는 앞에서 끌지 않고 뒤에서 밀어주는 리더다. 회사가 안정적으로 자리를 잡자 그는 2015년부터 창업 멤버들에게 전문경영인 자리를 맡기고 해외영업을 하러 다녔다. 골치 아프고 어려운 일은 늘 그가 전담했다. 임직원에게 지시하고 내버려두는 일이 없었다. 책임은 늘 회장이 떠안았고 공은 직원들에게 돌렸다. 서정진은 "기업가는 희생하는 사람"이라고 늘 이야기한다.

그는 창업을 꿈꾸는 후배들에게 도움이 된다면 자신의 부끄러운 모습까지도 드러내는 사람이다. 그의 바람대로 나는 서정진과 셀트리온 임직원들이 겪은 성장통을 빠짐없이 기록했다. 이를 통해 서정진이 어떻게 셀트리온그룹을 세계적인 제약바이오 회사로 키웠는지, 셀트리온 임직원들은 어떻게 난관을 헤쳐왔는지 알게 될 것이다.

서정진의 말대로 운이 따라준 것은 사실이지만 그것만으로는 셀트리온이 이룬 것을 설명할 수 없다. 셀트리온은 글로벌기업이라 부를 수 있는 국내 최초의 바이오 기업이다. 우리나라는 그동안 반도체, 자동차, 철강, 조선 등 다양한 산업군에서 글로벌기업을 배출했지만 제약업종에서는 두각을 드러내지 못했다. 그런데 혜성처럼 나타난 신생 바이오 기업 셀트리온이 바이오시밀러 하나로 세계시장을 평정했다. 이후 우리나라 바이오산업의 위상은 완전히 달라졌다. 자신감을 얻은 국내 바이오 기업들이 뒤이어 글로벌시장에 도전장을 던지기 시작했다. 삼성도 뛰어들었다. 'K-바이오'라는 말도 생겨났다. 셀트리온은 대한민국 바이오산업을 일으킨 주역으로 새로운 역사를 썼다.

소수의 빅파마가 독점하고 있던 글로벌 바이오의약품 시장의 판도를 바꾼 셀트리온은 바이오시밀러 시대를 열었다. 셀트리온이 개발한 바이오시밀러 '램시마'(자가면역질환 치료제)와 '허쥬마'(유방암 치료제)와 '트룩시마'(혈액암 치료제)는 전 세계 50만 명의 환자들에게 처방되고 있다. 이 중 가장 먼저 출시된 램시마는 유럽에서 오리지널 제품을 제치고 시장점유율 1위다. 복제품이 진품을 능가한 것이다. 바이오시밀러는 환자들에게 더 나은 치료 기회를 제공하고 있다. 램시마는 오리지널 제품과 안정성과 효능이 동일하면서도 가격은 20~30퍼센트가량 저렴하다. 유럽은 오리지널 제품 대신 램시마를 처방함으로써 연간 의료보험 재정을 수천억 원 절감했다. 가격이 비싸서 엄두를 내지 못했던 환자들이 약을 쓸 수 있게 됐으며 치료비를 아끼게 됐다.

성공의 비결은 '셀트리오니즘'

셀트리온이 성공한 이유는 간단하다. 아무도 가지 않은 길을 누구도 생각하지 않은 방법으로 끝까지 걸어간 것이다. 셀트리온은 때로 비정상적으로 생각했고 비합리적 결정을 내렸으며 비상식적 투자를 일삼았다. 이런 선택은 예상치 않은 행운과 기회를 가져다주었고 회사가 한 단계씩 도약할 때마다 반복됐다. 나는 그들의 사고방식, 가치관, 비전, 문화 같은 무형의 요소들이 연쇄반응을 일으켜 사람들이 기적이라고 부르는 놀라운 성과로 이어졌다는 결론에 이르렀다. 그리하여 셀트리온에 내재되어 있는 핵심 요체를 '셀트리오니즘'이라고 명명했다.

나는 셀트리온의 성공 비결을 셀트리오니즘의 관점에서 분석할 것이다. 셀트리오니즘은 철저하게 비용을 절감하는 것이며 이렇게 창출한 부가가치를 고객에게 돌려주는 것이다. 이것은 셀트리온의 전 사업 영역과 밸류체인(가치사슬)에 적용된다. 셀트리온은 기존 의약품보다 낮은 가격으로 출시할 수 있는 제품만 개발했고 임상시험에서 불필요한 단계를 없애 시간과 비용을 단축했으며 자체 공장의 대량생산을 통해 원가를 낮췄다. 판매 마케팅에도 불필요한 지출을 최소화했다. 셀트리온의 해외영업 인력은 경쟁사의 10분의 1에 불과하다. 셀트리온은 판매 대행 수수료를 아끼기 위해 해외 직접판매 네트워크를 구축했다. 셀트리온이 하려는 일은 전부 '줄이는 것'과 관련이 있다. 극단적으로 효율성을 추구하는 셀트리오니즘은 임직원의 일상생활에도 자리 잡았다. 해외 주재원들은 사무실을 임대하지 않고 호텔방을 사무 공간으로 사용했고 단체로 해외 출장을 갈 때는 호텔 조식 대신 라면과 즉석밥을 먹었다. 돈이 없어서가 아니라 '가성비'(가격 대비 성능)가 떨어지는 일은 결코 용납하지 않는 분위기가 사내에 자연스레 정착돼 있기 때문이다. 물론 깜짝 놀랄 정도로 임직원에게 보상하는 문화가 있기에 가능한 일이다.

임직원이 허리띠를 졸라매는 동안 셀트리온은 계속 외형을 키웠다. 2019년 연 매출 1조 원을 돌파한 셀트리온은 임직원 2000여 명이 일하는 대기업이 됐다. 셀트리온은 단순히 복제약만 만드는 바이오시밀러 개발사가 아니다. 2020년에는 바이오시밀러보다 개발 난도가 높은 바이오베터(개량 신약) '램시마SC'를 선보였으며 신약 개발에도 도전하고 있다. 코로나19 항체 치료제도 개발 중이다. 코로나19는 셀트리온이 천문학적인 돈을 벌어들일 기회가 될 수도 있다. 그러나 서정진은 "코로나19 항체 치료제가 개발되면 제조원가를 최대한 낮추고, 가격도 원가 수준에서 책정하겠다"고 했다. 세계적인 감염병 대유행 상황에서 제약사로서 본분을 지켜야 한다는 것이다. 셀트리온이 그리는 미래는 가난한 아프리카 환자도 바이오시밀러를 사용할 수 있게 되는 것이다. 약값 때문에 손써보지도 못하고 죽어가는 환자가 전 세계에 한 명도 없는 것이 서정진의 꿈이다.

전진, 또 전진

JP모건 헬스케어 콘퍼런스에서 서정진은 프레젠테이션을 이렇게 마무리했다.

"셀트리온은 더 저렴한 약을 개발하고 공급해서 많은 환자들을 질병에서 구하겠습니다. 회사는 제 후배들이 이끌고 가겠지만 그 친구들에게도 이 정신을 심어놓을 겁니다. 우리는 앞으로도 계속 이 목표를 향해서 달려갈 겁니다."

셀트리온은 지금 이 순간에도 셀트리오니즘을 내세우며 전진하고 있다. 앞으로도 그럴 것이다.

나는 셀트리오니즘이 셀트리온의 전유물이라고 생각하지 않는다. 진심에 기반한 확고한 경영이념은 경영자와 임직원, 주주, 고객의 절대적인 지지를 받는 회사를 만든다. 그것은 구성원들이 고정관념과 편견에 맞설 수 있는 용기를 주며 지극히 평범한 사람들이 불가능한 일을 해내게 만들기도 한다.

이 책은 한때 사기꾼 기업으로 불렸던 셀트리온이 바이오의약품 판도를 바꾼 글로벌기업으로 성장하기까지의 거의 모든 것에 대한 이야기이다.

차례

이 책의 독자분께 – 서정진의 편지 ● 기회는 늘 위기와 함께 옵니다 4

프롤로그 ● 가지 않은 길, 하지 않은 방법으로, 끝까지 7

1 내일

담대한 선언 ● 27

게임 체인저 34

지속 성장 ● 42

속도 전쟁 52

탐구 ● 그들은 왜 셀트리온에 열광할까 ● 56

탐구 ● 그들은 왜 속도에 집착할까 62

2 시작

초대형 낙하산 ● 71

5인의 의리파 75

'넥스트 솔루션' ● 80

탐구 ● 평범한 그들은 어떻게 특별한 성과를 냈을까 85

3 도전

무작정 샌프란시스코로 ● 99

백스젠의 한국인 104

신세계 신대륙 ● 109

무모한 선택 114

돈보다 사람 ● 118

협상의 기술 123

셀트리온 출범 ● 129

탐구 ● 그들은 왜 셀트리온을 택했나 137

4 고난

백스젠의 실패 ● 145

홀로서기 150

아시아 최초의 바이오 공장 ● 160

탐구 ● 그들은 어떻게 일하는가: 셀트리온 컬처 172

인사이트 ● 서정진의 웃음 화법 ● 184

5 변화

바이오시밀러 선언 ● 193

장밋빛 전망 204

삼성 등판 ● 212

제약사 인수 220

BMS와의 결별 ● 235

든든한 우군 243

탐구 ● 셀트리온 VS 삼성바이오로직스 ● 252

인사이트 ● 서정진의 기업가론 261

6 도약

JP모건의 투자 ● 269

세계 최초의 바이오시밀러 281

매각 선언 ● 296

만장일치, 퍼펙트! 309

험난한 아메리칸드림 ● 326

탐구 ● 그들은 어떻게 끝내 해내는가 346

7 원칙

돈은 사장이 벌어온다 ● 357

기준은 스스로 정한다 364

한솥밥 식구 ● 368

본질에 집중한다 375

사람이 전부다 ● 381

내 인생, 남에게 묻지 않는다 389

인사이트 ● 서정진의 성공 비결 ● 395

에필로그 ● 아직도 가야 할 먼 길 401

부록 ● 서정진의 성장배경 407

1

CELL.TRION.ISM

CELL.TRION.ISM

CELL.TRION.ISM

CELLTRIONISM

내일

CELLTRIONISM

셀트리온.

세계 최초의 항체 바이오시밀러(바이오의약품 복제약) 램시마 개발사.

대한민국 제약바이오 기업 중 최초로 해외시장에서 성공한 K-바이오의 대표 주자.

2019년 매출 1조 원을 돌파했고, 셀트리온, 셀트리온헬스케어, 셀트리온제약 등 삼각 편대로 구성된 셀트리온그룹의 매출은 2조 원, 시가총액은 57조 원(2020년 11월 기준)에 이른다.

셀트리온은 이 대단한 성공에 안주할 생각이 없다.

셀트리온은 어떤 내일을 그리고 있으며, 얼마나 현실로 만들 것인가.

담대한 선언

"바이오산업을 우리의 미래성장동력으로 키우고 싶다."

있는 그대로 직접 본론부터

2019년 5월 어느 날 인천 송도 셀트리온 본사에 갑자기 서정진의 목소리가 울려 퍼졌다.

"아아, 마이크 테스트."

서정진은 중대한 일이 있으면 전 직원을 대상으로 깜짝 방송을 한다. 사전 예고도, 대본도 없다. 혼자 방송실로 들어가 마이크를 붙잡고 대뜸 '원맨쇼'를 펼친다. 해야 할 일이라고 판단하면 당장 실행에 옮기는 회장의 급한 성미를 막을 자는 아무도 없다. 방송은 '무대뽀' 서정진 스타일로 진행한다. 그는 허례허식을 싫어한다. '직설화법'의 대가다.

이날도 그랬다. 본론부터 이야기했다. 그가 마이크를 잡은 것은 셀트리온의 중장기 사업계획인 셀트리온그룹 비전 2030에 대해 설명하기 위해서였다.

며칠 전인 5월 16일, 서정진은 인천시청에서 '셀트리온그룹 비전 2030 발표 기자간담회'를 열고 2030년까지 헬스케어 사업에 40조 원을 투자하겠다고 선언했다. 이 행사는 불과 한 달 전에 결정됐고, 이틀 앞두고 초청 메일을 돌렸을 정도로 급박하게 진행됐다.

서정진은 언론에 공개한 내용을 직원들에게 자세히 설명하지 못한 것이 마음에 걸렸다. 직장인들은 뉴스나 다른 사람을 통해 회사의 중요한 결정을 듣는 일이 많은데 서정진은 직원들에게 그런 배신감을 느끼게 하고 싶지 않았다.

기자회견을 갖기 전까지 서정진은 고민했다. 보통 기업은 단기부터 중장기까지 촘촘히 세운 계획을 외부에 공개하지 않으려고 한다. 전략이 노출되고 경쟁사를 자극할 수 있어서다. 목표에 도달하지 못할 경우 시장의 질타를 받고 주가 하락으로 이어질 수도 있다. 잘해보자고 세운 계획이 칼날이 되어 돌아오는 경우도 많다. 그래서 대외용과 내부용 두 가지 버전을 만드는 '꼼수'를 쓰는 회사도 적지 않다. 대외용은 실현 가능한 보수적인 목표를 제시해 회사를 방어하는 데 사용하고 내부용은 경쟁사를 뛰어넘기 위한 공격적인 목표로 직원들을 닦달하는 데 쓰인다.

그가 나선 것은 경제 상황이 심상치 않았기 때문이다. 국내 기업들의 맏형인 삼성전자가 먼저 나섰다. 2019년 4월, 2030년까지 시스템 반도체에 133조 원을 투자하겠다고 밝혔다. 전자 분야에서는 삼성전자가 경기 회복에 시동을 걸었고 제약바이오업계에서는 셀트리온이 나섰다. 서정진은 "얼마 전 삼성이 비메모리에 투자한 걸 보고 좋은 결정이라고 생각했다"며 "반도체산업이 우리나라를 먹여 살리는 국가기간산업이 된 것처럼 바이오산업을 우리의 미래성장동력으로 키우고 싶다"고 했다.*

서정진은 발표하기로 한 이상 솔직하게 있는 그대로 밀고 나가기로 했다. 보여주기용으로 투자계획안을 새로 만들지 말고 그동안 임원진과 공유한 내용을 다듬어서 발표 자료를 준비하라고 지시했다. 이날 공개한 수치는 서정진과 셀트리온그룹 사장단의 머릿속에 있는 것과 거의 차이가 없는 '날것'이었다.

야심찬 도전인가 허황된 목표인가

비전 2030이 발표되자 사람들은 깜짝 놀랐다. 40조 원은 어마어마한 금액이다. 2018년 셀트리온의 연 매출은 9821억 원으로 1조 원에 못 미쳤다. 앞으로 10년 동안 매년 1조씩 모아도 10조 원인데 어떻게 40조 원을 끌어모으겠다는 걸까?

서정진의 발언이 기사화되자 인터넷에서는 '담대한 도전이냐, 사기냐'를 놓고 논쟁이 벌어졌다. 의구심은 40조 원을 어떻게 조달할 것인가에 모아졌다. 서정진은 40조 원 중 10조 원은 글로벌 투자 기관에서 조달하겠다고 말했다. 그렇다면 30조 원은 어디에서 충당하려는 것일까.

"2019년 말 램시마SC를 허가받고 면역 항암제 5개까지 앞으로 총

* 서정진의 결단…"바이오에 40兆 투자", 한국경제신문, 2019. 5. 16.

20개 제품을 출시할 예정입니다. 이 제품들은 모두 글로벌시장에서 연간 1조 원 이상 매출을 올릴 수 있는 품목들이에요. 보수적으로 잡아도 2030년부터는 연 매출 30조 원을 돌파하고 영업이익은 2025년부터 10조 원을 넘어설 겁니다."

셀트리온은 FDA(미국식품의약국) 허가를 받은 램시마(자가면역질환 치료제), 허쥬마(유방암 치료제), 트룩시마(혈액암 치료제) 3종 이외에 램시마SC, 아바스틴 바이오시밀러(바이오의약품 복제약), 휴미라 바이오시밀러, 졸레어 바이오시밀러, 독감 항체 신약, 비후성 심근증 신약, 심혈관계 희귀질환 신약 등을 개발하고 있다. 셀트리온제약은 에이즈 치료제 테믹시스와 슈퍼 항생제 자이복스(성분명 리네졸리드)의 복제약을 FDA에서 허가받고 해외로 수출하고 있다. 2019년부터 매년 합성(케미컬)의약품 2~3개가 글로벌 허가를 받을 계획이다. 출시 예정인 바이오시밀러에 신약, 케미컬까지 더해지면 매출이 폭발적으로 증가할 것이라는 설명이다.

누군가는 "모든 파이프라인이 성공해야 이뤄질 수 있는 꿈 아니냐"고 지적할지 모른다. 서정진은 현재의 셀트리온만 보는 사람들에게 전 세계 제약바이오 시장 규모를 이야기해준다. 글로벌 제약바이오 시장은 1500조 원 규모로 반도체(약 500조 원)와 자동차(약 600조 원)를 합친 것보다 크다. 1500조 원 중 셀트리온의 바이오시밀러가 공략하는 항체의약품 시장은 250조 원, 이 중 10퍼센트만 차지해도 25조 원이라는 얘기다. 세계 최초의 항체 바이오시밀러인 램시마는 유럽 시장 출시 6년 만인 2020년 점유율 57퍼센트를 기록했고 트룩시마는 1년 만에 35퍼센트를 돌파했다. 후속 제품들까지 출시되면 전체 시장 점유율 10퍼센트는 절대 불가능한 목표가 아니라고 그는 말한다.

연구개발에 40조 원 투입

서정진이 무심하게 툭툭 던진 수치는 치밀하게 계산된 것이었다. 연구개발R&D에 대한 자신감이 없으면 나오지 못할 숫자이기도 했다. 셀트리온은 매년 영업이익의 40퍼센트를 R&D에 투입해왔다. 2019년에는 3000억 원을 연구개발에 쏟아부었다. 지금까지 투자한 금액은 3조 원. 국내 제약바이오 회사 중 가장 많다. 셀트리온의 매출액 대비 R&D 투자 비율은 2019년 26.9퍼센트로 국내 기업 중 가장 높았다. 화이자, 노바티스, 로슈 등 글로벌 제약회사의 평균적인 매출 대비 투자비는 20퍼센트다. 서정진은 빅파마Big Pharma보다 많은 공격적인 R&D 투자가 지금의 셀트리온을 만들었다고 확신하고 있다. 앞으로도 투자 기조를 유지하겠다는 생각 또한 확고하다.

"2030년까지 셀트리온그룹의 누적 영업이익을 따져보니 80조 원이 나오더군요. 지금처럼 R&D에 투자하면 80조 원의 40퍼센트인 32조 원을 투자할 수 있겠다는 결론이 나왔습니다."

서정진은 바이오의약품 사업에 25조 원, 합성의약품에 5조 원, 원격의료와 빅데이터 구축 등 U헬스케어• 사업에 10조 원을 투입하겠다고 했다. 인천 송도에 20만 리터 규모의 3공장을 짓고 장기적으로 해외공장도 지을 계획이다. 국내외에 연간 100만 리터 규모의 바이오의약품 생산기지를 구축하는 것이 목표다. 셀트리온제약은 50여 개 케미컬의약품을 출시할 예정이다.

서정진은 10년 뒤 지금보다 5배 이상 회사가 커질 것으로 예상했

• 유비쿼터스 헬스케어. 유무선 네트워크를 활용해 언제 어디서나 이용 가능한 건강관리 및 의료 서비스.

다. 앞으로 10년간 1만 명을 고용하겠다는 계획도 밝혔다. R&D 인력 2000여 명을 신규 채용하고 바이오·케미컬의약품 공장 확충에 따른 생산시설에도 8000여 명이 필요할 것이란 전망이다. 2020년 6월 기준 셀트리온그룹의 전 직원 수는 2800여 명, 생산 규모는 19만 리터다.

셀트리온의 경쟁 상대는 화이자

서정진은 이날 경쟁 상대로 화이자를 처음 언급했다.

"글로벌 1위 제약회사 화이자의 작년(2018년) 매출이 55조 원, 이익이 16조 원인데 2030년엔 이익 면에서 셀트리온이 화이자에 근접할 겁니다."

셀트리온이 바이오 회사인 암젠, 제넨텍에 뒤지지 않는다는 얘기는 많이 했어도 화이자를 '건드린' 적은 없었다. 화이자는 셀트리온의 램시마를 세계 최대 제약 시장인 미국에 판매하는 파트너사다. 램시마의 미국 시장 점유율이 지지부진하자 판매사인 화이자에 대한 불만을 은근슬쩍 드러낸 것이다.

서정진은 국내 제약사가 셀트리온의 글로벌 유통망을 이용해 해외에 의약품을 팔 수 있도록 수출 활로 개척에 도움을 주겠다는 계획도 밝혔다. 셀트리온은 2021년까지 세계 최대 제약 시장인 미국, 캐나다에 직판 체계를 구축할 계획이다. 또 최대 2조 원 규모의 오픈 이노베이션(개방형 혁신) 펀드를 마련해 바이오 벤처를 키우겠다고도 했다.

"셀트리온의 선제적 투자와 약속이 새로운 이정표가 되고 국민에게 희망을 줬으면 좋겠습니다. 셀트리온에 이어 삼성 등 다른 제약바이오 기업들의 투자가 이어져 한국 산업 용광로에 다시 불이 붙는다면 내가 욕을 먹어도 상관이 없어요."

셀트리온의 미래 비전이 실현 가능한 것인지 질문이 계속되자 서정진은 "2000년 직원 6명 데리고 사업을 시작할 때 우리가 화이자에 도전장을 낼 것이라고는 생각하지 못했다"고 응수했다.

게임 체인저

"이게 바로 시장이 필요로 하는 약이다."

'짝퉁' 바이오시밀러, 원조를 넘다

바이오시밀러(바이오의약품 복제약) 르네상스기가 열렸다. 셀트리온의 '마' 삼총사(램시마, 트룩시마, 허쥬마)는 전 세계 환자들에게 투여되고 있다. 삼성의 바이오시밀러 개발사인 삼성바이오에피스도 부지런히 뒤따라왔다. 베네팔리, 플릭사비, 임랄디, 온트루잔트, 에이빈시오 등 5개 제품이 글로벌시장에서 판매되고 있다. 셀트리온은 세계 최초의 바이오시밀러 개발사, 삼성은 세계 최다 바이오시밀러 보유 회사다. 바이오시밀러 분야에서는 대한민국이 단연 세계 1등이다. 바이오시밀러 개발에 뛰어든 지 불과 10년 만에 이뤄낸 성과다.

셀트리온은 2020년 새해가 밝자마자 비밀 병기를 선보였다. 정맥주사제를 자가 주사제로 바꾼 자가면역질환 치료제 '램시마SC'다. 서정진은 램시마SC가 의약품 시장의 판도를 뒤바꿀 게임 체인저가 될 것으로 기대하고 있다.

램시마SC는 셀트리온에게 각별한 의미가 있다. 이 약은 바이오시밀러가 아니다. 한 단계 업그레이드된 바이오베터Biobetter, 즉 부작용을 줄이거나 약효 지속 시간을 늘리거나 제형을 변경한 개량 신약이다. 복제약만 만들던 셀트리온이 내놓은 첫 신약인 셈이다. SC는 피부 아래 주사하는 피하Sub-Cutaneous 제형을 뜻한다. 램시마는 정맥에 투여하는 IVIntra-venous 제형이다. 정맥주사는 링거를 연결해 맞아야 한다. 병원에 가서 접수하고 대기하고 링거를 꽂고 약물이 전부 투여되기까지 기다리는 시간까지 계산하면 하루가 훌쩍 지나간다. 반면 SC 제형은 환자가 복부에 직접 주사할 수 있다. 당뇨환자가 자가 주사하는 인슐린을 떠올리면 된다. 투여 시간도 5분 안팎으로 짧다. 환자 입장에서는 획기적인 제품이다.

그런데 정맥주사를 하도록 만들어진 약물을 피하 제형으로 바꾸는 것은 쉽지 않다. 부피를 줄이고 고농도 제형으로 만들어야 한다. 이 경우 안전성과 효능이 떨어질 수 있다. 링거로 1시간 동안 천천히 맞아야 하는 약물을 농축해서 한 방에 주사하면 당연히 몸이 버텨내질 못한다. 체내 흡수율과 혈중 약물 농도, 반응 속도 등을 고려해 새로운 제형을 개발해야 한다. 투여 방법의 변화도 고려해야 한다. 주삿바늘을 피부에 찔렀을 때 통증이나 자극이 심해선 안 되고 출혈이나 멍, 피부가 부풀어 오르는 현상이 나타나서도 안 된다. 자가 주사가 처음이라 미숙한 환자들도 놓기 쉽도록 해야 한다. 권기성 셀트리온 연구개발본부 본부장은 "품질에 영향을 주지 않으면서 포뮬레이션하는 것이 가장 어려웠다"며 "여러 차례 시행착오 끝에 제형 개발에 성공했고 특허를 냈다"고 했다.

셀트리온이 대단한 것은 원 개발사도 성공하지 못한 걸 해냈기 때문이다. 램시마의 오리지널 '레미케이드'를 만든 존슨앤드존슨도 SC 제형을 내놓지 못했다. 원조 회사가 실패한 것을 짝퉁 회사가 해낸 것이다. 존슨앤드존슨은 SC 제형을 개발해놓고서도 임상시험에서 만족할 만한 결과를 얻지 못해 개발을 중단한 것으로 알려졌다. 임상을 어떻게 설계하는지도 의약품 개발의 성패를 좌우하는 중요한 역량이다. 셀트리온은 램시마SC의 물질특허뿐만 아니라 임상 디자인과 관련한 내용도 특허를 걸어놨다. 권기성은 "램시마SC를 개발하면서 축적한 노하우는 다른 IV 제형의 항체의약품을 SC 제형으로 변환하는데 범용적으로 적용할 수 있을 것"이라고 했다.

안티팬의 제안을 제품화하다

램시마SC는 서정진에게도 특별하다. 서정진이 아이디어를 냈고 임상을 주도했다. 은퇴 전 마지막으로 내놓은 제품이기도 하다. 직원들이 회장님의 치적 사업을 만들어주려고 과대 포장한 것 아니냐고 물었더니 권기성 연구개발본부 본부장과 이상준 임상개발본부 수석부사장이 두 손을 내저으며 "거짓말이 아니고 회장님이 발제한 게 맞다"고 했다. 기우성 셀트리온 부회장도 "회장님이 아니었으면 램시마SC는 탄생하지 못했을 것"이라고 인정했다.

서정진이 램시마SC 개발의 영감을 얻은 것은 그가 유럽 전역으로 램시마를 팔러 다니던 2015년이다. 서정진은 거구의 몸을 이끌고 하루 종일 비행기를 타며 약을 팔러 다녔다. 바이오시밀러라는 '물건'을 알리는 게 급선무였다. 제약사 오너가 병원을 직접 찾아와서 의사를 만나는 일은 없기 때문에 다들 신기하게 여겼다. 제약사 영업 직원을 문전박대하기로 유명한 의사들도 회장이라니까 호기심에 만나주기도 했다. 서정진은 의사를 만나지 못하면 간호사를 공략했다. 의사는 처방만 할 뿐 환자에게 주사를 놓고 제품을 최초로 사용하는 1차 고객은 간호사다. 의약품에 대한 불만도 대부분 간호사에게서 나온다. 의약품의 유통과 보관, 투여에 불편한 점이 있으면 치명적이다. 간호사가 싫어하는 약은 의사나 환자가 선호해도 처방이 늘기 어렵다.

서정진은 이 점을 간파했고 병원에서 간호사들을 유심히 관찰했다. 미국의 간호 시스템에 대해 해박한 지식을 갖게 된 것은 이때의 체험에서 비롯된 것이다. 서정진은 간호사에게 도와줄 건 없는지 묻고 뭐라도 거들었다. 그 당시 유럽의 대형 병원에서는 우락부락하고 덩치가 산만 한 동양인이 간호사 뒤를 졸졸 따라다니며 링거 거치대를 끌어주는 모습이 종종 목격됐다. 청소부나 잡상인인 줄 알았는데 명색이 제약사 회장이라니 반전 효과도 있었다. 사람의 마음을 홀리는 기술에는 국경이 없다.

서정진은 유럽의 제일 끄트머리에 있는 아일랜드까지 찾아갔다. 더블린 시내의 병원에서 만난 간호사에게 '램시마'에 대해 설명하자 그녀는 불같이 화를 냈다. "우리 병원은 정부 입찰을 따낸 공식 의약품만 취급한다"며 "비공식적인 루트로 반입되는 바이오시밀러는 일절 사용할 수 없으니 나가라"고 소리를 질렀다. 그녀는 램시마를 암흑의 경로로 유통되는 싸구려 불법 복제약으로 취급했다. 바이오시밀러라는 말을 처음 들어보는 사람이라면 그렇게 생각할 수밖에 없다. 이 간호사는 서정진을 내쫓으며 호되게 꾸짖었다.

"당신네 회사가 정말로 연구개발 능력이 뛰어나고 환자를 생각한다면 이거 만들 시간에 레미케이드 SC 제형이나 만들어보시죠!"

서정진의 머릿속에 불이 켜졌다.

'이게 바로 시장이 필요로 하는 약이다.'

그길로 한국으로 돌아와 램시마SC 개발을 지시했다. 서정진은 "지금은 아일랜드에서도 램시마가 오리지널을 제치고 판매 1위"라며 "그 간호사는 여전히 셀트리온의 안티팬이지만 늘 고마운 마음을 갖고 있다"고 했다.

램시마SC는 2016년 5월 임상1상•에 돌입했다. 2019년 4월 임상3상••을 시작할 때는 병원에서 환자 모집 사이트를 열자마자 지원자가 폭주했다. 램시마SC를 먼저 맞아보겠다고 환자들이 줄을 서서 번호표까지 돌렸다. 이렇게 환자가 빨리 모인 것은 처음이었다. 보통 2~3개월이 걸리던 과정이 2주 만에 끝났다. 셀트리온은 환자 모집 마감 공지와 함께 사과문도 같이 띄웠다. 기회를 얻지 못한 환자들의 원성이 자자해서 영업 사원들은 병원에 갈 때마다 "기회를 못 드려 죄송하다"고 고개 숙이고 다녔다. 이상준 임상개발본부 수석부사장은 "환자 모집이 단기간에 완료됐다는 건 환자들이 셀트리온을 믿고 인정한다는 뜻"이라고 했다. 셀트리온이 개발한 약이라면 믿고 맞는다는 인식이 널리 퍼진 것이다.

• 의약품을 허가받기 위해서는 임상1상부터 임상3상까지 단계를 밟아야 한다. 임상1상은 건강한 사람에게 약물을 투여했을 때 인체에 어떤 작용을 일으키는지 살펴보는 단계로 효능보다는 안전성에 초점이 맞춰져 있다.

•• 임상3상에서는 대규모 환자를 대상으로 약의 유효성을 확증하고 안전성 자료를 확립하는 것이 목표다.

램시마SC는 2019년 11월 EMA(유럽의약품청) 허가를 받았고 2020년 2월부터 독일을 비롯한 유럽 시장에 출시됐다. 코로나19 사태로 제약회사들이 타격을 입었지만 셀트리온은 오히려 반사이익을 보고 있다. 환자들이 병원에 가기를 꺼리면서 집에서 맞을 수 있는 램시마SC에 대한 문의가 늘어난 것이다. 램시마SC는 미국에서는 2022년 출시될 예정이다. FDA(미국식품의약국)는 개량 신약이 아니라 신약으로 허가를 신청하라고 했다. 신약으로 허가를 받으면 약값을 높게 받을 수 있지만 임상을 새로 해야 돼 절차가 까다롭다. 셀트리온은 FDA와 협의해서 임상 1, 2상을 면제받았다. FDA는 이례적으로 EMA에 제출한 임상 데이터를 일부 인정해줬다. 램시마SC는 FDA의 기준에 맞추기 위해 2019년 7월 글로벌 임상3상에 돌입했다. 2021년까지 임상을 끝내고 2022년 미국에 출시할 계획이다.

연 매출 10조 원이라는 목표

서정진은 램시마SC로 연 매출 10조 원을 올릴 수 있다고 호언장담했다. 류머티즘성 관절염, 염증성 장질환 등으로 나타나는 자가면역질환 치료제 시장 규모는 50조 원에 이른다. 이 시장은 종양괴사인자 알파TNF-α 억제제인 휴미라(20조 원), 엔브렐(12조 원) 레미케이드(12조 원)가 시장을 장악하고 있다. 휴미라와 엔브렐은 피하에 주사하는 SC 제형이고 레미케이드만 정맥에 주사하는 IV 제형이다. 이들 모두 바이오시밀러가 출시되어 있다. 자가면역질환자는 2주나 4주에 한 번씩 평생 약을 맞아야 한다. 그런데 항체의약품을 계속 사용하다 보면 내성이 생겨 치료 효과가 떨어진다. 전체 환자의 25퍼센트가량에게서 더 이상 약이 듣지 않는 현상이 발생한다. 그러면 고가의 2차 치료제인 오렌시아, 악템라, 엔티비오, 스텔라라, 심포니 등으로 약물을 바꿔야 한다. 셀트리온은 이 틈새를 노리고 있다. 1차 치료제가 듣지 않는 환자가 램시마SC를 사용하도록 하는 것이다. 지금까지는 SC 제형인 휴미라와 엔브렐만 교차 투여가 됐지만 램시마SC가 등장하면서 환자들에게는 새로운 선택지가 생겼다. 이들을 공략하면 전체 50조 원 시장에서 20퍼센트만 잡아도 10조 원의 매출이 가능하다는 게 셀트리온의 계산이다.

램시마SC가 본격적으로 판매되면 램시마와 시너지효과도 낼 수 있다. 오리지널인 레미케이드를 고집하던 환자도 SC 제형을 쓰고 싶으면 어쩔 수 없이 램시마SC를 택해야 한다. 셀트리온은 램시마SC의 희소성을 고려해 '프라임 시밀러' 전략을 세웠다. 램시마SC는 램시마보다는 비싸고, 휴미라보다는 저렴하게 가격을 책정했다. 판매도 파트너사에 맡기지 않고 직접 한다. 램시마SC는 셀트리온이 글로벌 직접판매체제를 도입한 이후 처음으로 자기 손으로 파는 제품이다. 서정진은 이날을 위해 2019년부터 전 세계를 돌아다니며 해외 판매망을 구축했다.

그는 "제품 개발, 임상, 생산까지 다 해봤지만 유통은 처음에 엄두가 나지 않아 30~40퍼센트 높은 수수료를 주면서 판매 파트너사와 계약할 수밖에 없었다"며 "직판 체계로 유통 수수료를 15퍼센트 수준까지 낮출 수 있을 것"이라고 말했다. 셀트리온은 자신들이 구축한 직판망을 이용해 다른 국산 제약사의 제품도 판매할 생각이다. 해외 파트너사들보다 수수료를 30퍼센트 이상 저렴하게 받아 국내 제약사들의 글로벌 진출을 돕겠다는 취지다.*

누구의 말이 현실이 될까

경쟁사들은 서정진의 10조 발언에 코웃음을 쳤다. 당시 연 매출 1조 원도 달성하지 못한 상황에서 10조 원은 과도한 수치이며, 레미케이드 정맥주사가 훨씬 효과가 좋기 때문에 굳이 환자들이 SC 제형으로 갈아탈 이유가 없다는 지적도 있다. 램시마SC가 바이오시밀러보다 가격이 비싸다는 점도 걸림돌이다. 유럽 의약품 시장은 대부분 정부 입찰제로 낮은 가격을 제시한 제약사에 공급 물량을 배정한다. 유럽 정부가 비싼 램시마SC를 처방하도록 놔두지 않을 수도 있다. SC 제형의 편의성에 대해서도 뒷말이 많다. 섭씨 2~8도에서 냉장 보관해야 하고 주사 시간도 5분 이상 걸려서 생각만큼 편리하지 않다는 것이다. 무엇보다 램시마SC가 경쟁 상대로 삼은 휴미라와 엔브렐의 가격이 대폭 인하된 것은 셀트리온의 미래를 어둡게 한다. 레미케이드 환자는 계속 정맥주사를 쓰고 휴미라와 엔브렐 환자는 두 제품 사이에서만 교체가 일어날 것이라는 게 바이오시밀러업계의 전망이다.

어느 쪽 말이 현실이 될지는 아직 알 수 없다. 중요한 건 주변에서 아무리 떠들어대도 셀트리온은 아랑곳하지 않는다는 것이다. 셀트리온에게는 너무나 익숙한 일이기 때문이다.

* "年 10조 매출 일으킬 램시마SC, 연내 유럽 승인 자신", 한국경제신문, 2019. 8. 29.

지속 성장

"월급 보고 일하지 않습니다. 미래를 보고 일합니다."

회장보다 월급이 많은 직원이 있다

직장인이 회사에 다니면서 받을 수 있는 연봉은 최대 얼마일까? 전문 경영인 중에는 권오현 전 삼성전자 종합기술원 회장이 2017년 243억 8100만 원을 받은 것이 역대 최고 기록이다. 급여는 19억 원, 인센티브가 77억 원, 특별 상여금이 148억 원에 달했다. 재벌 그룹 오너들과 비교해도 압도적인 액수다.

국내 제약바이오업계에도 입지전적인 인물들이 있다. CEO 중 퇴직금을 제외한 순수 '연봉 킹'은 김태한 삼성바이오로직스 사장이다. 2018년 약 38억 원, 2019년에는 약 20억 원을 받았다. 재벌가 출신이 아닌 현직 CEO 중에서는 부동의 1위다. 서정진은 탑 5 수준이다. 2018년 13억 9500만 원으로 6위, 2019년에는 14억 1200만 원을 받아 2위에 올랐다.

셀트리온그룹에서는 스톡옵션[•]으로 수십억 원을 벌어들인 직원들이 꽤 있다. 스톡옵션을 행사한 직원의 연봉은 회장을 가뿐히 능가한다. 그중 전설은 2019년 상반기 163억 8000만 원을 수령한 박성도 셀트리온 고문이다. 급여 2800만 원, 상여 200만 원으로 연봉은 3000만 원이었지만 스톡옵션 행사 이익이 163억 5000만 원이었다.

과장, 차장급 직원이 임원 보수를 넘어서는 경우도 적지 않다. 2018년 셀트리온헬스케어의 김 모 차장은 스톡옵션 행사로 무려 79억 7700만 원을 받았다. 급여·상여 등 근로소득은 1억 1000만 원, 나머지는 스톡옵션 행사로 78억 6700만 원을 수령했다. 김 차장은 상장 전 1만 원대에 받은 셀트리온헬스케어 주식 8만 4000여 주를 약 10배인 10만 원대에 팔았다. 셀트리온헬스케어에서는 김 차장 말고도 이 모 과장(44억 원), 최 모 차장(24억 원), 현 모 차장(24억 원) 등이 '절대 반지'와 같은 스톡옵션을 행사해 수십억 원을 수령했다. 돈방석에 앉은 직원들이 속출하면서 셀트리온헬스케어의 평균 연봉은 2018년 2억 4100만 원으로 껑충 뛰었다. 전년보다 약 80퍼센트나 상승했다. 상장사 중 연봉 1위다. 같은 해 셀트리온에서도 이 모 차장과 박 모 차장이 스톡옵션 행사로 각각 약 25억 원, 17억 원의 보수를 받았다.

셀트리온은 직장인이 기대할 수 있는 소득의 한계를 무너뜨렸다. 서정진은 '월급쟁이로 살아선 돈 벌기 힘들다' '돈 벌려면 사업을 해야 한다'는 통념에 반기를 들었다. 직원들이 열심히 일해서 회사를 키우면 직급과 상관없이 보상을 받는 조직을 만들려고 했다. 회사에 다니

• 주식매수선택권. 일정 기간 자사주를 사전에 약정된 가격인 할인가로 살 권리를 주는 인센티브제도.

는 것이 결코 남의 돈 벌어주는 일이 아니라는 것을 보여주고 싶었다.

"스톡옵션은 임원과 직원 간 위화감을 없애고 사기를 높여주려고 도입한 겁니다. 임원들만 높은 연봉을 받는다면 직원들이 일하면서 어떤 생각이 들까요? '내가 저들 잘살게 하려고 뼈 빠지게 일하네' 하는 자괴감이 들 겁니다. 우리 회사 직원들은 절대 그렇게 만들고 싶지 않습니다."

서정진의 바람대로 셀트리온그룹은 과장이 회장보다 돈을 많이 받을 수 있는 회사가 됐다. 셀트리온그룹 내에서 스톡옵션을 포함한 보수 총액 순위를 매겨보면 서정진은 10위권 밖으로 밀려난다. 서정진은 이런 상황을 자랑스러워한다.

스톡옵션제도는 셀트리온을 '신의 직장' 반열에 올려놨다. 취업 준비생들이 가고 싶은 회사를 조사하면 셀트리온은 항상 상위권에 자리한다. 하지만 직원 개인정보가 낱낱이 공개되는 것은 적지 않은 부담이다. 대개 회사 임원이 아닌 직원이 5억 원 이상 받는 경우가 거의 없는 상황에서 셀트리온에서만 특이한 사례가 대거 출현했고 언론은 이를 앞다투어 기사화했다. 평생 만져보기 힘든 돈을 스톡옵션 '한 방'으로 버는 셀트리온 직원들을 보면서 소외감을 느끼는 사람들도 늘어났다.

소액주주들도 셀트리온의 스톡옵션이 과도하다고 불만을 터뜨렸다. 매년 셀트리온의 정기주주총회에서는 스톡옵션에 대한 지적이 빠지지 않는다. 스톡옵션으로 풀린 주식이 시장에 쏟아져 주가에 부담을 준다는 지적이다.

셀트리온이 2015년부터 5년간 직원들에게 부여한 스톡옵션 물량은 약 200만 주다. 전체 유통주인 약 1억 2500만 주의 1.6퍼센트다.

회사 규모가 커지면서 스톡옵션 물량은 점점 늘어났다. 셀트리온은 2017년부터 매년 약 50만 주를 부여하고 있다. 2019년 3월 주주총회에서 신규 팀장과 본부장 49명에게 47만 주를 지급했는데 1인당 평균 9600주, 당시 종가 19만 2500원 기준으로 약 18억 5000만 원어치였다. 서울 강남의 아파트를 한 채씩 나눠주는 것과 같다. 셀트리온은 국내 상장사 중에서 가장 후한 인센티브를 주기로 유명하다.

직원에 대한 믿음으로 가능하다

서정진은 스톡옵션제도를 손질할 생각이 없다. 직원들이 열심히 일해서 회사 가치가 상승했으니 보상은 당연하다는 생각이다. 그는 스톡옵션이 회사 성장의 핵심 원동력이라고 믿고 있다. 2019년 3월 주주총회에서 불만을 제기하는 주주들에게 그는 이렇게 말했다.

"우리 회사에서 제일 중요한 분은 주주들입니다. 그 주주들의 이익을 만드는 게 셀트리온 임직원들이에요. 우리 회사 회장, 부회장들 연봉 많이 받지 않습니다. 삼성 이사급도 안 될 겁니다. 저나 임직원 모두 월급 보고 일하지 않습니다. 우리 회사의 미래를 보고 일합니다. 우리 직원들, 실력으로 보나 업무량으로 보나 글로벌 제약사에 절대 뒤지지 않습니다. 회사 미래를 짊어질 고급 인력인 만큼 최대한 보상을 해주는 것이 회사의 미래를 위한 것이고 결국 주주들을 위한 일이에요. 주주님들께서 너그럽게 이해해주시고 저희 직원들의 능력을 한번 믿어보세요. 최선을 다하겠습니다. 주가는 실적으로 견인하겠습니다."

기우성 셀트리온 부회장도 스톡옵션제도가 불가피하다는 입장이다. 다국적 제약사들의 평균 연봉은 1억 원을 넘지만 셀트리온은 5000만 원대로 그 절반 수준이다. 스톡옵션은 초반 급여 차이를 훗날 보상해주는 개념이다. 셀트리온에서 스톡옵션을 받을 수 있는 직급인 팀장이 되려면 근무 경력이 14년 이상 돼야 한다. 사원으로 입사해 대리로 승진하는 데 5년, 그 뒤로 과장 4년, 차장 5년, 부장 4년이 걸린다. 스톡옵션은 받은 날로부터 3년 후 매년 20퍼센트씩 권리를 행사할 수 있다. 한 번 받은 스톡옵션을 모두 행사하려면 5년이 걸린다. 총 8년 동안 직원을 묶어두는 효과가 있는 것이다. 기우성은 "스톡옵션으로 우수한 직원들이 계속 회사에 남아 있게 해야 한다"고 했다.

"셀트리온 직원들은 글로벌 제약사도 할 수 없는 걸 해냅니다. 임상 시간을 단축하는 걸 보세요. 셀트리온이 가진 경험과 노하우로 가르치고 키운 인재들입니다. 20억 원은 물론 굉장히 큰돈이지만 한 명의 직원이 200억 원, 2000억 원의 돈을 벌어다주면 회사로서는 이익이 더 크죠."

주주들의 반발에도 셀트리온이 강력한 스톡옵션제도를 밀어붙일 수 있는 것은 임직원에 대한 신뢰가 밑바탕에 깔려 있기 때문이다.

경영진 입장에서 스톡옵션의 심각한 부작용 중 하나는 '먹튀'다. 바이오업계에서 흔히 벌어지는 일이다. 근래 언급되는 가장 유명한 사례로 바이오업체 S 사가 있다. 이 회사의 부사장이 2018년 사표를 내고 스톡옵션으로 103억 원을 챙긴 이후 주가가 폭락했고 이 회사가 개발 중이던 항암제는 결국 임상3상에 실패했다. 회사가 더 이상 성장할 가능성이 없거나 회사 가치 대비 주가가 높다고 판단되면 임직원들은 스톡옵션을 행사하기 위해 미련 없이 회사를 떠난다. 인재를 유치하는 역할을 했던 스톡옵션이 인재를 내치는 역기능을 한다. 스톡옵션제도는 회사가 지속적으로 성장해야 유지될 수 있다. 그렇지 않으면 이를 악용하는 사람들이 생겨나고 회사의 신뢰도는 심각한 타격을 입는다. 국내 바이오 회사 M 사의 경우 거액의 스톡옵션을 주고 경쟁사의 인력을 대거 데려왔는데 이들이 행사 기한인 2년을 채운 뒤 줄줄이 퇴사하는 바람에 팀 전체가 사라졌다. 스톡옵션은 직원들의 관심을 주식으로 쏠리게 만든다. 제약회사 H 사의 창업자는 2015년 8조 원대 기술수출을 성사시킨 후 직원 1인당 평균 4000만 원 규모의 주식을 나눠줬는데 이후 직원들이 주식 이야기만 하는 것을 보고 후회했다고 한다. 안타깝게도 H 사가 기술수출한 신약후보물질들은 대부분 실패로 돌아갔다.

오래 버티는 자가 승자

물론 셀트리온에 '먹튀'가 없는 건 아니다. 일찌감치 스톡옵션을 챙겨 회사를 나간 임원들이 꽤 있다. 하지만 이들은 타이밍을 잘못 판단했다. "너무 일찍 나왔다"고 후회하는 사람들이 대부분이다. 2009년 1만 원대였던 셀트리온 주가가 최고 정점을 찍었을 때 37만 원까지 치솟았기 때문이다. 셀트리온에서는 '오래 버티는 자가 승자'다. 흔들리지 않고 진득하게 남아 있던 사람들이 열매를 따 먹었다.

스톡옵션으로 말이 많지만 신기하게도 셀트리온은 침착한 분위기를 유지하고 있다. 체감하기 어려운 금액이라 오히려 감흥이 없는 것일까? 셀트리온 직원들에게 물어보니 수십억을 벌었다고 뉴스에 이름이 오르내린 사람들도 아무런 표정 변화 없이 출근한다고 한다.

"직원들이 그분들을 다르게 대하진 않아요. 그분들도 의식하시지 않는 것 같고요. 밖에서는 관심이 많은 것 같은데 회사에서는 별 반응이 없어요. 다들 예전처럼 일하시더라고요."

믿기 어려운 일이다. 대개의 회사에서 옆 부서 모 과장이 40억을 벌었다면 사람이 달라 보이지 않을까? 팀원들은 "한턱 쏘라"고 할 테고, 동료들은 "언제든 맘에 안 들면 사표를 쓸 수 있겠다"며 부러워할 것이다. 상사는 "회사는 취미로 다니냐"고 다그칠 수도 있다. 하지만 스톡옵션으로 인한 내부 갈등이나 불협화음은 많지 않다고 한다. 다만 가족, 친척, 친구 들로부터 돈을 빌려달라는 부탁이 잦아 힘들어하는 경우가 종종 있다는 후문이다.

스톡옵션, 성과급이 아니다

"나도 나중에 팀장이 되면 저만큼 받을 수 있을 거라 생각해요. 그렇게 버티는 거죠."

셀트리온헬스케어 직원의 말이다.

셀트리온 직원들은 스톡옵션을 '고생한 만큼 얻는 것'이라고 인식한다. 로또처럼 운이 좋아 생긴 불로소득이 아니라는 말이다. 어떤 이들은 '회사에 영혼을 판 대가'라고 말하기도 한다.

"팀장으로 승진하면 외부에선 '스톡옵션 받게 돼서 좋겠다'고 하는데 사내에서는 마냥 부러워하지만은 않아요. 임원, 팀장 들이 일하는 걸 보면 얼마나 힘든지 보이거든요. 주말이 없을 정도로 빡세게 일하세요. 스톡옵션을 받는 만큼 책임도 막중해지죠. 저희끼리는 스톡옵션으로 받는 돈을 근무시간과 노동력, 스트레스로 나누면 다른 기업 직장인들과 큰 차이가 없을 거라고 합니다. 차라리 스톡옵션 안 받고 편하게 일할 수 있으면 좋겠다는 사람들까지 있으니까요. '세상에 공짜는 없다'는 말이 진리예요."

셀트리온 모 과장의 말이다.

기우성 부회장은 임원 대상 워크숍에서 "스톡옵션으로 벌 만큼 벌었잖아? 지금이라도 일하기 싫은 사람들은 다 나가. 즐기면서 일하고 싶은 사람도 나가. 우리 회사는 그런 회사 아니야"라고 했다고 한다.

셀트리온 경영진은 초대형 당근만큼 아픈 채찍을 휘둘러 임직원의 마인드를 다잡는다. 심리적 부담감도 팍팍 안겨준다. 회사를 발전시킬 의무와 희생정신도 강요한다. 스톡옵션을 받은 임원이 일을 제대로 안 하면 '이기적인 인간'이 된다. 자기 호주머니만 챙기고 회사의 창창한 앞날을 가로막는 자가 된다.

스톡옵션은 나 혼자 일을 잘해서 받은 개인 성과급이 아니다. 셀트리온 창업 멤버들과 초창기에 합류한 1세대들이 다 함께 일군 것이고 2세대에게 똑같이 남겨줘야 할 유산이기 때문이다. 스톡옵션 수혜자의 임무는 지속 성장이 가능한 선순환 구조를 만드는 것이다. 이런 관점에서 셀트리온의 스톡옵션은 회사와 임직원을 운명 공동체로 단단히 묶어주는 역할을 한다. 일확천금을 얻고도 여전히 출근하는 직원들이 셀트리온에 많은 것은 이 때문이다.

다른 기업의 경우 대체로 스톡옵션은 효과가 일시적이었고 업무 성과를 높이지 못했다. '스톡옵션 지급 → 동기 저하 → 사업 정체 → 주가 하락 → 퇴사'라는 반대의 시나리오가 전개되었다.

셀트리온은 스톡옵션을 개인의 동기유발보다 전체의 연대감을 형성하는 용도로 활용했다. 스톡옵션이 임직원들의 의욕과 책임감을 고취시켜 이를 기반으로 회사가 성장하고 주가가 상승해 다시 스톡옵션의 가치가 높아지는 선순환을 기대했다. 지금까지는 대체로 '스톡옵션 → 사명감 강화 → 사업 성장 → 주가 상승'의 수순을 밟았다.

셀트리온의 스톡옵션 제왕들에게 왜 계속 회사에 다니는지 물었더니 이렇게 답했다.

"회사가 앞으로 더 잘될 것 같아서."

"더 좋은 회사를 못 찾아서."

"일이 재미있어서."

셀트리온의 한 임원은 "내가 가장 잘할 수 있는 일을 하면서 회사가 성장하는 것만큼 큰 행운과 행복은 없다"고 했다. 셀트리온 직원들은 개인의 성장과 회사의 미래를 동일시했다. 그 덕분에 스톡옵션 제도가 성공적으로 정착할 수 있었다.

비상식적으로 투자하고 보상한다

셀트리온은 일과 삶의 균형인 '워라밸'을 포기해야 하는 '피곤한' 조직이다. 분명한 건 힘든 만큼 성장한다는 것이다. 사장은 일한 만큼 주겠다고 하고 직원들은 받는 만큼만 일한다고 생각하면 앞으로 나아가기 힘들다. 서정진이 스톡옵션을 통해 말하려는 것은 한 가지다. 직원들의 자질과 능력을 돈으로 계산하려고 하지 말고 일단 투자하고 보라는 것이다. 모든 일의 핵심은 사람이다. 사람에게 지나칠 정도로 투자해야 발전이 있다. 사람에게 인색해서는 최대한의 성과를 끌어내기 힘들다. 매출 1조 원도 안 되는 회사가 과장, 차장급 직원에게 수십억 원의 인센티브를 주는 건 상식적이지 않다. 하지만 비상식적인 보상이 비상식적인 성과를 만들어냈다. 서정진은 사람에 투자하는 것만이 성공하는 길이라는 것을 입증했다.

속도 전쟁

"보고서 나온 지 30분 만에 특허 신청할 수 있는 회사는 우리뿐입니다."

한 몸처럼 부드러운 업무 연결

2020년 3월 21일 토요일 오후 1시, 셀트리온 연구진은 유전자분석 전문 업체 마크로젠에 코로나19 항체의 게놈분석을 맡겼다. 코로나19에 감염됐다가 완치된 환자의 혈액에서 바이러스의 표면단백질인 스파이크를 무력화하는 데 가장 적합한 항체 750개를 선별해 유전체분석을 요청한 것이다. 앞서 셀트리온은 2월 말 질병관리본부로부터 환자의 혈액을 확보하자마자 항체 유전정보를 가진 DNA를 추출했다. 그다음 유전자증폭을 거쳐 치료제로 쓸 수 있는 후보군을 수색했다.

5명이던 연구팀을 15명으로 늘리고 3교대로 24시간 작업에 돌입했다. 연구진은 면역세포를 얻은 지 단 3주 만에 항체 후보군을 도출하는 데 성공했다. 이 과정은 치료제 개발에서 가장 핵심적인 첫 단계로 보통은 최소 3개월에서 6개월이 걸린다. 셀트리온은 이를 3분의 1로 단축했다.

셀트리온으로부터 항체를 넘겨받은 마크로젠은 슈퍼컴퓨터로 게놈분석 작업에 들어갔다. 셀트리온에 결과가 넘어온 것은 3월 22일 일요일 오후 5시. 대기하고 있던 셀트리온 연구원들은 게놈 정보를 일일이 대조해 중첩된 것을 제외했다. 5시간 동안 중복 항체 분류 작업을 한 끝에 최종적으로 276개로 구성된 1차 항체 후보군이 완성됐다. 시곗바늘은 어느새 밤 10시 30분을 가리키고 있었다. 연구원은 게놈분석 보고서를 들고 헐레벌떡 뛰어가 특허팀에 넘겼다. 기다리고 있던 특허팀은 미리 작성해둔 특허 출원 신청서의 빈칸을 재빠르게 채우고 건네받은 보고서를 첨부해 특허청에 제출했다. 이메일 전송 버튼을 클릭한 시각은 밤 11시였다.

전력 질주로 이어달리기

특허청 직원이 일요일 자정에 가까운 시각에 출근해 메일함을 열어볼 리 없다. 그럼에도 셀트리온이 최대한 서두르는 이유는 특허 출원 날짜와 시각이 매우 중요하기 때문이다. 특허권은 심사 기간과 상관없이 신청한 날부터 효력이 생기며, 출원일부터 20년 동안 지적재산권이 보호된다. 똑같은 물질에 대해 특허를 낸 사람이 여럿 있다면 무조건 신청서를 먼저 들이민 사람이 특허권을 인정받는다. 코로나19 항체 치료제는 전 세계 제약바이오 회사들이 사활을 걸고 개발하고 있다. 한국 시간만 생각해선 안 된다. 가령 일요일 밤 항체 라이브러리

(후보군)를 전달받은 셀트리온 특허 담당자가 시간이 늦었으니 다음 날 아침 신청하자며 미뤘다고 치자. 그런데 그 시간 미국 샌프란시스코의 한 바이오 벤처 연구원이 상쾌한 일요일 아침 모닝커피를 한잔 마신 후 특허를 접수했다면? 물론 그럴 가능성은 거의 없다. '일과 삶의 균형'을 소중히 여기는 유럽이라면 더더욱 그렇다. 그럼에도 만에 하나 있을 수 있는 상황이 현실이 되면 엄청난 후폭풍을 감당해야 한다. 셀트리온이 치료제를 개발해도 나중에 특허권 침해로 소송을 당해 매출의 상당 부분을 물어줘야 하기 때문이다.

셀트리온 직원들은 1초라도 빨리 특허 출원 결승 테이프를 끊기 위해 달린다. 선수 개개인이 아무리 빨라도 이어달리기는 서로 간에 손발이 착착 맞아떨어져야 한다. 각 구간의 주자는 미리 몸을 풀어 전속력으로 달릴 준비를 해야 하고 바통터치를 할 때는 상대방을 배려해서 팔을 앞뒤로 힘껏 뻗어줘야 한다. 이런 작은 노력들이 기록을 단축시킨다. 셀트리온에서는 연구개발부터 특허, 임상, 허가, 생산까지 전 부서가 전략에 따라 유기적으로 움직인다. 연구원들이 치료제를 개발하는 중에 법무팀은 특허를 신청하고 임상팀은 임상 준비를 시작한다. 또 약물을 개발할 때도 약물의 안전성과 효능은 물론이고 대량생산까지 염두에 둔다. 초기 단계부터 단시간에 대량생산할 수 있는 효율적인 물질을 만드는 것이다. 이런 과정을 통해 전체 개발 기간이 단축된다.

"우리 특허팀 직원들은 천재에요. 탄창을 갈아 끼우듯이 데이터가 나오면 바로 꽂아 넣을 수 있게 세팅해두고 있습니다. 곧장 특허를 신청할 수 있게요. 제가 이렇게 하라고 시킨 게 아닙니다. 아는 겁니다. 문짝 빨리 다는 놈이 지적재산권을 갖는데 방심하면 지니까요. 그래서 우리 특허팀은 연구소와 계속 의사소통하면서 개발 진행 상황을 살핍니다. 지금까지 모든 특허를 이런 식으로 신청했어요. 다른 제약사들은 우리처럼 하는 데가 없어요. 해외 제약사들은 연구팀이 자료를 갖다주면 그때부터 특허 신청 서류를 만들어요. 그게 한 달이 걸립니다. 우리가 보름 전부터 만들고 있던 건데 말이죠. 미국, 유럽 사람들은 이런 생각을 못 합니다. 보고서 나온 지 30분 만에 특허 신청할 수 있는 회사가 전 세계에 어디 있겠습니까?" 서정진의 말이다.

압도적 우위를 점하라

셀트리온은 코로나19 항체 라이브러리에 대한 특허를 신청하면서 276개의 항체에 대해 일일이 개별 특허를 걸었다. 경쟁사가 뚫고 지나가지 못하도록 길바닥에 276개의 압정을 뿌려놓은 셈이다. 서정진은 "나중에 다른 제약바이오 회사가 항체 치료제를 개발하더라도 이 중에 하나는 걸리게 돼 있다"고 자신했다.

이처럼 276개의 항체를 전부 특허 신청한 것은 압도적인 우위를 점하기 위해서다.

"다른 회사들은 300개 항체 중에서 똘똘한 놈이 나올 때까지 기다렸다가 제일 효과가 좋은 한두 개만 달랑 걸어요. 우리는 게놈별로 서류를 다 첨부하고 데이터파일로 만들어서 전송했습니다. 아마 이거 분석하려면 몇 달이 걸릴 겁니다."

서정진이 코로나19 항체 치료제 개발에 자신감을 보인 이유는 이런 든든한 직원들을 곁에 뒀기 때문이다.

탐구 | 그들은 왜 셀트리온에 열광할까

"아무 이야기를 하지 않는 것보다 어떤 이야기라도 하는 게 중요하다."

단 1주를 가져도 우리 회사 주인이다

"우리 회사 주총에 와보니 어떻습니까?"

서정진이 물었다.

2019년 3월 셀트리온 주주총회가 열린 인천 송도 컨벤시아는 어린이날 놀이동산 같았다. 유모차를 끌고 온 아기 엄마부터 초등학생 자녀를 데리고 온 학부모, 머리가 희끗한 노신사까지, 연령대도 직업도 다양했다. 주총 참석장이나 위임장을 가지고 온 사람들은 참석자 등록을 하고 연두색 종이 팔찌를 받았다. 주총장에 들어가려면 팔찌를 보여줘야 했다. 팔찌를 찬 사람들의 손에는 하나같이 회사 측이 사은품으로 제공한 화장품이 들려 있었다.

주총장에는 3526명의 팔찌 부대가 운집했다. 역대 최대 규모였다.

2018년에는 2700여 명이 몰렸다. 기업 주총에 수천 명이 모이는 것은 국내뿐만 아니라 해외에서도 전례가 없다. 주총장이 가득 차는 바람에 바깥에 서 있거나 바닥에 앉아서 영상을 통해 주총 현장을 지켜본 주주들도 많았다. 서정진은 이번엔 제일 큰 행사장을 빌리라고 지시했다. 행사장 앞에는 따뜻한 커피를 마련했다. 셀트리온 주식을 갖고 있는 것 외에는 아무런 연결고리가 없는 사람들이 커피를 마시며 이야기를 나눴다. 셀트리온은 주 행사장과 영상이 연결되는 대기실도 대관했다. 아이를 데려오거나 가족 단위로 참석한 주주들이 자유롭게 주총을 참관하라는 배려였다. 주총이 시작되자 놀이동산 같았던 분위기는 점점 다단계 기획 세미나처럼 흘러갔다.

많아야 수백 명 규모인 일반적인 기업 주총과는 분위기가 확연히 달랐다. 사측이 동원하는 양복 차림의 거수기는 찾아볼 수 없었다. 있다고 해도 앉을 자리를 찾지 못했을 것이다. 울산에 사는 한 주부는 새벽 2시 고속버스를 타서 새벽 6시쯤 도착했다고 했다. 주총에 참석하기 위해 미리 연차를 낸 회사원도 있었다. 지방에 사는 주주들은 단체로 버스를 대절했다. 사는 곳은 달라도 자발적으로 참석했다는 점은 같았다.

"우리 회사 주총은 주주들의 축제예요."

서정진이 말했다.

주주들이 생업을 뒤로하고 주총장으로 달려온 이유는 뭘까. 6년 차 셀트리온 주주라는 김경수 씨에게서 답을 찾을 수 있었다.

"회장님이 몇 년 전 주총 단상에 올라 두 시간 반 동안 주주들을 설득하는 걸 보고 감동을 받았습니다. 이런 회사라면 죽을 때까지 투자해야겠다고 결심했어요."

서정진은 이날 주총에서도 두 시간 동안 주주들에게 올해 사업계획을 설명했다. 일본 출장 중이어서 주총장에 스피커를 설치하고 전화를 연결했다. 모두들 예상했다는 반응이었다. 그의 '출연'은 새로운 것이 아니었다. 2018년 정기주총 때는 오스트리아에서 현지 새벽 2시에 주주들과 전화 통화를 했다. 회사의 주인인 주주들에게는 무슨 일이 있어도 직접 인사드려야 도리라는 게 그의 생각이다. 1년에 한 번뿐인 주총에서 주주들과 만나 스킨십하는 것을 그는 무엇보다 중요하게 여긴다. 주주들도 이런 주총은 없다고 인정하는 부분이다.

셀트리온의 주총이 다른 기업들과 다른 점이 또 있다. 본 행사가 끝난 뒤 이어지는 2부와 뒤풀이다. 1부는 영업 보고와 주총 안건 결의 등 일반적인 주총과 똑같다. 주요 안건을 처리하고 나면 2부에 서정진이 나와 그해 사업계획을 설명한다. 이후 주주들의 질문에 답변한다. 서정진과 주주들이 소통하는 시간은 2시간 정도다. 셀트리온헬스케어와 셀트리온, 셀트리온제약 3개 상장사와 모두 연결해 이야기하다 보면 오전 10시에 시작한 주총은 오후 1시가 돼서야 끝난다.

주주들은 기업 경영방침부터 사소한 불만까지 모두 경영진에게 토로한다. 주총 참석자들에게 주는 사은품을 받지 못해 실랑이를 벌였다는 시시콜콜한 얘기까지 나온다. IR(기업설명) 담당자가 전화를 받지 않아 속이 터진다는 민원은 단골로 등장하는 문제다. 셀트리온 IR팀은 주총일이면 어김없이 '죄인'이 된다. 회사로 전화하는 소액주주들이 수천 명이다 보니 그럴 수밖에 없다. 이날 주총에서 한 주주가 "IR 담당자와 통화가 연결되면 '로또에 맞았다'고 한다. IR 부서를 개편해달라"고 하자 여기저기서 박수가 터졌다.

"처음엔 화가 나서 흥분하던 주주들도 나중에는 다 미안하다고 하고 돌아갑니다. 말하면서 풀리는 거죠."

서정진이 말하는 주주총회의 순기능 중 하나다.

바이오시밀러 사업에 대한 통찰력과 분석에 기반한 날카로운 질문도 주총에서 쏟아진다. 셀트리온 주주들은 생명공학, 바이오 전공자 빰치는 수준의 전문 지식을 갖추고 있는 것으로도 유명하다. 남다른 '셀트리온 사랑'으로 의학 전공서적을 섭렵한 '열혈' 주주들도 적지 않다. 주주들은 회사 살림살이도 속속들이 꿰뚫고 있다. 우리 집 수저는 몇 개인지 몰라도 셀트리온 직원 수는 안다는 얘기가 나올 정도다. 눈물 없이 들을 수 없는 셀트리온 투자 이야기도 공유한다. 집을 판 돈이나 금쪽같은 퇴직금으로 주식을 산 소액주주들은 이미 회사와 한 배를 탄 것과 다름없다.

어려운 문제일수록 주총에서 풀어라

주총만큼 회사의 문제를 해결하기 좋은 기회는 없다고 서정진은 말한다. 셀트리온은 코스닥시장에서 코스피로 이전 상장하는 사안 등 굵직한 문제를 주총을 통해 풀었다.

"작은 문제라고 할지라도 주주들의 목소리에 귀 기울여야 합니다. 아무런 이야기를 하지 않는 것보다 어떤 이야기라도 하는 게 중요하기 때문이에요."

서정진은 대답하기 곤란하거나 어려운 질문에도 솔직하게 답한다. 미국에서 램시마의 시장점유율이 낮은 이유가 판매사 때문인지, 미국 시장의 특성 때문인지를 묻는 한 주주에게 그는 "판매사 문제가 더 크다"고 했다. 미국에서 처음 판권 계약을 맺었고 시간에 쫓겨 급하게 도장을 찍다 보니 셀트리온에 불리한 조항이 있다는 얘기도 했다. 파트너사와의 계약 문제는 민감한 사안인데도 주주들에게는 사업 고충과 영업 기밀까지 털어놓은 것이다. 셀트리온의 고문을 맡은 법률사무소 김앤장 관계자는 "서 회장이 주주들의 모든 질문에 대답해주는 걸 보고 충격을 받았다"면서 "15년간 기업 주총을 자문하면서 경영진에게 발표해선 안 되는 부분과 주의할 사항을 조언해왔는데 이번처럼 할 일이 없었던 적은 처음"이라고 했다.

서정진은 주주들이 제기하는 문제에는 돌려 말하지 않고 항상 정면 돌파한다. 바꿔야 할 부분에는 개선하겠다는 의지를 보이거나 해결 방안을 제시한다. 주식 수가 매년 늘어나는데 배당이 적어 기존 주주들이 피해를 입고 있다는 지적에 대해 그는 "장기 투자자의 주식 가치가 희석되지 않도록 자사주소각이나 배당정책을 고민하겠다. 주주들이 원하는 대로 연말에 주식배당도 생각하고 있다"고 답했다.

절충안을 찾을 수 없을 때는 설득에 나선다. 직원들에게 지급하는 스톡옵션이 과도하다는 주주들의 불만 사항이 대표적이다. 스톡옵션 문제는 인재를 최우선하는 셀트리온이 성장하는 데 반드시 필요하다는 게 서정진의 생각이고 그는 이를 주주들에게 자세히 설명한다.

"셀트리온 대표이사 월급이 삼성의 이사급도 안 될 겁니다. 저나 우리 직원들 월급 보고 일하지 않고 미래를 보고 일합니다. 회사의 주인은 주주이고, 주주의 이익을 만드는 게 임직원입니다. 실적으로 보여드리겠습니다."

셀트리온은 매년 주주총회에서 새로 선임된 임원들에게 스톡옵션을 부여한다. 셀트리온이 경영진이 성과를 독식하지 않는 회사, 직원들에게 인색하지 않은 회사로 평가받는 것은 이 때문이다.

우리나라 재벌 기업들은 총수 일가가 작은 지분으로 경영에 과도한 경영권을 행사한다는 지적을 받아왔다. 서정진은 "한 번도 회사가 내 것이라는 생각을 한 적이 없다"며 "단 1주의 주식을 갖고 있어도 그 사람이 회사의 주인"이라고 말한다.

그러면서 서정진은 우리나라 기업이 변하려면 주총 문화부터 바뀌어야 한다고 했다.

"회사가 잘되려면 직원들이 똘똘 뭉치고 주주들이 믿어줘야 합니다. 신뢰가 전제가 돼야죠. 한국에도 국민들이 존경하는 기업이 나와야 합니다."

탐구 | 그들은 왜 속도에 집착할까

"문제가 터지면 그날 바로 해결합니다."

혁신 기술을 무엇으로 이길까

셀트리온을 혁신적인 회사라고 말하긴 어렵다. 새로운 시장을 만들어냈다고 할 수도 없다. 바이오시밀러(바이오의약품 복제약) 개발이 아무리 어렵다고 해도 사람들이 보기엔 오리지널 의약품을 베낀 모조품일 뿐이다.

셀트리온은 선구적인 기술이 없었다. 서정진은 셀트리온이 처음부터 혁신적인 제품을 내놓을 수 없다는 것을 잘 알고 있었다. 생명공학 전공자가 아니어도 누구나 깨달을 수 있는 사실이다. 글로벌 제약바이오 회사들이 최소 수십 년에서 수백 년에 걸쳐 쌓은 연구개발 노하우를 하루아침에 배울 수 있다고 생각하는 건 자만이다. 셀트리온은 기술을 가진 회사에 낮은 자세로 도움을 요청했고 역시 겸손한 태도로 감히 신약을 넘보지 않고 첫 개발 제품으로 바이오시밀러를 택했다.

"맨몸으로 신약에 도전하는 회사들을 보면 정말이지 당돌하다는 생각이 듭니다. 우리도 자신이 없어서 뛰어들지 못했거든요. 대기업이 아닌 한 한국에서 바이오 기업이 스스로의 힘으로 글로벌 신약을 개발하겠다는 건 무모한 짓이에요."

국내 바이오 회사들이 줄줄이 임상에 실패하는 걸 보면서 서정진이 한 말이다.

현실 자각 능력이 뛰어났던 그는 '혁신 기술의 부재'라는 치명적인 약점을 뛰어넘을 수 있는 방법을 강구했다. 그것은 '스피드'를 활용하는 것이었다. 삼성도 처음에는 패스트 팔로어(fast follower, 새로운 제품이나 기술을 빠르게 쫓아가는 전략 또는 그 기업)로 승부했다. 한국이 반도체 시장도 제패했는데 제약 시장도 제패 못 할 이유가 없다고 서정진은 생각했다. 경쟁자와 차별화되는 특별한 강점에 집착하면 정작 중요한 것을 놓치기 쉽다. 누구에게나 공평하게 주어지는 시간이야말로 간과하기 쉬운 요소다.

앨버트 라슬로 바라바시는 저서 『성공의 공식 포뮬러』에서 "시간은 경쟁이 치열한 시장에서 가지기 어려운 사치품"이라고 정의한다. 이 말은 환자의 생명을 연장시키기 위해 사투를 벌이는 제약업계에도 그대로 적용된다. 시간을 버는 자가 돈을 번다. 아픈 사람이 아프지 않을 시간을 벌어주는 의약품을 경쟁사보다 빨리 내놓아야 한다. 앞서 나간 제약사는 그만큼 시장 선점 효과를 누릴 수 있다. 셀트리온은 아시아 최초이자 최대의 동물세포 배양 공장을 가진 덕분에 제품의 개발부터 생산까지 걸리는 시간을 대폭 단축할 수 있었다. 아무도 바이오시밀러를 개발하지 않을 때인 2006년부터 연구개발에 돌입했고, 오리지널 바이오의약품의 특허가 만료되자마자 일등으로 시장을 파고들었다. 영국 옥스퍼드 사전에도 등재된 한국인의 '빨리빨리' 정신으로 채찍질하며 달려온 결과다. 셀트리온은 시장에서 가장 먼저 출시한 바이오시밀러를 뜻하는 '퍼스트 무버'(시장 개척자) 제품을 잇달아 선보였다. 덕분에 셀트리온은 후발 주자와 격차를 크게 벌릴 수 있었다.

가볍게 빠르게 단순하게

서정진은 혁신에 맞설 수 있는 강력한 무기가 속도라는 걸 항상 명심했다. 셀트리온은 연구개발뿐만 아니라 구매, 영업, 판매 및 마케팅 등 모든 분야에서 의사결정 과정이 단순하고 빠르다. 중요한 사안은 보고서를 올리고 회의를 소집할 필요도 없이 그 자리에서 바로 결정한다. 서정진의 말 한마디면 결재가 끝난다. 이런 의사결정의 단점이라면 직원들이 피곤하다는 것이다. 서정진은 임원은 물론이고 과장, 대리급 실무 담당자들에게 시도 때도 없이 직접 전화를 걸어 상황을 확인하고 지시를 내린다.

매사에 신속하게 대응하겠다는 의지는 조직 구성에서도 드러난다. 셀트리온헬스케어는 해외직접판매체제를 갖추기 전인 2018년까지 유럽의 14개 법인 중 네덜란드 법인에만 사무실을 뒀다. 운영비도 많이 들고 기동성이 떨어진다는 이유에서다. 본거지가 생기면 엉덩이가 무거워져서 현장을 멀리하게 될 것을 염려한 것이다. 해외영업팀 직원들은 유럽 전역의 호텔을 전전하는 떠돌이 생활을 했다. 파견 직원들도 유랑생활을 버틸 체력이 있고 민첩한 젊은이들을 골라 내보냈다. 입사 10년 차도 안 된 30대 과장이 법인장 역할을 맡기도 한다. 국내 주요 기업들의 해외 법인장들이 50대인 것과 비교하면 새파란 애송이다. 이 직원들이 그야말로 '맨땅에 헤딩'하듯 전 세계를 다니면서 유통망을 구축했다. 셀트리온 직원들은 캐리어 하나 달랑 끌고 유럽, 미국, 동남아 전역을 지방 출장 가듯 돌아다닌다. 고객이 전 세계에 있으니 업무시간도 24시간이다. 해외 의료진과 파트너사들은 셀트리온 직원들의 일 처리 속도에 혀를 내두른다. 스페인 마드리드의 도세 데 옥투브레 대학병원의 카를로스 그랑데 혈액암 전문의는 "글로벌 제약사 직원들을 많이 만나봤지만 셀트리온처럼 피드백이 빠른 회사는 없었다"고 했다.

셀트리온에서는 1년에 많아야 두 번 정도인 인사 발령, 조직 개편도 필요에 따라 속전속결로 이뤄진다. 직원들이 적응하지 못할 정도다. 2018년 10월 마드리드에서 만난 배준환 셀트리온헬스케어 유럽사업 담당 팀장은 스페인에 온 지 한 달여 만에 갑자기 영국 법인으로 발령이 났다는 소식을 듣고 망연자실한 채 말했다. "이삿짐이 한국에서 스페인으로 오고 있는 중인데……."

서정진은 셀트리온의 빠른 의사결정에 대한 자부심이 대단하다. 그럴 때마다 자랑스레 언급하는 일화가 있다. 한일 관계가 악화일로로 치닫던 2019년 8월 2일 일본이 수출 우대국 명단인 화이트리스트에서 한국을 제외했을 때다. 화이트리스트 국가에서 배제된다는 것은 일본에서 소재, 부품을 수입할 때마다 목적, 용도, 도착지를 알리고 일일이 허가를 받아야 한다는 걸 의미한다. 통관 절차도 최대 90일까지 늘어난다. 일본에서 원부자재를 수입하는 한국 기업들은 비상이 걸렸다. 그 조치로 수입 차질이 예상되는 일본산 원부자재만 1100여 개에 달했다. 생산에 필수적인 부품이나 소재의 공급이 끊기면 공장 가동을 중단해야 할 수도 있었다.

서정진은 화이트리스트 문제가 불거졌던 7월 말 긴급 대책 회의를 소집했다. 부서별로 일본에서 수입하는 부품 리스트를 만들어 들고 왔다. 셀트리온은 약 20종을 일본에서 수입했는데 바이러스 필터를 제외한 대부분의 소모품들은 미국, 독일제로 대체가 가능했다. 제약 바이오업종은 유럽과 미국에서 조달하는 원부자재가 많아 다행히 타격이 덜했다. 서정진은 구매 담당자에게 바이러스 필터를 만드는 일본 아사히카세이 공장으로 날아가 재고 물량을 최대한 확보하라고 지시했다. 담당자는 가져올 수 있는 양이 얼마나 되는지 확인하고 서정진에게 전화했다. 그 자리에서 구매 대금 승인이 났다. 셀트리온은 공장에 쌓여 있던 바이러스 필터를 전부 '싹쓸이'해왔다. 1년 이상 쓸 분량이었다. 불과 하루 만에 이뤄진 일이다.

"문제가 터지면 그날 바로 해결합니다. 회장인 제가 나서서 바로 결정을 해주니 빠를 수밖에 없죠. 결재 라인에 따라 절차가 있는 대기업은 상상도 못 할 겁니다."

타임라인은 바꿀 수 없다

권기성 셀트리온 연구개발 본부장은 "삼성은 그룹이라는 든든한 '빽'이 있지만 우리는 바이오 사업 하나가 안되면 망한다"며 스피드를 강조하는 이유를 설명했다. “우리 회사는 회장, 부회장, 본부장까지 의사결정 속도가 엄청나게 빠릅니다. 문제가 터지면 관련 부서에서 힘을 모아 헤쳐 나가는 습성이 몸에 배어 있어요. 제가 처음 부회장님에게 보고할 때 2020년 12월 5일 승인이 목표라고 하면 그 타임라인은 절대 안 바뀝니다. 은근슬쩍 2021년 1월로 미룰 수가 없어요. 버전 1로 못 박으면 그걸 맞추기 위해 다른 업무를 조정해서 해결합니다. 정 안 될 때는 경영진 앞에서 타당성에 대해 논의를 한 다음에 허락을 받아야 돼요. 그게 무서운 점이죠.”

공격적인 데드라인을 세운 도전 과제에 성취감을 느끼는 사람들이 이직해 셀트리온으로 왔고 끝까지 남았다.

서정진은 이런 직원들과 일하면서도 ‘빨리빨리’를 외친다. 그는 보고, 지시, 회의 등 대부분의 업무를 전화로 한다. 이메일도 사용하지 않는다. 카카오톡 앱도 깔지 않았다. 문자를 보내면 읽기만 하고 답은 전화로 한다. 글자를 치는 데 시간이 걸리기 때문이다. 궁금한 점이 있으면 임원뿐만 아니라 실무자에게도 전화해서 묻고 세세한 부분까지 직접 챙긴다. 해외 출장 중에는 한국 시간도 따져보지 않고 무작정 통화 버튼을 누른다.

이상준 셀트리온 수석부사장은 “한번은 새벽 3시쯤 회장님께 전화가 와서 잠결에 받았더니 ‘자냐? 그냥 자라’ 하고 끊으시더라”고 했다. 다음 날 물어보니 갑자기 임상 설계 문제와 관련해서 뾰족한 수가 생각나서 전화했다는 것이다. 그는 “회장님은 어떤 것에 꽂히면 꿈에서도 그 문제만 골똘히 계속 생각한다”면서 “그러다 좋은 아이디어가 떠오르면 까먹기 전에 빨리 알려주고 싶어서 대뜸 전화를 하는 것”이라고 했다. 주 52시간 근무제가 시행되면서 근무시간 외 업무 지시를 금지하도록 했지만 서정진에게는 딴 나라 얘기다.

서정진은 업무 속도를 올리려면 상황을 빨리 파악하는 게 우선이라고 생각한다. 셀트리온의 계열사 사장들은 오전과 오후, 하루에 두 번씩 서정진의 전화를 받는다. 서정진이 출장 중이거나 바쁠 때면 비서실에서 대신 전화를 한다. 내용은 간단하다. 아침 회의 이후 새로운 사건이 발생했는지 확인하는 것이다. 한번은 서정수 셀트리온제약 사장과 점심을 먹고 있는데 회장실에서 전화가 왔다. 그는 “근무 중 이상 무”라고 답했다. 수시로 상황을 점검하고 대처하는 게 셀트리온의 습관이자 경쟁력이다.

2

CELL.TRION.ISM
CELL.TRION.ISM
CELL.TRION.ISM
CELLTRIONISM

시작

서정진과 셀트리온의 전신 넥솔의 창업 멤버 다섯 사람은
관계가 끈끈하다는 말로는 부족하다.
서정진과 일명 '의리파 5인'은 창업 이후 약 20년 동안 승진이나 보수, 지분, 스톡옵션 등
회사의 처우 문제와 관련해 크게 다툰 적이 없다.
재취업이 어려워 어쩔 수 없이 사업을 시작했다는 서정진과 기꺼이 그를 따라나선 사람들.
그들에게 안정된 직장과 돈보다 더 중요한 것은 믿을 수 있는 사람과 함께 일하는 것이었다.
함께한 그들조차도 성공할 거라고는 생각지 못한 그 길, 그 시작은 어땠을까.

초대형 낙하산

"요점 정리 능력이 남보다 조금 뛰어났던 것 같다."

이직 이유: 스카우트

서정진의 이력은 독특하다. 창업 전에 재직한 회사는 삼성전기, 한국생산성본부, 대우자동차 3곳으로 모두 다른 업종이다. 생명공학이나 제약, 바이오 분야와 관련된 회사도 없다. 두 차례의 이직에 공통점이 있다면 자의가 아닌 '타의'에 의해서였다는 것이다. 매번 함께 일하던 윗사람이 그를 스카우트했다. 그들은 서정진의 명석한 두뇌와 빠른 일 처리, 우직하고 성실한 성품에 감탄하면서 그를 영입했다.

서정진은 대학 졸업 후 1983년 삼성전기에 입사했다. 2남 2녀 중 장남인 그는 동생들의 학비를 마련하고 부모님을 부양하기 위해 안정적인 대기업을 택했다. 삼성전기에서 일하는 동안 그는 "정말 열심히 일했다"고 했다. 책임과 권한이 큰 일을 하고 싶다는 욕심이 생겼을 때 그를 눈여겨본 손병두 삼성그룹 이사(현 호암재단 이사장)가 1985년 한국생산성본부로 자리를 옮기면서 함께 가자고 제안했다.

한국생산성본부에서 일하던 6년 동안 그는 국내 기업들을 컨설팅하면서 역량을 인정받는다. 이곳에서의 경험은 서정진이 훗날 회사를 세운 뒤에도 큰 도움이 됐다. 실전 지식을 배울 수 있었기 때문이다. 서정진은 한국생산성본부에서 기업의 최고경영자들을 대상으로 경영혁신과 핵심역량 강화를 교육하는 일을 맡았다. 기업의 문제점을 진단하고 처방을 내려주는 일도 했다. 창업을 준비하는 벤처기업인을 상담하고 조언하는 일까지 담당하면서 그는 경영의 요체를 간접적으로 체득했다. 대한민국의 산업화가 가장 활발히 진행되던 시기에 급속도로 성장하는 기업들을 옆에서 지켜볼 수 있었던 절호의 기회였다. 서정진의 탁월한 현상 진단과 요점 정리 능력은 컨설팅 분야에서 더욱 빛을 발한다. 그는 30세에 전문위원 명함을 가지고 다녔을 정도로 초고속 승진을 거듭했다.

김우중이 꽂은 초대형 낙하산

서정진은 대우그룹을 컨설팅하면서 김우중 대우그룹 회장과 인연을 맺게 되었다. 김우중은 현대 정주영, 삼성 이병철과 함께 대한민국 3대 기업가로 손꼽히는 인물로 1987년 「포춘」의 '50대 기업인'에 선정되는 등 명성이 대단했다. 지금이야 서정진이 대한민국 샐러리맨 신화로 꼽히지만 원조는 김우중이다.

김우중은 서정진에게 지대한 영향을 미친다. 중소기업에서 시작해 굴지의 재벌 기업을 일군 것부터 엄청난 워커홀릭 성향과 경영 스타일까지 두 사람은 비슷한 점이 많다. 서정진의 글로벌경영도 '세계는 넓고 할 일은 많다'라는 김우중의 세계경영에서 영감을 받은 것이란 분석도 있다.

대우는 작은 무역회사에서 출발해 김우중의 타고난 경영 능력 덕분에 재계 4위 그룹으로 도약했다. 김우중은 1970년 중동 붐으로 '잭팟'을 터뜨리면서 무서운 속도로 사세를 불렸고 대우를 현대, 삼성, LG에 이은 4대 재벌 기업 반열에 올려놓았다. 대우는 한때 삼성을 제치고 그룹 순위 2위에 등극하기도 했다.

서정진은 대우그룹을 컨설팅하면서도 거침이 없었다. 공공기관의 일개 컨설턴트가 대기업 사장과 임원을 상대로 문제점을 조목조목 지적하고 신랄하게 비판했다. 정곡을 찌르는 그의 질문에 쩔쩔매는 임원도 부지기수였다. 그에 대한 소문은 김우중의 귀에도 들어갔다. 서정진은 김우중 앞에서 두세 번 프레젠테이션을 했다. 회장 앞에서도 당당하게 의견을 제시하는 모습이 김우중의 눈에 들었다.

김우중은 1991년 대우차 기획재무부문 고문으로 서정진을 스카우트한다. 파격 제안이었다. 33세의 새파란 컨설턴트에게 그룹 전체를 개혁할 경영혁신팀 임원 자리를 선뜻 내어준 것이다. 동년배들은 대우차에서 대리, 과장급 직책을 달고 있을 때였다. 대우 이직은 독이 든 성배였다. 서정진이 입사하면서 대우의 직급 체계에는 대혼란이 생겼다. 대기업에서는 최연소 임원이라고 해도 40대 초반이었는데, 공채로 입사한 직원들의 경력을 10년 이상 앞섰으니 동료들의 시기와 질투가 심했다. 서정진은 김우중 회장이 꽂은 낙하산 중에서도 초대형이었다. 대우 사람들은 "얼마나 능력이 특출하기에 회장님이 모셔올 정도냐"며 눈에 쌍심지를 켜고 그를 지켜봤다. 서정진은 작은 공공기관에서 굴러들어온 돌이라 비빌 언덕이 마땅치 않았다. 공채 직원들이 기수별로 똘똘 뭉칠 때 서정진은 속마음을 터놓을 동기도, 그를 이끌어줄 선배도 찾기 힘들었다. 서정진은 고군분투했다. 대우 시절 서정진의 활동 반경이 넓지 않았던 것은 이런 이유에서다.

훗날 서정진이 셀트리온을 창업해 유명해진 후 대우맨들은 서정진의 이력에 의혹을 제기했다. 입사 경로가 잘 알려지지 않아 서정진을 기억하는 대우 사람들이 드물기 때문이다. 지금도 여전히 서정진을 대우맨으로 인정하지 않는 사람들이 적지 않다.

서정진을 비롯해 대우 출신 창업 멤버들은 이런 뒷담화를 "말하기 좋아하는 사람들이 하는 소리"라며 웃어 넘겼다.

5인의 의리파

"돈이 될 거라고 생각해서 올인 한 게 아니에요."

세기말에 찾아온 손님

1999년 12월 31일 서정진은 중국행 비행기에 몸을 실었다.

"너 혼자 보낸 게 미안해서 왔다."

인적 드문 중국 산둥성의 시골 변두리 호텔방으로 들이닥친 서정진의 첫마디였다. 서정진이 찾아간 사람은 대우차 기획조정실에서 같이 일했던 부하 직원이자 지금은 셀트리온 대표이사 부회장이 된 기우성이었다.

기우성은 셀트리온 창업 멤버 5인 중 한 사람이다. 회사가 벼랑 끝에 몰릴 때마다 구해낸 해결사다. 기우성은 1988년 한양대 산업공학과를 졸업하고 대우차에 입사했고, 서정진이 1992년 대우차 기획조정실에 합류하면서 함께 일하게 됐다.

기우성은 서정진이 다른 대우차 임원들과는 확실히 달랐다고 한다. 서정진은 다른 임원들과는 달리 회장의 '입맛'에 맞는 보고서만 올리지 않았고 쓴소리도 거침없이 했다. 필요한 일이라면 기획안을 만들어 올리고 사장단을 기어이 설득해냈다. 일이 되도록 만드는 리더이자 후배들이 따르는 선배였다. 서정진이 합류한 이후 대우차 기조실에는 '쿵짝'이 잘 맞아 일할 맛이 나는 분위기가 형성됐다. 밖에선 경쟁 과열, 안에선 노사 분열로 회사가 안팎으로 위기일 때 이들은 끈끈한 전우애를 쌓았다. 기우성은 지금도 "우리는 서정진이 키운 새끼들"이라고 말할 정도다. 그는 "이 사람과 함께하면 무슨 일을 해도 되겠구나 하는 생각이 들었다"고 말했다.●

기우성은 서정진의 말이라면 무조건 믿고 따랐다. 그가 중국에 가게 된 것도 서정진 때문이었다. 기우성은 1999년 10월 대우차의 옌타이 자동차부품 공장 기공식이 열리기 직전 중국 발령이 났다. 이 행사는 김우중의 마지막 해외 시찰이 된다. 대우차 기획조정실이 기공식을 총괄했고 서정진은 팀의 막내였던 기우성을 6개월간 중국으로 보냈다. 기우성은 파견근무의 대가로 동기 30명 중 가장 먼저 차장으로 승진한다. 그런데 한 달 뒤 대우그룹 분식회계 사태가 터졌다. 글로벌경영 신화로 주목받았던 대우그룹은 41조 원의 천문학적인 금액을 횡령한 악덕 기업이 됐다. 김우중은 검찰 수사를 피하기 위해 귀국하지 않고 해외로 도피했다. 김태구 대우차 사장과 서정진은 사태에 책임을 지고 사표를 썼다. 상사를 한꺼번에 잃어버린 기우성은 중국에서 오도 가도 못하는 처지가 됐다. 서정진은 홀로 남은 기우성을 생

● "셀트리온을 한국의 머크로 만들겠다", 시사저널, 2016. 4. 7.

각하면 밤에 잠이 오지 않았다. 20세기 마지막 날 그를 찾아간 것은 이런 이유에서였다.

5인의 의리파

기우성은 중국까지 찾아온 옛 사수가 그렇게 반가울 수가 없었다.

"우리도 사업이나 하자고 하시더군요. 중국 파견이 끝나는 2000년 3월 31일까지 근무하고 한국으로 돌아와 사표를 냈습니다. 4월 5일 식목일이 휴일이었는데 그날부터 인천 연수구청에 있던 사무실로 출근했습니다."

서정진은 대우차에서 나와 벤처기업을 차리고 연수구청에 사무실을 얻어놓았다. 회사 이름은 넥솔. '다음 해결책'을 뜻하는 '넥스트 솔루션'의 줄임말이다. 이 신생 회사가 그들을 실직자에서 구제할 방안을 제시해주길 간절히 바랐던 것 같다. 넥솔은 1999년 11월 23일 연수구청 7층 벤처센터 한쪽에 둥지를 틀었다. 그해 연수구청은 신청사를 완공하면서 청사 내에 벤처보육센터를 만들었고 10개 벤처기업을 선정해 무상으로 임대해주었다. 넥솔은 1호 입주 기업이었다.

기우성이 출근하자 사무실에는 대우차에서 같이 일했던 유헌영 차장(현 셀트리온홀딩스 대표이사 부회장)이 때가 꼬질꼬질한 의자와 책상을 걸레로 박박 닦고 있었다. 유헌영도 사수인 서정진의 제안에 하루만에 대우차를 그만두고 따라나선 참이었다. 서정진은 그를 '셀트리온의 1호 직원'이라고 말한다. 엄밀히 말하면 셀트리온의 전신 넥솔의 1호 직원이다. 서정진과 유헌영은 사무실을 마련하자마자 중고 가구

점을 돌아다니며 책상과 소파를 샀다. 연수구청은 새로 지은 건물이라 티끌 하나 없이 깔끔했다. 새하얀 벽과 반질반질한 바닥 위에 허름한 중고 가구가 들어서니 그렇게 초라할 수가 없었다.

"뭐 하냐? 얼른 와서 거들지 않고."

유헌영의 말에 기우성도 팔을 걷어붙였다. 세제를 사 와 대청소를 했다. 경리 직원을 뽑으려면 없어 보이면 안 된다고 했다. 넥솔은 헐값에 임대한 사무실 외에는 아무것도 준비된 것이 없었다. 그래도 이들은 개의치 않았다. 믿을 수 있는 사람과 일한다는 것이 가장 중요했다. 스러져가는 대기업에 남아 있는 것보다 나았다.

이들에 대한 소문이 퍼지자 기우성, 유헌영에 이어 대우차 기획조정실에서 함께 일했던 문광영 차장(전 셀트리온스킨큐어 사장), 이근경 차장(전 셀트리온헬스케어 고문), 김형기 대우차 전략기획팀 팀장(현 셀트리온헬스케어 대표이사 부회장)이 줄줄이 합류했다. 실리콘밸리의 시작이 쇼클리 반도체 연구소를 떠나 페어차일드 반도체를 설립한 '8인의 배신자들'에서 비롯됐다면 셀트리온의 시작은 대우차 기조실의 '5인의 의리파'인 셈이다. 서로 눈빛만 봐도 무슨 생각을 하는지 다 알 정도라고 김형기 셀트리온헬스케어 부회장은 말했다. 같은 회사에서 일하던 팀이 한꺼번에 옮겨온 탓에 그들은 월급을 받을 때만 빼고는 회사를 옮겼는지도 깨닫지 못했다.

성공을 꿈꾸지 않았다

5인의 의리파는 사회생활을 하다 인연을 맺은 사람들이라고 생각할 수 없을 정도로 끈끈하다. 회사가 어려울 때 대출과 마이너스통장을 끌어모아 자금을 보탰고 전 재산인 집을 담보로 대출을 받기도 했다. 기우성은 대출을 갚지 못해 차압이 들어왔던 날을 생생히 기억한다.

"2000년 신용대출 최대치로 3000만 원을 받았어요. 그걸 다 태우고 아파트를 담보 잡혔더니 더 이상 대출이 안 되더군요. 아내에게 난리가 났다고 전화가 와서 집에 가보니 TV, 식탁, 모든 집기에 압류 딱지가 붙어 있었습니다. 아내는 거실에서 울고 있고 가족들은 망연자실해 있고요. 그 장면은 평생 잊지 못할 겁니다."

뭘 믿고 그렇게 했느냐는 질문에 그는 '의리'라고 답했다. "남자들의 최대 단점이죠. 우리 중 누구도 이렇게 성공할 거라고는 생각도 안 했습니다. 돈이 될 거라고 생각해서 올인 한 게 아니에요."

10평 남짓한 연수구청 사무실에서 부대끼면서 의리는 더욱 굳건해졌다. 이들은 꼭두새벽에 출근해 야근을 밥 먹듯이 했다. 서정진은 "실업자가 된 판국에 가족들의 눈치도 보이고 차라리 회사에 나와서 일하는 게 나았다"고 했다. 사무실을 제 집보다 자주 드나들었던 탓에 누군가는 이때를 '쓰레빠 끌고 다니던 시절'이라고 했다.

백수나 다름없는 이들이 드나들던 벤처보육센터는 훗날 대한민국 벤처 역사의 산실이자 연수구청의 자부심이 됐다. 9년 뒤인 2011년 10월 5일 셀트리온이 송도국제도시에 제2공장을 준공했을 때 연수구청은 넥솔이 있었던 자리에 커다란 현판을 세웠다. 초록색 현판에는 이렇게 적혀 있다.

"이곳은 대한민국을 대표하는 세계적인 바이오 기업 셀트리온이 입주했던 곳입니다. 세계적인 생명공학 회사로 성장하기에 이르렀는바, 연수구민의 긍지와 발전의 염원을 담아 이곳을 기념합니다."

'넥스트 솔루션'

"생명공학이 우리나라 경제를 끌고 가는 성장 동력이 될 겁니다."

어쩌다 바이오

넥솔 사람들은 악착같이 새로운 사업 아이템을 찾아다녔다. 창업 초기에는 식품 수입 사업에 뛰어들었다가 쓰디쓴 실패를 맛봤다. 방부제 처리를 하지 않은 당근을 대량 수입해 창고에 보관했는데 모조리 상한 것이다. 얼마 되지 않던 창업 자본금을 털어 산 당근을 폐기 처분하면서 눈물을 삼켜야만 했다. 당근 사업 이후 상조 사업도 검토했다. 고령화 시대에 장례 사업이 뜰 것이고, 상조업체가 보편화돼 있지 않았던 터라 프리미엄 장례 서비스로 승부하면 돈이 될 것 같았다. 당장 사업성 검토에 들어갔다. 이번엔 시장조사를 하다 졸지에 사후 체험을 했다. 서정진과 동료들이 장례업체를 방문해 직접 관 속에 누워봤다는 유명한 일화다. 산송장이 된 경험은 서정진에게 깊은 깨달음을 줬다. 그는 “관 뚜껑이 닫히기 전까지는 실패란 없다”는 말을 남겼다. 하지만 장례 사업은 땅속에 묻혀 영영 빛을 보지 못했다.

넥솔은 잇단 실패로 전의를 상실했다. 하지만 상심에 빠져 있을 수는 없었다. 실패를 만회할 방법을 계속해서 찾아내야만 했다.

당시 검토한 사업들 중에 그나마 좋은 반응을 얻은 것은 세 가지였다. 하나는 컨설팅이었다. 대우는 망가졌지만 서정진의 평판까지 망가진 것은 아니었다. 서정진의 프레젠테이션 능력은 업계에서 정평이 나 있었다. 대형 스크린에 파워포인트를 띄워놓는 것은 상상도 할 수 없던 시절, 발표 자료는 보고서로 돌리고 말로 ‘때워야’ 했다. 서정진은 모든 내용을 완벽히 숙지한 다음 짧은 시간 안에 알기 쉽고 명확하게 전달했다. 슬쩍 훔쳐볼 수 있는 커닝 페이퍼도, 청중의 이목을 끌 만한 보조 수단도 없이 사람들의 마음을 사로잡았으니 진정한 발표의 달인이었다.

당시 서정진이 외부 기업의 컨설팅을 맡으면 하루 일당으로 최소 50만 원에서 100만 원을 받았다. “우리가 외주 컨설팅을 하면 20~30만 원 받았는데 회장님은 그 두 배 이상을 받았습니다. 창업 멤버를 모을 때도 ‘야, 우리끼리 이거만 해도 먹고살 수 있어’라는 자신감을 보이셨죠. 능력이 되는 사람이니까 우리도 믿고 따랐던 거죠.” 기우성의 말이다.

그들은 차별화를 위해 경영정보 컨설팅이라는 새로운 용어를 만들어냈다. 당시 최신 트렌드인 IT(정보통신) 분야와 접목한 것이다.

두 번째는 이동통신 사업이었다. 기계 밥을 먹은 ‘공돌이’ 출신들은 정통 IT 분야인 이동통신 사업을 해야 한다고 강력히 주장했다. 이동통신은 1990년대부터 ‘황금알을 낳는 거위’라고 불릴 정도로 수익이 많이 나는 장사였다. 초기 투자 비용이 많이 들긴 했지만 한번 인프라를 깔아두면 계속 이익을 낼 수 있었다. 자동차산업처럼 부침이 심한 분야도 아니었다.

마지막으로 거론된 분야가 생명공학이었다. 생명공학은 어이없는 이유로 사업 후보군에 추가됐다.

"아이템 회의를 하는데 누군가가 '바이오 사업이 미래에 괜찮다더라'고 하면서 전날 신문을 가져왔더라고요. 그런데 바이오를 아는 사람이 없었어요. 두 가지 사업만 하기엔 부족한 것 같고 세 가지는 되어야 구색이 맞을 것 같아 그날 바로 바이오 사업을 하기로 결정했습니다."

서정진은 "누구의 아이디어인지도 기억나지 않는다"면서 이렇게 말했다. 뭘 알아야 사업성이니 전망이니 따져볼 텐데 다들 백지상태였기에 "그래, 그거 좋겠다" 하고 어물쩍 넘어간 것이다.

1990년대에 생명공학은 한국에서 과학의 한 분야로만 인식됐지 산업으로 대우받지 못했다. 세 가지 사업 아이템 중 생명공학이 주목도가 가장 떨어졌다. 창업 멤버들은 지금도 바이오가 어떻게 주력사업이 됐는지 아무리 생각해도 희한한 일이라고 입을 모은다. 넥솔은 미래가 불확실한 바이오산업은 이름만 걸어놓고 실질적으로는 수익을 낼 수 있는 사업에서 승부를 보기로 했다.

하지만 서정진은 신문에서 좀처럼 눈을 떼지 못했다. 그는 기사를 가위로 오린 다음 접어서 양복 안주머니에 넣었다. 그리고 종잇조각이 너덜너덜해질 때까지 수시로 꺼내봤다.

그물망 전략으로 찾은 인연

내부 기류와 달리 서정진은 '곁다리'로 추가한 생명공학 사업에 남다른 애착이 갔다. 알면 알수록 생명공학의 매력에 빠져들었다. 그래서 전문가를 찾아 나섰다. 혼자만의 생각과 판단으론 부족했다. 대우차 출신 동업자들은 생물의 '생' 자도 모르는 초짜들이었다. 게다가 막상 시작을 하려고 보니 대우자동차 명함은 어디에 내놔도 쓸데없었다. 오히려 대기업 출신 실업자라는 꼬리표가 발목을 잡았다. 그렇게 똑똑한 척하고 잘나가더니만 결국 망해서 이상한 사업에 뛰어드느냐고 비아냥거리는 소리도 들었다.

그래도 서정진은 아랑곳하지 않았다. 일단 국내에서 내로라하는 생명공학 석학부터 관련된 사업체까지 리스트를 만들어 하나씩 접촉했다. 그러나 번번이 문전박대를 당했다. 서정진의 사업 구상은 애매했다. 생명공학이라는 목표만 있을 뿐 구체적인 사업 아이템도 없었다. 누구도 선뜻 도와줄 리 만무했다. 어쩔 수 없이 모든 인맥을 총동원했다. 생명공학 전문가를 수소문하기 위해 여러 곳에 그물을 던져두는 '그물망 전략'을 폈다. 서정진은 생명공학과 전혀 관련 없는 분야라도 친구의 가족, 친구, 선후배까지 넓혀가다 보면 언젠가는 조력자를 만날 수 있을 것이라고 생각했다. 한 치 앞도 보이지 않는 절박하고 절실한 상황에서도 희망을 가진 것이다.

서정진은 대학 친구였던 채정모에게 사업 이야기를 꺼냈다. 그는 대학 선배인 조명환 건국대 생명과학특성학과 교수를 소개시켜줬다.

조명환은 서정진을 처음 만났을 때를 생생히 기억했다. 자동차 회사 임원 출신이 왜 생명공학 사업을 하고 싶어 하느냐고 묻자 서정진은 분홍색 고무지우개가 달린 노란 연필과 A4 용지를 꺼내 사업 구상을 설명했다고 한다.

"그렇게 간단명료하고 쏙 들어오는 설명은 처음이었어요. 대기업 임원 출신이니 프레젠테이션 능력이야 좋았겠지만 자기 전공도 아닌 생명공학 분야를 제대로 설명하기는 어렵거든요. 그 복잡한 내용을 종이 한 장에 쉽고 명쾌하게 설명하는데 교수인 제가 봐도 전혀 다른 차원의 발표였습니다."

학사 출신 실업자는 미국 석·박사학위를 가진 생물학 교수 앞에서 생명공학의 미래에 대해 열변을 토했다.

"지금은 우리나라 주력산업이 중화학, 철강, 전자이지만 앞으로는 생명공학이 우리나라 경제를 끌고 가는 성장 동력이 될 겁니다."

서정진은 자신이 대한민국의 생명공학 시대를 개척하는 첫 번째 기업인이 되고 싶다고 했다. 대우차가 허망하게 무너지는 걸 보면서 그는 신산업 육성의 중요성을 깨달았다. 미래 먹을거리가 될 수 있는 산업을 키우면 국가 발전에 기여할 수 있을 것이라고 서정진은 생각했다.

서정진의 말은 조명환의 마음을 뒤흔들었다.

"많은 기업인을 만났지만 이렇게 확신에 찬 사람은 처음 봤어요. 이 사람이라면 우리나라에 생명공학 붐을 일으킬 수 있겠다는 생각이 들었습니다."

서정진은 생명공학에 대한 전문적인 지식은 없었지만 바이오산업이 '넥스트 솔루션'이 되리라는 것은 누구보다 잘 알고 있었다.

탐구 | 평범한 그들은 어떻게 특별한 성과를 냈을까

"똑똑하고 잘났다면 장사를 해야지 사업을 해선 안 된다."

너무나 평범한 비주류들의 회사

제약바이오업계에서 셀트리온은 돌연변이다. 태생부터 불리했다. 창업자의 출신 성분은 생명공학 분야에서 매우 중요한 문제다. 유전공학 대가가 세운 제넨텍이나 창업 멤버에 노벨상 수상자가 두 명이나 있는 바이오젠처럼 세계적인 회사들과 비교하자는 게 아니다. 셀트리온의 경영진은 국내 바이오 기업들과 견줘도 부족한 스펙을 갖고 있다.

셀트리온의 창업 멤버 중에는 일명 'SKY'(서울대, 고려대, 연세대) 출신이 한 명도 없다. 서정진은 건국대, 기우성은 한양대, 김형기는 서강대를 졸업했다. 바이오와 관련된 분야를 전공한 사람도 없다. 정치외교학과를 나온 김형기를 빼고 세 명이 산업공학과 출신이다. 학력인플레이션이 심한 바이오업계에는 발에 채는 게 박사인데, 석사학위를 받은 사람도 없었다.

임원진의 면면을 따져봐도 사정은 별반 다르지 않다. 셀트리온의 임원 41명(2020년 6월 30일 기준, 사외이사 제외) 중 SKY 대학 졸업자는 11명, 해외에서 대학을 나온 사람은 7명이다. 전체 임원의 절반도 안 된다. 셀트리온에서 주류는 따로 있는데, 바로 인하대 출신이다. 이 학교를 졸업한 임원이 10명으로 가장 많다. 2003년 셀트리온 생명공학연구소를 인하대 의대 안에 세우고 공동연구개발 협약을 맺었기 때문이다. 서정진의 동생인 서정수 셀트리온제약 사장과 둘째 아들인 서준석 운영지원 담당장도 인하대를 졸업했다.

셀트리온이 '비주류'들의 회사가 된 건 상황 탓이었다. 회사는 설립 초기부터 '인재 기근 사태'에 시달렸다. 학벌 좋은 사람들은 이름 없는 신생 바이오 벤처 대신 글로벌기업을 택했다. 2006년 본격적으로 바이오시밀러 개발을 추진했을 때도 마찬가지였다. 미국 MD앤더슨 암센터 연구원 출신으로 뉴멕시코대 의과대학 조교수로 있던 이상준 셀트리온 수석부사장은 "실은 2006년쯤 셀트리온에서 일할 생각이 없느냐는 제안이 왔는데 그 자리에서 바로 싫다고 했다"고 고백했다. "회사 홈페이지에 들어갔는데 허접하더라고요. 직원은 250명뿐이고 바이오시밀러가 뭔지도 모르겠고. 글로벌 제약사들의 오퍼가 쇄도하던 시절인데 내가 왜 거길 가느냐고 했죠." 그는 셀트리온의 임상 데이터를 보고 감동을 받고 2012년 7월 제 발로 셀트리온에 걸어 들어왔다.

회사의 인지도가 낮아서 다들 셀트리온을 거들떠보지도 않았다. 그러니 스펙과 경력이 평범한 사람들을 채용할 수밖에 없었다. 직원들은 술 한잔 마시면 농담 반 진담 반으로 "갈 데가 없어서 여기에 있는 것"이라고 푸념했다. 홍승서 전 셀트리온헬스케어 사장은 "셀트리온 사람들이 뛰어나냐고 물어보면 흔쾌히 '그렇다'고 대답할 수 없다"며 "우수한 사람들이 모여 있어서 성공했다는 말에는 동의할 수 없다"고 말했다. 실직자 신세인 창업 멤버들은 그렇다 치더라도 새로 들어온 직원들도 대기업에서 영입하려고 할 정도의 인재는 아니었다. 이들이 어떻게 세계 최고의 브레인들이 불가능하다고 했던 바이오시밀러를 개발할 수 있었던 걸까?

방향보다 더 중요한 것

『좋은 기업을 넘어 위대한 기업으로』의 저자 짐 콜린스는 "위대한 기업을 만든 리더들은 버스를 어디로 몰고 갈지 생각하기 전에 먼저 적합한 사람을 태웠다"고 했다. 기업의 비전, 사업 방향보다 사람이 제일 중요하다는 얘기다. 셀트리온은 '적합한' 사람을 골랐다. 서정진과 함께 대우차에서 나와 창업한 '의리파 5인방'이 바로 그런 사람들이었다. 이들은 자동차 이외엔 아무것도 몰랐지만 일하는 방법과 자세를 알았다. 현장에서 몸으로 부딪히고 깨지면서 일이 되도록 만드는 것이 대우그룹의 DNA였다. 1990년대에는 대기업에 입사하면 삼성은 책상 서랍 속 연필까지 깎여 있고 현대는 사무실에 책상만 있고 대우는 책상도 없었다는 우스갯소리가 있었다. 대우는 아무것도 준비가 안 된 상태에서 '세상은 넓고 할 일은 많다'며 험지로 직원들의 등을 떠밀었다. 이런 방식으로 훈련된 덕분에 5인방은 함께 바이오 불모지에서 근근이 버틸 수 있었다.

벼랑 끝에서도 살아남는 DNA가 있는지는 이력서와 면접만으로는 판단할 수 없다. 같이 일을 해봐야 파악할 수 있는 자질이다. 사람은 바닥을 쳤을 때 진면목이 드러난다. 대우차가 망했을 때 동고동락하며 위기를 함께 겪은 5인방은 서로의 능력과 한계를 잘 알았다. 서정진은 대우차 기획조정실에서 일하면서 눈여겨봤던 사람을 셀트리온호에 태웠다. 동료들의 능력을 믿지 않았다면 술이나 마셨지 같이 사업을 하진 않았을 것이다. 이들은 창업하기 전부터 약 10년간 믿음과 동지애로 결속돼 있었다.

성공한 창업자들은 대부분 신뢰로 맺어진 관계에서 출발해 조직을 완성했다. 알리바바의 창업자 마윈은 대학 영어 강사로 일하던 시절 만난 학생과 동료 7명과 창업했다. 마윈은 "우리 조직에서 빼내갈 수 있는 사람은 아무도 없다"고 말할 정도로 끈끈한 동료애를 과시했다.● 통역회사에서 시작해 전자상거래업체로 방향을 바꾸기까지 실수도 많이 하고 자주 다투기도 했지만 서로에 대한 믿음이 있었기 때문에 중국 최대 IT 기업으로 성장할 때까지 함께했다.

초창기 사업 아이템을 정하지 못한 상태에서 우왕좌왕한 것은 셀트리온도 마찬가지였다. 방향이 정해지지 않은 상태에서 무작정 창업에 뛰어드는 것은 망하는 지름길이다. 넥솔이 경영 컨설팅, 식품 수입, 정보통신 사업을 모조리 '말아먹은' 것은 당연한 결과였다. 그러나 명확하고 뚜렷한 목표가 있다고 해서 반드시 성공하는 것은 아니다. 보물 지도를 손에 쥐고도 목적지를 찾지 못하고 조난되기 일쑤다. 망망대해에서는 노련한 선원들이 많다고 목적지에 도달하는 것도

● 『알리바바 마윈의 12가지 인생강의』, 장옌, 김신호 옮김, 매일경제신문사, 2014.

아니다.

불확실성의 바다에서는 거친 풍랑을 헤치고 끊임없이 앞으로 나아가는 배가 보물섬에 도달할 가능성이 높다. 침몰할 것 같은 배에 끝까지 남아 사투를 벌이는 선원이 필요하다. 다른 배로 갈아타 살길을 도모하는 약삭빠른 선원들만 있다면 배는 앞으로 나아가지 못한다. 포기하지 않고 성실하게 선장을 따르는 선원들이 있다면 보물섬은 아니더라도 신대륙은 발견할 수 있다. 무작정 창업의 바다에 뛰어든 셀트리온호가 우여곡절 끝에 바이오 신세계에 닻을 내릴 수 있었던 이유다. 셀트리온에는 배를 버리고 도망가지 않을 선원들만 모여 있었다. 이들은 "무식하면 용감하다"는 손가락질을 받으면서도 미련하게 버텼다. 어디로 가느냐보다 누구와 함께 가느냐가 더 중요하다는 걸 셀트리온은 증명했다.

세상의 인재 vs 셀트리온의 인재

모든 기업은 서로 인재를 영입하려고 안달이다. 이건희 전 삼성그룹 회장은 1995년 "천재 한 명이 10만 명을 먹여 살린다"는 '천재 경영론'을 설파했다. 그는 "S급 인재 1명이 A급 인재 10명보다 낫다"면서 "S급 인재를 데려오지 말고 모셔오라"고 지시했다. 글로벌기업들은 최고의 인재가 아니면 채용하지 않는다. 아마존의 창업자 제프 베조스는 똑똑한 인재만이 아마존이 성공할 수 있는 길이라고 여겼다. 그는 항상 이전보다 나은 사람을 채용해야 한다며, 면접자에게 어려운 질문을 퍼붓고 지원자들의 대학입학자격시험SAT 점수까지 따졌다. 마이크로소프트는 인재를 놓치지 않기 위해 사람 보는 눈이 있는 간부급 고참 직원을 최종 면접관으로 배치했다. 구글은 임직원들을 대상으로 300가지 항목의 설문조사를 실시해 인재를 판별하는 25가지 척도를 개발했고 이를 기반으로 40일 동안 다섯 차례 면접을 실시한다. '인재는 인재가 알아볼 수 있다'면서 내부 직원들이 좋은 사람을 추천하면 4000달러의 상여금을 지급하기도 했다. 인재 경쟁은 각 회사 인사 부서의 경쟁으로 옮아갔다. 인재를 끌어오는 것에 인사팀의 역량을 집중하고 누가 더 기발하고 독특한 채용 방식을 생각해내는지 회사의 자존심을 건 아이디어 싸움이 펼쳐지고 있다.

인재 채용 각축전 속에서 셀트리온은 비무장지대처럼 평온해 보인다. 삼성이 바이오 사업에 뛰어들면서 셀트리온과 피 튀기는 인력 빼가기 전쟁을 벌이긴 했지만 신입 채용에 있어서는 IT업계만큼 부산스럽지 않다. 놀랍게도 셀트리온은 채용 방식에 변화를 주는 어떠한 시도도 하지 않는다. 서류 전형과 면접 전형으로 이뤄진 고전적인 방식을 고수한다. 차별화된 채용 기준이나 시험이 있는 것도 아니다. 직무에 따라 외국어 면접을 실시하고 직무, 전공, 인성을 평가하는 정도다. 서정진은 회사의 채용 절차에 절대 관여하지 않는다. 그는 "기업가가 직원들의 사기를 꺾지 않기 위해 개입하지 말아야 할 것이 4가지 있는데 채용, 진급, 구매, 급여"라고 말한다.

서정진에게 인재의 덕목에 대해 여러 번 물었으나 똑 부러지는 대답을 듣기 힘들었다. 대학교, 기업체, 공공기관 등 수많은 곳에서 강연을 했지만 자신이 생각하는 인재상을 강조한 적이 거의 없다. 그저 "열정을 가지고 자기 분야에서 최고가 되어야 한다"는 게 전부다. 서정진은 "전 세계를 뒤져봐도 한국인처럼 습득 속도가 빠르고 일을 잘하는 민족이 없다"고 말한다. 그는 "한국에서 사업하는 사람은 행복한 줄 알라"며 인재가 없음을 한탄하는 기업가들을 나무라기도 한다. 취업이 안 되어 괴로워하는 청년들에게 희망을 주는 이야기다.

서정진이 생각하는 인재는 세상이 생각하는 인재와 다르다. 그는 "성공하는 데 가장 큰 걸림돌이 있다면 똑똑하고 잘난 것"이라고 말한다. "당신이 똑똑하고 잘났다면 장사를 해야지 사업을 해선 안 된다. 똑똑해도 똑똑하지 않아 보이고, 잘나도 잘나지 않아 보여야 성공할 수 있다"는 게 그의 지론이다.

이런 깨달음은 샐러리맨으로 사회생활을 하면서 얻어진 것이다. 서정진이 모교인 건국대에서 한 강연에 그의 생각이 잘 나타나 있다.

"삼성전기 생산과장으로 일할 때였습니다. 벨트컨베이어 방식으로 생산하는 공장이었는데 일주일에 3일을 철야 근무 했어요. 새벽 2시까지 공장을 돌리고 아침 8시부터 다시 가동하는 거지요. 그러면 6시간을 잘 수 있는데 회사 기숙사가 없어서 공장 바닥에 스티로폼 박스를 깔고 신문지를 덮고 잤습니다. 그렇게 일해서 생산직 직원이 받는 봉급이 6만 원, 제가 받는 게 16만 원이었어요. 전 작업 지시만 했지 드라이버도 돌려본 적이 없는데 말입니다. 지금 대한민국은 저 같은 엘리트가 만든 나라가 아닙니다. 여러분의 어머니 세대가 만든 겁니다. 제 부모 세대는 더 열심히 노력했고 이 나라가 그렇게 해서 만들어진 겁니다. 훌륭하고 뛰어난 사람들이 만든 게 아니라 저와 함께 일했던 여공들이 만든 겁니다."

서정진은 소위 '엘리트'로 불렸던 자신이 입으로만 일하면서 더 많은 월급을 받은 것을 부끄러워했다. 쌀집과 연탄가게, 방앗간을 꾸리며 땀 흘려 몸으로 일했던 부모를 옆에서 봐왔기 때문이다. 책상에 앉아 머리로 일하는 사람만 필요한 게 아니라는 걸 그는 어릴 적부터 체득했다.

혼자 똑똑한 인재는 재앙

서정진은 인재라고 불리는 사람들은 경계했다. 자타공인 인재들은 대체로 사람을 소중하게 생각하는 법을 모른다. 서정진은 스스로가 '인재'라고 착각했던 시절에 이것을 깨달았다. 저 혼자 똑똑하다고 생각하는 게 얼마나 위험한 것인지 사업이 풀리지 않던 고비 때마다 뼈아프게 경험했다.

"저는 대학교를 우수한 성적으로 졸업하고서 삼성그룹에 입사했고 대우그룹에 스카우트돼서는 32살에 대기업 최연소 임원이 되어, 11년을 일했습니다. 프레젠테이션을 하면 요점만 정확히 찍는 능력이 있었어요. 똑똑한 척하는 경진대회가 있다면 금메달감이었습니다. 어렸을 때는 실력 있고 똑똑한 게 목표였고 그러면 성공하는 것인 줄 알았어요. 그런데 대우에서 나와 사업을 몇 년 해보니까 아무리 해도 안 되는 겁니다. 기획도 잘했고 전략도 잘 짰고 싸움터도 잘 선택했는데 뭐가 문제인지 계속 실패만 했어요. 내 능력이 대단한 줄 알았는데 사실은 대단한 것이 아니란 걸 그제야 알게 된 겁니다."

이후로 그는 능력 대신 사람을 중시했다. 서정진은 자살 시도에 실패하면서 얻은 '내 생애 마지막 보름' 동안 만난 평범한 사람들에게서 엄청난 힘을 경험했다. 그전까지 서정진은 자신의 생각대로 따라주지 않는 직원들에게 불같이 화를 내고 윽박질렀다. 임직원에게 늘 불만이었고 이해하려고도 하지 않았다. 그러다 세상을 떠나기 전 마지막 인사라도 하자는 생각으로 사람들에게 사과하고 감사하자 그들이 돕기 시작했다. 안 풀리던 일들이 풀렸다. 혼자서는 결코 해내지 못하던 일이었다.

"사업은 사장이 하는 게 아니었어요. 직원들이 하는 것이고 회사를 믿어주는 주주가 있어야 가능한 것이었습니다."

서정진은 두 아들도 본인이 생각하는 사람으로 키우려고 했다. '서정진식' 후계 경영 수업은 꽤나 독특하다. 그는 아들들에게 "봐도 못 본 척, 들어도 못 들은 척, 알아도 모르는 척 이 세 가지를 명심하라"고 귀에 못이 박히도록 말한다. 혼자 사는 천재보다 더불어 사는 바보가 되는 법을 배우길 바라는 마음에서다.

서정진은 일부러 자식들을 해외 유학 보내지 않았다. 어학연수조차 탐탁지 않게 여겼다고 한다. 서정진의 부인 박경옥은 "아들들이 미국에서 공부하고 싶다고 해서 여러 번 설득했지만 남편이 싫어해서 보내지 못했다"며 "다른 집은 빚을 내서라도 보내주는데 남편이 아이들에게 투자도 하지 않고 앞길을 가로막는 것 같아 야속했다"고 했다. 서정진은 "외국물을 먹고 오면 바람만 들어서 안 된다"고 강하게 반대했다.

"제 아들들이 해외 유명 대학에서 MBA도 따고 박사도 하고 회사에 들어왔다고 칩시다. 회장 아들이 낙하산으로 온 것도 못마땅한데 금수저에다 학벌도 좋고 똑똑하고 흠잡을 데가 없으면 얼마나 꼴 보기 싫겠습니까? 유학을 다녀왔다고 해서 일을 잘하는 것도 아닙니다. 유학 못 간 사람을 무시하기 쉽지요. 저는 아들들이 동료 직원들을 존중하는 것을 배우는 게 우선이라고 생각합니다. 그래서 재계 후

계자들 모임에 못 나가게 하고 수입차도 타지 못하게 합니다. 이제는 제 뜻을 이해해주더군요. 지금은 아들들이 먼저 유학 안 가고 빨리 회사에 들어와서 배우길 잘했다고 합니다."

능력보다는 협업

서정진은 능력이 뛰어난 사람보다 협업을 이끌어낼 수 있는 사람을 인재로 여겼다. 우수한 인력을 가려 뽑을 수 없는 처지였던 초기의 셀트리온은 다른 회사는 잘 알아보지 못했던 화합력이 뛰어난 사람들을 뽑았다. 지금은 일부 기업들이 집단토론이나 팀별 과제수행을 통해 리더십과 조직 융합 능력을 평가하는 면접 방식을 도입하고 있다. 그러나 2000년대 초반만 해도 채용에 큰 영향을 미치는 기준은 아니었다. 서정진은 채용 시장에서 덜 매력적으로 평가됐던 사람들의 자존감을 세워주고 믿고 일을 맡겼다. 특별히 불러주는 데가 없었던 이들은 자신의 가치를 인정해주는 셀트리온의 충성스러운 직원이 됐다.

서정진이 최고의 인재 없이도 성공할 수 있었던 것은 셀트리온의 초창기 사업인 바이오의약품 위탁생산CMO 사업의 특성도 무시할 수 없다. 급변하는 산업군일수록 번득이는 아이디어와 창의력으로 혁신과 발명을 이끄는 천재형 인재가 필요하다. IT, 전자, 인터넷, 게임업계가 대표적인 예다. 규제가 강한 제약바이오산업은 변화 속도가 느리다. 신약 개발에 최소 10년 이상 걸리고 하나의 의약품이 20년 이상 팔린다. 제약바이오산업 중에서도 연구개발이 아닌 CMO 사업은 철저하게 규정을 지켜야 하는 업종이다. 셀트리온은 원칙 준수, 창의성,

도전 정신, 세계제일주의 4가지를 인재상으로 제시하고 있는데, 원칙 준수는 나머지 세 가지 덕목을 모두 아우르는 가치다. 원칙을 지키지 않은 창의성과 도전, 세계화는 제약바이오산업에서는 용인되지 않는다. 새로운 발상으로 파격적인 도전과 일탈을 즐기는 인재는 CMO 사업과는 맞지 않다. 한 명의 천재가 10만 명을 먹여 살리는 게 아니라 사업을 완전히 망하게 할 수도 있다. 셀트리온 직원들은 누가 봐도 평범한 사람들이었다. 그러나 그들이 모였을 때 발휘되는 힘은 결코 평범하지 않았다.

3

CELL.TRION.ISM
CELL.TRION.ISM
CELL.TRION.ISM
CELLTRIONISM

도전

아무도 가지 않은 길을 처음 걷는 자는 제대로 평가받기 어렵다.

얼마나 어려운 길인지, 얼마나 대단한 길인지 아는 사람이 없어서 그렇다.

송도 개펄을 공장 부지로 정한 것도,

어려움 속에서도 아시아 최대 바이오 공장을 세운 것도 당시엔 '미친 짓'이라고 했다.

퍼스트 무버First mover, 창의적인 시장 개척자,

서정진과 셀트리온의 도전은 그래서 늘 안 되는 일, 무모한 선택으로 보였다.

무작정 샌프란시스코로

"큰일을 하려면 큰 사람을 만나야 한다."

번듯한 사무실, 조촐한 창립식

2000년 6월 24일 서정진은 신문 한 귀퉁이를 장식한다. 한국경제신문에 게재된 신설법인현황을 보면 서정진은 넥솔바이오텍, 넥솔넷, 넥솔텔레콤 세 회사를 신고했다. 자본금 5000만 원, 주소는 서울 마포구 동교동 173-14 마스타빌딩으로 모두 동일했다.

그물망 전략으로 뜻하지 않은 수확을 얻은 서정진은 넥솔을 창업할 때도 똑같은 전략을 택했다. 문어발식으로 여러 계열사를 세우고 지켜봤다. 어느 것이 성공할지는 알 수 없었다.

법인 신고를 마치고 이틀 뒤 전 세계 과학계를 뒤흔든 사건이 일어났다. 미국 유전정보 서비스 회사 셀레라 제노믹스가 2000년 6월 26일 인간 유전자지도 초안을 완성했다. 전 세계는 유전자 게놈지도가 생명기술 시대의 급속한 진전을 초래할 변곡점이 될 것이라고 대서특필했다. 뉴스에서는 매일 유전공학, 생명과학, 바이오 이야기가 나왔다. 나쁘지 않은 시작이었다.

넥솔은 2000년 말 국회의사당 앞에 임대료가 비싼 삼환카뮤빌딩 3층 전체를 사무실로 얻었다. 투자를 받으려면 금융회사들이 몰려 있는 곳에 거점을 마련해야 한다는 서정진의 '호랑이 굴' 철학 때문이다. 인재를 얻기 위해서도 좋은 사무실이 필요했다. 전 임차인인 외국계 회사가 인테리어를 싹 바꿔둔 덕에 넥솔은 창업 초창기부터 글로벌기업 수준의 사무실을 갖게 됐다.

번듯한 사무실로 승부하는 전략은 어느 정도 효과가 있었다. 가벼운 마음으로 면접을 보러온 사람들은 사무실 입구에 들어서자마자 넥타이를 고쳐 맸다. 생명공학 전공 석박사 출신 연구원들이 하나둘 합류했다. 동아제약, 종근당 등 이름 있는 제약사에서 고액 연봉을 마다하고 이직한 사람들도 있었다.

서정진은 조촐한 창립 행사를 마련했다. 전 직원이 건물 1층 500석 규모의 대강당에 모여 앉았다. 그룹 전체 인원이라고 해봤자 50명이 안 됐다. 창립 기념행사는 일반적인 회사들과 달랐다. 새 출발에 대한 희망에 부풀어 있거나 회사의 장밋빛 미래를 그리며 축배를 드는 떠들썩한 분위기는 더더욱 아니었다. 임직원들은 처음 보는 사람이 초청된 것을 곧 발견했다. 서정진과 그의 모친 정필순 권사가 다니는 교회의 담임목사였다. 이날 넥솔 직원들은 파티 대신 '창립 예배'를 드렸다. 어머니의 굳건한 신앙과 열성적인 기도는 서정진에게 정신적인 버팀목이 됐다. 서정진은 "우리 어머니는 돌아가시는 날에도 제 손을 꼭 잡으며 '네가 하는 센츄리인지 센트리인지 하는 회사가 잘되는 게

내 마지막 바람'이라고 하셨다"고 했다.

창립 예배에서 서정진의 어머니는 성경 이사야서 41장 9절 말씀을 받았다. 서정진은 셀트리온의 자금난에 힘겨워하다 자살을 시도했을 때 이 성경 구절이 갑자기 머릿속에 떠올랐다고 말했다.

'내가 너를 택하고 싫어하여 버리지 아니하였다 하였노라.'

이 구절이 서정진과 셀트리온을 살린 셈이다.

샌프란시스코행 편도 티켓

서울에 사무실도 생겼고 직원도 뽑았는데 일거리가 없었다. 조명환 건국대 교수는 서정진에게 자신의 '멘토'인 바루크 블럼버그 펜실베이니아대 교수와 토머스 메리건 스탠퍼드대 에이즈연구소장을 만나보라고 했다. "큰일을 하려면 큰 사람을 만나야 된다"고 했다. 블럼버그 박사는 세계 최초로 B형간염 바이러스를 발견한 공로로 1976년 노벨상을 수상해 명성이 자자한 인물이었다. 에이즈 전문가인 메리건 스탠퍼드대 교수는 미국 바이오업계에서 손꼽히는 마당발이었다.

문제는 이들이 쉽사리 만나줄 리 없다는 것이었다. 조명환은 일단 메일부터 보냈다. 그런데 서정진을 도무지 뭐라고 소개해야 할지 감이 잡히지 않았다. 실업자로 쓰면 안 만나줄 것 같고 대우차 전직 임원이라고 쓰자니 이상해 보였다. 결국 '한국에서 생명공학 사업을 몹시 하고 싶어 하는 기업인'이라고 적었다. 답은 오지 않았다.

서정진은 무작정 샌프란시스코로 날아갔다. 저비용항공사를 뒤져 편도 항공권을 끊었다. 왕복 항공권을 살 돈도 없었거니와 언제 돌아올 수 있을지 기약도 없었다. 샌프란시스코에서 숙박비가 제일 저렴한 싸구려 모텔에 짐을 풀고 무작정 메리건 교수를 찾아갔다. 그는 자리에 없었다. 블럼버그 교수도 마찬가지였다. 자택과 연구실 근처에서 새우잠을 자며 몇 날 며칠을 서성였지만 만날 수 없었다. 이런 날들이 일주일, 한 달째 이어졌다. 이대로 가다간 빈손으로 한국으로 돌아갈 게 뻔했다. 돈을 아끼려고 맥도날드 햄버거와 던킨 도넛, 라면으로 끼니를 때우는 '고난의 행군'이 시작됐다. 던킨 로고가 찍힌 종이컵이 너덜너덜해질 정도로 들고 다니기도 했다. 매장 손님에게 커피를 무한 리필해주는 서비스를 이용한 것이다. 서정진이 '리필 상습범'인 걸 알아챈 종업원은 측은한 눈빛으로 커피를 채워줬다. 서정진은 강연에서 이때 고생한 일화를 종종 털어놓는다.

"평생 먹을 도넛을 그때 다 먹었습니다. 어떤 음식이든 고추장에 찍으면 한식 맛이 난다는 것도 알았죠. 홈리스처럼 생활하면서 그들의 심정을 이해하게 됐습니다."•

서정진은 육체적으로나 정신적으로나 피폐해져갔다. 돈과 함께 자신감과 자존감도 떨어졌다. 설사 세계적인 석학들을 만난다 하더라도 일거리가 뚝딱 떨어진다는 보장도 없었다. 그래도 이대로는 돌아갈 수 없었다. 뭐라도 해야겠다는 생각이 들었다. 돈이라도 벌어가야 회사 동료들과 가족들을 볼 면목이 있을 것 같았다. 샌프란시스코만의 쇼핑센터 피어39 인근 레스토랑에서 최저 시급을 받고 접시를 닦기 시작했다.

서정진의 '알바'는 업종을 가리지 않았다. 그 정도로 상황이 절박했

• "3번 자살 결심…목숨까지 투자하니 사장 되더라", 헤럴드경제, 2009. 7. 31.

다. 밤에는 아르바이트를 하고 낮에는 사업 아이템을 찾아 헤맸다.

2019년 1월, 샌프란시스코에서 만난 서정진은 "이곳에서 고생했을 때가 살면서 가장 힘들었던 시기"라고 말했다. 당시 접시를 닦던 곳에서 그리 멀지 않은 한인 식당에서 꽃등심을 구우면서 "역시 샌프란시스코는 다시 오고 싶지 않은 곳"이라고 했다. 떠올리는 것만으로도 몸서리칠 정도로 싫은 기색이었다.

백스젠의 한국인

"반드시 너의 경쟁 상대가 될 거야."

두드려라, 열릴 때까지

바이오 사업을 해보겠다고 미국에 온 한국 남자에 대한 소문은 실리콘밸리에 파다하게 퍼져나갔다. 그를 딱하게 여긴 메리건 교수는 '백스젠'을 소개해준다. 한국에서 백스젠은 듣도 보도 못한 회사였다.

백스젠은 미국 생명공학 회사 제넨텍에서 분사한 백신 전문 개발사다. 제넨텍은 1987년 세계 최초로 에이즈 백신 후보물질 '에이즈백스'를 개발했고 이를 사람에게 투여하는 임상을 진행하기 위해 백스젠이라는 회사를 세웠다. 백스젠은 2000년 임상2상•을 진행하고 있었다.

• 임상2상에서는 환자에게 약물을 투여하고 질병에 효과적인지 평가한다.

서정진은 백스젠의 문을 두드린다. 퇴짜를 맞는 데 이골이 난 터라 '정면 돌파'만큼은 자신이 있었다. 안내 데스크 앞에 하염없이 기다리다 비서가 건네준 팸플릿과 사탕을 들고 나오길 거듭하던 어느 날 굳게 닫혀 있던 문이 열렸다.

서정진의 눈앞에 나타난 사람은 신승일 박사였다. 그는 미국 브랜다이스대학에서 생화학과 세포생물학 박사학위를 받고 34살이던 1972년 뉴욕 알베르트 아인슈타인 의과대 유전학과 교수로 임명된 입지전적인 인물이다. 스위스 제약사 로슈가 1970년 바젤면역학연구소를 세우면서 전 세계 과학자 15명을 영입했는데 그중 유일하게 포함된 한국인이었다.

신승일이 바젤면역학연구소에서 연구하던 1970년대 초 과학계는 '단클론항체'의 발견으로 떠들썩했다. 단클론항체는 하나의 항원에만 반응하는 항체다. 이를 활용하면 정상세포는 손상시키지 않으면서 암세포만 죽이는 항암제를 만들 수 있다. 그래서 암을 정복할 수 있는 '마법의 탄환'으로 불렸다. 단클론항체를 대량생산하는 기술은 면역학계에 혁명을 일으켰다. 이를 연구하는 생명공학 회사들이 미국에 속속 생겨났다. 1976년 제넨텍, 1980년 암젠 등이 탄생했다. 한국도 뒤늦게 가세했다. 삼성그룹은 1984년 미국 뉴저지에 생명공학회사 유진텍인터내셔널을 세웠는데 초대 사장이 바로 신승일이었다. 그는 2년 뒤인 1986년 국내 최초이자 세계 3번째인 B형간염 백신을 개발한다. 이 백신은 3달러에 국민들에게 공급됐다. 이를 계기로 유엔은 한국에 국제백신연구소를 세우고 신승일을 초대 소장으로 임명했다.

백스젠의 고민, 신승일의 고민

신승일이 백스젠으로 자리를 옮긴 것은 국제백신연구소장의 임기가 끝난 뒤인 1999년이다. 백스젠을 설립한 세계적인 전염병학자 도널드 프랜시스 박사가 함께 일하자고 제안해서다.

백스젠은 마지막 임상을 앞두고 백신을 직접 생산할지 바이오의약품 위탁생산을 할지 정하지 못한 채 갈팡질팡하고 있었다. 인류를 에이즈에서 구원해줄 중대한 프로젝트인 만큼 개발부터 생산까지 직접 하자는 게 경영진의 의견이었다. 기술 유출 우려도 있었다. 문제는 돈이었다. 학계에서는 에이즈 백신이 성공할 확률이 50퍼센트라고 내다봤다. 공장을 지었는데 백신 개발에 실패할 경우 투자 손실을 감당하기 어려웠다. 백신 가격도 발목을 잡았다. 미국, 유럽 등 선진국은 땅값, 인건비가 비싸 생산 비용이 많이 들었다.

신승일은 아프리카 같은 지역에 에이즈 백신을 공급하려면 한 번 접종에 10달러를 넘으면 안 된다고 주장했다. 그러나 백스젠은 10달러로는 도저히 수지타산을 맞출 수 없다고 맞섰다. 지난 15년간 임상시험에 2조 원이 투입된 상황이었다. 신승일은 백스젠을 설득했다. 인건비가 저렴한 국가에서 1년에 1억 도즈(1도즈는 1회 접종분) 분량의 백신을 대량으로 위탁생산해 제조원가를 낮추자고 제안한 것이다.

"이 정도 스케일이면 위탁생산을 하겠다고 뛰어드는 회사가 분명 있을 것이라고 예상했습니다. 백스젠은 실패에 따른 위험 부담을 줄일 수 있으니 여러모로 이득이었죠."

신승일은 내심 한국에 공장을 유치하면 좋겠다고 생각했다. 초지일관 주요 후보지로 동아시아 지역을 밀어붙였다. 1999년 10월부터 한국, 중국, 일본을 비롯해 홍콩, 싱가포르, 대만, 태국까지 직접 현지 실사를 다니면서 공장 부지를 물색했다.

백신 공장을 짓기 위해서는 여러 조건이 갖춰져야 했다. 자본과 첨단기술이 필요했다. 당시 동물세포를 배양해 대량생산할 수 있는 기술을 가진 나라는 미국, 스위스, 독일 3개국뿐이었다. FDA 허가를 받기 위해서는 까다로운 생산 규정에 따라 백신을 생산해야 하고 품질관리 기준을 충족해야 했다. 한국을 비롯한 동아시아 지역에서는 FDA 허가를 받아본 경험이 전무했다.

가장 적극적으로 달려든 곳은 싱가포르였다. 싱가포르는 뉴욕, 워싱턴, 샌프란시스코 등 미국 주요 거점에 해외투자 유치를 전담하는 정부 기관을 두고 있을 정도로 체계적으로 조직을 꾸려 발 빠르게 대응하고 있었다. 싱가포르는 백스젠이 공장을 해외에 지으려고 한다는 소식을 듣자마자 경제부총리를 총책임자로 임명하고 신승일을 자국으로 초청했다. 싱가포르는 신승일이 공항에 내리자마자 호텔 콘퍼런스룸으로 안내했다. 그곳엔 산업통상부를 비롯해 국토교통부, 고용노동부 등 싱가포르 정부 5개 부처 사람들이 앉아 있었다.

대세는 이미 기울었으나

하지만 신승일의 마음속에는 여전히 한국에 대한 미련이 남아 있었다. 그는 가능성을 알아보기 위해 한국에서 견적을 뽑아보기로 했다. 백스젠은 한 번에 5만 리터의 백신을 생산할 수 있는 공장을 짓길 원했다. 신승일은 공장 규모와 투자비 등 필요한 항목을 조목조목 적어 한국 회사들에게 보냈다. 기술과 시스템은 백스젠이 전수해줄 테니 한국은 돈과 땅만 있으면 된다는 친절한 설명도 덧붙였다.

한 달 뒤 삼성, LG, 대우, 대림 등 4곳에서 할 수 있다는 대답이 돌아왔다. 반가운 소식이었다.

신승일은 삼성을 찾아갔다. 삼성은 공장을 대전에 짓자고 했다. 그러면서 1000억 원 이상은 투자할 수 없다고 했다. 이런 식으로는 협상이 안 될 것 같아 신승일은 최고 결정권자인 프랜시스 박사를 한국으로 모셔왔다. 그와 함께 LG를 찾아갔더니 이번엔 충북 진천의 허허벌판으로 안내했다. 대전보다 입지 여건이 더 나빴다. 한숨이 절로 나왔다.

신승일이 프랜시스 박사를 데리고 한국에 갔다는 얘기가 나돌자 백스젠 내부에서는 반발이 일었다. 후진국에서 굴러들어온 돌 때문에 공장이 산으로 가고 있다는 불만이 터져 나왔다. 한국에 우호적인 사람은 신승일과 그에게 설득당한 프랜시스 박사 둘뿐이었다. 싱가포르는 부총리를 대동하고 백스젠 본사로 찾아와 로비 공세를 폈다. 대세는 이미 싱가포르로 기울고 있었다.

답답하던 신승일은 평소 친하게 지내던 블럼버그 교수에게 에이즈 백신 공장 부지를 찾고 있는데 마땅한 곳이 없어 걱정이라고 털어놓았다. 블럼버그는 메리건 교수에게 전해 들은 서정진이 떠올랐다.

"한국에서 바이오 회사를 하고 싶어 하는 사람들이 있는데 한번 만나보실래요?"

여든을 넘긴 신승일은 서정진과의 첫 만남을 "20년밖에 안 된 일"이라며 또렷이 기억하고 있었다. 그리고 한국에서 온 실업자가 자신의 고민을 해결해주리라고는 꿈에도 생각하지 못했다고 한다.

신세계 신대륙

"약속은 지키기 위해 존재하는 겁니다."

메이플라워호텔의 추억

메이플라워는 종교의 자유를 갈망했던 영국 청교도들을 신대륙 아메리카로 데려다준 배의 이름이다. 샌프란시스코 변두리에는 같은 이름의 호텔이 있다. 3평 남짓한 방에 침대가 전부고 하루 숙박비는 40달러로 사실상 모텔과 다름없다. 이곳은 비즈니스호텔에 묵을 돈이 없었던 서정진의 공식 거처가 됐다.

그날도 서정진은 늦은 밤까지 일하고 메이플라워호텔에 몸을 뉘었다. 다음 날 백스젠 임원들과의 첫 미팅이 예정돼 있었다. 몸이 천근만근 무거웠지만 긴장감에 잠을 이룰 수 없어 한참을 뒤척였다.

"헉, 큰일이다!"

서정진이 눈을 뜬 시간은 오전 8시 10분. 메이플라워호텔은 알람

시계도, 모닝콜 서비스도 없었다. 미팅 시간은 9시. 샌프란시스코 일대의 교통체증은 미국에서도 악명 높았다. 제시간에 도착하는 것은 도저히 불가능해보였다.

"백스젠에 전화해서 약속 시간을 30분만 늦춥시다."

동행하기로 한 일행이 설득했다. 서정진은 생각이 달랐다.

"약속은 지키기 위해서 존재하는 겁니다. 첫 미팅부터 약속을 어길 순 없어요."

서정진이 운전을 맡기로 한 일행의 손에 들린 자동차 키를 낚아챘다. 서정진은 국제운전면허증이 없었다.

"걸리지만 않으면 시간 안에 도착할 수 있을 겁니다."

서정진은 자동차들 사이를 빠르게 추월하는 현란한 '칼치기' 운전 기술을 선보이며 질주하기 시작했다. 꽉 막힌 도로에서는 갓길을 자유자재로 넘나들었다. 겁에 질려 있는 일행에게 서정진은 "대우차에서 근무하던 시절에 독일 자동차 성능 시험장에서 테스트 드라이빙을 했습니다. 이래 봬도 대학 시절부터 택시 운전 아르바이트를 해서 운전에는 도가 텄으니 걱정 마세요"라며 안심시켰다.

오전 9시. 백스젠 본사에 도착했다.

아무리 약속이 중요하다지만 국제운전면허증 없이 운전을 감행한 것은 무모한 일이었다. 서정진은 그 이후로도 다른 사람들이 보기에 비합리적인 결정을 종종 내렸다. 많은 사람들의 반대를 무릅쓰기도 했다. 훗날 서정진의 판단이 결국 옳았다는 것이 증명되고 나서야 동료들은 서정진이 사업가로서 중요한 타이밍을 본능적으로 캐치하고 그 기회를 잡는 능력이 있다는 걸 알게 됐다.

서정진은 약속 시간을 변경하는 것은 곧 신뢰를 잃는 것이라고 생각했다. 첫 미팅에서 각인된 인상이 앞으로 백스젠과의 관계를 좌우할 것이라는 점도 알았다.

셀트리온의 한 임원은 "약속을 30분 미루는 게 뭐 그리 대수냐고 생각할 수도 있지만 회장님은 항상 파트너와 고객의 입장에서 결정을 내렸다"고 말했다.

서정진은 이날 백스젠 임원들과 이야기가 잘 통한다는 느낌을 받았다. 백스젠과 연결된 인연의 끈은 더욱 두터워졌다. 메이플라워호텔은 사업 아이템을 갈구하며 미국에 온 서정진을 생명공학의 신대륙으로 안내했다.

처음 만난 세계

사우스샌프란시스코는 생명공학의 탄생지로 불린다. 이곳에 세계적인 생명공학 회사 제넨텍 본사가 있다. 주소는 '사우스샌프란시스코 DNA길 1번가'로 간판 모양도 이중나선 DNA 구조다. 동서로 가로지르는 DNA길을 사이에 두고 제넨텍 빌딩들이 흩어져 있다. 이 일대가 하나의 제넨텍 마을인 셈이다.

제넨텍은 1976년 1월 유전공학자 허버트 보이어 UC샌프란시스코 교수와 20대 벤처 투자자 로버트 스완슨이 3시간 동안 맥주를 마시며 이야기를 나눈 뒤 창업했다는 일화로 유명하다. 맥줏집에서 의기투합한 두 사람은 각자 500달러를 투자해 작은 컨테이너 박스에 실험실을 마련했다. 이렇게 시작한 바이오 벤처는 무럭무럭 성장해 사우스샌프란시스코를 전 세계 바이오의 메카로 만들었다. 서정진의 상황과 비슷한 면이 많다.

서정진은 백스젠의 소개로 제넨텍의 공장을 견학할 기회를 얻었다. 약이라고는 '아스피린'밖에 알지 못했던 서정진에게 제넨텍 공장은 '신세계'였다. 지금껏 보아온 제조업 공장과는 딴판이었다. 티끌 하나 없는 새하얀 가운을 입고 머리카락 한 올도 빠져나오지 못하도록 모자를 쓴 사람들이 기계처럼 가이드라인에 따라 움직였다. 공장 안에 들어가려면 머리부터 발끝까지 위생복으로 꽁꽁 싸매는 것도 모자라 얼굴과 손을 세척제로 깨끗이 씻어 세균을 없애야 했다. 작업 규정도 까다로웠다. 생산 장비를 닦을 때 소독용 티슈를 문지르는 방향과 순서까지 FDA 규정에 정해져 있을 정도다.

제넨텍은 1982년 세계 최초의 바이오의약품으로 평가받는 합성 인슐린 '휴물린'을 개발했다. 사람의 유전체 속에서 인슐린을 만드는 부분을 떼어내 대장균에 넣어 유전자재조합 대장균을 만든 다음 이 대장균이 만든 인슐린을 분리해 당뇨약으로 만든 것이다. 제넨텍 공장은 바이오의약품의 대량생산을 가능하게 한 기념비적인 현장이자 업계의 교본이었다.

서정진은 번지수를 제대로 찾았다. 비로소 바이오업계에 한 발을 내디딘 것 같았다. 맥주 공장의 발효조를 연상케 하는 거대한 바이오리액터(배양기) 안에서는 세포들이 끊임없이 배양되고 있었다.

공장 견학을 마칠 때쯤 공장 총괄 책임자인 제넨텍 부사장은 어려움을 토로했다.

"요즘 생산직 인력 때문에 미치겠습니다. 2년 동안 힘들게 가르쳐 놓으면 다 회사를 떠나요."

서정진은 깜짝 놀라서 물었다.

"근무 환경도 좋고 고난도 기술을 요하는 전문직인데 왜들 그만두는 건가요?"

제넨텍 부사장이 대답했다.

"요새 젊은 친구들이 다 그렇죠. 창조적인 일을 하고 싶다나요? 지루한 일은 체질에 안 맞는다면서 나가겠다고 하더군요. 원래 미국 사람들이 단순 반복 작업이 많은 생산직을 오래 못 버팁니다. 일 좀 할 만하면 2년을 못 견디고 나가버리니 회사로서는 고민일 수밖에요."

'이거다! 미국에서 연구개발을 하고 한국에서 생산을 하자.'

한국인들은 손재주가 좋고 똑똑하며 미국보다 인건비도 싸니 생산 분야에서 승산이 있을 것이라고 서정진은 생각했다. 신약 개발은 섣불리 도전하기엔 리스크가 컸다.

신약 개발에 성공할 확률은 0.02퍼센트에 불과했다. 신약이 탄생하기까지는 10~15년이 걸리고 최소 2조 원이 든다는 통계도 있었다. 우리나라 제약사들은 1980년대부터 신약 개발에 뛰어들었지만 20년째 이렇다 할 성과를 내지 못했다. 서정진은 처음부터 신약 개발에 뛰어드는 것은 무리라고 판단한 것이다.

그래서 제조업의 OEM(주문자 상표 부착 생산) 방식을 제약업계에 도입하는 방법을 궁리했다. 나이키와 같은 유명 브랜드 회사들이 동남아시아나 중국에 공장을 세우고 신발, 의류 생산을 맡기는 것을 떠올렸다. 한국에 바이오 공장을 세운 다음 글로벌 제약사의 의약품 생산 방법 및 기술을 전수받아 생산을 대행해주면 사업성이 있을 것 같았다.

제약바이오업계에서는 이 같은 바이오의약품 위탁생산을 'CMO Contract Manufacturing Organization'라고 불렀다. 서정진은 가슴속에 CMO 세 글자를 깊이 새겼다.

무모한 선택

"제가 한번 해보겠습니다."

송도 시대의 출발점

제넨텍 공장 견학은 서정진에게 활기를 불어넣어주었다. 핵심 생산 시설을 보여준다는 건 백스젠과의 관계가 그만큼 진전됐다는 의미였다. 서정진은 한국에 돌아와 바이오의약품 위탁생산CMO 사업 제안서를 작성했다. 시장조사를 해보니 바이오의약품 생산을 위한 대량 배양시설을 갖춘 나라는 미국, 독일, 스위스, 스웨덴 등 제약 선진국뿐이었다. 서정진은 지난 10년간 쌓아온 기획안 작성의 모든 노하우를 총동원해 한국에서 바이오의약품 생산이 가능한 이유를 설명하는 보고서를 만들었다. 설득력을 갖추려면 CMO가 갖춰야 할 기술과 역량이 무엇인지, 백스젠이 가장 중요하게 생각하는 요건이 무엇인지 알아내야 했다.

서정진은 신승일에게 넥솔바이오텍 고문을 제안했다. 신승일은 "백스젠에서 일하면서 다른 회사의 고문을 맡을 수는 없었다"고 거절했다. 당시 신승일은 한국에 공장을 유치하기 위해 한 달에 한 번꼴로 한국에 들어왔다. 서정진은 신승일에게 물었다. "박사님, 도대체 왜 자꾸 한국에 들어오십니까?"

신승일은 그제야 백신 공장 부지를 찾으러 다니고 있다고 털어놨다. 서정진은 쓰다 만 기획안을 조심스레 들이밀며 말했다. "제가 한번 해보겠습니다."

미완성 기획안을 훑어보던 신승일은 서정진을 힐끔 쳐다봤다. 굳은 의지가 느껴졌다. 눈앞에 있는 이 실업자를 한번 믿어봐도 괜찮겠다는 생각이 들었다. 기획안의 마지막 장을 넘겼을 때 그는 이미 넥솔바이오텍의 고문이 돼 있었다.

신승일은 백스젠이 구상하던 에이즈 백신 공장의 청사진을 서정진에게 전해주었다. 내부자만 알 수 있는 알짜 정보가 없었다면 백스젠은 서정진의 비즈니스 제안서를 거들떠보지도 않았을 것이다. 신승일은 한국에 공장을 세우려면 최소 2000억 원 이상 필요하고 공장을 지을 땅이 필요하다고 했다. 서정진은 투자자들을 한번 모아보겠다고 했다. 2000억 원이 얼마나 큰돈인지 그때는 알지 못했다.

신승일이 풀지 못한 공장 부지 문제도 서정진은 쉽게 해결 방안을 생각해냈다. 답을 듣고 나서야 신승일은 왜 자신은 발견하지 못했는지 깨달았다. 그곳은 땅이 아니었기 때문이다.

서정진이 인천 송도를 제안했을 때 사람들은 '미친 짓'이라고 했다. 송도는 뭍이 드러나도 바닷물이 흥건하고 질척거려 걸어 들어가지는 못하고 배를 타야 했다. 이런 땅에 공장을 짓는다는 것 자체가 당시 상식으로는 말도 안 되는 일이었다. 그러나 서정진은 송도의 가능성을 알아봤다. 송도가 언젠가는 개발될 것이란 확신이 있었다. 대우차 시절부터 대형 개발 프로젝트를 어깨너머로 보고 귀동냥으로 각종 정보를 들으면서 길러진 '촉'이었다. '개펄'이라는 것만 제외하면 송도는 모든 것을 갖추고 있었다. 교통이 편리했고 땅값도 저렴했다. 1998년 대우그룹이 1조 4000억 원을 투입해 송도 신도시를 '대우타운'으로 개발하겠다는 계획을 세운 것도 이 때문이었다.

송도개발계획은 1999년 말 대우의 몰락과 함께 삽도 뜨지 못한 채 백지화됐다. 서정진은 서해 바다 아래로 다시 가라앉으려는 송도를 끄집어 올렸다. 김우중이 이루지 못한 송도 시대를 서정진이 개막한 것은 운명의 장난인지도 모른다.

공장 부지, 아직은 바다

1993년부터 인천시장으로 일해온 최기선은 대우와 추진한 송도개발계획이 좌절되면서 어려움을 겪고 있었다. 서정진이 최기선을 찾아간 것은 그가 송도 신도시를 살려보려고 백방으로 뛰던 때였다. 서정진은 송도에 해외 바이오 기업을 데려올 테니 공장 지을 땅을 마련해달라고 했다. 송도 신도시는 외국 기업을 유치하려고 혈안이었다. 특히 신산업으로 꼽히던 바이오 분야를 육성하려고 했다. 하지만 투자를 하겠다고 나서는 외국 기업들이 나타나지 않았다.

최기선은 땅은 얼마든지 메우면 되고 인천시의 바이오 벤처 지원 정책에 따라 무상으로 임대해줄 수도 있다고 했다. 서정진은 백스젠에 인천공항에서 30분 거리에 거저 쓸 수 있는 공장 부지가 무한정 있다는 소식을 전했다. 간척하지 않은 바다를 땅이라고 팔았으니 21세기판 '봉이 김선달'이었다.

신승일은 도널드 프랜시스 백스젠 대표를 대동하고 한국 실사를 감행한다.

"가보니 물바다였습니다. 군사지역이어서 출입 허가를 받지 않으면 들어갈 수 없다고 하더군요. 이런 곳이 어떻게 개발된다는 건지 솔직히 상상이 안 됐습니다." 신승일의 말이다.

탐탁지 않아 하는 분위기를 눈치챈 최기선은 커다란 지도를 펼쳤다. 앞으로 10년 뒤 변모하게 될 송도의 미래 모습을 설명했다. 영종도와 송도를 연결하는 제2의 연륙교(지금의 인천대교)가 건립되면 공항에서 송도까지 40분이면 충분하다는 것도 강조했다. 거짓말은 아니었다. 하지만 백스젠이 결정을 내리기 전에는 '있지도 없지도 않은' 불투명한 계획에 불과했다.

인천시는 백스젠에게 5만 평을 내어주겠다는 파격적인 제안을 했다. 모든 것이 불확실한 송도에서 한 가지는 명확해졌다. 결정은 백스젠에게 달렸다는 것이다.

돈보다 사람

"단 1원이라도 유리한 권리를 갖지 않겠습니다."

셀트리온 1호 사원

백지상태였던 서정진의 사업 계획서는 어느 정도 구색이 갖춰졌다. 백스젠과 송도, 두 가지 조건이 잠정 결정됐고 남은 것은 돈이었다. 서정진은 비즈니스 제안서를 보완하고 본격적으로 투자를 받기 위해 뛰어다녔다.

백스젠의 마음을 돌리려면 적어도 1000억 원가량은 확보해야 했다. 혼자서 감당하기엔 큰 액수였다. 이번에도 인맥을 총동원해 투자자를 물색하러 다녔다. 바이오 사업을 하던 삼성, LG 등 국내 대기업들을 찾아갔다. 국내 5대 제약사들은 만나주지도 않았다. 겨우 약속을 잡아 설명하면 앞에서는 고개를 끄덕이다가도 뒤돌아서면 사기꾼이라고 손가락질을 했다.

그나마 관심을 보인 곳은 삼양이었다. 라면으로 유명한 삼양식품과는 관련이 없는 회사다. 베이킹 재료를 만들던 삼양은 1995년 계열사인 삼양제넥스를 통해 일찌감치 바이오 사업에 뛰어들었고 그해 9월 항암제 '제넥솔' 개발에 성공한다. 삼양제넥스는 1997년 8월 대전 대덕에 제넥솔 생산 공장을 지었다. 식물세포 배양 기술을 활용한 바이오의약품 공장은 전 세계에서 독일과 삼양제넥스 두 곳뿐이었다. 대덕 공장은 국내 최초이자 '원조' 바이오 공장이었던 셈이다.

삼양은 이 공장에 대한 자부심이 대단했다. 투자를 받기 위해 찾아온 사람들을 대전 공장으로 데려간 것은 예상 가능한 수순이었다. 서정진이 찾아가자 이현수 삼양제넥스 생명공학연구소장이 반갑게 맞았다. 그는 국내 전분당업계 최고 전문가이자 식물세포 배양 분야의 선구자로 꼽히는 인물로 전형적인 '은둔형 엔지니어'였다. 셀트리온 공장이 세워지는 데 중추적인 역할을 한 이현수에 대해 알려진 것이 거의 없는 이유다.

이현수는 제넥솔 개발 공로를 인정받아 1997년부터 한국생명미생물학회 기술상, 장영실상, 바이오산업 대상 등 상이란 상은 모조리 휩쓸었다. 신승일은 국내에 에이즈 백신 공장을 지을 수 있는 사람을 수소문하던 중 국내 최고 전문가로 손꼽히는 이현수를 알게 됐고 함께 일해보지 않겠느냐고 제안했다. 당시 대형 세포 배양 공장을 설계할 수 있는 능력을 갖춘 사람은 그가 유일했다.

이현수는 2001년 9월, 35년 동안 일했던 삼양제넥스를 그만두고 백스젠의 컨설턴트로 들어가 셀트리온의 창립 준비를 돕는다. 우직하게 한 우물을 파온 그의 행보에 사람들은 깜짝 놀랐다. 제넥솔 공장이 본격적인 가동을 앞둔 시점에서 신생 바이오 회사로 옮길 이유가 전혀 없었기 때문이다.

2002년 셀트리온이 정식으로 출범하고 나서 서정진은 제일 먼저 이현수를 스카우트한다. 넥솔의 1호 사원이 유헌영이라면, 이현수는 셀트리온의 1호 사원이다. 이현수는 삼양제넥스의 식물세포 배양 기술과 공장 건립 역량, 고도의 발효 기술, 숙련 인력 관리와 공장 운영 경험 등 모든 것을 셀트리온에 쏟아붓는다. 그는 국내 최초로 식물세포 배양 공장에 이어 동물세포 배양 공장까지 완성한다. 이현수는 삼양의 바이오 역사를 새로 썼고 서정진을 만난 뒤에는 우리나라 바이오산업의 역사를 바꾸는 데 일조했다.

가장 확실한 투자 보고서

서정진은 국내 대기업과 이름 있는 중견기업, 제약사들에게 모조리 퇴짜를 맞았다. 새로운 투자자를 찾아내야 했다. 누군가 공기업을 한번 공략해보자고 했다. 역발상이었다. 바이오 사업은 리스크가 크고 초기 투자 비용이 많이 들어 애초부터 공기업은 투자자 대상에서 제외했지만 이것저것 가릴 처지가 아니었다. 민영화 작업을 준비하던 한국담배인삼공사(지금의 KT&G)가 신사업을 검토하고 있다는 정보를 입수했다. 한국담배인삼공사는 하이테크산업, 그중에서도 바이오 분야에 관심이 있었다. 서정진은 서울 삼성역 부근에 위치한 한국담배인삼공사 본사로 찾아갔다. 일면식도 없던 곽주영 한국담배인삼공사 사장에게 200억 원을 투자해달라고 했다.

"제 인생을 걸고 진행하는 프로젝트입니다. 믿기 어려우시다면 저희도 투자할 테니 그만큼만 투자해주십시오. 단 1원이라도 유리한 권리를 갖지 않겠습니다."

하지만 곽주영은 바이오 사업을 해본 경험이 있는 전문가를 원했다. 그는 직원들에게 바이오산업에 대해 다시 검토해보라고 지시했다. 외부 컨설팅도 받았다. 바이오가 유망하다는 것은 알았지만, 한국에서는 생소한 분야였기에 이 정도 투자로 성공할 수 있을지는 확신하기 어려웠다. 최종 결정을 내리기까지 6개월이 걸렸다. 훗날 곽주영은 투자 이유에 대해 이렇게 말했다.

"열정과 진심이 가득한 그의 말은 어떤 투자 보고서보다 매력적이었습니다. 성공할 거라는 믿음이 생겼죠."●

한국담배인삼공사는 서정진이 제안했던 200억 원 전액을 투자했다. 공기업으로선 거액이었다. 서정진은 "한국담배인삼공사 투자의 시작과 끝에는 곽주영이 있었다"고 했다.

"그분은 미래 사업을 준비해야 한다고 생각한 사람이었습니다. 바이오산업이 우리나라에 가장 적합하다는 것도 알았죠. 그래서 위험을 무릅쓰고 직접 이사회를 설득하고 투자를 단행했어요. 경영자로서 어려운 결정을 한 겁니다."

공기업으로부터 '큰돈'이 들어오자 투자업계가 술렁였다. 잠재적 투자자들이 넥솔을 다시 보기 시작했다. 그때부터 투자금이 조금씩 들어오기 시작했다. 개인투자자들도 모여들었다. 교보생명 경제연구소 소장 출신인 강선대를 비롯해 금융계 인사들은 홍콩에 본사를 둔 J스테판앤컴퍼니라는 자산운용사를 세우고 300억 원가량을 투자했

● '서정진 셀트리온 회장의 반전 드라마, 10년 앞 내다본 돈키호테, 이제 거두기만 하면 된다', 이코노미스트, 2011. 5. 2.

다. 이들은 셀트리온 창립 주주로 참여해 막대한 투자수익을 거두게 된다.[•]

한국담배인삼공사의 투자는 지금의 셀트리온을 있게 한 역사적 사건 중 하나로 꼽힌다. 탄탄한 공기업으로부터 자금을 조달하지 못했다면 다른 투자도 유치하지 못했을 것이다. 요즘은 전자 담배가 유행인데도 서정진이 여전히 연초를 고집하는 건 한국담배인삼공사에 대한 과거의 '의리'를 지키기 위한 것이다.

• 월드뮤직센터 강선대 이사장, "음악은 세계 시민의 패스포트다", 스포츠서울, 2015. 8. 31.

협상의 기술

"아무리 생각해도 한국은 안 될 것 같다."

'그들이 정말 걱정하는 건 뭘까?'

에이즈 백신 공장 유치에 필요한 조건인 땅과 돈이 마련됐으니 서둘러야 했다. 백스젠과 최종 부지 선정을 위한 담판에 들어갔다. 이제 그는 혼자가 아니었다. 백스젠의 내부자는 두 명으로 늘었다. 신승일과 백스젠 컨설턴트로 자리를 옮긴 이현수 전 삼양제넥스 생명공학 연구소장이었다. 서정진은 두 사람과 삼각 협공을 펼치며 백스젠을 설득했다. 강적 싱가포르를 상대로 두 달 동안 말 그대로 '피 튀기는 PT(프레젠테이션)' 경쟁이 벌어졌다. 싱가포르는 부총리가 직접 나서 브리핑을 했다.

싱가포르 정부가 백스젠에 제공할 수 있는 지원 정책을 홍보하느라 열을 올리는 사이 서정진은 백스젠의 생각에 주목했다. '해외에 공장을 세울 때 가장 걱정되는 점은 뭘까?' 그들에게는 주변 여건도 중요했지만 기술이전 후 공장이 지속적으로 운영될 수 있는지가 더 큰 문제였다. 의약품을 생산하는 공장이다 보니 제조공정에서 작은 결함이라도 발견되면 엄청난 손실을 떠안아야 했다. 서정진은 한국이 바이오산업과 비슷한 기술집약산업인 반도체 분야에서 성공한 경험이 있고 전문성을 갖춘 인재가 풍부하다는 점을 강조했다. 바이오의약품을 생산하려면 첨단 무균 설비와 통제 시스템을 운영할 수 있어야 하는데 아시아 국가 중 일본과 한국이 능력을 인정받고 있었다. 싱가포르에도 제약 공장이 여럿 있었지만 백스젠이 원하는 수준에는 한참 못 미쳤다.

서정진은 이 점을 파고들었다. '메이드 인 코리아'는 전 세계에서 제품력을 인정받고 있으니 백신 생산도 문제가 없을 것이라고 했다. 그의 전략은 적중했다. 2001년 10월 마침내 백스젠은 송도에 공장을 건립하겠다는 결정을 내린다. 넥솔바이오텍이 설립된 지 1년 4개월 만에 얻은 첫 성과였다. 백스젠의 넥솔 내부자들은 이 기적 같은 소식을 누구보다 빠르게 전해줬다. 서정진과 임직원들은 "이제 고생 끝"이라며 서로 부둥켜안고 기쁨의 눈물을 흘렸다. 그것이 엄청난 착각이었다는 걸 깨닫기까지는 한 달이 걸리지 않았다.

넥솔바이오텍은 백스젠의 마음이 변하기 전에 성대한 계약식을 준비했다. 2001년 10월 19일 기술을 가진 자, 돈을 가진 자, 땅을 가진 자가 서울 삼성동 그랜드인터콘티넨탈호텔에 모였다. 화려한 크리스털 샹들리에가 반짝이는 콘퍼런스룸의 테이블마다 붉은 장미꽃으로 장식되었다. 행사장 앞에 걸린 커다란 현수막에는 한글보다 영어가 더 많았다. 이름하여 'JVC 설립 MOU 조인식'이라고 커다랗게 쓰인 행사명 아래 VaxGen(백스젠), 넥솔바이오텍, 한국담배인삼공사, J. Stephen & Company(J스테판앤컴퍼니) 이름이 나란히 적혔다. 초청객조차 설명을 듣지 않으면 무슨 행사인지 알 수 없을 정도였다. 서정진은 이날 맨인블랙 요원 같았다. 수트와 셔츠, 신발뿐만 아니라 얼굴까지 새카맸다. 누적된 피로 탓도, 알코올에 상한 간 때문도 아니었다. 전날 벌어진 한바탕 소동 때문이었다.

끝날 때까지는 끝난 게 아니다

조인식 전날, 백스젠은 인천시청과 부동산계약부터 하기로 돼 있었다. 랜스 K 고든 백스젠 신임 대표와 전임자인 도널드 프랜시스 고문이 샌프란시스코에서 날아왔다. 고든과 최기선 인천시장은 '바이오 신약 생산시설 및 연구개발센터' 건설을 위한 부지 분양 실시 협약을 맺었다. 백스젠은 6개월 내에 합작회사를 세워 센터 건립에 착수하고 총 1억 5000만 달러를 유치해 2005년 초부터 제품을 생산하겠다고 약속했다. 인천시는 합작회사에 3만 평의 부지를 10년간 무상 임대하고 10년 후 토지 대금을 받기로 했다.

협약식이 끝난 뒤 백스젠 관계자들은 송도 신도시 홍보관을 둘러봤다. 최기선은 간척 작업이 한창인 건설 현장을 보여줬다. 25톤 덤프트럭 서너 대가 흙을 들입다 쏟아붓고 있었지만 여전히 물바다였다.

그날 밤 11시. 잠을 청하던 신승일에게 전화가 걸려왔다. 고든 대표였다. 그는 도널드 프랜시스와 신승일, 이현수를 자신의 방으로 소집했다. 백신 개발회사 아캠비스 출신인 고든 대표는 한 달 전 백스젠에 합류해 이번 일에 대해 아는 것이 거의 없었다. 그는 "아무리 생각해도 한국은 안 될 것 같다"고 폭탄선언을 했다. 송도 간척지를 직접 보고 오히려 의구심이 커진 것이다. 그들은 새벽 3시까지 송도 공장의 타당성을 놓고 치열하게 토론했다. 신승일은 "여차하면 조인식이 취소될 수도 있었던 아찔한 상황이었다"고 회고했다.

간밤 상황을 전해들은 서정진은 조인식 당일까지도 백스젠 대표가 나타나지 않을까 봐 가슴을 졸였다. 물론 그 뒤로도 서정진은 '끝날 때까지 끝난 게 아닌' 철렁한 순간을 여러 번 경험하게 된다. 상대는 협상 과정에서 소리를 지르는 것은 물론이거니와 주먹으로 테이블을 내리치거나 의자를 집어던지는 등 폭력적인 행동을 하기도 했다. 돌발 행동으로 상대를 당황하게 만들어 판단력을 흐리게 하는 수법이다. 글로벌기업들은 상대방이 알아차리지 못하는 사이 자신이 원하는 방향으로 주도권을 끌고 가는 데 귀재였다.

공장 완공 후에도 백스젠은 기술을 빌미로 '갑질'을 계속했다. 백스젠과 체결한 양해각서는 일종의 '노예 계약서'였다. 그걸 알면서도 넥솔은 먹고살기 위해 기술의 노예가 됐다. 서정진은 고든 백스젠 사장을 억지로 끌어 앉힌 다음 곽주영 한국담배인삼공사 사장, 염승용 J스테판앤컴퍼니 대표와 조인트벤처 설립 각서에 사인했다. 분위기가 서먹했던 탓인지 행사 후 어색한 미소를 지으며 찍기 마련인 단체 숏도 한 장 남기지 않았다. 다음 날 조간신문에는 '인천에 세계 첫 에이즈 백신 공장이 들어선다'는 기사가 조그맣게 실렸다.

성공을 부르는 이름

"회사 이름을 지어주세요."

합작회사의 출범을 앞두고 사명 공모전이 열렸다. 회사에 지분이 있는 관계자는 모두 참여할 수 있었다. 미국에서는 백스젠이, 한국에서는 넥솔바이오텍과 벤처투자회사인 J스테판앤컴퍼니, 한국담배인삼공사 임직원들이 아이디어를 냈다. 포상은 샴페인 두 병. 거창한 상금이 걸린 것은 아니었지만 반응이 뜨거웠다.

이름이 될 뻔한 후보를 살펴보면, 한국의 제넨텍, 한국의 백스젠이라는 의미인 '코젠KORGEN', '코백스KORVAX', 인천에 설립되는 제넨텍 공장을 뜻하는 '인진InGene' 등이 있다. 글로벌 제약바이오업계에서는 유전자를 뜻하는 '진gene'을 사명에 넣는 게 트렌드였다. 암젠Amgen, 세엘진Celgene, 리제네론Regeneron, 바이오젠Biogen 등이 대표적이다. 그런데 '진'이 들어가는 웬만한 이름은 이미 다른 기업들이 선점하고 있었다.

마땅한 이름이 없어 1차 공모에서 탈락한 것을 모아 재검토했다. 그중 셀트리온이 눈에 들어왔다. 어감은 좋은데 회사명으로 하기엔 길다는 의견이 있어 제외됐던 것이었다. 이 이름은 J스테판앤컴퍼니의 임원 신광순이 제안했다.

기독교 신자인 신광순은 '이번에 새로 투자한 회사가 잘될 수 있도록 좋은 이름을 달라'고 기도하던 중 '트리온스Trions'라는 단어가 갑자기 떠올랐다. 사전을 뒤져보니 라틴어로 '하늘의 길잡이'를 뜻했다. 북극성 중 3개의 별인 북극3성이라는 해석도 있었다. 여기에 세포를 뜻하는 셀Cell을 접두어로 붙여 셀트리온이라는 이름이 탄생했다. 캄

캄한 밤에도 여행자들이 길을 잃지 않도록 방향을 알려주는 별처럼 국내 바이오산업의 길을 밝혀주는 기업이 되자는 의미다.

그렇게 셀트리온은 혜성처럼 나타났다. 회사의 성공을 간절히 염원하고 내 일처럼 여기는 사람들이 머리를 싸매고 고민한 끝에 얻어진 이름이다. 새로운 사명은 세련되고 유니크한 회사 이미지를 만드는 데 도움이 됐다.

이후 국내 바이오업계에는 셀리버리, 셀리드 등 비슷한 이름들이 줄줄이 등장했다. 바이오시밀러업체인 폴루스는 셀트리온처럼 북극성이라는 뜻의 라틴어를 가져와 사명으로 정했다. 셀트리온은 바이오기업들 사이에서 성공을 부르는 이름이 됐다.

셀트리온 출범

"외국이 사갈 수 있는 제품을 만들어내는 게 중요합니다."

로또가 된 공장 부지 매입

서정진이 셀트리온을 시작하면서 잘한 일로 꼽히는 것 중 하나가 송도 공장 부지를 매입한 것이다. 송도 땅값이 천정부지로 치솟으면서 셀트리온의 자산가치를 두둑하게 불려주었기 때문이다.

셀트리온의 사사社史[●]에는 "인천시의 바이오 벤처 지원 정책에 따라 송도 신도시의 공장 부지를 무상으로 사용할 수 있었지만 '멀리 보고' 9만 2968제곱미터(2만 8000여 평)를 매입했다"고 적혀 있다.

넥솔바이오텍은 원래 땅을 임차하려고 했다. 인천시는 셀트리온에 10년간 무상 임대한 이후 임대료를 올릴지, 땅을 매각할지 여부를 재

● 셀트리온 15주년 포토스토리북 『함께 걸어온 길, 함께 걸어갈 길』.

협상하자고 제안했다. 투자금이 부족했던 서정진은 송도 신도시 개발이 계획대로 되지 않거나 바이오 사업이 실패하면 임대계약을 해지하면 되니 여러모로 유리한 조건이었다.

공장 부지 매입을 처음 주장한 것은 서정진도, 백스젠도 아닌 김앤장 변호사였다. 넥솔바이오텍과 백스젠은 조인트벤처 MOU(양해각서)를 맺고 나서 골치 아픈 서류 더미와 씨름하고 있었다. 셀트리온이 최초의 한미 합작 바이오 회사인 만큼 법적으로 검토해야 할 사항들이 많았다. 넥솔바이오텍의 법률고문은 법무법인 한얼의 백윤재 변호사가, 백스젠은 김앤장의 정화수 변호사가 맡았다. 2002년 1월 어느 날, 정화수가 문제를 제기했다. 임대계약이 종료된 후 인천시가 갑자기 현재 땅값의 10배를 내라고 하면 어떻게 하느냐는 것이었다. 중대한 사업 리스크였다. 백스젠은 합작사 설립 계약서에 부지를 매입한다는 조건을 달았다. 셀트리온은 대주주의 뜻을 받들어 '울며 겨자먹기'로 공장 부지를 마련해야 했다.

셀트리온은 2002년 2월 25일, 송도 공장 부지 2만 8000여 평을 '단돈' 145억 원에 매입했다. 평당 52만 원이다. 그로부터 1년 6개월 뒤인 2003년 8월, 송도는 경제자유구역으로 지정된다. 이후 땅값이 급등해 평당 300만 원까지 치솟았고, 셀트리온이 보유한 공장 부지의 가치는 1000억 원대로 불어났다.

가난한 바이오 기업에게 부동산이 얼마나 든든한 버팀목이 됐을지는 쉽게 짐작할 수 있다. 땅문서마저 없었더라면 셀트리온은 살아남지 못했을 것이다. 투자금 조달이 어려울 때 토지를 담보로 융자를 받아 연구개발비를 충당하며 버텼기 때문이다. 셀트리온은 2006년 2월 2만 9000여 평을 추가로 매입했고 현재 19만 8348제곱미터(5만

7000여 평)를 보유하고 있다. 약 500억 원에 매입한 땅은 공시지가로 3000억 원에 이른다.

셀트리온이 땅을 살 때만 해도 휴짓조각으로 여겨지던 송도 땅문서는 긁지 않은 로또였다. 행운도 뒤따랐지만 셀트리온은 출발부터 '남들이 가지 않은 길'을 택한 보상을 톡톡히 받았다. 세계 최초로 바이오시밀러를 개발한 '퍼스트 무버'이기 이전에 셀트리온은 송도를 개척한 퍼스트 무버였다.

뭐 하는 회사입니까?

2002년 2월 26일 드디어 셀트리온이 출범했다. 조인트벤처 MOU를 체결한 지 4개월 만이다. 동물세포 배양 기술을 이용한 바이오의약품 생산업체로는 아시아 최초였다. 이날 백스젠은 셀트리온과의 합작 계약식에 이어 현물 출자분 3000만 달러에 대한 투자 신고서를 산업자원부에 제출했다.

백스젠이 보유한 동물세포 배양 기술과 에이즈 백신 제조 기술은 3000만 달러의 가치가 있는 것으로 평가받았다. 백스젠은 돈 한 푼 내지 않고 셀트리온의 지분 약 45퍼센트를 보유한 대주주가 됐다. 넥솔(18%, 1200만 달러), 한국담배인삼공사(16%, 1100만 달러), J스테판앤컴퍼니(13%, 900만 달러)는 현금을 투자해 주요주주로 올라섰다.

셀트리온이라는 합작사 이름은 이날 최초로 공개됐다. 이제 넥솔 대신 셀트리온 네 글자가 사람들의 입에 오르내렸다. 주요 언론사들은 셀트리온을 한마디로 정의하기가 쉽지 않았다. 생소한 업종이어서 언론사마다 설명이 중구난방이었다. 연합뉴스는 '한미합작 단백질 제약회사'라는 수식어를 붙였다.● 바이오의약품의 원료가 생물체에서 유래한 단백질이라는 점에 주목한 것이다. 그러나 단백질 보충제를 만드는 건강보조식품 회사 같은 느낌을 지울 수 없다. 연합뉴스는 2009년까지도 단백질 제약회사라는 표현을 고수했는데 이때까지 바이오의약품에 대한 인지도가 매우 낮았다는 것을 알 수 있다. 셀트리온의 공장은 약 공장이나 바이오 약 생산시설 등으로 불렸다.●● 서정진은 2005년 바이오 리액터(배양기)를 두고 "단백질을 키우는 쇠로 만든 자궁"이라고 비유하기도 했는데 이후로도 10년 동안 셀트리온의 바이오 사업에 대해 이해하기 쉽게 설명해야 했다.●●●

세상이 자신들의 사업을 제대로 이해하지 못하는 상황에서 셀트리온이 내세울 수 있는 것은 숫자였다. 이날 셀트리온은 공장 착공 시기와 규모, 투자금 등 구체적인 계획을 밝혔다. 우선 1단계 공장 건설을 위해 총 1억 2000만 달러(약 1500억 원)가 들어갈 것으로 예상됐다. 서정진은 이 중 8000만 달러는 자기 자본으로, 나머지 4000만 달러는 국내외 금융권을 통한 '프로젝트 파이낸싱'(PF, project financing)으로 유치하겠다고 밝혔다. 바이오업계에서 'PF'라는 단어를 꺼낸 사람은 아마도 서정진이 처음일 것이다.

PF란 프로젝트 자체를 담보로 장기간 대출을 받는 자금조달 기법을 말한다. 위험이 큰 바이오 사업에 PF를 끌어들이겠다는 파격적인 발상은 서정진이 대우차에서 다양한 사업을 간접경험했기에 가능했다.

● 셀트리온, 단백질 의약품 생산공장 착공, 연합뉴스, 2003. 3. 25.

●● 셀트리온 "송도 약공장 예정대로 건설", 매일경제, 2003. 2. 25.

●●● "송도의 신화"가 열린다, 세계일보, 2005. 5. 8.

바늘구멍만큼 좁은 cGMP 승인

셀트리온은 '공장 사이즈'로 또 한 번 업계를 놀라게 했다. 당시 발표한 계획에 따르면 공장은 1만 2500리터짜리 바이오 리액터 4개가 들어가는 약 5만 리터로 확정했다.• 동물세포 배양 공장은 당시 3만 리터가 표준이었다. 9년 뒤인 2011년 4월 뒤늦게 바이오 사업에 뛰어든 삼성바이오로직스도 1공장을 3만 리터로 지었다. 백스젠은 에이즈 백신 수요가 폭발적으로 늘어날 것으로 예측하고 일단 공장을 크게 짓고 싶어 했다.

공장은 2002년 6월 착공, 2003년 말 완공이 목표였다. 백스젠의 에이즈 백신 '에이즈백스'의 마지막 임상3상은 2002년 11월에 끝나기로 돼 있었다. 임상 종료 후 FDA의 시판 허가를 받는 데 1년이 걸리는 점을 고려하면 셀트리온 공장이 완공되는 시점과 맞아떨어졌다. 셀트리온은 시생산과 FDA의 허가를 거쳐 2005년 6월부터 에이즈 백신 생산에 돌입하겠다고 밝혔다.

공장이 완공된 후 1년 6개월이 지나서야 본격적인 생산이 가능할 것으로 예상한 이유는 FDA 심사 기간 때문이다. 의약품 제조 공장은 공장을 짓는 것보다 생산 허가를 받는 게 더 어렵다. 모든 설비를 완벽히 세팅 해도 식품의약품안전처나 FDA와 같은 규제 당국이 승인을 내주지 않으면 이곳에서 만든 약을 팔 수 없다. 이런 상태를 '기계적 완공'이라고 부른다. 기계적 완공 이후에는 의약품을 시생산하면서 생산과정과 제품에 문제가 없는지 규제 기관의 기준에 따라 검

• 셀트리온, "단백질 생산공장 10월 착공", 연합뉴스, 2002. 8. 15.

사를 받는다. '죽은 공장'을 상업 생산이 가능한 '살아 있는 공장'으로 만드는 과정이다.

식품의약품안전처로부터 합격 점수를 받으면 GMP(Good Manufacturing Practice, 우수 의약품 제조 및 품질관리 기준) 인증을 받게 된다. 제약업계의 'KS 마크'라고 보면 된다. KS 인증이 한국에서만 인정되는 것처럼 식품의약품안전처가 인정한 GMP는 글로벌시장에서는 통하지 않는다. 세계에서 제일 깐깐하기로 소문난 FDA의 기준을 통과해야 한다. FDA의 기준을 선진 GMP라는 뜻의 cGMP(current GMP, 선진 의약품 제조 및 품질관리 기준)라고 한다. cGMP 공장으로 인정받아야 비로소 이곳에서 생산한 의약품을 미국을 비롯한 전 세계로 수출할 수 있다.

문제는 cGMP 기준을 충족하기가 무척 어렵다는 것이다. FDA는 시생산 데이터를 샅샅이 살펴보고 조금이라도 미심쩍은 부분이 있으면 수시로 관련 자료를 요구한다. FDA에 제출해야 하는 서류를 한 곳에 쌓아놓으면 15층 아파트보다 높을 것이라는 게 제약업계 관계자들의 이야기다. FDA 심사관이 직접 공장을 방문해 일주일간 실사도 한다.

티끌 하나라도 잘못된 점이 발견되면 허가는 물 건너간다. 실제로 생산설비를 다 깔아놓고도 cGMP를 받지 못한 공장이 전 세계에 수두룩하다. 당시 고난도 기술이 요구되는 생물학적 제제biological preparation• 공장 중 cGMP를 받은 곳은 미국, 스위스, 독일뿐이었다.

• 미생물 등 생체 유래 물질이나 생물체를 이용해 생성시킨 물질을 함유한 의약품으로 백신, 면역글로불린, 인터페론 등이 있다. 이와 함께 유전자재조합의약품, 항체의약품, 세포배양의약품, 세포치료제 등을 모두 통틀어 바이오의약품이라고 부른다.

물론 국내에서는 합성의약품으로 cGMP 인증을 받은 공장은 한 곳도 없었다. 이런 상황이니 cGMP 승인을 받기 위한 '피 말리는' 과정을 우리나라 사람들이 알지 못하는 것은 당연했다.

원대한 목표를 향한 정확한 분석

국내 언론들은 2005년이면 한국이 세계 최초 에이즈 백신의 글로벌 독점 생산기지가 된다고 대서특필했지만 서정진은 호들갑에 동참하지 않았다.

"우리나라에는 생명공학은 있지만 생명공학산업은 보잘것없습니다. 연구에 집중하고 있지만 상업화 능력이 크게 떨어지는 것이죠. 외국이 사갈 수 있는 제품을 만들어내는 게 중요합니다. 셀트리온은 첨단 생산, 제조 기능을 갖춰 국내 제약바이오산업에 발전 기반을 제공할 수 있습니다. 특히 FDA 기준에 맞는 시설을 확보해 제약 공장 건설 관련 노하우도 갖게 될 겁니다."●

그의 진단은 날카롭고 정확했다. 셀트리온의 대표이사로서 가진 첫 인터뷰에서 서정진은 글로벌 바이오 회사가 되겠다는 야심을 드러냈다. 그의 목표는 에이즈 백신이 아니었다. 서정진은 이날 "2007년부터 항암제를 비롯한 다양한 바이오의약품 생산에 나서겠다"고 했다. 백스젠에게 이전받은 동물세포 배양 기술을 활용할 방법을 이미 구상하고 있었던 것이다. 백신은 외국인이 사갈 수 있는 제품을 생산

● '셀트리온, 인천송도 에이즈백신 생산기지로', 매일경제, 2002. 2. 26.

하는 '노하우'를 얻기 위한 '미끼'일 뿐이었다.

서정진은 세계적으로 동물세포 대량 배양시설이 절대 부족한 상태라는 것을 간파했고, 만에 하나 백신이 실패하더라도 생물학적 제제 제조시설로 활용할 수 있다는 것을 알았다. 셀트리온은 2007년 이후 생물의약품을 직접 연구개발하기 위한 R&D 센터도 만들 작정이었다. 송도 공장을 바이오의약품 생산 중심지로 만들겠다는 원대한 목표가 그의 마음속에 자리 잡고 있었다.

탐구 | 그들은 왜 셀트리온을 택했나

"직원들은 최고의 회사에 다닌다는 '프라이드'를 원합니다."

인재의 블랙홀

셀트리온에게 2002년은 기념비적인 해였다. 대한민국이 월드컵 4강에 올라 꿈을 이룰 때 셀트리온 공장도 착착 진행됐다. 설계는 미국 엔지니어링 회사 플루어 엔터프라이즈가, 설비는 스위스의 바이오엔지니어링이 맡았다. 건설만 국내 회사가 하기로 했다. 대우건설, 삼성엔지니어링, 대림산업 등 굴지의 기업들이 모두 시공사 입찰에 뛰어들었다. 셀트리온은 대우건설을 낙점한다. 해체된 대우그룹에서 나온 이들이 세운 회사를 대우건설이 짓게 된 것이다.

당시 가장 열심히 제안서를 준비한 곳은 삼성이었다. 삼성은 스위스에서 화학공학 박사학위를 받은 바이오 전문가인 윤광훈 삼성엔지니어링 해외영업 담당 부장이 프레젠테이션을 했다. 서정진은 명함을 간직하고 있다가 나중에 전화를 걸어 부사장 자리를 줄 테니 셀트리온으로 오라고 했다. 윤광훈은 2002년 당시 삼성엔지니어링의 10년차 부장이었다. 서정진은 삼성보다 높은 연봉을 제시하고 회사 차도 내어주겠다고 했다. 윤광훈은 작은 실수도 용납하지 않는 철두철미한 사람으로 알려져 있었다. 건설 현장에 각종 설비와 부품을 공급하는 납품업체 관계자들과 차도 한잔 마시지 않는다고 했다. 서정진은 그런 윤광훈을 매의 눈으로 낚아챘다. 윤광훈은 삼성엔지니어링에서 함께 일한 적이 있는 김인규 유니와이드테크 제너럴 매니저도 셀트리온으로 데려왔다. 이들은 셀트리온 1, 2공장 건립 임무를 성공적으로 완수했다.

두 사람은 나중에 삼성으로 돌아가 삼성바이오로직스 1, 2, 3공장을 지었다. 윤광훈은 2020년 11월 현재 삼성바이오로직스 EPCV 센터장(부사장), 김인규는 공무기술팀장(전무)이다. 그러나 삼성바이오로직스의 사업보고서에 적힌 두 사람의 경력 사항에 셀트리온은 쏙 빠져 있다. 경쟁사 이직이 암묵적으로 금지돼 있어서다.

셀트리온은 '블랙홀'처럼 제약바이오업계 브레인들을 빨아들였다.

이현수 전 삼양제넥스 생명공학연구소장과 함께 일한 홍승서 부소장이 2002년 4월 합류해 삼양제넥스의 연구소 책임자들이 모두 셀트리온으로 온 셈이 됐다. 훗날 이현수는 셀트리온 신규사업부문 사장, 홍승서는 셀트리온헬스케어 사장에 오른다. 당시 홍승서의 입사 사번은 8번이었다. 서정진이 1번이었고 대우자동차 출신 창업 멤버 유헌영, 문광영, 이근경, 기우성이 2~5번, 백스젠에서 넘어온 신승일, 이현수가 그다음이었다. 홍승서가 입사하고 두 달 뒤 녹십자(현 GC녹십자) 목암생명공학연구소에서 세포 배양 기술을 연구한 윤정원 책임연구원(현 셀트리온 수석부사장, 생산본부장)이 셀트리온으로 왔고, 이후로도 녹십자 인재들이 뒤를 이었다. 2003년 장신재 수석연구원(현 셀트리온 사장 , 제3공장추진TF부문 부문장)과 이수영 주임연구원(현 셀트리온 상무, 연구지원 담당장)이 녹십자에서 셀트리온으로 자리를 옮겼다. 2004년 입사한 임병필 셀트리온 이사(공정&밸리데이션 담당장)와 2006년에 들어온 권기성 셀트리온 전무(연구개발본부장)도 녹십자 출신이다. 현재 셀트리온은 연구개발부터 생산 부문까지 요직을 모두 녹십자 출신들이 꿰차고 있다. 한편 2004년에는 미국 바이엘 바이오테크놀로지 출신의 조명삼 박사도 연구소로 영입했다.

도전, 비전, 의미를 약속하다

이름난 제약사 연구원들과 석학들이 신생 회사인 셀트리온으로 이직한 이유는 뭘까. 셀트리온이 진정한 '듣보잡'이기 때문이다. 국내 제약업계에서 '듣지도 보지도 못했으나 잡고 싶은 일자리'를 만들었다는 뜻이다. 연구개발 직군은 어느 제약사에나 있다. 그러나 국내 제약회사 400여 개 중 글로벌시장에서 먹히는 혁신적인 제품을 개발하는 곳, 신약을 개발하는 곳은 10곳도 안 된다. 국내 제약회사 연구원들은 새로운 도전을 갈망했다. 하고 싶은 연구를 마음껏 할 수 있도록 적극 지원해주는 곳이 있다면 떠날 준비가 돼 있었다.

셀트리온은 제약업계에서 가장 '핫'한 항체의약품을 다루는 것만으로도 연구원들이 호기심을 가졌다. 게다가 셀트리온은 업계 최고의 대우를 약속했다. 당시 국내 상위 제약사보다도 높은 수준의 연봉을 지급했다. 서정진은 사람에게 돈을 아끼지 않는다. 원하는 사람을 데려오기 위해 기존 연봉의 두 배를 제시한 적도 있다. 직원에게 인색하면 절대 성공할 수 없다는 게 그의 생각이다. 신체포기각서를 쓰며 사채를 빌려 쓸지언정 단 한 번도 직원들 월급을 밀리게 둔 적이 없다. 사업을 해본 사람들은 이게 얼마나 힘든 일인지 잘 안다. 회사가 어려워지면 경영자는 제일 먼저 임금을 삭감하고 인력을 감원한다. 하지만 서정진은 그 반대였다. 회사가 아무리 어려워도 월급에는 손대지 않았다. 임직원에게 주는 임금은 인건비가 아니라 투자이기 때문이다. 물건비와 대비되는 개념인 인건비는 사람을 물건처럼 사용하고 버리는 지출 대상으로 인식한 데서 비롯된 말이다. 사람은 물건과 달라서 대우해주면 그 이상의 잠재력을 발휘한다고 서정진은 믿었다. 사람을 중히 여기는 경영 철학이 양질의 인재를 끌어모은 비결이다.

"직원들이 회사에 바라는 건 단순히 돈이 아닙니다. '내가 최고의 회사를 다니고 있다'는 '프라이드'를 갖길 원하는 겁니다. 그걸 보여주는 한 가지 지표가 연봉일 뿐이죠."

서정진은 셀트리온이 성장하는 걸 보면서 회사가 자기 분야에서 세계 최고가 되면 좋은 인재는 모이게 돼 있다는 걸 깨달았다. 내가 하는 일이 세계 최고이고 나와 함께 일하는 동료가 세계 최고 수준이면 경쟁사보다 연봉이 조금 낮아도 직원들이 떠나지 않더라는 것이다.

그러나 당시 셀트리온은 최고의 회사가 아니었다. 서정진은 셀트리온의 '미래 가치'를 팔았다. 셀트리온에서 일하는 것이 우리나라 제약바이오산업 발전에 의미 있는 일을 할 수 있는 기회라는 것을 강조했다. 바이오 불모지인 한국이 아시아 최초의 동물세포 배양설비를 구축한다면 미래 세대가 대대로 먹고살 수 있는 큰 유산을 물려주는 일이다. 이런 설득 전략은 고액 연봉을 받고 경제적 여유가 있는 고위급 임원들을 영입할 때 잘 통했다. 그들은 돈보다 가치와 보람을 택했고 서정진의 비전에 이끌려 셀트리온호에 올라탔다.

홍승서는 "이 회사가 성공할 것이라고 생각하고 온 사람은 아무도 없을 것"이라고 했다.

"초창기 셀트리온 연구개발자들이 확신을 가지고 일했다고 말한다면 다 거짓말입니다. 서 회장의 말대로 이루어질 것이라고 믿은 사람은 없었어요. 그저 의미 있는 일이니 안 되더라도 한번 '올인' 해보자고 사명감을 가지고 일했죠. 그런 순수한 동기가 없었다면 해내지 못했을 겁니다."

차가운 머리를 가진 생명공학 전문가들도 가슴은 뜨거웠다. 그들은 바이오산업이 기울어진 운동장이라는 걸 누구보다 잘 알았지만 '꿈은 이루어진다'는 주문을 외우며 기꺼이 뛰어들었다.

4

CELLTRIONISM
고난

셀트리온이 출범했지만 일은 잘 풀리지 않았다.

든든한 뒷배가 되어주어야 할 합작회사 백스젠은 에이즈 백신 개발에 실패하며

시장에서 철저히 외면당하고 공동대표에서도 물러났다.

셀트리온이 믿고 기댈 곳은 셀트리온뿐이었다.

셀트리온과 서정진 회장은 홀로 서기 위해 분투했고,

천신만고 끝에 BMS와 오렌시아의 위탁생산CMO 계약을 맺는다.

계약 규모는 20억 달러.

셀트리온이 바이오의약품 위탁생산 회사로 큰 걸음을 내딛는 순간이었다.

백스젠의 실패

"목표는 원대할수록 좋고, 널리 알릴수록 좋다."

불길한 시작 영리한 전략

셀트리온이 출범한 지 꼭 1년이 되던 2003년 2월 25일, 청천벽력 같은 비보가 날아들었다. 백스젠은 에이즈 백신 '에이즈백스'의 3차 임상실험 결과에서 목표치에 도달하지 못했다. 흑인과 아시아인종에게는 탁월한 예방 효과를 보였지만 백인에게 효과를 보이지 않았다. 백스젠의 주가는 44퍼센트 가까이 폭락했다. 미국 같은 선진국에서 백신을 비싸게 팔고 아프리카나 동남아 등의 저소득국가에는 그보다 낮은 가격에 공급해야 하는데 백인에게 효과가 없으니 사실상 실패나 마찬가지였다.

순진한 바이오 꿈나무 서정진은 '돈이 되지 않는 약은 개발하지 않는다'는 잔인한 현실을 깨닫지 못했다. 그는 백스젠이 에이즈백스를 포기하지 않으리라고 굳게 믿었던 것 같다.

셀트리온은 2003년 3월 25일 송도 공장의 첫 삽을 떴다. 임상 결과가 어떻든 일단 계획대로 밀고 나가기로 했다. 5만 리터짜리 공장을 2003년까지 완공하고 1년 반 동안 FDA 승인을 거쳐 2005년 말이나 2006년 초부터 생산에 들어가는 일정이었다. 공장 옆에는 R&D 센터를 짓기로 했다. 생산만 할 터이니 연구개발센터는 필요하지 않다고 백스젠에서 태클을 걸었다. 서정진은 완벽한 생산품질관리를 위해 전문인력을 양성할 곳이 필요하다고 둘러댔다. 그는 자체 제품을 개발할 수 있는 R&D 경쟁력을 키워야 한다는 야심을 숨기고 R&D 센터를 관철시켰다. 훗날 R&D 센터는 바이오시밀러 개발의 중심축이 된다.

서정진은 셀트리온이 고객사가 시키는 대로 하는 '아바타'로 전락하는 걸 막기 위해 R&D 센터에 '전략공천' 방식을 도입했다. 핵심 직군에 외부 영입 인사를 앉혀 내부 인력을 키운 다음 물갈이하는 것이다. 글로벌 제약바이오 회사에서 QA(Quality Assurance, 품질보증)와 QC(Quality Control, 품질관리) 경험이 많은 외국인 전문가를 한 명씩 스카우트하고, QA와 QC 총괄 책임자 밑에 한국인 직원을 붙여 사수와 부사수 관계가 되어 배우도록 했다. 송도 R&D 센터는 초기에 해외 기술을 전수받는 데 급급했지만 이런 식으로 조금씩 자체 역량을 쌓아갔다.

"우리나라 사람들은 배우는 속도가 무척 빠릅니다. 곁눈질로 배우고 통밥으로 익히면서 2~3년 지나니 우리 직원들이 글로벌 제약사에서 온 사람들을 따라잡을 수 있을 정도가 됐어요. 서 회장의 전략이 맞아떨어진 것이죠."

홍승서 전 셀트리온헬스케어 사장이 말했다.

셀트리온이 R&D 센터를 만들지 않고 직원을 해외로 단기 연수 보내 교육시켰다면 바이오시밀러는 꿈도 꾸지 못했을 것이다.

불가능한 목표일수록 공표하라

자신의 뜻대로 R&D 센터도 확정된 데다 기공식 축하객들이 많이 몰려서인지 서정진은 고무됐다. 관중이 많을수록 서정진의 '쇼맨십'은 빛을 발한다.

그는 이날도 남들이 보기엔 허무맹랑한 발표를 한다. 4년 뒤인 2007년 바이오 리액터 8개짜리 공장을 더 지어 생산시설을 세계 최대 규모인 15만 리터까지 확대할 계획이라고 공언했다.●

당시 미국 제약바이오 회사 2, 3곳과 바이오의약품 위탁생산 계약을 진행하고 있었지만 성사된다는 보장은 없었다. 에이즈 백신의 실패 가능성이 커진 상황에서 공장을 더 짓겠다니 황당한 소리였다.

서정진은 동물세포 배양 공장을 지어본 경험이 없었다. 그래서 오히려 더 과감한 구상을 할 수 있었다. 그의 통 큰 스타일은 나중에 삼성이 바이오 사업에 뛰어들면서 재조명된다. 삼성은 돌다리도 수백 번 두드려보고 건너는 스타일이다. 셀트리온이 2공장을 가동하는 것을 보고서도 2년 이상 심사숙고한 끝에 공장을 지었는데, 셀트리온보다 작은 3만 리터 규모로 시작했다. 삼성은 1공장을 다 짓고 1년 뒤 2공장 착공에 들어갔을 정도로 신중을 기했다.

● 셀트리온, 송도 의약품 공장 기공, 한국경제신문, 2003. 3. 26.

반면 서정진은 막무가내인 것처럼 보였다. 1공장 땅파기가 시작되자마자 최소 3000억 원이 드는 2공장 이야기를 꺼내니 '막 던지는 게 아닌가' 싶을 정도였다.

자동차 왕 헨리 포드가 사람들이 빨리 달리는 말을 원할 때 소수 부유층의 사치품이던 자동차를 대량생산해 자가용 시대를 열겠다고 선언한 것처럼, 서정진은 합성의약품이 대부분이던 시절에 고가의 항체의약품을 대량생산하겠다고 했다. 존재하지 않는 시장을 바라보고 불가능한 목표를 세웠고 그것을 사람들에게 공표해서 믿게 만들었다. "목표는 원대할수록 좋고 널리 알릴수록 좋다"는 게 서정진의 생각이다. 목표에 도달하지 못해도 손해가 아니다. 내뱉은 말을 지키기 위해 최선을 다하기 때문이다. 결과적으로 셀트리온은 서정진이 언급한 것보다 6개월 앞선 2006년 6월, 9만 리터 규모의 2공장을 착공한다.

파이프라인 하나에 매달리지 말라

하지만 백스젠이 개발하던 에이즈 백신은 서정진의 뜻대로 되지 않았다. 2003년 11월 12일, 백스젠은 에이즈 백신의 임상 실패를 공식화했다. 5년간 투자한 돈을 모두 날리게 된 백스젠은 심각한 타격을 입었다.

이를 만회하고자 백스젠은 또 다른 비장의 카드, 탄저균 백신을 꺼냈다. 2003년 11월 미국 정부로부터 8억 7700만 달러, 한화로 1조 원이 넘는 탄저균 백신 정부 입찰을 따내면서 백스젠은 기사회생하는 것처럼 보였다. 문제는 엉뚱한 데서 터졌다. 백스젠이 실적 발표를 계속 연기하자 주가 폭락으로 피해를 본 투자자들이 회사의 수익 인식 구조와 재무제표를 믿을 수 없다고 소송을 제기했다. 회계 문제는 어느 날 갑자기 바이오 회사들에게 찾아오는 저승사자와도 같다.(훗날 셀트리온과 삼성바이오로직스도 역시 회계 이슈로 골머리를 앓는다.) 신뢰를 잃은 백스젠은 2004년 8월 나스닥시장에서 퇴출된다. 4개월 뒤에는 탄저균 백신 계약도 해지당한다. 백스젠은 수백억 원의 세금을 날린 기업으로 낙인찍혔다. 세계 최고의 기술력을 가진 생명공학 회사가 한순간에 나락으로 떨어졌다.

백스젠의 침몰로 서정진은 중요한 교훈을 얻었다. 파이프라인(신약 후보물질) 하나에 '올인' 해서는 안 된다는 것이다. 계란을 한 바구니에 담는 것보다 위험한 건 계란이 한 개밖에 없는 것이다. 신약 하나만 바라보고 있다가 결국 임상 실패로 고전하는 국내 바이오 기업들이 많다.

백스젠은 실패를 수습하려다 시장의 신뢰를 잃었고 재기 불능 상태에 빠졌다. 백스젠은 결국 셀트리온의 공동대표직에서 물러나 사실상 경영에서 손을 떼게 된다. 이제 셀트리온이 기댈 곳은 셀트리온 자신밖에 없었다.

홀로서기

"내가 변하니 세상이 달라졌다."

멀티플레이어 홍승서

백스젠이 무너지는 과정을 바로 옆에서 지켜본 사람은 당시 셀트리온 미국 법인장 홍승서다. 셀트리온은 사우스샌프란시스코의 백스젠 본사 한쪽에 미국 법인 사무실을 마련했다. 직원 세 명, 사실상 출장 사무소에 가까웠다.

홍승서는 셀트리온에서 영업, 임상, 허가, 마케팅, 판매까지 모든 업무를 해본 '멀티플레이어'다. 홍승서는 삼양제넥스 유전자연구팀 팀장으로 일할 때 5년 만에 유방암 억제 유전자 2개를 발굴해 특허를 출원하는 성과를 거뒀다. 그러나 유전자치료제는 시간과 비용이 많이 들었고 경영진의 반대로 더 이상 연구를 이어갈 수 없었다.

홍승서는 삼양제넥스의 직속 선배이자 셀트리온으로 먼저 가 있던 이현수 부사장을 찾아가 고충을 토로했다. 그리고 이현수의 소개로 서정진을 만났다. 서정진은 그 자리에서 바로 "그럼 이제 우리랑 같이 일하면 되겠네요"라고 말했다. 홍승서는 2002년 1월 사표를 냈지만 수리가 안 되어 4월에야 셀트리온에 들어왔다. 그리고 세 달 만인 7월 초 미국 발령을 받아 약 10년 뒤인 2011년 말에야 귀국했다.

홍승서는 해외시장을 개척하는 첨병 역할을 했다. 백스젠이 에이즈 백신으로 초토화되자 홍승서의 책임은 더욱 막중해졌다. 공장이 다 지어지기 전까지 바이오의약품 위탁생산 계약을 따내야 했다. 바이오업계에서는 이런 업무를 BD(Business Development, 사업 개발)라고 한다. 한마디로 '영업'이다. 글로벌 BD 최고 책임자인 홍승서는 고객을 만나러 미국과 유럽 전역을 쏘다녔다. 전 세계 10대 다국적 제약사는 물론이고 작은 바이오 벤처라도 제품이 있으면 마다하지 않았다. 항체의약품 시장은 날로 커지고 있었다. 그러나 대량생산을 맡길 정도의 제품을 가진 회사는 많지 않았다. 그마저 스위스, 독일 업체들과 계약을 맺은 상태였다.

홍승서는 아직 지어지지도 않은 공장 조감도를 들고 다니며 일감을 달라고 끈덕지게 졸라야 했다. 사무실에 앉아 있는 날이 거의 없었다. 중요한 고객을 만나러 갈 때는 서정진도 동행했다. 8개월 동안 미국에서 서정진과 합숙한 적도 있다. 홍승서는 웬만한 글로벌 제약사는 눈 감고도 찾아갈 수 있게 됐다.

"천대 많이 받았죠. 간을 빼놓고 살았으니까요."

홍승서가 말했다. 한번은 굴지의 글로벌 제약사와 수차례 미팅 후 계약이 성사될 무렵 담당자가 갑자기 잠수를 탔다. 다른 부서로 이동하고 새로운 사람이 온 것이다. 인수인계가 제대로 될 리가 없었다.

새로운 담당자는 셀트리온을 거들떠보지 않았다. 기껏 공을 들였는데 처음부터 새로 시작해야 했다. 이런 일이 허다했다. 서정진은 이때도 자신의 주특기인 '일단 쳐들어가기' 전법을 요긴하게 사용한다. 창업할 때부터 거절이라면 굳은살이 박혀 아프지도 않았다. 오히려 더 담대해졌다.

"화이자 본사에 갔을 때였습니다. 셀트리온이 어떤 회사냐고 물어보면 대답을 못 할 정도로 아무것도 없는 상태였죠. 서 회장하고 저하고 통역, 셋이서 갔는데 서 회장이 화이자 부사장 앞에서 전혀 기죽지 않고 리드하더군요. 대단한 사람이라니까요."

딱 보름만 더 살다 죽자

2004년 송도 공장은 기초공사가 끝나고 골조가 올라가 제법 모양새가 갖춰졌다. 공사가 진행될수록 서정진의 시름은 더욱 깊어졌다. 생산할 제품이 없으면 공장은 거대한 고철 덩어리에 불과했다. 완공일이 다가올수록 근심 걱정에 휩싸여 잠도 오지 않았다.

"제발 살려만 달라고 하나님께 기도드렸어요. 이 고비를 넘게 해주면 첫 매출을 모두 당신께 드리겠다는 말이 절로 튀어나왔습니다."

서정진의 심적 고통은 이루 말할 수 없었다. 자금 압박은 점점 그의 목을 죄어왔다. 원래 계획대로라면 공장이 완공될 때쯤 백스젠으로부터 에이즈 백신 위탁생산 계약금이 들어와야 했다. 그러나 백스젠에게는 아무것도 기대할 수 없었다. 손을 내미는 금융기관은 한 곳도 없었다. 서정진은 신체포기각서를 쓰고 명동 사채시장에서 돈을 빌렸다.

"각서를 하도 많이 써서 더 떼어낼 장기가 없다고 하더군요. 명동 사채업자들에게도 소문이 나서 나중에는 제게 돈을 빌려주려고 하지 않았습니다."

빚은 늘어만 가는데 해결책은 보이지 않았다. 회사만 생각하면 숨이 턱 막히고 가슴이 답답했다. 이건 아니라는 생각이 들었다. 차라리 여기서 그만두는 편이 나을 것 같았다.

"사람들이 언제 자살을 생각할 것 같습니까? 포기하고 싶을 때 하는 겁니다. 아침에 눈뜨는 게 끔찍했습니다. 사업 안 하는 꿈을 꾸면 그게 너무 행복했어요. 돈 빌려주는 사람은 없고 돈 달라는 사람만 있으니 못 살겠더군요. 사업 안 하는 게 맞다, 끝내는 길은 죽는 것밖에 없다는 생각이 들었습니다."

서정진은 아내에게 출근한다고 말하고 경기도 양평 양수리로 갔다. 차를 몰고 강으로 돌진해 빠져 죽으려는 심산이었다. 배에서 꼬르륵 소리가 났다. 서정진은 양수리의 한 레스토랑에 들어가 점심을 시켰다.

"메뉴를 네다섯 개 시키니 종업원이 다 먹지도 못할 텐데 많이 시킨다고 뭐라고 하더군요. 돈 낼 테니 걱정하지 말라고 하고 꾸역꾸역 먹었습니다."

어느새 해가 뉘엿뉘엿 지고 있었다. 차에 타 액셀러레이터를 밟고 속도를 내는 순간 건너편에서 덤프트럭이 헤드라이트를 번쩍이며 무섭게 돌진해왔다. 시속 100킬로미터로 달려오는 트럭이 슬로모션처럼 천천히 그의 시야에 들어왔다. 1초도 안 되는 짧은 순간 서정진의 눈앞에 지금까지 살아온 인생이 주마등처럼 스쳐 지나갔다. '이렇게 죽을 순 없다'는 생각이 든 것은 두 손이 본능적으로 핸들을 꺾어 충돌을 피한 뒤였다. 차는 가드레일을 박고 멈췄다.

"아이씨, 진짜 골로 갈 뻔했네."

정신이 든 서정진의 첫마디였다. 학창 시절 택시 아르바이트로 단련한 운전 실력이 목숨을 살린 것이다.

"하마터면 교통사고로 죽을 뻔했어요. 난 물에 빠져 죽으려고 한 거지 트럭에 치여 죽으려고 한 게 아니잖아요? '아, 오늘은 일진이 안 좋네. 딱 보름만 더 살다가 죽자' 하고 돌아왔습니다."●

고맙다, 미안하다, 용서해라

서정진은 신세 졌던 사람들에게 작별 인사는 하고 떠나야겠다고 마음먹었다. 덤으로 얻은 인생이라고 생각하니 주위 사람 모두에게 감사했다. 만나는 사람에게마다 "고맙다, 미안하다"고 했다. 동료들에게도 "그동안 애썼다. 나 때문에 상처받고 힘들었던 거 다 용서해라" 하고 말했다. 진심이었다. 그렇게 보름이 지났다. 그는 이 시기를 '내 생애 마지막 보름'이라고 표현하며 "내가 변하니 세상이 달라졌다"고 회고한다. 서정진이 자신만의 '인생 하직 인사'를 할 때마다 주변 사람들은 그에게 "무슨 일 있냐" "도울 일이 있으면 언제든 이야기하라"고 힘을 북돋아줬다. 세상에 혼자 남겨진 줄 알았는데 가족, 친구, 동료들이 모두 그의 편이었다.

서정진은 한 강연에서 이렇게 말했다.

"상대방에게 진짜 고마운 일을 쭉 얘기하니 감동하더라고요. 제가

● 창업 15년 만에 세계적 바이오시밀러회사 일군 서정진 셀트리온 회장, 매일경제, 2017. 12. 13.

변한 것은 딱 하나였습니다. 남들이 해준 고마운 일에 대해 한 번도 표현하지 않다가 덤으로 살기로 결심한 보름 동안 고맙다는 얘기를 쭉 하고 다녔더니 주변이 바뀌는 겁니다. 그동안 인생을 살면서 전부 내 머리와 내 능력으로 다 하려고 했습니다. 계획도, 전략도 완벽하게 잘 세웠는데 장애물이 나타날 때마다 아군이 하나도 없었어요. 다 '네가 해보라'는 말뿐이었거든요. 가만히 생각해봤습니다. 남들이 그럴 수밖에 없었던 생각과 행동을 내가 하고 있었던 거예요. 그러니까 직원들에게도 고맙다고 하고 잘했다고 칭찬하기보다는 야단만 쳤던 거죠. 툭하면 '너는 왜 이것밖에 못 하냐, 이 정도는 해야 할 거 아니냐'고 했습니다. 저만 잘난 줄 알았던 헛똑똑이였습니다. 감사 인사라는 작은 변화 하나에 불가능한 것들이 가능한 것으로 바뀌었습니다."

자살할 이유가 사라졌다. 서정진은 죽을 각오로 살아보자고 다짐했다. '내 생애 마지막 보름' 동안 그는 주변 사람들에게 먼저 손을 내밀고 도움을 요청하는 법을 알게 됐다. 이 일은 서정진의 인생에 큰 전환점이 됐다. 그는 다시는 자살 따위 생각하지 않았다.

세상의 끝에 서본 경험은 서정진을 더욱 강하게 만들었다. 니체는 '나를 죽이지 못하는 것들은 나를 더욱 강하게 만든다'고 했다. 서정진은 이제 두려울 게 없었다. 그는 망해가던 백스젠을 찾아가 다른 약이라도 만들 수 있게 기술을 전수해달라고 설득했다. 백스젠은 동물세포 배양과 관련한 임상 자료들을 넘겨줬다. 거저 준 것인지 버린 것인지는 알 수 없다.

혹자는 "제넨텍과 백스젠이 20년간 쌓아온 첨단 생명공학 기술과 신약 개발 노하우가 셀트리온으로 넝쿨째로 굴러들어온 것"이라며

"셀트리온은 하늘이 버리지 않은 회사"라고 말한다. 서정진이 자살을 시도한 순간 '내가 너를 택하고 싫어하여 버리지 아니하였다 하였노라'는 성경 구절이 생각났다고 한 것을 보면 터무니없는 말은 아니다. 이런 주장은 나중에 셀트리온의 바이오시밀러 3종이 줄줄이 FDA 관문을 통과하면서 더욱 힘을 얻었다. 제 아무리 불굴의 투지와 집념이 있었다고 해도 당시 한국의 기술 수준과 노력만으로 셀트리온의 성공을 명쾌하게 설명할 수 없기 때문이다.

자신에게 이득이 되지 않는 일은 하지 않는 미국 바이오 제약사가 '재능 기부'를 한 것도 희한한 일이었다. 글로벌 제약사들은 지적재산권을 지키기 위해서라면 철통 보안, 철벽 방어도 모자라 지구 끝까지 쫓아가 소송을 걸고야 마는 냉혈한들이다. 백스젠이 보물처럼 소중히 여기는 연구 노트를 거저 준 것이 사실이라 해도 셀트리온이 보란 듯 성공해 에이즈 백신의 실패를 만회하리라고는 생각하지 않았을 것이다. 백스젠의 연구 성과가 셀트리온에서 헛되이 쓰이지 않았다는 것은 분명하다. 이 모든 일들이 착착 맞아떨어진 것은 무엇으로도 설명하기 어렵다.

20억 달러 계약

셀트리온은 포기하지 않고 계속 글로벌 제약사의 문을 두드렸다. 셀트리온은 고객사를 만날 때마다 항상 세 가지를 강조했다. 품질, 가격, 고객 맞춤형 서비스다. 다른 제품을 생산하지도 않고 자체 개발도 하지 않으니 한눈팔지 않고 오로지 고객사의 제품 생산에만 '올인' 할 수 있다는 것을 계속 어필했다.

그러다 기회가 왔다. 글로벌 7위 제약사이던 BMS(브리스톨마이어스 스큅)가 관절염을 치료하는 융합 단백질의약품인 '오렌시아'(성분명 아바타셉트)의 생산을 스위스 론자에게 맡기려고 했는데 문제가 생긴 것이다. 셀트리온은 그 틈을 파고들었다.

셀트리온과 BMS는 2005년 6월 22일 서울 웨스틴조선호텔에서 오렌시아의 바이오의약품 위탁생산CMO 계약을 맺는다. 계약 규모는 20억 달러. 우리 돈으로 2조 원이 넘는 금액이었다.* 기본 계약 기간인 6년을 채우고 4년간 연장해 10년 동안 생산했을 때를 전제한 것이지만 첫 계약치고는 엄청난 성공이었다. 해외에서도 셀트리온과 BMS의 계약 소식은 핫 토픽감이었다. 아시아에 바이오의약품을 생산할 수 있는 생명공학 회사가 있다는 사실을 모르는 사람들이 많았다. 더군다나 업계 1위인 론자를 제치고 대형 계약을 따낸 것은 놀라운 일이었다. CMO 계약이 체결되던 날 론자의 주가는 4개월 만에 최저치를 기록했다. 셀트리온은 단숨에 해외에서 유명 스타가 됐다. 로이터통신은 "아시아 제약 계약 사상 가장 규모가 큰 생물학적 생산 계약일 것"이라고 보도했다. 다우존스는 "론자가 생각했던 것보다 빨리 동양의 라이벌과 경쟁하게 됐다"고 전했다. 아시아의 생명공학 기술을 재평가해야 한다는 목소리도 나왔다.**

고수익 사업인 CMO 분야도 덩달아 주목받았다.

첫 단추가 잘 끼워지자 일이 술술 풀렸다. 셀트리온은 BMS와 계약한 지 한 달 뒤인 7월 25일 암 치료제 개발 전문 바이오 기업인 이게

* 셀트리온, 신약 20억 달러 미국 공급, 한국경제신문, 2005. 6. 23.

** "셀트리온, 亞의 강력한 경쟁자", 머니투데이, 2006. 1. 19.

니온과 대장암 치료용 바이오 신약 'IGN11'의 공동개발 계약을 체결한다.*

셀트리온은 이게니온과의 계약식 직후 5만 리터 규모의 1공장 준공식을 열었다. 3년간 2400억 원을 들인 공장이 드디어 모습을 드러냈다. 셀트리온은 국내 최초로 대규모 생물의약품 생산용 cGMP 시설이 완공됐다고 자축했다.

서정진의 바람대로 BMS의 오렌시아는 2005년 12월 24일 크리스마스이브에 FDA의 신약 허가 승인을 획득한다. '황우석 사태'로 국내 바이오업계의 분위기가 흉흉한 가운데 셀트리온만 홀로 승승장구했다. 두 건의 계약으로 셀트리온에 대한 입소문이 퍼지면서 미국, 유럽에서 공동개발 문의가 들어오기 시작했다.

인터뷰 요청도 쇄도했다. 서정진이 언론의 집중 스포트라이트를 받기 시작한 것은 2006년부터다. 그는 인터뷰를 할 때마다 원대한 미래 구상을 그대로 드러냈다.

신약 개발에 대한 의지도 불태웠다. 해외 기업들과의 협업도 적극적으로 추진했다. 2005년 이게니온과 대장암 치료제를 포함해 5개 신약을 공동개발하기로 했고 2006년 6월에는 미국 생명공학 회사 A&G 파마슈티컬과 유방암 치료 항체의약품 'anti-GP88'을 공동개발하는 계약을 맺었다. 이 프로젝트들은 훗날 허쥬마와 트룩시마 등 바이오시밀러를 개발하는 자양분이 된다.

서정진은 2공장 건립 준비에 돌입했다. 1공장이 제대로 가동되는 것을 보고 결정하자고 임원진이 만류했다. 하지만 서정진은 서둘렀

* 셀트리온, 대장암 신약 개발 나선다, 한국경제신문, 2005. 7. 26.

다. 셀트리온은 1공장 옆 부지 3만 평을 매입했다. 2006년 7월 31일 셀트리온은 BMS와 장기 신약 공급 계약을 체결하고 2공장 착공에 들어갔다.

첫 매출로 만든 복지재단

서정진은 2공장 착공식을 하던 날, 하나님과의 약속을 지킨다.

"BMS와 CMO 계약을 하고 처음으로 매출 15억 원이 생겼어요. 5년 동안 수천억 원을 꼬라박다가 15억 원이 생기니 전 직원이 흥분의 도가니였습니다. 그때 기도한 게 생각났어요. 고민하다가 다시 교회에 가서 기도했습니다. 다 드리긴 그렇고 '반땡' 하자고 말입니다. 답을 안 하시더라고요. 그래서 첫 매출로 만든 게 복지재단입니다."•

서정진은 2006년 7월 31일 셀트리온복지재단을 설립했다. 갈 길이 까마득한 중소기업으로서는 쉽지 않은 결정이었다. 그의 아내 박경옥이 재단 이사장을 맡았다. 셀트리온은 이때부터 복지재단을 통해 인천 송도와 충북 지역의 소외계층을 지원하는 활동을 펼치고 있다.

• '2019 대한민국 바이오 투자 콘퍼런스' 기조연설, 서정진, 2019. 8. 28.

아시아 최초의 바이오 공장

"셀트리온에 지시만 하는 사람은 없습니다."

살아 있는 세포를 다루는 예술

지구상에 존재하는 공장 중 바이오 공장만큼 따분한 곳은 없을 것이다. 시뻘겋게 달궈진 철판이 지나가는 제철소나 로봇팔이 정교하게 부품을 조립하는 자동차 공장과 같은 역동적인 모습을 상상해선 안 된다. 정체 모를 액체가 부글부글 끓으며 연기를 내고 초고속 원심분리기가 숨 가쁘게 돌아가는 장면도 볼 수 없다. 그럼에도 불구하고 셀트리온 공장을 구경하고 싶다면 신발 끈부터 단단히 묶어야 한다. 공장 부지가 넓어서 1공장과 2공장을 두어 번 오가면 금세 지친다.

공장 안으로 들어가려면 수차례 보안 관문을 거쳐야 한다. 곳곳에서 '외부인 출입 금지'라고 적힌 빨간색 표지판과 해골 그림이 그려진

위험 경고문을 볼 수 있다. 공장 안은 거대한 스테인리스 통과 복잡하게 얽힌 파이프 관으로 이뤄진 '은빛 왕국'이다. 바닥부터 천장까지 먼지 하나 없이 깨끗하다 못해 번쩍번쩍 광이 난다. 소음도 없다. 온도, 습도를 조절하는 에어컨 소리가 전부다. 의약품 생산 구역은 지정된 사람 외에는 진입 금지다. 담당자도 머리부터 발끝까지 위생복과 헤어캡, 비닐 장화로 꽁꽁 싸매야 한다.

셀트리온 1공장은 대한민국 바이오산업의 역사와 현재를 보여주는 유산이다. 이 공장 바닥에서 셀트리온 직원들은 두세 달을 먹고 자면서 FDA(미국식품의약국)의 cGMP(current GMP, 선진 의약품 제조 및 품질관리 기준) 인증을 받아냈다. 아시아 최초의 동물세포 대량 배양 공장이자 세계 최초의 바이오시밀러가 탄생한 곳이기도 하다.

바이오 공장이 어떻게 돌아가는지 알고 싶다면 '업 앤드 다운'을 기억하면 된다. 바이오의약품 생산공정은 업스트림upstream과 다운스트림downstream으로 나뉜다. 업스트림은 대량생산을 위해 체급을 늘리는(scale up, 스케일 업) 과정이고 다운스트림은 엑기스만 남기는 다이어트 과정으로 이해하면 쉽다. 업스트림은 배양과 추출, 다운스트림은 정제와 완제로 구성된다. 동물세포를 키워(배양) 약효를 내는 단백질을 뽑아내고(추출) 불순물을 제거한 뒤(정제) 약병에 넣으면(완제) 끝이다. 간단해 보이지만 결코 쉽지 않다.

우선 액체질소 탱크에서 냉동보관된 세포주Cell Line를 꺼내오는 작업부터 시작한다. 세포주는 생체 밖에서 계속적으로 배양이 가능한 세포 집합을 말한다. 바이오의약품의 기본 재료이자 앞으로 배양하게 될 동물세포들의 모태가 된다. 액체질소 탱크에서 급속냉각 세포주를 조심스럽게 꺼내 해동시킨 다음 본격적으로 배양 작업에 돌입한다. 1리터 미만의 작은 플라스크 단계에서 시작해 점차 용량을 늘린다. 세포를 증식시키려면 영양분인 미디어media와 완충제인 버퍼buffer가 필요하다. 버퍼는 액상 형태의 산도 조절제로 단백질을 안정적으로 추출하기 위한 조건을 만들어준다. 미디어와 버퍼는 조건이 조금만 달라져도 완전히 다른 생산물을 내기 때문에 바이오의약품의 품질에 막대한 영향을 미치는 핵심 요소다. 셀트리온은 자체 제조한 미디어를 사용하고 버퍼는 외부 업체에서 조달하고 있다.

세포분열 과정은 6주간 지속된다. 실험실에서 기초 배양이 끝나면 20리터 수준의 종 배양, 최종 단계인 본 배양을 거친다. 개체수가 늘어날수록 넓은 방으로 옮겨주고 영양분도 많이 줘야 한다. 배양기의 크기에 알맞은 개체수와 최적의 배양 조건을 찾아내는 게 기술이다.

배양한 세포의 최종 목적지는 1만 5000리터 규모의 바이오 리액터(배양기)다. 1만 5000리터면 단순 계산으로 2리터짜리 생수병 7500개를 합쳐놓은 크기다. 바이오 리액터는 건물 바닥부터 천장까지 설치된 게 아니라 바닥에 꽂힌 채 머리만 빼꼼히 드러내고 있다. 크기가 워낙 커서 한 몸이 두 개 층에 걸쳐 있다. 동물세포가 지나가는 모든 설비는 작은 나사나 못 하나 없이 매끄럽게 연결돼 있다. 옷감을 통으로 재단해 이음새 없이 만든 '심리스' 옷처럼 철판의 용접 부분을 최소화하여 만들어졌다. 구불구불한 파이프라인들은 제멋대로 이어진 것 같지만 자세히 보면 미세하게 기울어져 있다. 조금이라도 돌출돼 있거나 움푹 파인 곳이 있으면 그곳에 배양액과 찌꺼기들이 고여 오염을 일으킬 수 있어서다. 굽어진 각도나 연결부위들이 모두 과학적인 계산에 따라 설계된 것이다. 최종 생산용 바이오 리액터에서는 세포들이 증식을 멈추고 약이 될 유효 성분을 꾸역꾸역 뱉어내고 있다.

세포들이 배설한 물질에서 필요한 단백질을 걸러내면 업스트림 단계의 여정이 끝난다. 원심분리기를 통해 1차적으로 필요한 단백질을 추출하는데, 여기까지 걸리는 시간이 45일, 한 달 반이다.

다운스트림 과정은 업스트림에 비해 짧다. 정제와 최종 제품 생산에 일주일이면 된다. 정제는 원심분리기를 통해 회수된 단백질에 들어 있는 불순물과 바이러스를 제거하는 과정이다. 여과 및 침전, 크로마토그래피 공정 등에 2~4일이 걸린다. 정제 공정을 마친 생산물을 DS drug substance 라고 한다. 용기에 담기 전 완충 용액을 말한다. 원료의약품, 즉 API Active Pharmaceutical Ingredient 라고도 불린다.

DS는 인체에 주입할 수 있도록 또 한 번 가공해야 하는데 이를 F&F Fill&Finish 공정이라고 한다. 희석용 물질을 첨가하거나 농축해 바이알(병)이나 주사기에 담아 완제품으로 만든다. 이 과정을 거쳐 최종 생산된 제품을 DP(drug product, 완제 의약품)라고 한다. 셀트리온이나 삼성바이오로직스처럼 생산 규모가 큰 공장들은 '벌크' 상태인 DS 그대로 수출하는 비중이 높다. 미국에서 판매되는 셀트리온의 바이오시밀러 '램시마'는 현지 업체인 박스터가 F&F 공정을 맡아 제품화하고 있다.

의약품은 제품과 생산시설을 함께 승인받아야 한다. 만약 DS 생산과 F&F 공정이 다른 곳에서 이뤄질 경우 규제 기관으로부터 별도의 승인을 받아야 한다. F&F 공정은 바이오의약품 생산업체에게는 '계륵'이다. 처음부터 끝까지 완성된 제품을 만들면 그만큼 부가가치를 모두 얻을 수 있지만 충전과 포장 설비를 구축하고 허가를 받기 위해서는 시간과 돈을 투입해야 한다. 셀트리온은 국가별로 다른 전략을 구사하고 있다. 시장 규모가 큰 미국, 유럽은 외주업체에게 F&F 공정을 아웃소싱하고 시장 규모가 작고 한국에서 가까운 곳은 송도 공장에서 생산한 완제품을 수출해서 수익을 극대화한다. 바이오의약품 사업은 개발부터 생산, 포장까지 모든 것이 철저한 통제와 계산 아래 완벽하게 이뤄져야 하는 종합예술인 것이다.

물레방아 돌기까지 3년 4개월

기업의 성장을 이끄는 선순환 구조는 '플라이휠'에 비유된다.* 플라이휠은 추진력을 얻어 한번 가속이 붙으면 관성에 따라 저절로 돌아가는 바퀴를 말한다. 아마존과 같은 전자상거래 기업들이 플라이휠 모델을 도입해 성공했다.

하지만 이런 수익 모델은 제약바이오 기업에 적용되지 않는다. 바이오 기업의 성장은 플라이휠이 아니라 물레방아 방식이다. 물레방아를 움직이려면 물이 일정량 이상 모여야 한다. 지속적인 연구개발 성과와 투자가 축적돼야 한다는 말이다. 물받이 한가득 물이 고여 넘치고 그 무게를 이기지 못할 정도가 돼야 물레바퀴는 한 칸이 돌아간다. 다음 칸이 돌아가려면 또 시간이 걸린다. 물이 아래로 떨어진 후 다음 물받이에 다른 물이 찰 때까지 기다려야 한다. 속도도 중요하다. 세찬 물줄기를 계속해서 빠르게 흘려보내지 않으면 육중한 물레바퀴는 금세 멈추고 만다. 투자금을 쉴 새 없이 계속 쏟아부어야 바이오 기업은 겨우 동력을 얻는다. 신약 한 개로 '잭팟'을 터뜨려도 잇

* 『좋은 기업을 넘어 위대한 기업으로』, 짐 콜린스, 이무열 옮김, 김영사, 2002.

단 임상 실패로 회사가 문을 닫을 지경에 이르기도 한다. 물레의 물받이마다 일일이 물을 채워 넣듯이 여러 개의 신약후보물질을 동시다발적으로 개발하는 이유다.

셀트리온이 구상한 선순환 구조는 바이오의약품 위탁생산CMO으로 돈을 벌어 연구개발에 투자하고 자체 개발 제품으로 수익을 낸 다음 다시 공장에 투자해 생산설비를 확장하면서 몸집을 불리는 것이다. 이를 실현하려면 CMO 사업이 안정적으로 자리 잡아야 한다. 셀트리온이 2005년 6월 BMS와 맺은 CMO 계약은 3년 4개월 동안 꿈쩍도 하지 않고 멈춰 있던 물레방아가 처음으로 움직인 역사적 사건이었다. 20억 달러의 초대형 물줄기가 흘러들었고 셀트리온은 방아를 찧을 준비를 했다. 글로벌 회사에서 백신 생산 경험이 있는 사람들을 영입했다. 아캠비스, 와이어스 등 백신 개발사에서 일한 도널드 거슨을 사장이자 최고운영책임자COO로 임명했다. 거슨은 2009년 4월까지 약 5년간 일했다. 셀트리온 역사상 최초이자 마지막 외국인 사장이었다.

서정진은 넥솔을 정리하고 내부 조직 정비에 나섰다. 대우차에서 나온 넥솔 창업 멤버들은 넥솔, 넥솔바이오텍, 넥솔창투 등 넥솔그룹 곳곳에 흩어져 있었다. 송도 공장이 지어질 동안에는 딱히 셀트리온에서는 할 일이 없었기 때문이다. 넥솔과 셀트리온의 경계가 모호했고 파견근무 개념도 없었다. 서정진의 수족이자 워커홀릭의 피를 나눈 형제인 넥솔 직원들은 셀트리온이 일하는 방식이 못마땅했다. 넥솔바이오텍 소속이던 기우성은 셀트리온 직원들에게 "너희 회사인데 왜 남의 회사처럼 일하느냐"고 잔소리를 했다. 셀트리온 사람들은 "바이오 사업을 알지도 못하는 것들이 참견을 한다"며 불만이었다. 서정진은 특단의 조치를 내렸다. 그는 넥솔 직원들의 호적을 정리해 셀트리온에 발령했다. 2005년 7월 공장이 완공되고 BMS의 물량을 수주하면서 셀트리온에 모든 역량을 집중해야 했다. 넥솔바이오텍 기획조정실장이던 김형기가 2005년 제일 먼저 셀트리온 전략기획실로 자리를 옮겼다. 2007년 4월에는 넥솔넷 이사이던 기우성을 셀트리온 기술생산부문 생산지원본부장으로 임명했다. 서정진은 완전히 새로운 사업을 시작했지만 예전 사람들을 한 명도 버리지 않고 요직에 기용했다. 2017년 회사를 떠난 이근경 전 셀트리온헬스케어 고문은 수석부사장까지 올랐고 유헌영 셀트리온홀딩스 대표, 기우성 셀트리온 대표, 김형기 셀트리온헬스케어 대표, 문광영 전 셀트리온스킨큐어 대표 등 나머지 창업 멤버가 모두 공평하게 셀트리온그룹 주요 계열사의 대표이사에 올랐다. 서정진과 '의리파 5인'은 창업 이후 약 20년 동안 승진이나 보수, 지분, 스톡옵션 등 회사의 처우 문제와 관련해 크게 다툰 적이 없다.

"모든 권한을 줄 테니 한번 해봐."

서정진은 중요한 과제를 주고 시험하며 사람을 썼다. 셀트리온 대표 자리에 오른 기우성이 대표적인 경우다.

기우성은 송도 공장이 최대 위기였을 때 투입됐다. 공장은 모두 완공됐는데 FDA로부터 cGMP 승인이 나지 않아서 발만 동동 구르고 있을 때였다. BMS는 류머티즘성 관절염 치료제 오렌시아의 위탁생산 계약을 파기하겠다며 폭발 직전에 이르렀다. 오렌시아는 2005년

12월 23일 FDA의 품목 허가를 받은 상태였기 때문에 셀트리온의 송도 공장만 실사를 받고 생산지를 추가하면 되는 것이었다. 지금의 셀트리온이라면 1년도 걸리지 않았을 테지만 그때는 생산 경험이 전무했다. 공장이 처음 가동되는 것이어서 FDA도 유독 깐깐하게 굴었다. 허가 일정은 계속 지연됐다. 참다못한 BMS는 계약 2년째가 되는 2007년 7월을 데드라인으로 정했다. 그때까지 FDA로부터 긍정적인 답변을 받지 못하면 계약은 없던 일로 하고 다른 곳에 생산을 맡기겠다고 통보했다.

서정진은 기우성에게 "한 달 남았다. 모든 권한을 줄 테니 한번 해봐"라고 말했다.

다음 날 서정진은 셀트리온 전 직원을 모아놓고 기우성을 생산본부장으로 임명했다.

"앞으로 1공장은 기 본부장이 진두지휘할 겁니다. 인사권까지 다 넘겼으니 이 사람에게 밉보이면 끝입니다. 다들 힘내서 잘해봅시다."

기우성에게 힘을 실어주는 동시에 셀트리온 직원들의 자존심을 건드린 발언이었다.

기우성은 이날 저녁 6시, 1공장 대회의실에 제조 및 품질관리 분야를 거쳐 간 사람을 모두 소집했다. 사장 '빽'으로 온 본부장을 반길 리 없었다. 한 시간째 침묵만 흘렀다. 기우성은 넥솔에서 하던 방식대로 모든 참석자에게 종이를 돌렸다.

"자, 애로 사항이라도 있을 테니 하나씩 말해봅시다. 본인이 한 말만 빼고 다른 사람이 이야기한 걸 다 적으세요."

기우성은 "모든 문제는 현장에 있다"는 현장주의자다. 그는 화이트보드에 직원들이 언급한 모든 문제를 적어 내려갔다. 회의가 끝난 것은 새벽 4시였다. 여러 사람에게 중복으로 지적받은 문제점을 추려보니 크게 4가지로 요약됐다. 대충 윤곽이 잡혔다. 다행히 넥솔바이오텍에서 셀트리온의 ERP(Enterprise Resource Planning, 전사적 자원관리) 시스템을 담당한 덕분에 이해하는 데 시간이 많이 걸리진 않았다.

대우자동차 기획조정실 출신들은 '스페셜리스트'가 아니라 '제너럴리스트'였기 때문에 바이오 사업으로 전환이 빨랐다. 기조실은 제조원가부터 설계비, 표준 공임, AS 비용 등 각 단계에 투입되는 비용을 따져보고 어디에서 돈이 새는지, 비용을 절약할 수 있는 부분은 어디인지, 어떤 방식으로 생산성을 높일 수 있는지를 분석했다. 그러다 보니 제품 기획부터 연구개발, 설계, 생산, 마케팅, 판매, AS까지 사업 전체를 한눈에 꿰뚫어보는 눈이 생겼다. 자기 부서에서 주어진 일만 하는 샐러리맨과는 달랐다. 기우성은 "사업 전체의 '풀 스토리'를 경험해본 것이 큰 자산이 됐다"고 했다.

그는 "모든 산업은 프레임이 같다"는 걸 깨달았다. 반도체, 자동차, 제약바이오산업은 용어만 다를 뿐 주요 프로세스에는 큰 차이가 없다는 얘기다. "R&D부터 생산까지 다 비슷한 과정을 거칩니다. 자동차도 처음 신모델을 개발하면 장난감처럼 작은 모형을 수공예로 만들고 그다음 10대 정도 실물 모델을 생산한 후 대량생산에 돌입합니다. 바이오 공장에 와보니 소량으로 임상 시약을 만든 다음 10리터, 1000리터, 1만 리터로 점점 생산 용량을 확장하더군요. 바이오 무식자라고 해서 못 할 것은 없다는 생각이 들었습니다."

일주일 뒤 기우성은 서정진에게 "24시간 근무 기준으로 한 달 내에 맞출 수 있도록 한번 해보겠다"고 보고했다. 살인적인 '크런치모드'● 가 시작됐다. 야근자들의 필수품인 접이식 간이침대 '라꾸라꾸'가 공장 안으로 들어왔다. 문 앞에는 대형 화이트보드가 설치됐다. 전 직원이 오가면서 보도록 한 것이다. 화이트보드에는 공장의 주요 프로세스가 도형과 화살표로 그려졌다. "영어를 못해도 프로세스를 잘 그릴 수 있으면 문제의 50퍼센트는 해결된 것"이라고 그는 말했다. 도식을 몇 개 그리고 관련 부서별·파트별로 숫자를 매겼다. 검은색, 파란색, 빨간색 마커로 색깔을 다르게 해서 한눈에 알아보기 쉽도록 했다. 하얀 보드가 알록달록한 글자로 물들었다.

기우성은 항상 양복 주머니에 세 가지 색깔의 볼펜을 넣고 다닌다. 검은색 펜으로는 회의 내용을 적고 상대방의 질문 내용은 빨간색, 본인의 질문은 파란색으로 구분해 미팅이 끝나면 정리된 내용을 나눠준다. 아무것도 없이 이야기하는 것과 프레임을 그려놓고 논의하는 것은 퍼포먼스에 엄청난 차이가 있다고 그는 말한다.

"저는 지금도 볼펜 세 자루로 모든 걸 다합니다. 어떤 일이든 터지면 실무진에게 들어오라고 한 다음 정리를 합니다. 고객사와 협상할 때도 쟁점만 딱 집어서 제시해주면 집중도도 높이고 시간도 단축할 수 있지요."

이런 업무 방식은 서정진의 영향이 컸다. 서정진은 정리와 요약의

● 게임 등 소프트웨어 개발업계에서 마감 시한을 앞두고 수면, 영양 섭취, 위생, 개인 생활 등을 희생하며 연장 근무하는 것.

달인이다. 그는 화이트보드가 없으면 종이를 꺼내놓고 적으면서 이야기한다. 중복을 피하고 중요한 내용을 빠짐없이 전달하려면 정리가 효과적이다. 그의 머릿속에는 항상 말할 내용이 일목요연하게 정리돼 있다. 주주총회에서 '대본' 없이 두 시간 동안 혼자서 떠들 수 있는 비결이다. 정리 능력은 서정진을 달변가로 만들었다. 그는 말을 많이, 오랫동안, 재미있게 할 수 있다. 양립하기 쉽지 않은 걸 해낸다.

서정진이 말을 잘하는 또 다른 이유는 전하려는 대상과 메시지를 명확히 정리하기 때문이다. 그는 바이오 투자 행사에서는 투자자, 주주, 창업가 세 부류로 청중을 분류해서 그들이 원하는 조언을 해준다. 강연이 명쾌할 수밖에 없다. 회의 때나 업무 지시를 할 때는 예리하게 세부 사항까지 정리해 이야기한다. 서정진과 함께 일하려면 수준 높은 정리 요약 기술이 필수다.

화이트보드에 전체적인 그림을 그려놓고 회의하는 방식은 '셀트리온 컬처'로 자리 잡았다. 송도 본사의 회의실이나 임원 집무실의 한쪽 벽면에는 알 수 없는 외계어로 가득한 화이트보드를 흔히 볼 수 있다.

1공장의 새 식구로 들어온 화이트보드와 라꾸라꾸는 직원들의 분신 같은 존재가 됐다. 공장 허가와 관련된 부서원들은 공장에서 먹고 잤다. 라꾸라꾸는 생산설비로 진입하기 전 1층 통로 옆 회의실 한쪽에 놔뒀는데 임직원들은 이 방을 '워 룸'이라고 불렀다. 말 그대로 생사를 건 전쟁이었다. 이 과정을 겪은 한 직원은 "워 룸에서 일하다가 죽느니 차라리 폭격을 맞는 게 나을지도 모르겠다"고 생각했을 정도다.

셀트리온 사람들은 밤을 새면서 절박한 심정으로 매달렸다. 화이트보드에 어지럽게 적혀 있던 과제들이 하나둘씩 지워지기 시작했다. 문제는 해결될 기미를 보이고 있었지만 한여름 무더위는 어찌할 수 없었다. 공장이 정식 가동되기 전이라 에어컨조차 마음대로 켤 수 없어 찜통더위를 견뎌야 했다. 얼음을 작업복 속에 넣어가며 일했다. 기우성은 "전날 밤을 새서 꾸벅꾸벅 졸고 있는 직원에게 동료가 얼음을 넣어주는 모습을 보고 가슴이 찢어질 것 같았다"고 했다.

두 달 뒤인 7월, FDA로부터 회신이 왔다. '합격'이었다. 셀트리온 1공장은 오렌시아의 시험 생산을 끝내고 본격 양산에 돌입했다. 본 생산에 대한 최종 승인은 2007년 12월 17일 발표됐다. 국내 기업 최초로 바이오의약품 생산시설에 대한 FDA의 cGMP 승인을 획득한 것이다.

이 일은 셀트리온과 셀트리온의 전신 넥솔이 함께 해낸 것이었고, 넥솔이 자연스레 셀트리온으로 흡수되는 계기가 됐다.

기우성은 1공장의 cGMP 승인으로 셀트리온에서 성공적인 첫발을 내디뎠다.

"저 양반 분명 며칠 해보다 가겠지 하고 생각했대요. 그런데 끝날 때까지 날밤 새우며 일하니 놀랐다고 하더라고요. 지시만 하는 리더는 절대로 인정받을 수 없습니다. 셀트리온에는 그런 사람이 한 명도 없습니다. 그래서 여기까지 온 것이죠."

탐구 | 그들은 어떻게 일하는가: 셀트리온 컬처

"야 멋지다, 이 사람들 진짜다."

슈퍼프로액티브

글로벌 투자은행 골드만삭스는 임직원들에게 '프로액티브proactive' 정신을 강조한다. 전문성professional은 기본이고 주도적active으로 일하라는 뜻이다. 세계 최고의 브레인만 골라 뽑는 골드만삭스가 주체적인 태도를 중요하게 여기는 데는 이유가 있다. 똑똑한 사람들은 맡은 임무는 훌륭하게 해낼지 몰라도 그 이상의 성과를 내지 못하는 경우가 많아서다. 액티브한 사람은 부서, 직책, 나이에 구애되지 않고 스스로 할 일을 찾아낸다. 이들은 연관 업무에 관심을 보이고 다른 부서와 협업을 즐긴다. 새로운 과제에 도전하는 것도 두려워하지 않는다. 이런 태도는 전체를 보는 시각과 유연한 사고, 창의성을 길러준다. 적극성을 에너지원으로 끊임없이 자가발전하는 사람들인 것이다. 이런 유형의 사람들은 자신의 한계를 뛰어넘을 뿐만 아니라 조직 전체를 성장으로 이끈다.

셀트리온 직원들로 말하자면, '슈퍼프로액티브'한 사람들이다. 회사가 강조한 적도 없는데 직원들이 알아서 주도적으로 일한다. 서정진은 2019년 1월 청와대에서 문재인 대통령을 만나 "대통령께서 주 52시간 근로제를 도입해도 우리 연구원들은 집에 가서 일한다. 양심 고백도 안 한다"고 했다. 사람들은 주 52시간 근무제의 비현실성을 지적한 소신 발언으로 생각했지만 실은 셀트리온 직원들을 자랑하고 싶은 마음이 컸다. 그는 "외국 기업이 한국과 같이 일을 하려는 것은 일하는 스타일 때문"이라면서 이런 말을 했는데 결론적으로 "어떤 법도 우리의 열정은 막을 수 없다"는 얘기다.

제약바이오업계는 특히 주 52시간 근무가 쉽지 않다. 인간계를 넘어서는 영역이니까. 오전 9시 출근해 격렬히 분열하고 오후 6시 장렬하게 전사하는 세포가 있다는 이야기를 들어본 적이 있는가? 실험 결과가 언제쯤 나올지, '유레카'의 순간이 언제 찾아올지 알 수 없다. 그래서 연구실은 연중무휴 365일 24시간 가동된다. 유전자분석이나 독성시험 등 단순 반복 작업을 요하는 과제들도 마찬가지다. 물리적으로 필요한 최소 시간은 예상할 수 있어도 변수가 매우 많다. 신약 물질을 발굴할 때(평생 찾지 못할 수 있다), 환자를 모집할 때(희귀병은 말 그대로 환자가 희귀하다), 약물의 효능을 살펴볼 때(효과가 없거나 부작용이 나타날 수 있다) 등 모든 단계가 유동적이다. 의약품 개발은 새로운 게임을 런칭하거나 신차를 출시하는 것에 비하면 도박에 가깝다. 과정도 결과도 예측할 수 없다면 성실하게 '노가다'를 뛰는 것만이 살길이다. 그런 점에서 셀트리온 직원들은 초과근무에 통달한 사람들이다. 나인투식스(오전 9시 출근 오후 6시 퇴근)가 아니라 식스투나인(오전 6시 출근 오후 9시 퇴근)이 일상이다. 서정진이 문 대통령에게 "가장 좋은 수면제는 졸릴 때까지 일하는 것"이라고 말한 것만 봐도 그의 평소 업무 강도를 짐작할 수 있다.

이상준 셀트리온 수석부사장은 입사하기 전 셀트리온에서 받은 충격을 잊지 못한다. 미국 유학생이던 그는 2011년 방학 때 잠시 용돈을 벌기 위해 셀트리온에서 임상 기획 컨설턴트로 일했다.

"셀트리온에 대한 첫인상은 '멋있다'였습니다. 컨설턴트로 온 첫날 저녁때가 됐는데 사람들이 퇴근을 안 하는 거예요. 저녁을 먹으러 가자고 해서 환영식을 해주려나 보다 생각하고 밥을 먹었는데 다시 사무실로 들어와서 일을 하더군요. 일주일 동안 지켜보니까 이 사람들이 매일 밤 9시에 미팅하고 회의하고 제게 질문하고 엄청 열심히 하더라고요. 제가 있던 미국에서는 있을 수 없는 일이었어요. '야 멋지다, 이 사람들 진짜다'라고 생각했습니다."

이때의 경험은 그의 인생을 바꿨다. 교수의 꿈을 버리고 셀트리온에 눌러앉았다. 서정진이 "알바생이 부사장이 됐네. 너 많이 출세했다"고 놀리면 그는 "알바생이 아니라 컨설턴트"라고 발끈한다. MD앤더슨 암센터 연구원 출신으로 장래가 촉망되던 이 부사장이 셀트리온에서 일하기로 결심한 것은 글로벌 제약사와 판이하게 다른 업무 방식 때문이었다. "다국적 제약사 사람들에게 회사는 직장이에요. 마음에 안 들면 언제든 다른 곳으로 이직하고 오래 있을 생각이 별로 없어요. 점심시간에 인터뷰하고 다음 주에 다른 회사 가는 경우가 비일비재합니다. 그런데 우리 회사 사람들은 이직도 생각 안 하고 자기가 하는 일에 자부심이 있어요. 사명감을 갖고 이게 나의 일이라고 생각해요. 글로벌 제약사는 몇십 년 일한 전문가들이 있어서 정해진 프로세스가 있고 고정관념에 따라서 움직이는데 여기는 그런 게 없습니다. '한번 해보자' 하면 합니다. 제가 최근 두 달 동안 이틀 밤을 새웠어요. 지금도 문제가 터지면 답이 나올 때까지 집에 안 가요. 그렇게 해서 답이 나오면 쾌감을 느끼고 마음 편히 집에 갑니다. 도전 정신을 많이들 강조하는데 우리 직원들은 일을 하나씩 풀면서 힘들어하지 않고 재미있어합니다."

워커홀릭 레전드

셀트리온에서는 '날밤 까기'만 가지고는 워커홀릭 축에 들지 못한다. '레전드' 소리를 들으려면 김형기 셀트리온헬스케어 대표이사 부회장 정도는 돼야 한다. 그는 셀트리온에서 15년 동안 일하면서 이가 몽땅 빠졌다. 밤낮으로 격무에 시달리며 스트레스를 받은 데다 새벽까지 이어지는 잦은 술자리로 50대 초반에 치아 전체를 임플란트로 교체했다. 주변에서는 "얼마나 이를 악물고 일했기에 그 나이에 이가 모조리 빠졌냐"고 안타까워했다. 김 부회장은 한동안 마스크를 끼고 회사에 나왔다. 셀트리온헬스케어 직원들은 김 부회장이 말을 할 때마다 제대로 알아듣지 못해서 애를 먹었다. 임플란트 시술 기간에도 업무상 불가피하다며 술을 마셔 이를 심고 빼기를 반복하는 바람에 모든 치료가 끝나는 데 2년이 넘게 걸렸다. 치과에 낸 치료비만 억대라고 한다. 김 부회장은 "대우차에 다닐 때부터 늦게까지 술을 마시고 집에 와서 양치도 못 하고 쓰러져서 자는 일이 반복되다 보니 잇몸 상태가 악화됐다"고 했다. 그는 임플란트 후 마음 편히 술을 마실 수 있어 행복하다며 "그나마 돈을 많이 벌어놔서 천만다행"이라고 했다.

김 부회장 다음으로 회자되는 인물로는 셀트리온 최연소 여성 임원 박재휘 허가 담당장(이사)이 있다. 박 이사는 분만실 침대에 누웠다가 "잠깐만요"를 외치고 벌떡 일어나 전화통을 붙들고 후배들에게 업무를 지시해 마취 담당 의사를 경악하게 만들었다. 그녀는 후임에게 "내가 앞으로 두세 시간은 통화가 안 될 수 있으니까 혹시 이러저러한 일들이 생기면 챙겨줘"라고 신신당부했다. 전화를 끊은 그녀는 한 시간 뒤 건강한 아기를 순산했다. 옆에서 지켜보던 산부인과 의사는 "지금까지 수백 명이 넘는 산모를 봤지만 애 낳기 직전까지 일하는 환자는 처음"이라며 "혹시 국정원 스파이 요원이냐"고 의심했다고 한다. 그녀의 일화는 서정진이 셀트리온 창립 15주년 행사 때 언급하는 바람에 전 직원이 알게 됐다. 서정진은 수백 명의 내외빈이 모인 공식 행사에서 마이크를 잡고 박 이사(당시엔 부장)에게 "네가 애 낳으러 분만실에 들어가면서까지 일한 덕분에 셀트리온이 이 자리까지 왔다"며 고마움을 전했다.

서정진의 발언은 이동식 침대에 실려 가며 진통으로 신음하는 와중에도 일을 놓지 못한 셀트리온 여전사의 고군분투기로 변형돼 전설처럼 전해 내려온다. 이 사연은 전 직원을 감동시켰지만 정작 주인공은 자신의 '신화'를 극도로 싫어한다.

"요즘에 이런 얘기가 알려지면 직장 내 괴롭힘으로 걸려서 큰일 나요."

그래도 집요하게 캐물었더니 "수술실에 컴퓨터를 못 가지고 들어가니까…… 혹시 허가 심사에 심각한 문제가 생기거나 중요한 연락이 올 수도 있어서 그랬던 것 같아요"라고 얼버무렸다. 바이오시밀러 관련 질문에는 청산유수처럼 술술 대답을 쏟아내던 모습과는 딴판이다.

박 이사는 "누군가 내 자리에 있었다면 다들 나처럼 했을 것"이라고 말한다. 셀트리온에서는 모든 직원이 자기 위치에서 최선을 다하는 것이 당연하다. 그녀가 임신 중이었을 때 셀트리온의 허가 담당 부서에는 글로벌 규제 기관과 일해본 경험이 있는 사람이 없었다. 팀원도 몇 명 되지 않았다. 램시마의 EMA(유럽의약품청), FDA 허가를 따낸 그녀가 하나부터 열까지 챙겨야 했다. '나 몰라라' 하고 출산휴가를 떠날 수 없었다. 누구도 임산부인 그녀에게 그렇게 일하라고 강요하지 않았다. '내가 하지 않으면 허가를 받지 못할 수 있다'는 생각이 그녀 자신을 붙들었고 회사는 그를 의지하고 무한 신뢰했다. 외부에서 보기에는 셀트리온 직원들이 유난을 떠는 것처럼 비칠 수 있다. 대기업에서는 나 아니면 안 된다는 생각은 위험하고 오만한 것으로 간주된다. 하지만 셀트리온은 직원들의 이런 희생 없이는 존재할 수 없었다. 대기업처럼 시스템이 갖춰져 있지도 않았고 소수의 직원에게 의존해야 했으며 모두가 1인 3역, 4역까지 해내야만 했다. 박 이사는 자신의 사례가 잘못된 본이 되어서는 안 된다고 생각하기에 바보스러울 정도로 억척같이 일한 것을 떠벌리지 않는다. "나 때는 말이야"로 시작하는 무용담을 후배들에게 늘어놓는 상사들과 다른 점이다.

월드 클래스

이런 회사가 주 52시간 근무제를 적용하려니 시행착오가 적지 않았다. 셀트리온의 한 임원은 "요즘은 주 52시간 내에서 밤을 새운다"며

"밤샘을 아예 안 할 수는 없고 밤새운 다음 날은 쉬도록 한다"고 했다. 임상시험부터 판매까지의 과정이 전 세계에서 이뤄지다 보니 현지 시차를 고려해 야밤에 회의를 하지 않을 수 없다.

셀트리온은 주 52시간 근무제를 본격화하면서 2019년에만 약 300명의 직원을 채용했다. 의약품 생산 및 개발 직무는 전문성을 필요로 하기 때문에 사람을 뽑는 게 쉽지 않다. 서정진은 외부에서 경력을 쌓은 전문 인력을 채용하기보다 백지상태의 20~30대 신입 직원을 채용해서 키우는 쪽을 선호한다. 체력과 열정이 있고 업무에 대한 선입견이 없어서다.

이들은 셀트리온의 '무대뽀' 문화를 빠르게 흡수해 '셀트리오니언'으로 거듭난다. 구글에서 일하는 직원을 구글러, 아마존 직원을 아마조니언이라고 부른다면 셀트리온에서 일하는 사람들은 셀트리오니언이라고 이름 붙일 수 있을 것이다. 그들은 한 번도 해보지 않은 일에 도전하고 바이오업계의 통념을 깨뜨리는 혁신적인 방식으로 속도감 있게 일을 추진한다. 셀트리오니언들은 '우리가 세계 최고'라는 자신감으로 똘똘 뭉쳐 있다.

"셀트리온 직원들과 글로벌 제약사 직원들을 비교하면 나이도 어리고 경험이 부족한 게 사실이에요. 하지만 업무 능력은 월드 클래스라고 확신합니다. 우리끼리 자화자찬하는 게 아니라 파트너사인 화이자, 테바 등과 일하면 우리가 어느 정도 레벨인지 알 수 있어요. 빅파마들이 우리만큼 자세히 알지도 꼼꼼하지도 못한 경우가 많아요. 해외 규제 기관에서 몇십 년 일해온 전문가들도 우리와 일하면 셀트리온의 연구원들이 최고라고 인정합니다."

출산 이야기에 쑥스러워하던 박 이사가 돌변해서 말했다. 일 얘기만 나오면 눈에서 레이저빔이 나올 듯 목에 핏대를 올리는 것도 셀트리오니언의 특징이다.

믿고 내버려두라

2020년 코로나19 사태가 터지자 서정진은 유럽 전역에 파견돼 있는 셀트리온헬스케어 직원 전체에게 철수 명령을 내렸다. 여성 직원과 직원 가족들부터 신속히 귀국하고 현지 상황이 정리되는 대로 되도록 빨리 순차적으로 들어오라고 지시했다. "당장 들어오라고 했습니다. 그런데 직원들이 다들 남겠다고 하더군요. 매출에 차질이 생겨서 안 된다고, 알아서 개인위생 철저히 잘하고 조심할 테니 믿고 내버려두라고. 다른 회사는 직원들이 들어오겠다고 하면 '너희가 오면 누가 물건을 파냐'고 했다는데 우리는 거꾸로 됐어요."

직원들이 철수 명령을 거부하자 서정진은 일일이 전화를 걸어 설득했다. 그는 유럽 어디에 누가 나가 있는지, 직원들의 자녀가 몇 살인지, 가족이 몇 명인지 집안 사정을 세세하게 파악하고 있다. 서정진은 스페인에 있는 하헤르만에게 "너는 애가 어리잖아. 와이프랑 아기 먼저 보내고 전세기 뜨면 무조건 들어와"라고 했다. 그는 "가족들이 안 들어가겠다는데요"라고 답했다. 헝가리에서 일하는 30대 초반 조향에게는 "결혼도 안 한 애가 위험한 데 있으면 부모님이 걱정하시니까 얼른 귀국해"라고 했다. 그녀는 "남자 직원들도 안 들어가는데 왜 제가 들어가야 돼요?"라고 대꾸했다고 한다. 매출, 가족, 남녀 차별 등 다양한 핑계로 직원들이 거부하는 바람에 하는 수 없이 상황이 심각한 이탈리아에서 근무하는 직원만 강제로 철수시켰다.

서정진은 사내 방송에서 해외 지사 주재원의 이름을 열거하면서 이들에게 격려의 이메일을 보내달라고 요청했다.

"우리 직원들이 코로나 바이러스로 두려운 환경에 있습니다. 전 세계 교민들이 다 한국으로 오는데 우리 직원들만 남아 있어요. 매출에 차질이 안 생기게 하려고 철수 명령을 거부하고 마스크 끼고 손 세정제로 손 닦아가면서 일하고 있다고 합니다. 헝가리에 있는 직원은 오스트리아와 슬로바키아로 가는 길이 봉쇄되는지 매일 확인하러 다닙니다. 현지에서 채용한 사람들은 위험하다고 안 가려고 해요. 헝가리에 우리 직원이 3명 있는데 이 중에 여성 직원에게 들어오라고 했더니 다른 직원들 내버려두고 혼자서는 못 오겠다고 합니다. 직원 가족들은 남편이 여기 남아 있어서 못 간다고 한대요. 제가 한 직원에게 국내에 있는 가족들이 걱정하지 않느냐고 물었더니 매일 '아직 살아 있니 죽었니?' 하고 카톡이 온다고 하더군요. 그 친구들에게 미안하고 고맙다고 이야기해주세요."

서정진이 방송을 하자마자 해외 주재원들의 메일함이 폭주했다.

그는 주주총회에서도 이 이야기를 꺼냈다.

"다들 30세도 안 된 젊은 친구들입니다. 그 친구들에게 한국에 오면 뭘 하고 싶냐고, 다 해주겠다고 했어요. 불타는 닭발, 소고기 등심, 설렁탕에 깍두기 등 먹고 싶은 것을 잔뜩 이야기하더라고요. 우리 직원들 똑똑하기도 하지만 사명을 가지고 정말 열심히 합니다. 주주님들도 우리 직원들에게 힘내라고 응원 좀 해주셨으면 좋겠습니다."

정작 해외 주재원들은 하늘길이 막혀 회장이 해외 출장을 나오지 않는 것만으로도 다행이라며 안도의 한숨을 내쉬었다.

임원을 제외한 셀트리오니언의 평균연령은 31.3세다(2020년 11월 기준). 젊은 직원이 많아서 그런지 회사 분위기는 굉장히 역동적이다. 그렇다고 IT 회사들처럼 자유분방한 것은 아니다. 제약바이오업계에서 셀트리온은 복장 규정이 보수적이기로 유명하다. 한여름에도 정장에 구두를 신어야 한다. 비즈니스 캐주얼도 허용되지 않는다. '캐주얼 데이'로 지정된 매주 금요일에만 자유롭게 입을 수 있다. 옆 동네인 삼성바이오로직스만 해도 티셔츠, 면바지, 스포츠웨어 등 옷차림이 각양각색이다.

셀트리온이 정장을 고집하는 것은 신뢰감을 심어줘야 한다는 이유에서다. 처음에는 해외 제약사나 규제 기관 사람들에게 무시당하지 않기 위해 옷을 제대로 갖춰 입었다. 셀트리오니언들은 글로벌 비즈니스 업계에서 핸디캡이란 핸디캡은 모두 갖고 있었다. 동양인인 데다 나이가 어리고 경험이 적었으며 빅파마라는 든든한 배경도 없으니 약점을 잡히지 않으려면 용모 단정한 차림새로 전투에 임해야 했다. 이제는 글로벌 회사로서 이미지 관리 차원에서 복장 단속을 한다. 사내 복장 규정에 대한 불만은 직장인 익명 게시판 앱 '블라인드'에 올라오는 단골 소재다. 2030 밀레니얼세대는 패션을 절대 포기할 수 없다. 그들은 외부인을 만날 때는 어쩔 수 없더라도 회사에 있을 때는 편한 복장이 일의 능률도 높여준다는 논리를 폈다. 끈질긴 투쟁과 시위 끝에 회사가 한발 물러섰다. 최근에서야 셀트리오니언은 정장 구두 대신 끈 없는 로퍼와 면바지까지 가능하도록 규정이 완화됐다. 다리가 불편하거나 건강상의 이유로 운동화를 신어야 하는 사람들은 팀장에게 이야기하면 예외를 허용해준다.

셀트리오니언들은 블라인드 앱에 적극적으로 회사에 대한 요구 사항을 건의한다. 송도 본사 화장실에 '통通'이라는 작은 건의함과 엽서가 있는데 쓰레기통만도 못한 취급을 받는다. 스마트폰을 꺼내 앱에 댓글을 다는 게 쉽고 빠르다. 셀트리오니언이 블라인드를 선호하는 또 다른 이유는 피드백이 즉각 오기 때문이다. 서정진은 매일 블라인드 앱을 체크하는 것으로 일과를 시작한다. 업무 시간에도 임직원들이 올린 글을 살펴본다. 기업 오너들 중 블라인드 열성 사용자는 서정진이 유일하지 않을까? '디지털 까막눈'인 그가 직접 가입했을 리는 없고 비서가 블라인드에 올라온 글을 읽어준다. 셀트리오니언들은 국민청원 게시판처럼 이 앱을 사용하고 있다. 온갖 잡다한 이야기들이 다 올라온다. 에어컨이나 화장실 비데가 고장 났다는 제보부터 회사 시스템, 프로젝트 예산 부족, 상사나 동료에 대한 불만까지 다양하다. 이건혁 셀트리온 홍보팀장은 "회장님이 틈틈이 확인하시기 때문에 지적된 사항은 바로바로 처리된다"면서 "형광등을 갈아달라는 글이 올라오자마자 지원부서에서 새 등으로 교체했을 정도"라고 말했다.

회장이 지켜본다고 직원들이 자기검열을 할 것이라 생각하면 오산이다. 익명 온라인 세계에서 셀트리오니언들은 거침없다. 오너 일가도 예외가 없다. 서정진의 장남인 서진석 셀트리온 수석부사장은 본인이 셀트리온스킨큐어 대표로 있을 때 블라인드에 올라온 글 때문에 상처를 받은 적이 있다고 털어놨다.

"누가 썼는지 딱 알겠더군요. 저를 잘 알고 있다고 생각했고 앞뒤 상황도 이해하고 있는 직원이어서 속상했습니다. 그래도 아는 척하지 않았어요. 그게 블라인드니까요. 시간이 지나니 왜 그런 글을 올렸는지 이해도 가고 저에 대한 기대가 크기 때문일 수 있다는 생각도 들었습니다. 이제는 저와 관련한 내용이 올라와도 일일이 신경 쓰지 않으려고 합니다. 잘못된 점은 고치면 되고 불만이 있으면 이곳에 털어놓으면서 풀면 되니까요."

서정진도 블라인드의 순기능이 더 많다는 쪽이다.

"젊은 친구들인데 얼마나 하고 싶은 말들이 많겠어요. 이야기하고 풀 곳이 있어야죠."

그는 상처받기 싫어서 인터넷 기사와 댓글을 보지 않는다면서 블라인드 앱은 수시로 확인한다. 남들이야 뭐라고 욕해도 상관없지만 직원들의 뼈아픈 지적은 귀를 열고 들어야 한다고 생각하기 때문이다. 직원들도 그가 블라인드에 민감하다는 걸 잘 안다.

서정진은 2019년 사내 방송을 하면서 "블라인드에 건의 사항이랑 불만만 올리지 말고 좋은 얘기도 좀 올려달라"고 애교(?) 섞인 푸념을 했다.

"개인적인 이야기를 하나 하자면, 최근에 경사스러운 일이 있었어. 둘째 손주를 봤는데 태명이 축복이야. 그런데 블라인드에 축하 메시지가 하나도 없더라? 실망이야." 말이 끝나자마자 블라인드 앱이 폭주했다. 직원들이 실시간으로 글을 올리는 바람에 셀트리온 게시판 피드가 쉴 새 없이 올라갔다.

"회장님 축하드려요."

"축복아, 태어난 걸 축복한다!"

"너는 다이아 수저구나."

'할아버지' 서정진은 아들딸뻘인 셀트리오니언과 가까워지기 위해 부단히 노력하고 있다.

인사이트

서정진의 웃음 화법

"대한민국 음악계가 황당해하고 있다는데, 저는 오죽하겠습니까?"

일단 웃고 생각한다

서정진을 지금의 자리에 오르게 만든 중요한 자질로 낙천적인 성격을 빼놓을 수 없다. 그는 절망적인 상황에서도 유머를 잃지 않는다. 주변 사람들이 불가능하다고 뜯어말리고 조롱해도 낙담하지 않고 호탕하게 웃어넘긴다. '인생은 가까이서 보면 비극, 멀리서 보면 희극'이라는 주문을 외우고 사는 사람 같다. 양수리에서 자살에 실패한 직후 "진짜 죽을 뻔했다"며 안도하는 자신을 보고 피식 웃은 것을 보면 알 수 있다. 보통은 이런 상황에서 "죽는 것도 내 마음대로 되지 않는다"고 하늘을 원망하거나 신세를 한탄한다. 그런데 서정진은 울부짖는 대신 웃었다. 일단 웃고 나서 생각하는 게 그가 삶을 대하는 방식이다. 웃음은 한없이 비관으로 치달을 때 제동을 걸어주는 브레이크다. 죽고 싶은 마음이 99퍼센트일 때 1퍼센트의 살고 싶은 마음에 귀를 기울일 수 있는 여유를 만들어준다. 서정진이 "기왕 이렇게 된 거 보름만 더 살자"고 마음을 다잡을 수 있었던 건 이 때문이다.

웃음의 위력을 아는 사람은 주변 사람들을 웃기려는 욕심이 있다. 서정진도 그런 부류이다. 그는 재미없는 것은 참지 못한다. 분위기가 지루해진다 싶으면 몸을 던져서라도 웃음보를 터뜨려야 마음이 놓인다. 그래서 숨기고 싶을 법한 에피소드까지 끄집어낸다. 서정진은 죽을 만큼 비참했던 나날을 유머로 승화시키는 데 뛰어나다. 2020년 1월 미국 샌프란시스코에서 기자들과 함께 금문교 야경을 바라보면서도 그랬다. "이 다리가 미국에서 자살하는 사람이 많은 것으로 유명합니다. 저도 뛰어내려보려고 서봤는데 교각이 좁아서 머리를 부딪힐 것 같았어요. 아프면서 죽고 싶진 않아서 그냥 내려왔죠. 안 되겠다 싶어 붕대를 사서 묶었어요. 그런데 붕대가 제 체중을 도저히 못 버틸 것 같았어요. 붕대가 끊어지면 쪽 팔리잖아요." 서정진은 "자살 시도를 세 번 했더니 사장이 되어 있더라"며 이야기를 해피엔딩으로 마무리했다.

심각할수록 가볍게

그의 유머는 심각한 문제에 봉착할수록 빛을 발한다. 서정진이 은퇴를 앞두고 골머리를 앓았던 상속세 문제가 대표적이다. "제가 죽으면 상속세가 50퍼센트고 경영권을 할증하면 80퍼센트가 넘습니다. 국가에 귀속되는 게 더 많으니 셀트리온은 국영기업이에요. 저는 공무

원인 거죠. 공무원은 해고 위험도 없고 은퇴하면 연금도 나오는데 저는 그렇지가 않습니다. 기업을 물려줄 수가 없어요. 주변에서 사전 증여를 하라는데 필요한 돈이 1조 6000억 원이라고 합니다. 이 많은 돈을 어디서 조달할지 고민이 돼서 며느리에게 말했어요. 손녀딸 장난감 좀 팔라고 말입니다." 2019년 3월 한국경제신문이 주최한 '코리아 인베스트먼트 페스티벌'에서 한 말이다.

그는 이 자리에서 대뜸 우리나라의 과도한 상속세율과 재원 마련 문제를 지적했다. 대부분의 기업 오너들은 정부에 밉보일까 봐, 사회적으로 비난을 받을까 봐 눈치만 보는데 서정진은 거침없이 자신의 생각을 말했다. 음지에서 로비하는 대신 양지로 꺼내 공론화하는 정공법을 택한 것이다. 그는 "80퍼센트는 부담이 크니 세율을 조금 낮춰서 국가와 50 대 50으로 '반띵' 하게 해달라"고 했다.

2020년 6월 그는 국회에서 강연을 하면서 국회의원들에게 깊은 인상을 남겼다. "세금을 억지로 뜯어내려고 하면 안 됩니다. 그러면 안 빼앗기려고 더욱 움켜쥐어요. 부자들이 명예롭게 세금을 낼 수 있도록 자발적으로 기부할 수 있는 분위기를 만들어야 합니다. 지금 우리나라를 보세요. 정상적인 경영권 승계가 어려우니 편법을 쓰도록 조장하고 있습니다. 기업인을 범죄자로 내몰고 있다는 말입니다. 상식적으로 절반은 국가에 내고 나머지 절반으로는 기업활동을 계속할 수 있게 해줘야 하는 것 아닙니까?"

서정진의 성토에 한 의원이 "서 회장도 불법 승계 방안을 검토한 적이 있느냐"고 짓궂게 물었다. 서정진은 이렇게 답했다. "여러 가지 방법을 다 생각해봤죠. 이미 굴지의 기업들이 웬만한 수법은 다 써먹어서 법으로 다 막혔다고 합디다. 이렇게 될 줄 알았으면 진작에 비자금이라도 챙겨놨을 텐데 전 어쩌란 말입니까?"

기업인을 곱지 않은 시선으로 바라보던 의원들도 웃음을 참지 못했다 서정진이 작정하고 상속세율을 신랄하게 비판했다면 역풍을 맞았을 것이다. 그러나 그는 솔직한 심정을 유머를 섞어 털어놔 공감을 이끌어냈다.

진지한 문제에 덜 진지하게 접근하는 방식은 효과적일 때가 많다. 서정진은 상장이 여러 번 좌초돼 좌절한 바이오 기업 대표이사에게 이렇게 말했다. "대표님, 지금이 가장 힘든 것 같죠? 저도 상장만 되면 다리 쭉 뻗고 잘 수 있을 것 같았습니다. 인생 최대 목표가 상장이었으니까요. 그런데 상장 하면 더 어려운 목표가 생깁니다. 상폐(상장폐지)예요. 상장 전으로 돌아갈 수만 있다면 무슨 짓이든 할 겁니다." 서정진의 엉뚱한 위로에 옆에 있던 상장사 대표들은 배꼽을 잡았다.

자기 객관화가 핵심

서정진의 유머는 타고난 낙천성과 자기 객관화, 센스에서 나온다. 그는 자신의 부족한 점을 있는 그대로 드러내어 마음의 장벽을 허물어뜨린다. 자신의 콤플렉스도 희화화 대상이다. 그는 2019년 1월 미국 출장을 갈 때 유나이티드에어라인의 보잉 747을 타게 됐다. 대한항공 기내 갑질 사건 때문에 차마 국적기를 타지 못했다. 이 항공사의 비행기는 낡고 오래된 기종이어서 1등석이 없었다. 비좁은 좌석에서 10시간 이상 버틴 서정진은 불평도 못 하고 이렇게 말했다. "기내 좌석이 아주 몸에 맞춘 듯 꽉 끼어서 안전벨트를 할 필요가 없더라고. 역시 대한항공이 최고라니까.”

2020년 1월 문화체육관광부가 서정진을 국립오페라단 이사장으로 임명하자 그의 첫 반응은 이랬다. “대한민국 음악계가 황당해하고 있다고 하는데, 저는 오죽하겠습니까? 솔직히 오페라를 보는 내내 깨어 있기는 힘들잖아요.”

말은 이렇게 했지만 서정진은 음악에 대한 관심이 크다. 클래식에 조예가 깊다고 할 정도는 아니지만 오케스트라와 합창단을 초청해 신년 음악회를 열고 후원도 해왔다. 그런 그를 제물포고 동기인 박양우 문화체육관광부 장관이 알아보고 이사장직을 제안했다. 서정진은 “유럽에 갔더니 성악을 전공한 우리나라 청년들이 일자리가 없어서 다 거기 있더라”며 “국가 예산을 엉뚱한 데 쓰지 말고 실력 있는 음악인이 설 자리를 만들어줘야 한다”고 박 장관에게 말했다. “그랬더니 박 장관이 ‘네가 와서 직접 해봐’라고 하대요. 얼마 내야 하냐고 물어보니까 1년에 3억이래요. 젠장!”

서정진은 “누군가는 선투자를 해야 한다”면서 이사장직을 수락했다. 우리나라의 문화 콘텐츠를 전 세계에 알리는 게 중요하다고 그는 생각한다. 그래서 제2의 고향인 인천에 대한 애정을 듬뿍 담아 영화 〈인천상륙작전〉에 투자했고 드라마 〈배가본드〉와 〈나의 나라〉에도 500억 원을 투자했다. 그는 “〈배가본드〉에서 자동차 폭파신과 총격신이 나올 때마다 ‘저게 다 얼만데’라고 생각하며 마음이 조마조마했다”며 “그래도 넷플릭스와 판권 계약에 성공해 본전은 찾았다”고 가슴을 쓸어내렸다.

평소 ‘농담 반 진담 반’으로 이야기하는 습관이 공식 석상에서도 튀어나와 가끔 해프닝이 벌어지기도 한다. 2019년 1월 기자간담회에서 은퇴 후 계획에 대한 질문이 나오자 서정진은 "구체적으로 생각 안 해봤지만 첫째 잠을 푹 자고 둘째는 도시 어부를 하려고 한다"고 대답했다. 앞만 보고 달려온 만큼 모든 것을 내려놓고 유유자적하면서 쉬겠다는 의미였다. 그러나 이를 있는 그대로 받아들인 일부 기자들은 이런 제목의 기사를 썼다. "서정진, 은퇴 이후 TV 예능 프로그램 〈도시어부〉에 출연하겠다"

서정진은 2015년에 은퇴 계획을 밝히면서 경영진을 순장조와 비순장조로 나눴다. 순장조는 서정진의 은퇴와 동시에 경영 일선에서 물러나야 하는 사람들이다. 회사에 남고 싶어도 어쩔 수 없이 회장과 운명을 같이해야 한다는 뜻에서 이렇게 이름 붙였다. 고인 물은 한꺼번에 갈아줘야 한다는 생각에서다. 서정진은 순장조원들에게 "떠나기 전에 후회 없이 일하고 후배들에게 물려줄 것은 다 물려주고 가자"고 했다. 가끔은 임원들의 나이가 헷갈려서 어느 조에 소속됐는지 물어볼 때도 있다. 임원들이 제대로 일을 하지 않을 때면 그는 농담으로 "너도 순장조가 되고 싶냐?"고 묻는다. 그러면 임원들은 "전 아직 한참 멀었습니다"라며 한발 물러선다고 한다.

5

CELL.TRION.ISM

CELL.TRION.ISM

CELL.TRION.ISM

CELLTRIONISM

변화

셀트리온은 매번 이해하기 어려운 선택을 해왔다.

직접 상장이 무산되자 우회상장을 감행했고,

아시아 최초의 바이오의약품 위탁생산 회사를 넘어서

돌연 바이오시밀러(바이오의약품 복제약) 개발사로 변신을 선언했다.

셀트리온은 잘나갈 때 변화를 선택했다.

비합리적으로 보이는 이런 결정 뒤에는 더 큰 도약을 향한 셀트리온의 20년 플랜이 있다.

바이오시밀러 선언

"파트너사 한 곳만 성공해도 본전, 실패해도 R&D 경험과 노하우는 남는다."

멀리 길게 본다

기업의 운명을 뒤바꾸는 역사적 전환점은 어느 날 갑자기 찾아오지 않는다. 변화의 시작은 조용히 그리고 천천히 이뤄진다.

셀트리온이 변화의 필요성을 느낀 것은 놀랍게도 돈다발이 굴러들어오던 2007년 말이다. FDA의 cGMP 승인이 떨어져 마침내 항체의약품을 대량생산할 수 있게 됐던 때다. 셀트리온이 BMS(브리스톨마이어스스큅)의 오렌시아 생산에 돌입하자 위탁생산 의뢰가 밀려들었다. 해외 바이오 기업들은 개발 중이던 항체 신약후보물질을 싸 들고 제 발로 찾아왔다.

셀트리온과 손잡은 회사들은 자금이 풍부하지 않은 중소 바이오 벤처가 대부분이었다. 좀 더 저렴한 비용으로 약물을 생산할 수 있는 방법을 고심하다가 지구 반대편 송도까지 날아왔다. 전 세계적으로 동물세포를 대량 배양할 수 있는 시설이 많지 않았기 때문에 공급자 우위의 시장이었다. 셀트리온은 생산 경험은 일천했지만 대량생산 설비를 갖추고 있었다. 계약 규모를 따지지도 않았다. 심지어 의약품 개발에 실패하더라도 고객사에 반환할 필요가 없는 계약금조차 요구하지 않았다. 바이오 벤처들은 눈이 휘둥그레졌다.

셀트리온이 당시 해외 바이오업체들과 맺은 계약 내용을 살펴보면 최소 보장 계약금에 대한 언급이 전혀 없다. 셀트리온은 위탁생산 수수료를 높게 책정하지 않았다. 모든 계약 형태가 고객사와 비용을 함께 부담하는 '공동개발'이었다. 세포주 개발부터 임상 물질 생산에 드는 비용을 반반씩 투자하고 대신 의약품 개발에 성공하면 특허와 판권을 셀트리온이 가져가는 방식이다. 만약 제품이 성공을 거두면 셀트리온은 전 세계 시장에 의약품을 독점 생산하고 판매하는 권리로 큰 수익을 벌어들일 수 있다. 그러나 현금 흐름이 악화되고 재무 구조에 악영향을 미칠 수 있다는 문제가 있다. 신약이 실패할 위험까지 지고 가야 한다.

서정진은 글로벌 바이오의약품 위탁생산 회사와 경쟁하려면 파격적인 조건을 내걸어야 한다고 생각했다. BMS로부터 꾸준히 생산 물량에 대한 대금이 들어오고 있으니 당장 수익에 급급한 상황은 아니었다. 여러 바이오 벤처들과 함께 일하면서 셀트리온의 기술력을 높이는 게 장기적으로 바람직하다고 판단했다. 서정진은 문어발식 공동개발 전략을 밀고 나갔다. 당시 셀트리온은 전 직원 240명, 5년 만에 겨우 매출이 나기 시작한 중소기업이었지만 서정진은 멀리 내다보는 결정을 내렸다. 그는 "파트너사 중 한 곳만 성공해도 본전이고 실패

해도 R&D 경험과 노하우는 남는다"는 두둑한 배짱을 갖고 있었다. 그는 찾아온 바이오 기업들을 만나 개발 스토리를 듣고 나서 이해했다는 표정으로 고개를 끄덕인 다음 "그렇게 유망한 약물이라면 생산만 할 게 아니라 투자도 하고 싶다"고 말했다. 상대방의 능력과 신약의 가능성을 전적으로 신뢰한다는 뜻이었다. 그렇지 않다면 실패 위험을 감수하면서까지 '약'의 구렁텅이로 들어갈 이유가 없었다. 바이오 기업 CEO들은 서정진의 카리스마 넘치는 리더십과 과감한 결단력에 매료됐다. "고객사의 성공이 곧 셀트리온의 성공"이라는 말에도 왠지 모르게 진심이 느껴졌다. 감동 지수가 높아질수록 계약서의 두께는 점점 늘어났다. 내친 김에 여러 장의 협약서에 도장을 찍었다. 공동개발부터 특허 및 판권 계약, 전략적 파트너십, 구속력 있는 양해각서Binding MOU 등 제휴 유형은 다양했다. 한국의 송도라는 외딴곳에 바이오의약품 위탁생산과 투자를 한 방에 해결할 수 있는 파트너 사가 있다는 소문이 바이오업계에 퍼져나갔다.

기술과 평판을 사다

셀트리온과 손잡은 바이오 회사 중 성공한 곳은 거의 없다. 그러나 바이오의약품 위탁생산 일감을 수주하는 대신 공동개발 전략을 택한 것은 옳았다. 우선 짧은 기간 백신, 항암제, 자가면역질환 치료제 등 다양한 분야의 해외 파트너사를 확보할 수 있었다. 연구개발 측면에서도 도움이 됐다. 셀트리온은 최신 바이오 트렌드와 약물 개발 과정을 흡수할 수 있었다. 바이오의약품 위탁생산 계약금 몇 푼 대신 천금을 주고도 살 수 없는 경험과 노하우를 얻은 셈이다. 회사의 인지도를 높이는 데도 지대한 역할을 했다. 파트너사들은 셀트리온을 선택한 이유로 "세포주 개발과 세포 배양 기술 개발 분야에서 세계적인 기술을 갖고 있고 대규모 단백질 배양 기술을 보유하고 있기 때문"이라고 말했다. 메디젠이라는 회사는 셀트리온을 '전 세계 바이오의약품 생산 분야를 선도하는 회사'라고 추켜세웠다.•

FDA의 cGMP 승인을 받지 못해 2년이나 빌빌댔고 BMS의 오렌시아가 유일한 생산품이었던 셀트리온에게는 감개무량한 평가였다. 파트너사가 된 해외 상장기업들은 예쁘게 포장된 내용을 회사 홈페이지에 실었고, 보도자료로 배포했다. 셀트리온이 수백 번 자체 홍보를 하는 것보다 효과가 월등했으리라는 것은 짐작할 수 있다. 한 배를 탄 동지에 대한 '의리' 덕분에 셀트리온은 세계적인 바이오 회사로 둔갑했다. 파트너사에 투자한 만큼 셀트리온의 평판을 사들인 셈이다. 그 결과 셀트리온은 호주 CSL, 프랑스 사노피 아벤티스 등 내로라하는 글로벌 제약사들과도 생산 제휴를 맺게 된다.

2007년 셀트리온이 집중적으로 추진한 공동개발 프로젝트들은 바이오시밀러를 꽃피우는 씨앗이 됐다. 셀트리온이 선보인 첫 번째 제품인 '램시마'는 원래 국내 1위 제약사인 유한양행이 진행하던 항체의약품 프로젝트에서 영감을 받은 것이다. 유한양행은 2002년부터 5년간 자체 연구를 통해 류머티즘성 관절염을 치료하는 항체의약품을 개발하고 있었는데, 셀트리온은 2007년 10월 이 치료제를 함께 개발하자고 제안했다. 공동개발은 성과를 내지 못했으나 중요한 교

• "MediGene and Celltrion Announce Co-development of Anti-L1 Monoclonal Antibody Therapeutic for Treating Cancer", PipelineReview.com, 2007. 11. 28.

훈을 얻었다. 갈 길 먼 신약 개발 대신 바이오시밀러에 '올인' 해야겠다고 마음을 굳힌 것이다. 셀트리온이 유한양행의 프로젝트에 끼어든 것은 '신의 한 수'였다. 공동개발 전략을 밀어붙이지 않았다면 셀트리온은 램시마의 아이디어를 얻지 못했을지도 모른다. 셀트리온은 연구개발을 포기하지 않은 덕분에 새로운 가능성을 발견했고, 뒤늦게 숟가락을 얹었음에도 밥상을 독차지할 수 있었다.

이대로는 미래가 없다

2008년 1월 24일, 셀트리온은 비로소 '실적 발표'라는 것을 할 수 있었다. 회사 설립 5년 만에 처음으로 매출과 영업이익이 났다.* 2007년 매출액은 630억 원, 영업이익은 155억 원. 회계장부에 온통 마이너스뿐이던 숫자들이 드디어 플러스로 돌아섰다. 상반기 오렌시아 시험생산에서 255억 원의 매출이 났고 하반기에는 375억 원으로 늘었다. 놀라운 것은 이익률이었다. 4분기 영업이익률은 29퍼센트에 달했다. 직원들도 "이제는 한숨 돌릴 수 있게 됐다"며 안도했다. 단 한 사람만 빼놓고.

서정진은 바이오 공장을 기반으로 한 바이오의약품 위탁생산CMO 사업이 결코 좋은 비즈니스모델이 아니라는 것을 깨달았다. 제약바이오 회사들을 상대로 물량을 수주해야 하기 때문에 고객 의존도가 지나치게 높았다. 제품, 생산량, 생산 속도, 납품 기한 등 어느 것도 생

* '셀트리온, 지난해 첫 매출, 영업이익 155억', 머니투데이, 2008. 1. 24.

산자가 선택할 권한이 없다. CMO업체가 가져가는 이익도 정해져 있지 않았다. 고객과의 협상을 통해 재량껏 정해졌다. 생산 계약을 따낸다고 해도 FDA 허가와 시생산에 1년 이상이 걸렸다. 신약 개발에 실패하면 한순간에 일감이 날아가는 일도 비일비재했다. '어떤 계획도 무계획보다 낫다'는 말은 CMO 사업에서는 절반만 맞는 얘기였다. 계획에 의지해선 안 되고 항상 예측 불가능한 돌발 사태에 대비해야만 했다.

서정진의 머릿속은 터지기 일보 직전이었다. 1공장의 두 배에 달하는 9만 리터짜리 2공장은 착공을 시작했다. 고객사를 닥치는 대로 끌어모으고 수익성을 따져봤다. 공장가동률을 100퍼센트로 맞추는 것은 불가능했다. 여러 개의 제품을 시기에 따라 요리조리 배치했다. 아무리 머리를 짜내도 유휴 설비를 줄이는 최적의 방법은 없었다. 다품종 소량생산을 할수록 손실은 더욱 커졌다. A라는 제품을 만들다 B로 바꾸면 바이오 리액터(배양기)를 세척, 소독, 건조하고 생산 시스템을 교체하는 '체인지 오버' 작업에 시간과 비용이 들기 때문이다. 지금처럼 고객사의 주문에 기대는 방식으로는 미래가 없다는 결론이 나왔다. 현실을 자각한 서정진은 미국에 있던 홍승서에게 전화를 걸었다.

"바이오시밀러를 해야겠다."

2008년 1월이었다.

실무진은 이보다 앞서 바이오시밀러를 준비해왔다. 권기성 셀트리온 연구개발본부장은 연구소가 세워진 2006년부터 이미 바이오시밀러를 시작했다고 말했다. 외부로 새어나갈 것을 염려해 연구소에서 극비리에 준비했다. 2008년에야 주요 임원진에게 바이오시밀러 프로젝트가 공개됐다. 바이오시밀러 개발을 비밀에 부친 것은 고객사 이탈을 염려해서였다. 글로벌 제약사들이 자신의 제품을 복제하려는 회사에 생산을 맡길 리 없었다. CMO 과정에서 개발사로부터 얻은 약물의 특성과 제조, 특허와 관련된 정보를 활용해 복제품을 만들 수 있기 때문이다.

기습 상장

셀트리온은 2008년 9월 9일 바이오시밀러 사업을 공식 발표한다. 신사업 선언은 주식상장을 염두에 두고 전략적으로 진행됐다. 셀트리온은 여러 번 상장에 도전해 번번이 미끄러졌다. 셀트리온은 2006년 초 한국거래소에 기술특례 상장 신청서를 들이밀었다가 탈락한다. 거래소는 "CMO업체는 혁신성이 부족해 자격 미달"이라며 퇴짜를 놨다. 셀트리온은 기술평가 기회조차 얻지 못했다. 이 일은 거래소가 얼마나 보는 눈이 없는지를 증명하는 사례로 언급되고 있다. 쓴맛을 본 셀트리온은 미국 나스닥 상장을 추진했으나 서브프라임모기지 비우량자산담보대출 사태가 터지면서 국내 상장으로 계획을 바꿨다. 장외시장에서 거래되던 셀트리온의 주가는 4만 원대로, 상장 시 시총 1조 원을 넘을 것으로 예상됐다. 인천 송도에 갖고 있던 1907만 98제곱미터(5만 7689평)의 공장 부지는 공시지가로 6000억 원, 공장 설비와 시세를 반영하면 1조 원의 가치가 있다는 평가였다. 셀트리온은 IPO(Initial Public Offering, 주식공개상장) 대어로 떠올랐다.

그러나 2008년 글로벌 경제위기로 투자 환경이 최악으로 치달았다.

2공장 건설 자금을 조달해야 했던 서정진은 마음이 조급했다. 셀트리온은 2008년 2월 28일 서둘러 증권선물거래소에 유가증권(코스피) 시장 상장을 위한 예비심사 청구서를 접수한다. 셀트리온은 "최단 시간 내에 상장하겠다"며 자신감을 보였고 약 두 달 만인 4월 25일 두 번째 거절 통보를 받는다. 이번에는 매출이 발목을 잡았다. 매출액이 최근 3년 사업연도 평균 200억 원 이상이 돼야 한다는 조항이 걸림돌이었다.

셀트리온은 2007년 매출액이 635억 원으로 3년 평균 200억 원 이상이 되기 때문에 요건을 충족한다고 주장했다. 선물거래소는 3년 치 매출액이 존재해야 하는데 셀트리온은 2005년, 2006년 매출액이 없기 때문에 조건에 맞지 않는다고 판단했다. 외형 요건은 표면적으로 내세운 핑계에 불과했다. 황우석 사태 이후 바이오업종에 대한 부정적 인식이 강해 셀트리온의 상장이 부담스러웠던 것이다. 보유 주식을 현금화하려는 투자자들은 하루빨리 상장 방안을 마련하라고 성화였다.

주주들의 원성이 높아질 무렵 셀트리온은 기습 발표로 사람들을 놀라게 한다. 화학제품 제조업체 오알켐과 합병한다는 소식이었다. 삼수 끝에 코스닥으로 우회상장을 택한 것이다. 코스피 입성에 실패한 지 한 달 만에 내린 초스피드 결정이었다. 오알켐은 2008년 5월 21일 셀트리온과 합병 공시를 띄웠다. 오알켐은 반도체 인쇄회로기판 공정에 사용되는 약품을 개발 제조하는 회사다. 오알켐의 자본금 규모는 200억 원으로 2000억 원인 셀트리온의 10분의 1에 불과했다. 셀트리온은 오알켐의 3자 배정 유상증자에 참여해 최대주주로 올라섰다. 셀트리온은 오알켐의 주식 306만 주(95억 원 규모)를 사들였다.

오알켐 이재현 대표가 보유하고 있던 주식 163만 주(28.47%)는 셀트리온으로 넘어갔다. 오알켐은 거래정지가 해제된 5월 27일부터 11일 연속 상한가를 기록한다. 5월 20일 3260원이던 오알켐 주가는 1만 7000원까지 솟았다. 삼수 끝에 상장에 도전한 장수생의 화려한 데뷔였다.

셀트리온이 우회상장을 택한 건 주주들 때문이었다. 셀트리온처럼 자본금 2000억 원 규모의 대형 업체가 공모를 통해 상장을 추진하려면 주관사인 증권사 선정부터 어려움이 많았다. 셀트리온이 다시 상장을 추진할 경우 시간과 비용이 들고 2008년 안에 상장하겠다는 말은 지키지 못할 게 뻔했다. 합병 승인이 난 후 오알켐은 7월 17일 사명을 셀트리온으로 바꾸고 서정진을 대표이사에 임명한다. 경영진도 셀트리온 임원들로 물갈이됐다. 셀트리온에 흡수된 오알켐은 3개월 만에 부활한다. 셀트리온은 그해 10월 반도체 인쇄회로기판 약품 사업 부문을 물적 분할하기로 하고 12월 신설법인 오알켐을 되살린다. 복잡하고 번거로운 작업들이 1년 안에 빠른 속도로 이뤄졌다. 셀트리온은 주주와 약속을 지켰다.

독특한 상장 기법으로 셀트리온은 또 한 번 세간의 주목을 받았다. 서정진은 합병을 발표한 직후 가진 인터뷰에서 "셀트리온의 진정한 가치가 많이 알려지지 않았다"며 "8월 이후 셀트리온은 코스닥 대장주가 될 수 있을 것"이라고 큰소리친다. 자기충족적 예언은 이듬해 현실이 된다.

바이오시밀러 개발 선포

서정진의 구상은 2008년 9월 9일 서울 소공동 웨스틴조선호텔에서 열린 '바이오시밀러 개발 선포식'에서 공개됐다. 셀트리온은 2011년부터 항체의약품 7종을 전 세계에 출시할 것이라고 발표했다. 블록버스터급 바이오의약품 특허가 만료되는 2013년부터 바이오시밀러로 항체의약품 시장을 파고들겠다는 전략이었다. 이날 셀트리온이 개발 중인 비밀 병기들이 베일을 벗었다. 유방암 치료제와 직장암 치료제, 류머티즘성 관절염 치료제가 소개됐다. 오리지널 제품명을 직접 언급하진 않았지만 로슈의 '허셉틴'과 '아바스틴', 존슨앤드존슨의 '레미케이드'를 겨냥한 것으로 알려졌다. 셀트리온은 2011년 국내와 아시아, 동유럽, 남미 등에 이 제품들을 출시하고 특허가 만료되면 미국과 유럽 시장에 진출하겠다는 계획도 밝혔다. 2012년이면 5000억 원의 매출을 올릴 것이라는 야심찬 전망도 내놨다.

셀트리온의 사업계획은 생소하기 그지없었다. 바이오시밀러라는 생뚱맞은 아이템을 들고 나와 유망하다고 열변을 토하는 셀트리온의 이야기는 전문가들도 이해하기 힘들었다. 오죽했으면 바이오 담당 애널리스트들이 셀트리온에 대한 보고서를 내지 못했을 정도였다. 셀트리온은 '투자 의견 하나 없는 코스닥 시총 상위 주'라는 비아냥을 들어야 했다. 그럼에도 셀트리온은 주식시장에서 돌풍을 일으켰다. 셀트리온은 2008년 8월 말 코스닥 시총 순위 114위에서 9월 말 5위로 수직 상승했고 연말에는 4위에 오른다. 셀트리온을 향한 투자심리는 식을 줄 몰랐다. 셀트리온의 시가총액은 2009년 4월 1조 9000억 원, 약 2년 뒤인 2010년 12월 4조 원을 넘어섰다. 국내 탑3 제약사인 유

한양행, 녹십자, 동아제약의 시총을 모두 더해야 셀트리온의 시총이 됐다.•

신약 연구자인 도널드 커시는 신약 사냥에서 가장 어렵고 중요한 결정은 '낚을 것인가, 끊을 것인가'라고 했다.•• 낚싯줄을 끌어올릴 것인지, 끊어버리고 다른 물고기를 잡을 것인지 현명하게 판단해야 한다는 말이다. 이게 어려운 이유는 촉과 감이라는 부정확한 정보에 의존해야 하기 때문이다. 셀트리온은 신약에 드리웠던 줄을 과감히 끊어버리고 바이오시밀러에 미끼를 던졌다.

• 셀트리온 시총4조 돌파=동아제약+유한양행+녹십자, 머니투데이, 2010. 12. 7.

•• 『인류의 운명을 바꾼 약의 탐험가들』, 도널드 커시, 오기 오거스, 고호관 옮김, 세종서적, 2019.

장밋빛 전망

"바이오업계의 삼성전자가 되겠다."

이론상으로는 가능, 현실은?

셀트리온의 '바이오시밀러 선언'이 일으킨 파장은 대단했다. 바이오시밀러는 2009년 바이오업계를 강타한 최고의 화제어로 떠올랐다. 바이오시밀러와 관련한 기사는 2008년 62건에서 2009년 1018건으로 폭발적으로 늘었다.* 모든 언론이 바이오시밀러의 장밋빛 전망에 대해 이야기했다. 당시 식품의약품안전청은 연 매출 10억 달러 이상의 바이오의약품 중 10년 이내 특허가 만료되는 의약품이 10여 개로 시장 규모만 320억 달러에 달한다고 분석했다.** 글로벌 제약사들이 자물쇠를 채워둔 노다지 금광의 빗장이 열리는 것이었다. 제약업계에서

- * 한국언론진흥재단의 뉴스 빅데이터 분석 시스템 '빅카인즈' 검색 결과.
- ** '전세계 바이오시밀러 경쟁 불붙었다', 매일경제, 2009. 6. 17.

는 뉴스랄 것도 없는 이야기였지만 전 세계에서 유독 한국만 난리법석이었다. 셀트리온이 도전하려는 항체 바이오시밀러는 이론상 가능할 뿐 현실에서는 증명되지 않았다. 그동안 개발하려는 시도조차 없었다. 이쯤 되면 수상하다고 눈치 챘어야 하는데도 당시엔 그 이유에 주목하는 사람이 별로 없었다.

빅파마들은 바이오시밀러가 사업성이 없다고 일찌감치 판단했다. "항체의약품은 복제약이 나올 수 없다"는 존슨앤드존슨의 보고서가 직격탄이었다. "생물학적 제제인 바이오의약품은 합성의약품과 달라서 현행법상 오리지널 개발사의 특허를 하나도 침해하지 않고 복제품을 만들 수 있는 방법은 없다"는 내용이었다. 존슨앤드존슨의 주장은 일리가 있었다. 신약 개발이 공격이라면 특허는 방어다. 글로벌 제약사들은 공격만 잘하는 게 아니라 방어력이 월등한 만능 플레이어다. 글로벌 제약사들은 물질 및 제법 특허는 기본이고 용도 특허로 후발주자들을 견제한다. 개발한 약물을 다른 질병에 적용해 적응증•을 하나씩 추가하는 전략이다. 새로운 적응증이 더해지면 특허 기간이 늘어나서 복제약이 진입할 시간을 벌 수 있다. 그러나 언젠가는 특허가 풀리게 되고 오리지널 제품은 무더기로 쏟아지는 값싼 복제약과 싸워야 한다.

합성 신약은 복제약의 공격에 매우 취약하다. 분자구조가 간단해서 합성이 어렵지 않아서다. 반면 항체의약품은 미생물이 만들어낸 단백질로 구조가 매우 복잡해서 인위적으로 합성할 수 없다. 존슨앤드존슨의 보고서는 블록버스터 항체의약품 '레미케이드'를 가진 자

• 어떠한 약제에 따른 치료 효과가 기대되는 증상.

의 여유와 자신감을 단적으로 보여준다. '항체의약품 쪽은 넘볼 생각을 하지 마라'는 엄중한 경고이기도 했다. 존슨앤드존슨이 기선을 제압하자 다른 항체의약품 개발회사들도 동조하고 나섰다. 후발 주자의 진입을 원천 봉쇄하려는 의도였다. 이들은 똘똘 뭉쳐 바이오시밀러 개발을 막기 위해 총공세를 폈다. 1년에 수조 원을 벌어들이는 항체의약품 개발사들의 로비력은 상상을 초월한다. 그중에는 규제 기관이 바이오시밀러에 대한 규정을 만드는 작업을 지연시키는 것도 포함됐다. 바이오시밀러를 개발하더라도 허가나 판매는 쉽지 않을 것이란 사실을 제약업계 선수들은 너무도 잘 알고 있었다. 실제로 오리지널 개발사들은 바이오시밀러가 출시된 이후에도 안전성과 효능에 문제가 있다는 음해 공작을 지속적으로 펼쳤고 바이오시밀러는 초기 시장에 정착하느라 고전해야 했다.

코스닥 대장주

'모르는 게 약'이다. 셀트리온은 몰랐기 때문에 약에 뛰어들었고 주주들은 아직 개발되지도 않은 바이오시밀러를 놓고 김칫국을 연신 들이켰다. 투자자들에게는 사업이 성공할 확률보다는 셀트리온의 주식을 사면 돈을 벌 수 있다는 게 중요했다. 셀트리온의 주가는 우회상장한 이후 226.7퍼센트 폭등했고 2008년 코스닥시장에서 최고 수익률을 기록한 종목이 됐다. 셀트리온의 상장은 대한민국 바이오시밀러 열풍에 불을 활활 지폈다.

새로 출범한 MB 정권은 소액주주들의 전폭적인 지지를 받던 셀트리온에 관심을 보이기 시작했다. 경제 대통령을 자처한 이명박 대통령이 '경제 살리기'에 총력을 기울이라고 주문하자 한승수 국무총리는 명을 받들어 새해 벽두부터 경제 현장 탐방에 나선다. 그리고 수많은 기업 중 셀트리온 본사가 방문지로 낙점된다. 셀트리온 설립 이래 최고위급 인사의 방문이었다. 서정진은 한 총리에게 셀트리온의 독특한 경영전략에 대해 이야기했다. 셀트리온은 통념을 깨고 독창적인 사업 모델을 만들었다. 수천 개의 제약바이오 회사들이 대박을 낼 신약 개발에 달려들 때 셀트리온은 경쟁자가 많지 않고 '중박'은 할 수 있는 바이오의약품 위탁생산을 택했다. 시장에서 성공한 블록버스터 항체의약품을 복제한 바이오시밀러도 마찬가지였다. 실패 위험이 적은 바이오시밀러를 개발해 번 돈으로 신약 개발에 투자하는 거꾸로 방식이다. 셀트리온은 글로벌 제약사의 제품은 모방했을지언정 전략까지 모방하지는 않았다.

서정진의 미래 구상에 감명을 받은 한 총리는 "셀트리온 같은 회사에 과감히 투자하고 자문하겠다"고 약속한다. 총리가 다녀간 다음 날 셀트리온은 이에 화답하듯 두 번째 바이오시밀러 프로젝트를 발표했다. 세계 최초로 존슨앤드존슨의 자가면역질환 치료제 '레미케이드'의 바이오시밀러에 대한 글로벌 전임상●에 돌입하겠다고 밝혔다. 2008년 10월 허셉틴 바이오시밀러에 대한 전임상을 발표한 지 3개월 만이었다. 레미케이드 바이오시밀러의 임상은 세계적인 임상시험 대행회사인 미국 앱튜이트가 맡기로 했다. 이 제품이 바로 세계 최초의 바이오

● 새로 개발한 신약후보물질을 사람에게 사용하기 전에 동물에게 사용하여 부작용이나 독성, 효과 등을 알아보는 시험. 전임상시험 후 임상 1상, 2상, 3상 등 사람을 대상으로 한 시험에 들어간다.

시밀러인 '램시마'다. 램시마는 허셉틴 바이오시밀러인 '허쥬마'보다 뒤늦게 전임상을 시작했지만 허가는 먼저 받았다. 권기성 셀트리온 연구개발본부장은 "공개 시기가 늦었을 뿐 램시마와 허쥬마의 개발 시기에는 큰 차이가 없다"고 했다.

셀트리온은 연일 언론의 집중 스포트라이트를 받았다. 셀트리온의 행보는 의도적으로 주가를 띄우려는 것이 아닌가 하는 의심이 들 정도로 '기가 막힌 타이밍'의 연속이었다. 셀트리온의 주가는 춤을 췄다. 버락 오바마 미국 대통령이 2009년 1월 취임하자 셀트리온은 느닷없이 '오바마 수혜주'로 지목됐다. 오바마가 의료보장 확대 정책의 일환으로 약가를 대폭 인하하고 복제약 개발과 허가를 장려하겠다고 말한 것이 셀트리온에게 엄청난 호재로 작용할 것이라는 분석이었다. 총리의 지원사격을 받은 데 이어 스케일은 점점 커졌고 미국 대통령까지 나선 셈이 됐다. 때를 놓치지 않고 셀트리온은 미국질병통제센터와 광견병 치료제를 공동개발하는 협약을 체결한다.(광견병 치료제는 현재 개발이 끝났지만 광견병의 치사율이 높아서 인체 임상을 하지 못하고 있다. 서정진은 "셀트리온의 중국 법인이 자리를 잡으면 광견병 사망률이 높은 중국에서 임상을 진행하고 출시할 계획"이라고 밝혔다.) 이 계약은 셀트리온이 미국 정부와 모종의 관계가 있는 듯한 뉘앙스를 풍겼다. 투자자들의 기대감은 한껏 높아졌다

2009년 2월 18일 셀트리온은 마침내 코스닥 시총 1위에 등극한다. 주가는 1만 5200원, 시총 1조 6000억 원을 돌파했다. 코스닥 대장주가 되겠다던 서정진의 말대로 반년 만에 코스닥시장을 완전히 접수했다. 국내 증시에는 '바이오 열풍'이 거세게 몰아쳤다. '묻지마' 투자 경보가 나올 정도였다. 애널리스트들은 "황우석 사태 당시 바이오주

는 기대심리만 높아 거품이 있었지만 지금은 실적이 뒷받침되고 있어 질적으로 다르다"면서 "회사들의 면면도 5년 전에 비해 훨씬 양질로 평가되고 있다"고 했다. 적자투성이인 바이오 회사들 사이에서 셀트리온이 CMO 사업으로 그나마 매출을 일으키고 있었기 때문이다. 하지만 투자자들의 마인드는 황우석 사태 때와 달라진 게 없었다. 시들해진 줄기세포에서 빠져나와 갈 곳을 잃은 투자금은 새로운 바이오 테마주의 등장에 열광했다. 잔뜩 굶주려 있던 투기 세력들도 활개를 쳤다. 주식시장은 바이오시밀러에 대한 희망을 부채질했다.

짧은 독무대

셀트리온은 삼성이라는 태풍의 영향권에서 한참 벗어난 무풍지대에 있었다. 수십 개의 계열사를 갖고 있던 삼성그룹과 겹치는 교집합 사업이 없다는 것은 행운이다. 삼성이 새로운 사업을 벌인다고 하면 관련 업계는 본능적으로 긴장한다.

그러나 첫 직장이 삼성전기였던 서정진은 삼성에 대한 환상이나 두려움이 전혀 없었다. "바이오업계의 삼성전자가 되겠다"는 말도 서슴지 않았다.[•] 2005년 BMS로부터 계약을 따낸 후 자신감에 차서 한 얘기다. 그로부터 3년 뒤인 2008년 6월 셀트리온이 우회상장을 할 때 서정진은 다시 한번 삼성을 언급한다. 이번에는 "바이오업계의 삼성전자가 되기 위해 노력하겠다"고 말한다.[••] 언론과의 인터뷰에서 두

• [CEO 삶 그리고] 서정진 셀트리온 사장, 서울경제, 2005. 10. 23.

•• 셀트리온 "바이오 업계의 삼성전자 되겠다", 이데일리 2008. 6. 4.

번이나 삼성을 소환한 것은 의미심장하다. 아무 생각 없이 말하는 것 같아도 실은 치밀하게 계산된 발언만 하는 서정진의 성격을 고려하면 더욱 그렇다. 그는 다가올 삼성과의 대결을 직감했는지도 모른다. 어쨌거나 서정진이 무심코 던진 작은 돌은 엄청난 후폭풍을 불러왔다.

삼성은 2000년대 중반부터 신수종 사업을 찾겠다고 혈안이었다. 1차 신수종 사업이었던 반도체, 디스플레이, 휴대폰 등 9개 사업의 7개년 계획이 2004년 마무리되면서다. "삼성그룹의 미래를 책임질 차세대 사업을 찾으라"는 이건희 회장의 지시가 떨어졌다. 삼성은 비밀리에 태스크포스팀을 꾸려 아이템 선정과 검증 작업에 착수했다. 삼성은 1997년 작성한 '신수종 사업 보고서'가 공개되면서 역풍을 맞은 적이 있다. 보고서에는 기아차 인수 계획이 들어 있었는데, 이 때문에 삼성이 기아차의 부도 위기를 촉발했다는 음모론이 일었다. 이후로 삼성은 신사업을 대외적으로 공개하지 않는다는 방침을 세웠다. 글로벌기업의 견제 때문이라고 둘러댔지만 더 이상 논란에 휘말리고 싶지 않았을 것이다.

삼성은 신사업을 감추려고 노력했지만 답은 빤했다. OLED(유기발광다이오드), 차세대 반도체, 2차 전지, 태양광, 바이오 등 미래학자들이 예찬하는 업종이 물망에 올랐다. 이 중 바이오는 늘 마지막에 언급됐다. 삼성이 전기전자업종에서 쌓은 업력을 조금도 발휘할 수 없는 분야는 바이오가 유일했다. 정답일 확률이 가장 낮은 선택지였다. 2000년대 초반만 해도 삼성은 바이오 사업이 안중에도 없었다. 셀트리온의 투자를 받기 위해 찾아온 서정진을 문전박대한 기업 중 하나도 삼성이다.

물밑에서 몰래 진행되던 '신수종 사업 2.0 프로젝트'는 2007년부터 급물살을 탄다. 삼성은 그해 10월 19일 전략기획실 산하에 신수종 태스크포스팀를 신설했다. 그러나 TF팀이 출범한 지 열흘 뒤인 10월 29일 삼성 비자금 사건이 터졌고 한 달 뒤인 11월 23일 특검 수사팀의 전방위 수사가 시작됐다. 한가하게 미래 사업을 논할 때가 아니었다. 미래를 꿈꾸지 못하게 될지도 모르는 창사 이래 최대 위기였다. 신수종 TF팀의 업무는 중단됐다.

2008년 4월 22일 이건희 회장은 서울 태평로 삼성 본관 지하 1층 국제회의장에서 전격 사퇴를 발표한다. 그리고 6월 삼성그룹의 컨트롤타워인 전략기획실이 해체되면서 신수종 TF팀은 변화를 맞는다. 이윤우 삼성전자 총괄부회장 아래 직속 부서로 자리를 옮긴 것이다. 신사업을 추동하는 핵심축이었던 이건희도, 전략기획실도 사라진 뒤 숭숭한 분위기 속에서 TF팀 홀로 고군분투했다. 그 사이 셀트리온은 우회상장을 감행했고 삼성의 계획은 여전히 오리무중이었다.

새로운 프로젝트는 한바탕 폭풍이 휩쓸고 지나간 뒤 뜬금없는 곳에서 모습을 드러낸다. 정부가 올린 국책 연구과제 모집 공고 게시판에서다. 삼성은 2009년 6월 지식경제부가 총 2620억 원을 투입하는 '신 성장동력 스마트 프로젝트'에 신청서를 들이밀었다. 제목은 '바이오시밀러 제품군 개발 및 바이오 cGMP급 동물세포 생산 기반 구축'. 삼성이 내민 정식 도전장이었다.

삼성 등판

"우리 회사는 돈으로는 살 수 없다."

복면 삼성

삼성은 용의주도했다. 신수종 태스크포스팀에 소속된 바이오 특공대원들은 20개월 동안 낮은 포복 자세로 기면서 좀처럼 정체를 노출시키지 않았다. 주어진 임무에 대해서도 철저히 함구했다. 바이오의 B자도 새어나가지 못하게 철통 보안을 지켰다. 뜬구름 잡는 사업 구상을 밝히길 좋아하는 서정진과는 정반대였다.

주식 시황 기사에 셀트리온의 이름이 나오지 않는 날이 없었다. 주주들의 기대에 부흥하기 위해 셀트리온은 주가 관리와 투자금 조달을 위해 호재가 될 만한 재료를 모조리 노출시켰다. 개발 중인 바이오시밀러 파이프라인은 진작에 공개했고 임상시험이 진행되는 과정을 발 빠르게 중계하는 일에 혈안이었다. 부지런한 자체 홍보 덕분에 셀트리온의 사업 전략 및 계획은 손바닥 보듯 훤히 들여다볼 수 있었다. 적대적인 세력들이 군침을 흘릴 만한 정보들도 있었다. 그래도 셀트리온은 전혀 개의치 않았다. 셀트리온의 행보는 날로 거침없었다. 서정진은 예전보다 더 많이 인터뷰를 했고 더 자주 공개 석상에 모습을 드러냈다. 복면을 벗어 던진 삼성이 이제 막 무대 위로 폴짝 뛰어오르려던 참이었다.

셀트리온이 느꼈을 당혹감은 상상 이상이었을 것이다. 국내 바이오 업계는 셀트리온이 평정한 독무대였음에도 삼성이라면 얘기가 달랐다. 삼성은 상대의 경계 태세를 느슨하게 만들기 위해 정공법 대신 측면 돌파를 택했다. 셀트리온은 꽤 오래전부터 삼성의 표적이었다. 신수종 TF팀은 바이오 사업을 검토하면서 극비리에 셀트리온 인수를 추진했다.• 삼성은 1997년 기아차 인수 계획이 들통나 욕을 먹은 전력이 있었기에 신중을 기했다. 비자금 사태로 삼성에 대한 국민감정이 극에 달한 상황인 데다 셀트리온이 대기업에 넘어가는 꼴을 볼 수 없다는 여론이 확산되면 입장이 곤란해지기 때문이다. 삼성은 잡음 없이 셀트리온을 인수하기 위한 작업에 돌입했다. 인수 규모와 합병 시나리오에 대해서도 계획을 세워두었다.

2008년 말 삼성 측은 셀트리온 주주들을 움직여 인수합병 의사를 타진했다. 소문이 날 것을 우려해 직접 나서지는 않았다. 구체적인 인수 금액은 공개되지 않았지만 삼성 측은 공격적인 가격을 제시한 것으로 알려졌다. 서정진은 협상을 거절했고 합작회사 '삼성셀트리온'은 탄생하지 못했다. 서정진은 삼성이 내민 조건을 처음부터 못마땅

• 삼성전자, 셀트리온 인수 추진했었다, 한국경제TV, 2009. 6. 19.

하게 여겼다고 한다. 협상을 거부한 것은 "우리 회사는 돈으로는 살 수 없다"는 것을 보여주기 위한 항의 표시였다고 당시 재직했던 임원은 말했다.

삼성과 셀트리온은 여전히 인수합병 추진설을 강하게 부인하고 있다. 그러나 알 만한 사람들은 다 아는 사실이다. 둘 다 모르쇠로 일관하는 것은 인정해서 좋을 게 하나도 없기 때문이다. 삼성은 우량한 중소기업을 집어삼키려 한 탐욕적인 기업으로 몰매를 맞고 셀트리온은 경영권 방어도 제대로 못하는 무능력한 회사로 비난받을 법한 일이기 때문이다. 두 회사 모두 서로 이미지 관리를 하는 쪽이 현명하다고 생각했을 것이다.

서로 다른 길

두 회사의 자존심 대결 1라운드는 싱겁게 끝났다. 결과적으로는 모두에게 이득이었다. 이번 일로 셀트리온은 크게 깨달은 바가 있었다. 서정진은 부랴부랴 적대적 인수합병M&A을 막기 위해 나섰다. 2009년 셀트리온이 '초다수 결의제'를 도입한 것은 결코 우연이 아니다. 초다수 결의제란 이사를 해임하기 위해 출석 주주 의결권의 통상 90퍼센트 이상 찬성을 받도록 하는 대표적인 M&A 방어 수단이다. 그래도 안심할 수 없었는지 서정진은 이듬해 서둘러 황금낙하산을 마련한다. 황금낙하산이란 기업 대표이사가 임기 전에 물러나야 할 상황에 대비해 거액의 퇴직금이나 저가 주식매입권, 즉 스톡옵션을 보장해주는 장치다. 황금낙하산이 있으면 기업 인수 비용이 늘어나 적대적 M&A

의 걸림돌이 된다. 셀트리온은 대표이사인 서정진이 임기 중 적대적 M&A로 실직하게 되면 통상적인 퇴직금 외에 200억 원을 지급하는 조항을 정관에 추가했다. 이사에게는 50억 원의 보상액을 지급하도록 했다. 액수로 따지면 코스닥 상장업체 중 최대 규모였다. 셀트리온은 지주회사 전환을 추진하면서 경영권 철벽 방어 3종 세트를 완성했다. 셀트리온은 여전히 매력적인 인수 대상이었고 외국 기업들의 관심이 높아졌지만 쉽게 넘볼 수 없는 단단한 회사가 됐다.

삼성은 셀트리온에 기대지 않고 스스로 제 갈 길을 찾은 것이 득이 됐다. 두 회사는 달라도 너무 다르다. 태생부터 성격, 가치관까지 서로 상극이라고 할 만한 요소는 죄다 가지고 있다. 각자의 경제적 능력과 재정 상황을 고려해 특장점을 살릴 수 있는 최적의 전략을 밀어붙인 덕분에 지금의 K-바이오 쌍두마차가 탄생한 것이다.

함께할 수 없는 운명을 받아들이고 나서야 셀트리온과 삼성은 비로소 서로의 행복을 빌어줄 수 있는 '남남'이 됐다. 셀트리온은 삼성의 좋은 본보기가 됐다. 삼성은 셀트리온의 시행착오를 보고 반면교사로 삼으면 됐다. 이재용 삼성전자 부회장은 2019년 1월 15일 청와대에서 열린 '기업인과의 대화'에서 문재인 대통령이 삼성의 바이오 사업에 대해 높이 평가하자 옆에 있던 서정진을 보며 "서 회장님이 닦아놓으신 길을 뒤따라갔을 뿐"이라고 했다. 이재용은 바이오산업에 대한 이야기가 나올 때마다 셀트리온을 추켜세웠다. 특유의 '겸손 화법'으로 해석할 수도 있지만 마음에 없는 말을 한 것은 아니었다.

삼성이 바이오 황무지에 발을 내디딜 수 있었던 것은 한 걸음 앞에 셀트리온의 발자국이 선명히 찍혀 있었기 때문이다. 그 길이 맞든 틀리든, 적이든 동지든, 앞에서 바람막이가 되어줄 누군가가 있다는 것은 여러모로 위안이 된다.

삼성은 "셀트리온 같은 중소기업도 하는데 우리가 못 할 이유가 없다"고 생각했고 과감한 결정을 내렸다. 처음부터 대대적인 투자를 감행해 인천 송도에 세계 최대 규모의 바이오 공장을 짓기로 한 것이다. 송도는 세계 최대 항체의약품 생산기지로 부상했다. 우리나라 바이오 산업의 위상도 급격히 상승했다. 글로벌 바이오 기업들과 투자자들이 송도로 몰려들었다. 셀트리온 혼자 덩그러니 있었다면 이런 변화를 가져오는 데 오랜 시간이 걸렸을 것이다.

셀트리온을 바라보던 시선도 달라졌다. 바이오시밀러의 실체와 성공 가능성을 의심하던 사람들은 "삼성도 한다더라"는 말 한마디에 태세를 전환했다. 셀트리온은 삼성보다 시대를 앞서간 선구적인 기업이 됐다. 더 이상 사기꾼 의혹에 시달리던 중소기업이 아니었다.

셀트리온은 강력한 경쟁자의 등장에 자극받았다. 대기업과 어깨를 나란히 하는 혁신 바이오 회사로서의 면모를 서서히 갖춰갔다. 무서운 속도로 뒤따라오는 삼성을 보면서 이를 악물 수밖에 없었다. 끊임없이 서로를 견제하면서 발전하는 선의의 경쟁 상대가 된 것이다.

서정진은 항상 "삼성이 잘돼야 우리도 잘될 수 있다"고 강조한다. 두 회사의 피 튀기는 선의의 경쟁은 이렇게 시작됐다.

바이오 사업 공식화

2009년 6월 세간의 관심은 신 성장동력 스마트 프로젝트에 쏠렸다. 정부는 추경 예산을 통해 통 크게 1550억 원을 풀기로 했다. 이명박 정부가 추진한 최대 규모의 R&D 사업이었다. 선정 과제는 시스템 반도체·차세대 디스플레이(300억 원), 그린 카(300억 원), 바이오제약(300억 원), 청정석탄에너지(250억 원) 등으로 세분화돼 있었다. 바이오제약 분야는 대기업으로 불릴 만한 절대 강자가 없는 유일한 분야여서 관심거리도 되지 않았다.

그러나 삼성전자가 바이오 사업에 지원서를 넣은 사실이 알려지자 산업계뿐만 아니라 언론이 들썩였다. 이미 삼성이 선정된 것처럼 호들갑이었다. 삼성전자는 삼성 종합기술원을 중심으로 치밀하게 바이오시밀러 사업을 준비해온 것으로 드러났다. 삼성전자는 당시 국내 최초 항체 치료제 개발업체로 평가받았던 이수앱지스와 제넥신, 프로셀제약과 컨소시엄을 구성했다. 이수앱지스는 고셰병 치료제의 바이오시밀러 임상3상 시험 승인을 받은 상태였다. 셀트리온 인수가 어려워지자 대항마인 이수앱지스를 선택한 것 아니냐는 이야기가 흘러나왔다. 삼성은 특허가 만료되는 바이오시밀러 9종을 개발하고 대량 공급체계를 구축해 글로벌시장에 진출하겠다고 지원서에 적었다.

삼성전자 컨소시엄은 300억 원이 배정된 제약바이오 분야에서 170억 원의 지원금을 신청했다. 셀트리온은 마크로젠, 에이피 테크놀로지와 함께 팀을 구성해 '허셉틴 바이오시밀러 상업화 과제'를 제출하면서 270억 원의 연구 자금을 요청했다. 셀트리온처럼 경쟁력 있는 회사에 지원금을 몰아달라는 패기 넘치는 제안서였다. 최대한 많은 금액을 적어 내야 지원금을 조금이라도 더 받을 수 있다는 계산도 깔려 있었다. 결과적으로 이 전략은 셀트리온에게 부메랑으로 돌아왔다. 신청한 것에 비해 최종 확정된 금액이 터무니없이 작아 보이는 역효과가 있었기 때문이다. 삼성 컨소시엄이 300억 원 중 절반인 150억 원을 따냈다. 170억 원을 신청해 150억 원을 받았으니 소기의 목적을 달성한 셈이다. 셀트리온 컨소시엄은 삼성의 절반인 70억 원밖에 받지 못했다. 총 48개 과제가 제출됐는데 절반 이상이 바이오시밀러 관련 연구였을 정도로 경쟁이 치열했다.

그렇다고 해도 먼저 시작한 셀트리온이 삼성에게 밀린 것은 굴욕이었다. 삼성까지 뛰어든 형국에 셀트리온의 앞날은 결코 순탄치 않아 보였다. 시장은 즉각 이런 분위기를 감지했다. 스마트 프로젝트 지원 대상이 발표된 2009년 7월 8일 셀트리온의 주가는 4퍼센트가량 하락했다. 반면 같은 날 삼성 컨소시엄 일원인 이수앱지스의 주가는 가격제한폭까지 상승했다. 삼성에 대한 기대심리는 셀트리온에게 정반대 방향으로 작용했다.

불편한 심기 우려의 시선

제약바이오업계는 바이오 사업을 해보지도 않은 삼성이 가장 많은 지원금을 받게 된 것에 불편한 심기를 드러냈다. 그러나 흥행몰이에 성공한 정부는 아랑곳하지 않았다. 지식경제부는 2009년 7월 15일 '신 성장동력 스마트 프로젝트 협약식'을 열고 지원 사업을 대대적으로 발표했다. 이윤호 지식경제부 장관은 행사 직전 기자들에게 "삼성전자가 바이오시밀러 분야에 앞으로 5년간 5000억 원을 투자하는 것으로 알고 있다"고 흘려줬다. 귀가 번쩍 뜨인 기자들은 현장에 참석한 삼성 관계자들에게 득달같이 달려가 캐물었고 삼성은 더 이상 숨을 데가 없다는 사실을 인정했다.

이날 처음 공개 석상에 모습을 드러낸 고한승 삼성전자 전무는 바이오시밀러 사업을 택한 이유에 대해 "삼성과 잘 맞는 분야이기 때문"이라고 했다.[●] 반도체산업에서 대규모 투자와 공정 혁신, 원가 경쟁력으로 성공한 경험이 바이오시밀러 사업에서도 강점으로 작용할 것이라는 말이었다. 삼성이 바이오 사업에서도 대대적인 투자에 나설 것이라는 암시이기도 했다. 삼성전자와 손을 잡은 이수앱지스의 최창훈 사장은 "2년 후인 2011년 첫 바이오시밀러 제품을 출시하겠다"고 선언했다. 고 전무는 나중에 삼성이 설립하는 바이오시밀러 개발회사인 삼성바이오에피스의 사장이 된다. 최 사장은 이 회사의 개발본부장으로 자리를 옮긴다.

삼성의 바이오 사업이 공식화되자 생명공학 전공자들 사이에서는 여러 가지 우려들이 나왔다. 앞으로 돈이 되는 연구에만 몰려 다양성이 사라지고 삼성이 산업을 독식하게 될 것이라고 보는 이들도 있었다. 실망스럽다는 의견도 적지 않았다. 신약 대신 바이오시밀러를 선택한 삼성은 그 후로도 끊임없는 비아냥에 시달렸다. 국민들의 기대치는 그만큼 높았다. 바이오시밀러 개발도 셀트리온이나 삼성이나 어렵긴 매한가지였음에도 유독 삼성에게는 실패가 용납되지 않았다. 성공이 당연한 것으로 비치는 냉혹한 현실 속에서 삼성은 자기 자신과 싸워야 했다.

● "삼성, 바이오와 잘 맞는다" 5년간 5천억 투자, 이데일리, 2009. 7. 15.

제약사 인수

"그딴 식으로 영업할 생각 없어! 안 팔아도 되니까 일절 리베이트 주지 마!"

불도저로 만든 샛길

2008년 8월, 코디너스라는 회사가 주식시장에서 핫이슈로 떠올랐다. 한국도자기 3세인 김영집 전 엔디코프 대표와 조현범 한국타이어 부사장, 나성균 네오위즈 대표 등 재벌 2, 3세들이 이름 모를 코스닥업체의 유상증자에 몰려들었다. 인터넷 쇼핑몰 운영업체였던 코디너스는 무선인터넷 토털 솔루션 기업으로 둔갑했고 '재벌 테마주'로 불리며 주가가 폭등했다. 그러나 재벌가 자제들의 '누워서 돈 벌기' 수단으로 지목되면서 검찰의 수사 대상에 올랐다. 경영진은 주가조작과 횡령, 배임 혐의로 물러난다. 경영 공백 상태이던 코디너스는 2009년 1월 회사를 구해줄 새로운 대표이사를 영입한다. 그리고 그로부터 5개월 뒤 중소 제약사인 한서제약의 지분을 150억 원에 인수하고 완전히 다른 회사로 다시 태어난다. 바로 셀트리온제약이다.

서정진은 코디너스 대표이사가 된 지 5개월 만에 말도 많고 탈도 많은 회사를 셀트리온제약으로 탈바꿈시켰다. 직접 한서제약을 인수하지 않고 코디너스를 이용한 데는 이유가 있었다. 서정진은 2008년 1월 중견 제약사를 인수하겠다고 발표하고 후보를 물색하고 있었다. 비밀리에 인수를 추진해도 모자랄 판에 그는 제약사들을 향해 대놓고 공개 구애를 펼쳤다. "10위권 정도 되는 중견 제약사 2~3곳의 인수를 추진할 계획입니다. 적대적 M&A 방식은 아닙니다. 거부하지 못할 정도의 인수 조건을 공개적으로 제안하고 응답을 기다리겠습니다."•

제약사들이 보기에 셀트리온은 자체 개발 제품도 없고 공장만 달랑 가진 중소 제조업체에 불과했다. 그런데 서정진은 한 곳도 아니고 두세 곳의 중견 제약사를 한꺼번에 인수하겠고 했다. 배짱 하나는 두둑했다. 서정진은 국내 제약사들이 기로에 섰다고 판단하고 적극적으로 밀고 나갔다. 한미자유무역협정FTA이 발효되면 기존 제약사가 안주해온 제네릭(복제약) 위주의 영업 방식으로는 더 이상 살아남을 수 없을 것이라고 예상했다. 서정진은 "현실을 직시하고 앞으로의 생존 전략을 고민하는 제약사라면 셀트리온의 제안을 받아들일 것"이라고 자신감을 내비쳤다. 서정진의 발언은 콧대 높은 중견 제약사들의 자존심을 건드렸다. 국내의 모 제약사 회장은 "국민 건강을 책임지는 제약사가 그런 사기꾼 기업에 회사를 파는 건 있어선 안 될 일"이라고 했다.

아무리 좋은 조건을 제시해도 마땅한 매물이 나오지 않았다. 우리

• 셀트리온, 중견제약사 2~3곳 공개 인수, 매일경제, 2008. 1. 24.

나라 제약 영업은 리베이트 없이는 불가능했다. 그런데 셀트리온이 인수 조건을 낱낱이 공개하겠다고 했으니 부담스러울 수밖에 없었다.

싸늘한 반응을 감지한 서정진은 전략을 수정했다. 코디너스의 경영진과 친분이 있던 서정진은 이 회사가 사업 다각화 방안을 고민하고 있다는 걸 알게 된다. 화학제품 제조사인 오알켐을 셀트리온으로 둔갑시키는 연금술을 해낸 마당에 인터넷 쇼핑업체라고 안 될 이유가 없었다. 서정진은 제약 영업 사원도 판매 네트워크도 전무한 코디너스에 선뜻 바이오의약품 국내 유통 판권을 내어준다. 이때부터 이미 코디너스를 접수할 치밀한 계산이 있었던 것으로 보인다. 판권을 넘긴 지 두 달 만에 서정진이 코디너스 대표이사 자리를 꿰찬 것을 봐도 이런 추측은 이상하지 않다. 김형기 셀트리온 부사장까지 코디너스 이사로 선임됐고 코디너스의 실질적 지배자는 셀트리온이 됐다. 서정진은 껍데기뿐인 코디너스를 배후에서 조종해 한서제약까지 품에 안았다. 코스닥 상장사와 중소 제약사, 두 마리 토끼를 한꺼번에 잡은 셈이다.

상황마다 최선의 선택

셀트리온은 세 가지 부수적인 이득을 봤다. 첫째는 시간 단축이다. 비상장 제약사를 인수한 다음 상장시키려 했다면 최소 2년이 걸렸을 것이다. 코디너스와의 계약부터 한서제약 인수까지 걸린 시간은 우회상장 때와 마찬가지로 6개월밖에 걸리지 않았다. 두 번째는 논란의 최소화다. 코디너스가 한서제약 인수를 발표했을 때 셀트리온이 뒤에 있다는 걸 사람들은 눈치채지 못했다. 코디너스는 HS홀딩스가 보유한 한서제약의 지분을 사들였다. 과정은 비밀리에 진행됐고 총괄 지휘자인 서정진은 철두철미하게 모습을 드러내지 않았다. 한서제약 출신의 인사는 "어느 날 갑자기 회사가 셀트리온제약으로 바뀌었다고 느낄 정도로 모든 일이 눈 깜짝할 사이에 진행됐다"고 했다. 이름난 제약사 대신 알려지지 않은 곳을 선택함으로써 셀트리온은 업계의 반발을 피했다.

세 번째가 가장 중요하다. 돈 한 푼 들이지 않고 목적을 달성한 것이다. 우선 넥솔이 코디너스에게 150억 원 규모의 판권을 넘겼다. 코디너스는 넥솔에 선급금 150억 원을 지급한다. 이후 코디너스는 150억 원을 주고 HS홀딩스로부터 한서제약의 지분을 산다. 그러고 나서 코디너스는 회사 지분 147억 원어치를 넥솔에 양도한다. 넥솔은 판권 계약 때 코디너스로부터 받은 150억 원을 그대로 돌려준다. 계약 구조를 이해하기 쉽게 단순화하면 이렇다. 분명한 것은 넥솔이 손 안 대고 코 풀기의 명수라는 것이다. 코디너스는 상장사여서 자금 확보가 수월했고 보유 현금도 많았기에 이 같은 '스리쿠션' 인수가 가능했다. 제약유통업을 할 생각은 애초부터 없었을 코디너스 경영진은 지분을 넥솔에 넘겨 돈을 챙긴 다음 회사에서 손을 뗐다. 셀트리온이 기획, 각본, 연출을 맡고 주연배우로 코디너스를 섭외한 한 편의 M&A 드라마다.

이런 구상은 도대체 누구의 머리에서 나온 것이냐고 서정진에게 물었다. 그의 대답은 단순했다. "모든 일을 계획했다기보다 시시때때로 변하는 상황에서 최선의 선택을 하려고 했을 뿐"이라는 것이다.

"코디너스와 손을 잡은 건 셀트리온의 요구 조건을 다 들어줬기 때문입니다. 협상은 아쉬운 놈하고 해야지 배짱 있는 놈하고 하면 안 돼요. 코디너스와 판권 계약을 할 때부터 그 회사가 제약사를 인수하는 조건으로 계약했어요. 다른 회사들은 위험은 부담하지 않으려고 하고 이익만 먹으려고 했는데 코디너스는 우리가 시키는 대로 하겠다고 약속했죠." 서정진의 말이다.

그는 이렇게 1년 사이 코스닥 상장사 두 곳을 얻었다. 셀트리온과 셀트리온제약의 모태가 제약바이오업종과 전혀 상관없는 회사라는 건 아이러니다. 서정진이 직접 상장시킨 회사는 셀트리온 삼총사 중 넥솔이 전신인 셀트리온헬스케어뿐이다. 이 때문에 '꼼수의 대가'라는 비난은 한동안 그를 따라다녔다. 서정진은 직진로가 막혔을 땐 불도저로 샛길을 만들었다. 비결은 '심플'했다. 그저 닥친 상황에서 최선을 다했을 뿐이다.

흔들림 없는 20년 플랜

셀트리온은 '창업자의 역설'이 들어맞는 회사다. 창업자의 역설이란 혁신을 선도하는 회사가 근현대적 민주공화제가 아니라 봉건군주제를 닮아가는 시대착오적인 현상을 말한다. 독특한 창업자 한 사람이 권위 있는 결정을 내릴 수 있고 강력한 개인적 충성을 얻어낼 수 있으며 몇십 년을 내다보는 계획을 세울 수 있다는 것이다.● 이 이론은 페이팔 창업자이자 벤처캐피탈업계의 워런 버핏이라 불리는 피터 틸

● 『제로 투 원』, 피터 틸, 블레이크 매스터스, 이지연 옮김, 한국경제신문, 2014.

이 주창했다. 탁월한 창업자를 꿰뚫어보는 눈이 있었던 틸은 "점진적 발전을 넘어서 회사를 이끌 수 있는 특이한 개인이 필요하다"며 "이상하고 극단적으로 보이는 창업자들을 인내해야 한다"고 말했다. 서정진은 바로 그 이상하고 극단적으로 보이는 창업자다.

서정진은 매번 사람들이 이해하기 어려운 선택을 했다. 돈도 없으면서 송도 땅을 매입했고 글로벌 금융위기 때 2공장을 지었다. 직접 상장이 무산되자 우회상장을 감행하더니 돌연 바이오시밀러 개발사로 변신을 선언했다. 서정진에게는 20년 앞을 내다보는 5단계 계획이 있었다. 1단계는 생산 공장 건립, 2단계는 연구개발 기술력 확보, 3단계는 의약품 유통회사 설립, 4단계는 글로벌 판매 네트워크 구축, 5단계는 종합 신약 개발회사로의 도약이다. 돌이켜보면 서정진은 처음부터 빅픽처를 제시했다. 2002년 2월 셀트리온이 출범했을 때부터 그는 아시아 최초이자 최대인 바이오의약품 위탁생산 회사에서 신약 개발회사로 도약하겠다고 이야기했다. 셀트리온이 지나온 길은 그의 지도에서 한 치도 벗어난 적이 없었다.

그런데 2009년 서정진은 난데없이 제약사를 인수했다. 합성의약품 사업은 그의 5단계 계획에 등장하지 않는다. 바이오의약품을 생산하는 CMO업체와 합성의약품을 개발하는 제약사는 시너지를 낼 수 있는 부분이 거의 없다. 인수 목적은 합성의약품이 아니었다. 제약사의 제품이 아니라 그들이 보유한 의약품 영업망과 판매 네트워크였다. 셀트리온은 앞으로 내놓을 신약을 팔아줄 유통회사가 필요했다. 서정진은 판매망을 갖춘 제약사를 사들여 그 회사에 국내 판권을 넘기겠다는 구상이었다. 이렇게 되면 신약 자체로 얻는 수익뿐만 아니라 유통 마진까지 모조리 셀트리온이 가져갈 수 있다. 셀트리온이 한서제약을 인수한 것은 바이오 벤처로 시작한 회사가 제약사를 인수한 국내 최초의 사례였다. 서정진은 2단계가 완성되기도 전에 일찌감치 3단계를 준비했다. 누가 뭐라고 해도 그는 '20년 플랜'대로 한발씩 나아갔다.

한서제약의 변신

한서제약은 2008년 매출 327억 원의 작은 회사였다. 당시 국내 1위였던 동아제약의 매출이 7000억 원. 한서제약은 동아제약의 5퍼센트에도 미치지 못했다. 변화는 2009년 7월 셀트리온제약으로 간판을 바꿔 다는 순간 시작됐다. 10년이 흐른 2019년 이 회사는 연간 1700억 원의 매출을 올리는 어엿한 중소 제약사가 됐다. 매출 순위는 국내 제약사 100위권에서 30위권으로 껑충 뛰었다. 성장 속도로 보면 업계 최고다. 별 볼일 없던 무명 제약사는 지금 우리나라 제약산업의 새 역사를 쓰고 있다. 국내 생산 복제약 중 최초로 미국 시장을 뚫었다. 서정진의 탁월한 경영 능력이 또 한 번 입증된 것이다.

서정진이 제약 사업에서도 승승장구할 수 있었던 이유는 세 가지로 요약할 수 있다. 첫 번째는 잠재력이 있는 회사를 고른 것이다. 그가 인수 대상을 찾을 때 가장 중요하게 생각했던 것은 '캐시카우'• 보유 여부였다. 한서제약은 간질환 치료제 '고덱스'를 갖고 있었다. 창업자인 권철 대표이사가 개발한 개량 신약이다. 4년 동안 7억 원을 들

• 확실히 돈벌이가 되는 상품이나 사업, 즉 수익 창출원.

여 합성 방법을 연구하고 임상시험을 한 결과 2002년 고덱스가 탄생했다. 38년 약업 인생을 쏟아부은 결과물이다.

한서제약은 국내 80위권 제약사에 불과했지만 고덱스를 통해 자신만의 방식을 구축한 몇 안 되는 제약사였다. 국내 100위권 제약사 중 자체 개발 신약을 가진 회사는 10여 곳도 안 된다. 매출이 1조 원이어도 그중에 직접 개발한 약이 없다면 모래성과 다름없다. 한서제약은 의약품 유통에서 시작해 생산과 개발까지 기초공사를 튼튼히 한 회사였고 서정진은 이를 알아봤다. 한서제약은 셀트리온의 후광을 등에 업고 브랜드 인지도를 끌어올렸다. 여기에 셀트리온그룹의 전폭적인 지원이 더해지자 한서제약은 진가를 드러냈다.

두 번째는 사람을 두루 등용해 화합을 꾀했다는 점이다. 그는 한서제약 경영진과 임직원들을 최대한 존중하고 의지했다. 당시 67세였던 권철을 셀트리온제약 부회장으로 임명하고 깍듯이 대한 것만 봐도 알 수 있다. 권철은 은퇴 이후에도 한동안 셀트리온제약의 고문으로 활동했다. 서정진이 투자 유치를 비롯한 대외 활동을 맡았고 실무적인 부분에서는 여전히 권철의 영향력이 컸다.

서정진은 셀트리온제약 사장 자리에 김상석 셀트리온 수석부사장을 앉혔다. 그는 한국담배인삼공사 사업개발실장 출신으로, 서정진이 2002년 이 회사의 투자를 받을 때 알게 됐다. 김상석은 셀트리온 사외이사를 지냈는데, 서정진은 그가 한국담배인삼공사를 퇴직하자 셀트리온으로 다시 불러들였다. 신승일과 이현수를 영입했던 것처럼 서정진은 퇴직한 임원들에게 일할 기회를 줬다.

셀트리온제약은 총괄부사장과 경영기획실장 자리만 코디너스 출신들이 맡았고 영업, 개발, 생산 등 주요 직책은 기존의 한서제약 임원진으로 꾸려졌다. 한서제약 창업자 권철과 그의 일가는 여전히 회사에서 중요한 역할을 담당했다. 권철의 아들 권혁성은 지금도 국내사업본부 영업지원 담당 이사로 재직 중이며 셀트리온제약 최대주주이기도 하다. 정권이 바뀌었지만 서정진은 '피의 숙청'을 단행하지 않았다. 기존 세력들과 갈등이 불가피했음에도 급진적인 개혁보다는 점진적인 변화를 추구했다.

"합병 초기에는 한서제약 직원들이 회사에 대한 애정이 많아서 크고 작은 트러블이 좀 있었습니다. 권철 사장이 40년을 이끌어온 회사인데 매각되고 나니 얼마나 아쉽고 애틋했겠어요? 그런데 셀트리온제약으로 바뀌고 나서 회사가 잘되는 모습을 보니 이런 마음들이 많이 사라진 것 같습니다."

오동석 셀트리온제약 경영관리팀 재무 담당 부장의 말이다.

세 번째는 제약업계의 고정관념을 완전히 깨부순 것이다. 첫 번째가 성공적인 M&A를 위한 기본 조건, 두 번째는 인수 후 통합 방법과 과정의 문제라면 마지막은 그 이후의 혁신과 도약에 관련된 것이다. 서정진은 셀트리온제약을 세우고 나서 리베이트 전면 금지를 선포했다. 영업 직원들에게는 총을 놔두고 전쟁터에 나가 싸우라는 것과 같았다. 접대비를 올려줘도 시원찮을 판에 리베이트를 완전히 끊으라니 직원들의 불만이 거셌다. 참다못한 임원들이 "적응할 시간을 좀 달라"고 수차례 건의해도 막무가내였다. 한 번도 경험해보지 못한 상황을 맞닥뜨린 영업 사원들은 툴툴거리며 하나둘 회사를 떠났다. 어느 날 회의에 참석한 영업본부장이 "이렇게 해선 도저히 일을 할 수 없다"고 토로하자 서정진은 폭발해서 소리를 질렀다.

"난 그딴 식으로 영업할 생각이 없어. 고덱스 안 팔아도 되니까 일절 리베이트 주지 마!"

리베이트 절대 금지

리베이트로 흥한 자는 결국 리베이트로 망한다. 권철이 40년의 피땀과 눈물이 어린 한서제약을 넘기게 된 것도 리베이트 때문이었다. 간장약 시장에서는 연간 500억 원어치를 팔아치우는 대웅제약의 '우루사'가 곰처럼 우직하게 버티고 있었다. 우루사는 영업사관학교로 소문이 자자했던 대웅제약의 간판 제품이어서 다들 불쌍한 눈길로 고덱스를 지켜보는 분위기였다. 권철은 고덱스를 버릴 수 없었고 리베이트를 주면 이익이 남지 않는 현실에서 이러지도 저러지도 못 했다.

그러나 서정진은 고덱스의 개발자도 아니고 이 제품에 남다른 애정이 있는 것도 아니어서 단호한 결정을 내릴 수 있었다. 제약바이오 회사 CEO 중에는 연구개발 경험이 전무한데도 회사를 성공적으로 이끄는 사람들이 있다. 반면 뛰어난 약학 전문가인데도 불구하고 잘못된 의사결정으로 회사를 경영난에 빠트리는 이들도 있다. 나무는 잘 보지만 숲은 보지 못하는 데서 비롯된 일이다. 개발자들은 작은 오류나 위험 요소를 지나치지 못하고 상업성이 적은 프로젝트에 무모하게 매달리는 경향이 있다. 그러나 비전문가들은 개발 과정에서 발생하는 잡음을 차단하고 객관적인 시각에서 과감하게 결단을 내릴 수 있다. 서정진은 원래부터 바이오시밀러 유통사를 원했기 때문에 적자가 나는 합성의약품 사업을 정리해도 상관없었다. 리베이트는 한서제약의 수익 구조를 개선하기 위해 언젠가는 손을 대야 하는 문제였고 서정진은 질질 끌지 않고 단칼에 리베이트를 뿌리 뽑는 충격요법을 가했다. 때마침 정부도 칼을 빼 들었다. 2009년 8월부터 '리베이트 약가 연동제'가 시행됐다. 리베이트로 걸리면 약값을 후려치는 무서운 제도다. 이듬해인 2010년 11월에는 '리베이트 쌍벌제'까지 도입됐다. 제약사와 도매상 등 유통업체가 리베이트를 주고받으면 양쪽 모두에게 몽둥이를 들이대는 법이다.

서정진은 리베이트에 사용하던 돈을 모조리 연구개발에 투자했다.

리베이트를 끊자 셀트리온제약의 매출은 곧장 바닥을 쳤다. 한 영업 직원은 "그러다 회사가 망하는 줄 알았다"고 했다.

"셀트리온제약에서 왔다고 하면 의사들이 만나주지 않았습니다. 의약품 도매상들도 등을 돌렸어요. 뭘 해야 할지 막막하고 환장할 지경이었습니다."

그렇게 3년이 지나자 약의 효능을 믿고 써주는 의사들만 충성 고객으로 남았다. 기존 영업 방식에 찌든 직원들은 회사를 나갔다. 대신 새로운 방식의 영업을 해보겠다는 직원들을 얻었다. 위기에서 내 편과 네 편을 가려낼 수 있었던 것이다. 셀트리온제약은 제품력으로 밀고 나갔다. 최신 임상 데이터와 논문 자료를 싸 들고 의사들을 찾아갔다. 감성 마케팅 기법도 개발했다. 점차 제약 영업의 패러다임이 바뀌었다. 2012년 4월부터 일괄 약가인하제도가 시행되면서 제약사들의 수익 구조가 급격히 악화됐다. 힘들어진 제약사들은 너도나도 리베이트를 줄였다. 선제적으로 살길을 모색한 셀트리온제약에게는 우호적인 환경이 조성됐다. 지금은 학술 데이터에 기반한 '근거 중심 마케팅'이 제약업계에서 대세로 자리 잡았다.

'리베이트 없는 시대가 온다'는 서정진의 예견은 적중했다. 셀트리온제약은 10년도 안 되어 전세를 역전시켰다. 고덱스는 2017년 경쟁 제품인 대웅제약 우루사를 제치고 국내 간장약 매출 1위에 올랐다. 2019년에는 연간 600억 원어치가 처방됐다. 2위 우루사와 차이를 200억 원으로 벌렸다. 압도적인 1위다. 굳이 광고를 하지 않아도 의사와 환자들이 고덱스를 찾는다. 간수치 개선 효과에 대한 임상 데이터로 의사들에게 신뢰를 얻었고 약을 복용한 환자들도 효과를 경험하면서다. 고정관념을 깨고 기술력에 매달려야 한다는 서정진의 신념은 셀트리온뿐만 아니라 셀트리온제약에도 어김없이 적용됐다. 셀트리온제약은 고덱스를 발판 삼아 계속해서 개량 신약을 만들었다. 2018년 11월에는 에이즈 치료제 '테믹시스'가 FDA의 허가를 받았다. 5개월 뒤에는 화이자가 개발한 슈퍼 항생제 '자이복스'를 복제한 약이 또 다시 FDA 승인을 획득했다. 셀트리온제약은 앞으로 50여 종의 개량 신약과 복제약을 미국에 출시할 계획이다. 어마어마한 물량 공세다. 국산 신약 31개 중 미국에서 제대로 판매되는 약은 하나도 없다. 서정진은 바이오시밀러로 유럽과 미국 시장을 뚫은 자신감을 바탕으로 제약 사업도 불도저와 같은 추진력으로 밀어붙였다. 이제는 셀트리온제약이 국내에서는 누구도 성공한 적 없는 미국 합성의약품 시장을 개척할 차례다.

하이 리스크 노 리턴

"연봉 1달러만 받겠습니다."

서정진은 2009년 7월 셀트리온제약 대표이사로 취임하면서 이렇게 선언했다. 보수를 아예 받지 않으려고 했는데, 세금 문제가 생길 수 있어서 1달러를 받기로 한 것이다. 서정진은 코디너스의 위탁경영을 맡았을 때부터 연봉 1달러의 파격적인 계약을 맺었다. 당시 서정진은 코디너스의 지분을 0.001퍼센트도 갖고 있지 않았다. 사실상 '남의 회사'에 자원봉사를 하러 간 것이나 다름없었다. 경영자가 앞장서서 희생하는 모습을 보여준 것이다.

'연봉 1달러'는 애플의 스티브 잡스나 구글 공동 창업자 세르게이 브린과 래리 페이지처럼 연봉이 아무 의미가 없는 억만장자들이 주로 내걸었던 공약이다.

서정진은 그만큼 여유로운 상황이 아니었다. 그는 초창기부터 임원들과 비슷한 연봉을 받았다. 지금도 스톡옵션을 더하면 서정진보다 많이 받는 임원들이 꽤 있다. 2009년 2월 셀트리온이 코스닥 시총 1위에 오르자 사람들은 서정진이 갑부가 됐다고 부러워했다. 그러나 여전히 분당의 40평대 아파트에서 전세살이를 했고 명품 양복과 시계는커녕 전투 정장에 뒤축이 닳은 구두를 신고 국산 차를 몰았다. "사업을 하면서 돈까지 벌기를 원하는 건 욕심입니다. 돈만을 위해 사업한다면 지금이라도 경영권 프리미엄을 받고 넘겼을 겁니다." 서정진은 돈을 허투루 쓰지 않았다. 자기만을 위해서 쓴 적도 없다. 돈을 유일한 목적으로 여기지 않았기에 임직원들은 그의 진정성을 의심하지 않았다.

서정진이 연봉 1달러를 약속한 것은 전략적인 판단에서 비롯된 것이다. 그렇지만 대기업 오너들처럼 부자도 아니었고 자신의 잘못으로 회사가 경영난에 처한 것도 아니었으며 죄를 짓거나 사회적 비난을 받은 것도 아니었다. 단지 강한 의지를 보여주고 직원과 투자자들을 독려하겠다는 의도였다. 'High Risk, No Return(고위험 무수익)'을 자발적으로 실천한 '책임 경영'과 섬김의 리더십은 셀트리온제약 임직원을 변화시켰다.

한번 실패했던 기업을 일으키는 일은 마음이 맞는 사람을 모아 창업하는 것보다 어렵다. 코디너스 직원들은 회삿돈을 빼돌려 사리사욕을 챙기는 경영진과 일하면서 조직에 대한 불신이 팽배했다. 한서제약 직원들은 열심히 해도 안 되는 것은 안 된다는 패배주의에 젖어 있었다. 일할 의욕이 바닥인 사람들에게 "잘해보자"고 채찍질하면 역효과다. 구성원들의 열정은 저절로 생겨나지 않는다. 임금, 복지, 승진, 인센티브, 자아성취 등으로 유인하는 것도 한계가 있다. 가장 효과적인 방법은 경영자가 희생하는 것이다. 서정진은 평소 "기득권 세력이 가진 것을 내려놓아야 한다"는 말을 자주 하는데, 문제의 해법은 여기에 있다. 리더가 맨 앞에서 짐을 짊어지고 끌고 가야 한다.

기존 대기업과는 다른 기업

서정진은 창업할 때부터 오너 일가와 CEO가 고액 연봉을 받는 구조를 용납하지 않았다. 회사와 주주는 돈을 벌지 못하는데 경영진만 부자가 되는 것만큼 불공평한 게 없다고 그는 말한다. 셀트리온그룹에는 서정진의 아내와 자식들이 지분을 보유한 계열사가 없다. 순환출자도 없다. 서정진의 꿈은 셀트리온을 대기업으로 만드는 게 아니다. 기존의 대기업과 다른 기업을 만드는 것이다. 그는 "우리나라 국민이 자부심을 가질 수 있는 회사로 만들고 싶다"고 말했다.

국민들이 기업과 기업가를 바라보는 시각을 긍정적으로 바꾸겠다는 그의 신념은 변함이 없다. 서정진은 2018년 3월 주주총회에서 "배당 등으로 얻은 수익은 저 개인을 위해서가 아니라 다른 어려운 곳에 쓰겠다"고 했다. "우리나라가 앞으로 나아가려면 기존 기업들은 경쟁력을 잃지 않고 새로운 기업이 나와야 합니다. 새로운 기업을 발굴하는 데 과감하게 투자하겠습니다."

서정진은 기업 오너가 누릴 수 있는 특권을 내려놓았다. 세상은 박수를 치기는커녕 "기부는 언제 하느냐"고 눈을 부릅뜨고 지켜봤다. 기업인을 향한 차가운 시선 속에서도 그는 흔들림이 없다.

BMS와의 결별

"될지 안 될지 생각하는 사람은 못 한다."

경이로운 실행력

2009년 셀트리온의 실적을 살펴보면 경이롭기 그지없다. BMS(브리스톨마이어스스큅)로부터 수주한 바이오의약품 위탁생산 사업이 본격화됐고 한서제약을 인수했으며 전 세계 국가들과 바이오시밀러 판권계약을 맺었다. 이 와중에 레미케이드 바이오시밀러가 전임상을 시작했다. 허셉틴 바이오시밀러는 임상1상에 돌입했다. 바이오의약품 위탁생산, 인수합병, BD(사업 개발), R&D까지 4가지를 동시에 해냈다. 불행히도 삼성의 후광에 가려서 어느 것 하나 주목받지 못했다. 주가도 상승세를 멈췄다. '실적에 비해 주가가 고평가됐다'는 애널리스트들의 보고서가 나왔고 투자자들은 셀트리온을 객관적으로 바라보기 시작했다.

서정진은 2009년 5월 말부터 6월까지 한 달 동안 번갯불에 콩 볶아 먹는 속도로 바이오시밀러 공급 계약을 맺었다. 베네수엘라, 페루 등 중남미 10개국을 비롯해 중국, 대만, 인도네시아, 터키, 인도 등 약 20개국과 계약을 체결했다. 개발 속도가 가장 빨랐던 허셉틴 바이오시밀러 CT-P06이 임상1상을 시작하기 전이다. 사람을 대상으로 약효를 확인하기도 전에 전 세계를 상대로 약을 판 것이다. '약장사'로서 서정진의 천부적인 재능을 재확인할 수 있는 부분이다.

제약업계에서는 전임상 단계에서 판권 계약을 맺는 일이 거의 없다. 이 단계에서는 개발 권리를 통째로 넘기는 라이선스 아웃(기술수출) 계약이 주로 이뤄진다. 실패 확률이 높기 때문이다. 그런데도 서정진은 판권 계약을 줄줄이 성사시켰다.

바이오시밀러는 신약보다 성공 확률이 높긴 하지만 당시에는 바이오시밀러에 대한 개념이 생소할 때다. 서정진은 셀트리온이라는 회사도, 바이오의약품도 모르는 나라들을 찾아다니면서 실체가 없는 약을 홍보하고 판매 계약을 밀어붙였다. 분명 임상 데이터와 회사 브로슈어만 달랑 들고 가서는 현란한 화술로 설득했을 것이다. '협상은 아쉬운 놈이랑 한다'는 서정진의 철칙대로 그는 비싼 바이오의약품을 사용하지 못하는 국가부터 서서히 공략해나갔다. 상대국 입장에서는 건강보험 재정을 아낄 수 있는 저렴한 바이오시밀러가 개발된다니 미리 계약을 맺어두어서 나쁠 게 없었다. 물바다였던 송도 간척지를 최적의 공장 부지로 둔갑시켰던 서정진의 사업 수완은 바이오시밀러 사업에서도 유감없이 발휘됐다.

선택지가 없다

서정진이 판권 계약을 서두른 것은 셀트리온에 두 가지가 없었기 때문이다. 돈과 경험이다. 자금 사정에 여유가 있거나 신약 개발 경험이 있는 회사라면 상업화에 가까워졌을 때 유통 파트너를 찾아도 늦지 않다. 그러나 셀트리온은 선택의 여지가 없었다. 상업화에 성공할 때까지 개발비를 감당할 수 없었다. 판권을 판 계약금으로 연구개발비에 보태야 했다.

개발 이후 상황에도 대비해야 했다. 현지 사정에 밝은 파트너사와 일찌감치 공급 계약을 맺어놓으면 제품 개발이 끝났을 때 선발주를 받아 선수금으로 원료를 조달해 약을 만들 수 있다. 오리지널 의약품의 특허가 풀리자마자 셀트리온의 바이오시밀러가 치고 나가려면 생산부터 병원 공급까지의 과정이 신속하고 효율적으로 이뤄져야 한다. 서정진은 개발 못지않게 유통과 판매가 중요하다는 것을 인식하고 있었다.

서정진의 경영 스타일을 보면 항상 다음 단계를 준비하고 선제적으로 투자하는 것을 볼 수 있다. 미래를 내다보는 혜안이 있는 것이겠지만 실은 더 중요한 자질이 있다. 뼛속까지 배어 있는 '농업적 근면성'이다. 투자금이 쪼들렸던 서정진은 느긋하게 앉아서 바이오시밀러가 개발되기를 기다릴 여유가 없었다. 앞으로 닥칠 일을 염두에 두고 자금 조달 계획을 세우고 돈을 끌어와야 하는 상황이었다. 투자를 받으려면 뭐라도 해야 했던 것이다. 모든 사업은 어쩌면 미래를 담보로 한 도박이다. 서정진은 베팅 확률을 높이기 위해 잠시도 가만히 있지 않고 분주하게 뛰어다녔다.

셀트리온이 발 빠르게 해외 판권을 체결한 것은 예기치 못한 이득을 가져왔다. 셀트리온의 신용도를 높여준 것이다. 셀트리온은 2009년 10월 미국 최대 주사제업체인 호스피라의 마음을 사로잡는 데 성공한다. 호스피라는 주사제 형태의 제네릭(복제약) 전문 업체로 2008년 연 매출 4조 원의 글로벌기업이었다. 전 세계 15곳에 생산설비를 갖고 있었고 직원만 1만 4000여 명에 달했다. 훗날 호스피라는 셀트리온이 개발 중인 바이오시밀러 8개 제품을 사들여 미국과 유럽에서 판매하기로 했다. 이로써 세계 최대 시장인 미국과 유럽을 동시에 공략할 수 있는 든든한 지원군을 확보했다.

서정진은 "세계시장 선점을 위한 확고한 기반을 마련한 셈"이라고 평가했다. 그는 이때부터 셀트리온을 글로벌기업으로 키우기 위해 다국적회사와 손잡는 방법을 진지하게 생각하고 있었다. 훗날 호스피라는 2015년 세계 1위 제약사 화이자에 16조 원에 인수된다. 셀트리온의 바이오시밀러 판권은 그대로 화이자로 넘어가게 되는데, 이로써 호스피라보다 더 막강한 파트너사를 얻게 됐다. 여러 국가와 맺은 판권 계약이 세계 최고의 회사와 손잡는 계기를 마련해준 셈이다.

배를 불태우다

하버드경영대학원 석좌교수 클레이튼 크리스텐슨은 저서 『혁신 기업의 딜레마』에서 "기업들이 실패하는 이유는 전통 사업을 저해하는 유망한 새 시장을 포기하기 때문"이라고 지적했다. 디지털카메라를 발명해놓고도 독식하던 필름 시장을 놓지 못해 도태된 코닥의 굴욕적인 이야기는 지겨울 만큼 언급되고 있다. 기존 사업을 과감히 정리하는 결정은 최고경영자에게 가장 어려운 일이다.

2010년 1월 25일 셀트리온은 BMS와 CMO 계약을 중단한다고 선언한다. 셀트리온이 BMS에 오렌시아의 원료를 공급하면서 거둬들인 매출액은 1191억 원. 그동안 BMS와의 계약으로 먹고살았다고 해도 과언이 아니었다. 10년 동안 장기 계약을 그대로 유지하면 매년 천억 원대 매출을 내는 건 그리 어렵지 않았다. 계약을 중단하면 비빌 언덕이 사라지는데도 서정진은 돌아갈 배를 태워버렸다.

셀트리온은 개발 중인 바이오시밀러 제품의 생산을 앞두고 있어 위탁계약을 수행할 생산설비가 충분치 않다는 이유를 댔다. 바이오시밀러에 대한 자신감의 발로가 아니겠느냐는 분석도 나왔다. 그렇지 않다면 BMS와의 계약을 제 발로 걷어차는 것은 정신 나간 짓이었다. 셀트리온은 필리핀에서 임상3상 시험을 승인받은 허셉틴 바이오시밀러가 2011년이면 출시될 수 있을 것이라고 기대했다. 국내를 포함해 아시아, 중남미 등 제3국은 오리지널 의약품의 특허가 등록되지 않아 개발이 완료되는 대로 시판할 수 있었다. 서정진이 전 세계 판권을 서둘러 체결한 것은 의약품 특허가 허술한 빈틈을 노리는 전략이었음이 그제야 밝혀졌다. 그렇다고 해도 본격적인 상업 생산까지는 1년 이상 남아 있었고 공장을 놀리는 건 막대한 손실이었다.

셀트리온이 BMS와 계약을 끊을 수밖에 없었던 데는 복합적인 요인이 작용했다. 첫째, 두 회사의 갈등이 극에 달했고 둘째, 오렌시아가 생각보다 많이 팔리지 않았으며 셋째, BMS가 자체 공장을 짓기로 결정하면서다. BMS는 아무것도 모르는 셀트리온 직원들에게 사사건건 잔소리를 해대며 깐깐한 시어머니 노릇을 했다. BMS는 미국 본사 직원 너덧 명으로 구성된 팀을 셀트리온에 파견해서 생산품질을 관리했는데 전 세계에서 가장 까다로운 FDA보다도 엄격한 기준을 들이대며 트집을 잡았다.

서정진은 눈물을 머금고 생산한 바이오의약품을 전량 폐기하라고 지시했다.• 품질 기준에 이상이 없는 멀쩡한 제품이었고 규제 기관으로부터 불합격 판정을 받은 것도 아니었다. 고객의 신뢰를 얻기 위해서 내린 결정이었다. 이 일로 셀트리온은 수십억 원의 손해를 봤다.

셀트리온은 고객의 요구를 즉각 반영해 시스템을 개선하고 문제를 해결했다. 생산 인력의 숙련도와 스킬은 점점 향상됐다. 마침내 FDA의 실사도 통과했다. 그러나 BMS는 성이 차지 않았던 모양이다. 잔소리는 줄지 않았고 계속해서 사소한 불만을 늘어놨다. BMS가 애먼 트집을 잡고 있었다는 걸 깨달은 것은 계약이 해지되고서도 한참 뒤였다. BMS는 셀트리온과 갈등의 골이 깊어졌을 때 미국 보스턴 외곽에 자체 세포 배양설비를 추진했다. 이때부터 셀트리온과 관계를 청산하기로 마음먹고 꼬투리를 잡은 것으로 보인다.

셀트리온 직원들은 지금도 BMS의 '갑질'을 생각하면 학을 뗀다.

"나중에 BMS의 생산 공장을 가봤더니 송도 공장보다도 더 열악하더라고요. 지금도 자신 있게 말할 수 있는 건 당시 셀트리온이 스위스 론자보다 생산 퍼포먼스나 퀄리티가 훨씬 뛰어났다는 겁니다. 순진하게도 우리는 CMO는 처음이라 배운다는 생각으로 요구 사항대로 다 맞춰줬어요. 그때 한 번 힘들게 고생한 덕분에 나중에 바이오시밀러 허가받을 땐 도움이 됐지만요." 당시 허가 업무를 담당했던 셀트

• '한국 바이오의 길' 만든 셀트리온…불신에 맞선 15년의 기적', 매일경제, 2017. 2. 26.

리온 임원이 말했다.

재지 않고 그냥 한다

BMS와 셀트리온은 서로의 잘못을 폭로하거나 비방하지 않고 깔끔하게 관계를 정리했다. 혹독하게 시집살이를 겪으면서 셀트리온은 또 한 번 글로벌 제약회사의 높은 벽을 실감했다. 인상 깊은 점은 CMO 사업을 접게 됐음에도 임직원들이 의기소침해 있지 않았다는 것이다. 초대형 고객사를 잃어버리고서도 "최선을 다했으니 후회는 없다"고 '정신 승리'를 했으니 말이다. 이런 자세로 임직원들은 바이오시밀러 개발에 대한 투지를 불태웠다. 이제 돌아갈 곳이 없었다. 바이오시밀러를 개발하지 못하면 수년간 공장을 돌리지 못하고 손가락을 빨아야 할 처지가 된다. 서정진의 결단은 직원들에게 '반드시 해내야 한다'는 사명감을 불어넣었다. 홍승서 전 셀트리온헬스케어 사장에게 "CMO 사업을 중단했을 때 바이오시밀러가 될 줄 알았냐?"고 물었더니 그는 "될지 안 될지 생각하는 사람은 못 한다"고 했다.

"내부적으로 '이게 되겠냐 안 되겠냐'를 입 밖에 꺼내지 않았어요. 가능성을 따졌으면 시작을 안 했을 겁니다. 그냥 계획을 가지고 그대로 하는 거예요. 아무런 편견이 없으니까 하라면 하고 가라면 가고 되는 방향으로 되는 대로 해보는 겁니다. 수많은 사람들이 '셀트리온이 지금처럼 될 줄 알았냐?'고 물어보는데 바보 같은 질문이에요."

역설적이게도 셀트리온에서는 '된다'고 생각한 사람이 없었기 때문에 진짜로 '됐다'. 바이오시밀러가 실패했다면 셀트리온은 다시 CMO

사업으로 돌아갔을지도 모른다. 하지만 '실패하면 다른 회사 약을 만들어서 먹고살면 된다'는 생각은 하지 않았다. 홍승서의 말대로 이들은 아무 생각하지 않고 그저 앞으로만 계속 갔을 뿐이다.

든든한 우군

"저는 우리 직원들과 회사를 위해 일하지 저를 위해 일하지 않습니다."

테마섹의 낙점

2010년 2월, 데릭 시버스라는 기업가가 올린 3분짜리 테드TED 강연이 화제가 되었다. 이 영상은 공원에서 웃통을 벗어 던진 남자가 괴상한 춤을 추는 장면으로 시작한다. 사람들이 그를 이상하다며 쳐다보고 있을 때 관중 가운데 한둘이 가세하고 순식간에 집단 댄스 열풍이 일어난다. 이 영상은 리더십에 대해 생각할 거리를 던져준다. 리더는 배짱이 필요하며 추종자가 미치광이를 리더로 만든다는 것이다.

이 영상이 인기를 끌 무렵 셀트리온에서도 비슷한 일이 벌어졌다. 리더 서정진을 필두로 대우차 시절 동료들이 첫 번째 추종자가 됐고 소액주주들이 뒤따랐다. 곧 국내 주식시장에서는 셀트리온 광신도들의 춤판이 벌어졌다. 그러나 글로벌시장으로 확산되기에는 불씨가 약했다.

국민연금을 비롯한 국내 기관투자자들은 여전히 셀트리온을 의심의 눈길로 바라봤다. 캐시카우를 걷어차고 바이오시밀러에 올인 하는 셀트리온을 좀처럼 신뢰하기 힘들었다. 셀트리온 주주들끼리만 서로 의지하고 있을 때 싱가포르 국부펀드 테마섹이 등장했다.

2010년 4월 22일 셀트리온은 테마섹홀딩스로부터 2079억 원의 자금을 유치했다고 발표했다. 깐깐하기로 유명한 테마섹이 금고를 열자 투자업계는 화들짝 놀랐다. 우리나라 바이오 회사가 해외 투자 기관으로부터 수천억 원의 거금을 유치한 것은 난생처음 있는 일이었다. 셀트리온에 대해 이러쿵저러쿵 입방아를 찧었던 사람들은 슬그머니 꼬리를 내렸다. 1974년 설립된 세계적인 국부펀드가 인정했다는데 거기다 대고 뭐라고 할 수가 없었다. 뒷짐을 지고 있던 국내 기관 투자자들도 할 말을 잃었다. 그들은 코앞에 셀트리온을 놓고서도 가능성을 알아보지 못했던 것이다.

테마섹은 아무 회사에나 투자하지 않는다. 국내 기업에 투자한 건 하나금융지주(옛 하나은행), 서울반도체에 이어 셀트리온이 세 번째였다. 테마섹이 셀트리온의 유상증자 때 사들인 신주 가격은 2010년 4월 22일 기준 주가에서 약 10퍼센트 할인받은 주당 1만 7000원이었다. 10년 뒤 셀트리온의 주가가 17만 원을 넘어선 걸 보면 테마섹의 '줍줍'* 신공이 가히 신의 경지임을 알 수 있다. 셀트리온의 유상 신주는 1년 동안 팔지 못하는 보호예수 조건이 걸려 있었다. 테마섹은 전혀 개의치 않았다. 어차피 길게 보고 투자하겠다는 생각이었다. 테마섹은 10년간 장기투자하는 성향의 펀드다. 그들은 바이오시밀러 사

* '줍고 줍는다'의 줄임말. 게임에서 버려진 아이템이나 돈 따위를 줍는 것.

업이 본궤도에 오르려면 오랜 시간이 걸린다는 점을 충분히 알고 있었기에 진득하게 기다렸다. 테마섹은 2009년 기준 1190억 달러, 우리 돈으로 130조 원의 자산을 굴렸다. 셀트리온에 투자한 2000억 원은 전체 자산의 0.15퍼센트에 불과했다. 그러나 정부가 운용하는 국부펀드였기에 절대 돈을 허투루 쓰지 않았다. 보는 눈이 높기로 유명한 테마섹이 어느 날 갑자기 일면식도 없는 셀트리온에 2000억을 쏴줄 리는 없었다.

투자를 끌어낸 구두

다리를 놓아준 곳은 셀트리온에 투자한 토종 벤처캐피털 IMM인베스트먼트(이하 IMM)다.

서정진은 벤처캐피털과 애증의 관계였다. 셀트리온이 투자를 받으러 다닐 때는 에인절투자자들이 거의 없었기에 어쩔 수 없이 벤처 투자자들에게 매달려야 했다. 그들은 리스크가 높은 만큼 높은 수익률을 요구했다. 투자하는 대신 회사가 원금을 보장해준다는 이면계약서를 쓰라고 강요하기도 했다. 모험자본이 모험은 하지 않고 보험을 들려고 한 것이다. 서정진이 맹렬히 비난했던 벤처캐피털이 거물급 투자자를 연결해준 것은 아이러니한 일이다. 이 일로 서정진은 '어떤 인연도 소중하게 여겨야 한다'는 인생철학을 다시 한번 되새기게 된다.

서정진은 테마섹이 뭔지 몰랐다. IMM 측에서 "굉장히 중요한 투자자이니 잘 보여야 한다"고 신신당부를 했다. 테마섹이 셀트리온을 찾아온 것은 2009년 여름이었다.

"테마섹에서 컨설턴트 대여섯 명을 보내더군요. 그러더니 6개월 동안 우리 회사에 출근하면서 바이오시밀러 사업을 하나씩 스터디하기 시작했습니다. 그 사람들은 시중에 나온 보고서나 전문가들의 말은 안 믿어요. 일일이 확인합니다. 회사가 제시한 사업계획대로 제대로 하고 있는지, 가능성은 얼마인지 객관적인 데이터에 근거해서 성공 확률을 따져보고 판단을 내립니다. 철두철미하죠. 다들 바이오시밀러가 안 된다고 해도 자기들이 분석했을 때 셀트리온이 해낼 확률이 50퍼센트가 넘으면 당연히 투자하는 겁니다." 서정진이 말했다.

테마섹 군단은 2009년 9월부터 6개월 동안 내부 실사를 진행했다. 서정진은 그들의 일하는 방식에 적잖게 놀랐다. 실사가 마무리된 후 싱가포르에서 테마섹의 고위급 인사가 한국으로 날아와서 서울 중구 롯데호텔 커피숍으로 서정진을 불러냈다. 그리고 한국의 재벌 총수에 대한 부정적인 이야기를 늘어놓더니 "우리가 당신에게 왜 투자해야 하는지 이유를 말해달라. 당신을 믿어도 되겠냐?"고 물었다. 딱히 할 말이 없었다. 발끝만 보고 있는데 구두가 눈에 들어왔다.

"제가 지금 신고 있는 이 구두가 12년 된 겁니다. 국산 브랜드인 금강에서 만든 건데 비싼 것도 아니에요. 저는 다른 재벌 회장들처럼 명품도 없고 외제 차도 없습니다. 저는 우리 직원들과 회사를 위해 일하지 저를 위해 일하지 않습니다. 이거 하나는 자신 있게 말할 수 있습니다."

테마섹이 투자를 결정한 다음 날, 모 은행장이 서정진에게 전화를 걸었다.

"서 회장, 구두 어디 거야? 얼마나 유명한 브랜드길래 테마섹 애들이 자꾸 신발 이야기를 하는 건지 모르겠네. 그렇게 좋은 거면 같이 신자고."

테마섹의 투자 결정은 주선자인 IMM도 예상하지 못했다. IMM은 원래 테마섹을 자신들이 운용하는 사모펀드의 투자자로 유치하려고 했다. 테마섹이 IMM의 펀드에 돈을 넣고 IMM이 그 돈으로 셀트리온에 투자하는 간접투자 방식으로 손실 위험을 줄여주겠다고 설득할 생각이었다. 지성배 IMM 대표는 "그런데 테마섹이 셀트리온에 직접 투자하는 걸 원했다"고 말했다.● 셀트리온의 주가는 외자 유치 효과로 급등했고 외국인들의 매수세가 이어졌다. 테마섹이 쏘아 올린 2000억은 그 이상의 가치가 있었다.

든든한 백기사

테마섹은 셀트리온에 대한 인식을 완전히 바꿔놓았다. 기관투자자들은 서정진의 말을 믿지 않았지만 테마섹은 믿었다. 글로벌 바이오 회사에 투자한 경험이 풍부한 테마섹이 잘못 볼 리 없지 않은가? 바이오시밀러는 더 이상 낙관적인 전망으로 가득 찬 불확실한 사업으로 치부되지 않았다. 이듬해 셀트리온이 JP모건으로부터 2500억여 원을 투자받을 수 있었던 것도 테마섹의 공이 컸다. JP모건 측은 서정진을 찾아와 "우리도 투자하고 싶다"고 했고 서정진은 여유만만한 미소를 띠며 말했다.

"다음 기회에!"

● 셀트리온 상장 10년…심판날에 '태풍의 눈'을 잡았다, 위클리비즈, 2018. 7. 28.

서정진은 "조만간 또 다른 건이 있을 테니 그때 들어오라"고 귀띔해줬고 JP모건은 셀트리온 대신 바이오시밀러 판매 회사인 셀트리온헬스케어에 투자했다.

투자업계에서 셀트리온이 '사기꾼일지 모른다'라는 의심은 '사기꾼이 아닐지도 모른다'로 서서히 바뀌었다. K리그에 머물러 있던 셀트리온은 프리미어리그에서 보란 듯이 가능성을 입증했다. 팔짱을 낀 채 관전하던 증권가 애널리스트들도 인정할 수밖에 없었다. 용기 있는 경영자와 그에 동조하는 임직원와 일반 주주들, 그들을 알아본 외국인이 가세한 광란의 소동은 마침내 티핑포인트를 향해 달려가고 있었다. 셀트리온은 기쁨을 억누르고 태연한 척했다. 테마섹이 투자를 발표했을 때 회사 측이 내놓은 입장은 오만하기 짝이 없다.

"셀트리온은 자본잉여금 1900억 원으로 자금 여력이 충분하다. 테마섹의 투자금은 향후 추가 투자가 필요할 때 사용하겠다."

그러자 애널리스트들은 "돈을 은행예금에 묻어두면 이자수익을 올릴 수 있다"고 기뻐했다. 돈이 필요 없다던 셀트리온은 테마섹으로부터 받은 자금 덕분에 개발비를 충당하고 재무구조도 개선할 수 있었다.

셀트리온이 마음 놓고 좋아하지 못한 것은 그때까지만 해도 테마섹의 의중을 파악하기 어려웠기 때문일 것이다. 테마섹은 투자지주회사 아이온 인베스트먼트를 통해 셀트리온 지분 10.13퍼센트를 매입해 2대 주주에 올라섰다. 셀트리온 이사회에도 사외이사 한 명을 낙하산으로 꽂아 넣었다. 테마섹은 바이오시밀러의 글로벌 판매를 담당하는 셀트리온헬스케어에 투자할 수 있는 선택권도 확보했다. 셀트리온은 경계를 늦출 수 없었다. 투자가 확정되고 나서 테마섹은 셀트리온의 가슴을 철렁하게 만들기도 했다. 2010년 5월 12일 유상증자 주식대금을 납입하기로 했는데 갑자기 18일로 연기한 것이다. 투자 철회설이 돌았고 셀트리온의 주가는 급락했다. 이 소식이 알려진 날 KT&G(구 한국담배인삼공사)가 약 2600억 원어치에 이르는 셀트리온 주식 전량(1203만 810주)을 매각한다고 발표했다. 국내 기업은 해외 투자자가 들어오자마자 얼른 꽁무니를 뺄 생각만 하고 있었다. 테마섹의 입금이 늦어진 이유는 외국인투자촉진법에 따른 신고 절차상의 지연이었다. 별일 아닌 일에도 셀트리온의 주가는 사시나무 떨리듯 흔들릴 정도로 신뢰 기반이 약했다.

반대로 셀트리온에 대한 테마섹의 믿음은 점점 커졌다. 테마섹은 5년 이상 주식을 보유하겠다고 약속했고 계속해서 투자 규모를 늘렸다. 2011년 8월에는 셀트리온헬스케어에 170억 원을 투자해 상환전환우선주●를 받았다. 바이오시밀러의 연구개발, 생산을 넘어 판매 및 마케팅까지 전면 투자에 나선 것이다. 테마섹은 2013년 6월 장외시장에서 셀트리온 주식 100만 주, 약 1500억 원어치를 추가로 매수하면서 대인배의 면모를 보여준다. 헤지펀드 세력의 공매도 공격에 시달린 서정진이 회사 매각을 발표했을 때다. 셀트리온은 첫 바이오시밀러 '램시마'의 EMA(유럽의약품청) 승인을 앞두고 임상 실패설, 허위 매출과 재고 논란 등 집중 공격을 받고 있었다. 테마섹은 램시마의 허가가 떨어지지 않은 상황에서 백기사로 나섰다. 테마섹의 긴급 수혈을 받은 셀트리온은 만기가 돌아오는 1000억 원 규모의 주식담보대출을 전량 상환할 수 있게 됐다. 주식담보대출에 따라 반대 매물이 쏟아질 아찔한 위기도 넘겼다. 테마섹은 든든한 우군 역할을 했다. 셀

● 일정 조건에 따라 만기에 투자금 상환을 요청할 수 있는 상환권과 우선주를 보통주로 전환할 수 있는 전환권이 있는 주식.

트리온은 "테마섹은 단 한 번도 투자금 회수를 요구한 적이 없다. 테마섹과 상호 신뢰를 바탕으로 경영권을 안정적으로 유지할 수 있었고 시장의 우려도 해소하게 됐다"며 고마운 마음을 내비쳤다. 셀트리온이 바이오시밀러 사업에 집중할 수 있었던 것은 듬직한 투자자를 곁에 뒀기에 가능했다. 테마섹이 본격적으로 수익 실현에 나선 것은 그로부터 8년이 흐른 뒤다. 2018년 3월 셀트리온의 주가가 34만 원으로 정점을 찍었을 때 테마섹은 1차 블록딜로 지분 일부를 매각해 1조 700억 원을 움켜쥔다. 2020년 4월까지 총 3차 블록딜을 단행했는데 테마섹이 셀트리온과 셀트리온헬스케어로 벌어들인 돈은 무려 2조 6000억 원에 달했다. 투자금 대비 10배 이상의 수익을 거두고도 여전히 주식이 남았다.

잘할 수 있는 방식의 복수

해외 자본이 이익을 홀랑 챙기도록 놔둔 것은 국내 기관투자자들에겐 뼈아픈 실수다. 언제가 될지 모르지만 테마섹이 남은 지분을 모두 팔아 치운다면 4조 원은 거뜬히 챙길 것으로 전망된다. 투자 고수의 성공 신화로 끝나는 듯한 이야기에는 반전이 있다. 시간을 거슬러 2002년 백스젠의 에이즈 백신 공장 유치전에서 싱가포르가 셀트리온에게 굴욕을 당하던 때로 돌아가보자. 부총리까지 발 벗고 나섰는데도 공장 유치에 실패한 싱가포르는 눈물을 삼키며 '두고 보자'고 다짐했다. 싱가포르는 패배자로 남아 있지 않았다. 작심한 대로 셀트리온을 계속 주시했다. 갯벌을 메워 공장을 짓고 바이오의약품 위탁생산을 하다가 바이오시밀러를 개발하는 것도 멀리서 지켜봤다. 셀트리온이 여간 독한 놈들이 아니라는 걸, 한번 시작하면 반드시 해낸다는 걸 그들은 알고 있었다. 싱가포르는 자신들이 가장 잘할 수 있는 방식으로 복수했다. 국부펀드인 테마섹이 셀트리온에 투자해 벌어들인 돈은 15만 리터 규모의 초대형 바이오 공장 3개를 짓고도 남는다. 단기적으로 보면 손 하나 까딱하지 않고 수조 원을 벌어들인 싱가포르가 진정한 승자일지도 모른다. 하지만 한국인들은 기어이 멀고도 험한 길을 택했다. 테마섹이 셀트리온에 투자한 지 꼭 1년 뒤인 2011년 5월 또 하나의 바이오 공장이 송도에 지어지기 시작했다. 삼성전자, 삼성에버랜드, 삼성물산, 미국 퀸타일즈의 합작법인이 3400억 원을 투입해 공장을 착공했다. 그때까지만 해도 송도가 아시아 최대 바이오의약품 생산기지가 될 거라고는 아무도 생각지 못했다.

탐구 | 셀트리온 VS 삼성바이오로직스

"기업은 비용 절감이 최우선입니다."

서정진 VS 김태한

우리나라 바이오산업은 57년생 동갑내기 두 남자가 일으켰다고 해도 틀린 말이 아니다. 셀트리온 서정진과 삼성바이오로직스 김태한, 걸출한 두 인물의 리더십이 없었다면 대한민국의 바이오 기술력이 전 세계에서 인정받기까지 꽤 오랜 시간이 걸렸을 것이다. 두 사람은 생명공학과 직접 관련이 없는 배경을 가졌다는 공통점이 있다. 역설적이게도 바이오 전문가가 아니었기 때문에 기존 방식을 과감히 버리고 혁신할 수 있었다는 평가다. 이를 제외하면 성격이나 경영 스타일 등 모든 면에서 정반대의 성향을 가지고 있다. 두 사람의 극명한 차이가 기업문화에도 고스란히 드러난다. 셀트리온과 삼성바이오로직스를 이해하기 위해서는 두 기업의 수장을 비교하지 않을 수 없다.

가장 큰 차이라면 서정진은 실습파, 김태한은 이론파라는 것이다. 서정진은 대학만 졸업한 학사, 김태한은 경북대 고분자공학과를 졸업하고 미국 텍사스대학교에서 화학공학을 전공한 박사다. 서정진은 '책 속의 지식은 죽은 지식이다' '현장에 모든 답이 있다'고 생각한다. 그는 바이오 사업을 시작했을 때 호주에서 시체 해부 실습을 했다. 국내에서 해부학 수업을 받으려면 의과대학에 입학해야 한다. 의약품의 작용 기전을 알려면 의학을 배워야 하는데 일반인도 들을 수 있는 아카데미를 찾다가 해외로 나갔다. 서정진은 "인체 해부도를 수백 번 보고 외워도 한번 해부해보는 것만 못하더라"고 했다.

뭐든 직접 해봐야 직성이 풀리는 서정진과 달리 김태한은 책으로 배우고 익히는 것에 뛰어나다. 김태한은 항상 책을 옆구리에 끼고 산다. 그의 집무실 한쪽 벽면은 각종 서적들로 빼곡하다. 김태한은 삼성에서 바이오 사업을 준비할 때부터 생명공학 관련 학술 서적을 모조리 섭렵했다. 지금도 「네이처」를 비롯해 SCI(과학기술논문 인용색인)급 국제학술지와 의학 논문들을 챙겨 본다. 적지 않은 나이에 미국에서 유학하며 박사학위를 땄고 순수 국내파인데도 막힘없이 영어를 구사한다. 학구열로는 그와 대적할 사람이 없을 것이다. 두 사람의 스타일에는 장단점이 있다. 서정진은 추진력이 강하지만 부딪혀보고 개선하는 방식이라 실수가 있다. 김태한은 완벽하게 준비해서 실행하기 때문에 실수가 적지만 속도가 느리다.

대인관계에도 차이가 있다. 서정진은 정이 많고 의리가 있다. 인연을 소중히 여기고 학연, 지연, 혈연, 흡연을 매우 중요하게 생각한다. 김태한은 공과 사가 명확하고 논리를 중시한다. 감성과 이성, 열정과 냉정 사이이다. 이런 성향은 신념에서도 알 수 있다. 서정진은 예수를 믿고 김태한은 유발 하라리를 믿는다. 김태한이 유발 하라리를 신봉하는 이유는 삼성이 왜 바이오 사업을 해야 하는지 가장 명쾌한 이유를 제시해준 사람이기 때문이다. 유발 하라리는 『호모 데우스』에서 21세기 인간은 불멸에 도전할 것이며, '죽음과의 전쟁'이 다가오는 시대의 주력산업이 될 것이라고 했다. 김태한은 그의 책들을 경전처럼 여기며 만나는 사람마다 일독을 권유한다. 끊임없이 공부하는 사장 밑에서 일하려면 임직원들도 끊임없이 공부해야 한다. 김태한은 직원들과 토론을 즐긴다. 다방면으로 박학다식하다. 혼자서 두세 시간 이야기할 수 있다는 점은 서정진과 매우 비슷하지만 서정진이 농담과 자기비하 유머로 분위기를 띄우는 것과 달리 김태한은 걸어 다니는 백과사전의 면모와 지적 매력을 한껏 과시하며 분위기를 가라앉힌다.

김태한은 2011년부터 삼성바이오로직스 사장을 맡아 4연임에 성공하며 10년째 최장수 사장 자리를 지키고 있다. 삼성그룹 역사를 통틀어 전무후무하다 할 기록으로 현재 삼성그룹 사장들 중 최고령이다. 2017년 말 삼성이 60세 이상을 퇴진시키는 '60세 룰'을 적용했을 때도 살아남아 그의 별명은 '불사조'가 됐다.

김태한이 삼성바이오로직스에 미친 영향은 지대하다. 그는 삼성의 '월급쟁이 사장'들과 태생부터 다르다. 삼성바이오로직스를 직접 만들고 키웠기 때문이다. 그는 삼성전자 신사업 준비팀에서 바이오 사업을 밀어붙였고 법인 설립부터 3공장 건립까지 모두 앞장서서 완수했다. 창업자나 다름없다. 그래서 회사에 가지는 자부심과 애정이 대단하다. 임직원들과 주주들에게도 신뢰를 받고 있다. 2018년 말에 김태한 사장이 물러날 가능성이 있다는 기사를 쓴 적이 있는데, 온라인에 기사가 나가자마자 삼성바이오로직스 주가가 하한가 직전까지 추락했다. 김태한의 지지기반이 워낙 견고한 탓에 그의 교체설이 리스크로 작용한 것이다.

견제와 경쟁

두 회사 임직원들은 서로를 견제한다. 신경전은 상상 이상이다. 홍보팀은 기사에 누가 먼저 나오는지, 분량이 어느 정도인지까지 따진다. 서정진과 김태한이 동시에 등장하는 행사라면 오너인 서정진에게 언론의 관심이 쏠리게 돼 있다. 삼성바이오로직스 홍보팀은 서정진만 부각되지 않게 하려고 부단히 애를 쓴다. 셀트리온도 삼성바이오로직스를 의식하긴 마찬가지다.

2020년 9월 JP모건이 셀트리온의 목표 주가를 약 40퍼센트 하향 조정한 보고서를 냈을 때 발끈한 것도 삼성바이오로직스의 영향이 적지 않다. JP모건이 삼성바이오로직스에 대한 투자 의견은 '중립'을, 셀트리온은 '비중 축소'를 제시했기 때문이다. 셀트리온은 "경쟁사 대비 부정적인 결론을 도출하기 위한 짜 맞추기식 보고서"라고 정면 반박했다. 보고서가 나온 다음 날 회사 홈페이지에 입장문을 올리고 애널리스트들을 대상으로 긴급 콘퍼런스콜도 개최했다. 그동안 모건스탠리, 노무라 등 글로벌 증권사들이 셀트리온의 주가가 고평가됐다고 지적한 적이 있지만 회사 측이 반발한 것은 이때가 처음이다. 셀트리온은 "JP모건이 삼성바이오로직스의 영구 성장률을 6퍼센트로 가정한 반면 셀트리온은 4퍼센트로 낮춰 경쟁사에 비해 보수적으로 미래 현금흐름을 추정했다"며 "삼성바이오로직스는 주가수익비율 158배,

셀트리온은 76배로 삼성바이오로직스의 주가가 더 높은데도 JP모건은 삼성바이오로직스의 주가를 전일보다 더 높게 제시했다"고 조목조목 비판했다. 증권가에서는 "JP모건이 셀트리온의 자존심을 건드렸다"는 이야기가 나왔다.

반면 서정진과 김태한은 사이가 좋다. 서정진과 김태한이 상대방에 대해 나쁘게 이야기하는 것을 본 적이 없다. 겉으로만 사이좋은 척하는 게 아니라 사석에서 고민을 나눌 정도다. 상대방이 처한 상황을 누구보다 잘 알기 때문이다.

서로에 대한 존경심도 느껴진다. 김태한은 바이오 불모지를 개척한 서정진을 높이 평가하고 서정진은 전문경영인의 한계를 딛고 삼성바이오로직스를 만든 김태한을 인정한다. 선수는 선수를 알아본다. 사나이들의 우정 같은 게 있는 것 같다. 바이오산업을 키워야 한다는 공감대도 두 사람의 관계를 끈끈하게 이어주고 있다. 대의를 중시하는 '빅 맨'들답게 두 회사가 티격태격하기보다 힘을 합쳐 함께 성장하는 것이 서로에게도, 국가 발전에도 도움이 된다는 걸 두 사람은 잘 알고 있다.

바이오업계에서 셀트리온과 삼성바이오로직스는 이제 막 알을 깨고 나온 햇병아리들이다. 부리가 여물지도 않은 병아리들끼리 싸우다 다치면 장닭은 상대도 못한다. 경쟁자는 미국, 유럽에 있는데 비좁은 국내 시장에서 싸우다 전사하면 무슨 소용인가? 선의의 경쟁을 하면서 함께 성장하는 것이 최선이다. 그래서 서정진과 김태한은 두 회사가 협력할 수 있는 방안에 대해서도 자주 이야기를 나눈다. 수입산에 의존하던 바이오의약품 원부자재를 국산화하기 위한 작업도 함께 추진하고 있다. 셀트리온과 삼성바이오로직스의 바이오의약품 생산능력을 합치면 55만 리터•로 세계 최고다. 두 회사가 1년에 구매하는 원부자재와 소모품 규모는 글로벌 바이오 회사를 가뿐히 능가한다. 한번 주문할 때 공동구매 방식으로 대량 발주를 넣어 평균 단가를 낮추면 비용을 절감할 수 있다. 핵심 자재는 어렵겠지만 세정제나 소독제처럼 범용적으로 쓰이는 소모품들은 충분히 국산화가 가능하다.

함께 일하면 어떨까?

희망 사항이 있다면 셀트리온과 삼성바이오로직스가 최상위 단계의 협력을 맺고 진짜로 일을 같이 하는 것이다. 셀트리온의 바이오시밀러를 삼성바이오로직스가 생산하면 그보다 더 좋은 그림은 없다. 2018년 말 삼성바이오로직스가 초대형 3공장을 지어놓고 전 세계 제약바이오 회사를 대상으로 수주 계약을 따러 다닐 때 '왜 바로 옆에 있는 셀트리온을 놔두고 생고생을 하고 있을까' 궁금했다. 셀트리온은 트룩시마와 허쥬마의 주문이 밀려드는데 생산시설이 모자라서 공장을 찾고 있었다. 삼성바이오로직스가 셀트리온 제품을 수주하면 비행기를 타고 출장을 다닐 필요도 없고 한국말도 통하고 시차도 신경 쓰지 않아도 되니 여러모로 편리하다. 이런 생각을 하고 있을 무렵 서정진은 귀가 쫑긋해질 만한 이야기를 들려줬다. 이미 삼성바이오로직스에 바이오의약품 위탁생산CMO을 맡기는 방안을 검토하고 있다

• 2020년 11월 현재 셀트리온 1, 2공장은 19만 리터, 삼성바이오로직스 1, 2, 3공장은 36만 리터 규모다. 셀트리온은 2023년까지 인천 송도에 6만 리터의 3공장을, 삼성바이오로직스는 25만 6000리터의 4공장을 건설할 계획이다. 완공 시 송도의 바이오의약품 생산 능력은 55만 리터에서 87만 리터 규모로 늘어나게 된다.

는 것이었다. 실은 그가 말하기 전부터 삼성바이오로직스가 셀트리온의 CMO 의뢰를 받고 총 생산 비용이 얼마인지 견적을 내고 있다는 이야기를 들어 알고 있었다. 그러나 이것만 가지고 기사화하기엔 근거가 부족했다. 견적서나 계약 의향서를 입수하지 않는 한 입증할 방법이 없었다. 이번 일은 서정진과 김태한을 비롯해 극소수만 알고 있었고 비밀리에 진행됐다. 이목이 집중될 것이 분명한 데다 계약이 성사되지 못할 수 있었기 때문이다. 조심스럽게 분위기를 지켜보고 있던 차에 서정진은 호탕하게 사실을 인정했다. 머릿속에는 서로 못 잡아먹어서 으르렁대던 두 회사가 손을 맞잡은 훈훈한 그림이 펼쳐졌다. 계약이 성사된다면 국내 바이오업계를 떠받치는 두 기업의 첫 번째 협업 사례가 된다.

2018년 12월 10일 가판신문에 '셀트리온 해외 3공장 보류…삼바에 위탁생산 검토 중'이라는 기사를 내보냈다. 예상과는 반대 상황이 벌어졌다. 평화는커녕 평지풍파가 일었다. 성난 셀트리온 주주들은 "웬 청천벽력 같은 소식이냐"며 들불처럼 들고 일어났다. 댓글을 보니 가관이었다. 삼성이 셀트리온을 죽이려고 공매도를 했다, 셀트리온을 꿀꺽하려고 했던 놈들이다, 기술유출 우려가 있다, 적과의 동침은 불가하다 등 갖다 붙인 이유도 다양했다. 삼성바이오로직스가 분식회계 의혹으로 지탄을 받던 시점이어서 이런 부도덕한 기업과는 거래해선 안 된다는 의견도 있었다.

반면 상장폐지 기로에서 가슴 졸이던 삼성바이오로직스 주주들은 희색이 만연했다. 주주들의 성화에 시달리던 서정진은 "기사 때문에 우리 직원들 일 못 한다"며 간곡하게 부탁을 했고 결국 기사는 대폭 수정됐다. 수정이 아니라 완전히 다른 기사가 됐다. 삼성바이오로직스는 기사가 빠지자 실망한 눈치였다. "고객사 측에서 그렇게 말씀하셨다면 저희는 할 말이 없다"면서도 "그런데 정말 셀트리온이 계약을 할 것 같으냐?"고 궁금해했다. 기사를 갈아엎은 나는 '기레기'가 됐고 셀트리온 주주들로부터 엄청난 욕을 먹었다. 서정진은 이 사건으로 미안했는지 그 뒤로 내게 여러 가지 소스를 줬다. 그러나 중요한 내용이 나올 때마다 "이건 절대 쓰지 마"라고 선수를 치는 바람에 기사화할 수 있는 건 거의 없었다.

아직은 각자도생

셀트리온과 삼성바이오로직스의 CMO 계약은 결국 성사되지 못했다. 셀트리온은 세계 1위 CMO업체인 스위스 론자에 생산을 맡겼다. 주주들의 반응을 보니 삼성바이오로직스와의 계약은 안 되겠다고 깨달은 것이다. 계약이 불발된 데는 다른 이유도 있었다. 삼성바이오로직스는 셀트리온이 원하는 수준까지 가격을 낮춰주지 못했다. 이 계약은 서정진의 장남 서진석 셀트리온 수석부사장이 관여했다. 삼성바이오로직스는 "(가격을) 너무 후려치는 것 아니냐"며 불만이었다. "우리 공장은 새로 지어서 따끈따끈한 최신 설비인데 오래된 유럽 CMO 공장과 비교해선 안 된다"는 게 삼성바이오로직스의 주장이었다. 셀트리온은 "유럽 업체보다 비싸면 삼바와 계약할 이유가 없다"고 생각했다.

"요즘 세상에 누가 같은 한국 기업이라고 계약하고 그럽니까? 기업은 무조건 비용 절감이 최우선입니다. 가격만 맞는다면 언제든 삼바와 계약할 용의가 있습니다."

기우성 셀트리온 부회장이 말했다.

셀트리온 주주들은 삼성바이오로직스와의 계약은 참지 못할 것이다. 삼성바이오로직스가 셀트리온에게만 특별히 생산비를 깎아줄 리도 만무하다. 각자도생이 가장 평화로울 수 있다는 걸 셀트리온과 삼성바이오로직스가 알려줬다.

인사이트

서정진의 기업가론

"당신이라고 왜 안 되겠습니까."

첫 원칙, 생존

"기업가정신이라는 원칙이 있는 게 아니다. 상황에 따라 바뀐다. 기업도 사람과 같다. 처음 창업하면 신생아다.

뜻한 바가 있어 사업을 한다는 사람은 많지 않다. 대부분 어쩔 수 없이, 돈을 벌기 위해 사업에 뛰어든다. 나도 IMF 경제위기 이후 취직이 안 돼서 창업했다. 기업을 처음 할 때는 기업가정신 같은 건 없다. 돈을 많이 벌어서 마음껏 쓰고 싶은 본능만 있을 뿐이다. 처음엔 망하지 않으려고 '죽을 둥 살 둥' 한다. 작은 라면집을 하더라도 본능적으로 하게 돼 있다. 그러다 망하지 않을 정도가 되면 그때부터 돈을 벌려고 한다. 오로지 돈이 목표가 된다. 돈만 되면 사업이든 장사든

물불 가리지 않고 뛰어드는 시기다. 기업가정신은 본능 단계를 넘어설 때 필요한 것이다. 모든 기업인이 기업가정신을 가지고 있는 게 아니다. 기업가정신은 기업이 성장하면서 스스로 터득하는 것이다. 기업가는 초등학생이다. 1학년은 안 망하려고 발버둥치는 단계, 2학년은 돈을 벌려고 뛰어다니는 단계, 3학년은 기업과 나라를 생각하는 단계, 4학년은 상생과 공존을 생각하는 단계, 5학년은 다음 세대를 두려워하는 단계다. 인생 졸업을 앞둔 6학년은 회사를 물려주고 떠난 뒤의 시기다. 물론 모든 기업가가 6학년까지 성장할 수는 없다."

마지막 정의, 희생

"사장이 돈을 벌어 저 혼자 잘 먹고 잘살려고 하면 회사가 절대 커지지 않는다. 자기 생각만 하는 사장을 위해 열심히 일할 직원은 세상 어디에도 없다. 기업을 지속적으로 성장시키려면 구성원에게 보람과 신뢰를 줘야 한다. 회사가 발전하면 내가 발전한다는 생각을 가지게 만들어야 한다. 그러려면 창업자가 바뀌어야 한다. 자기를 버려야 한다.

기업가정신의 마지막 정의는 하나다. 희생이다. 창업자는 기업을 위해 희생하고 헌신하는 사람이어야지 군림해선 안 된다. 직원들이 회장 개인의 회사가 아니라 우리 회사라고 여기도록 만들어야 한다. 직원들이 자신의 이익보다 회사의 발전에 관심을 가지고 회사를 신뢰할 때 든든한 지원군이 되는 거다."

끝까지 인내

"직원들이 나를 도왔다. 파트너들도 나를 도왔고 주주들은 나를 믿고 기다려줬다. 많은 투자자들이 한편이 되어 나를 밀어줬다. 절대 혼자서는 이룰 수 없다.

내가 이 분야에서 최고의 전문가라 해도 30퍼센트의 필요조건을 가진 사람일 뿐이다. 70퍼센트의 충분조건이 없으면 성공할 수 없다. 혼자 잘난 척하다 끝나는 거다. 사업과 장사는 다르다. 장사는 저 혼자 똑똑하면 할 수 있다. 사업은 혼자 똑똑하면 안 된다. 기업가가 가져야 할 덕목은 기다려주는 것이다. 못 본 척, 못 들은 척하고 하고 싶은 말도 참아야 한다. 보이는 대로 지적하면 '너 혼자 해봐. 너 잘났어' 하며 구성원들이 참여하지 않는다. 구성원들이 적극적으로 참여할 때까지 기다려야 한다. 똑똑한 사람이라면 똑똑한 척 안 하는 거 무진장 어렵다. 그래도 해야 한다."

절대 금기, 사기

"사기를 치면 안 된다. 어쩔 수 없이 거짓말을 하더라도 좋은 점은 크게 부각시키고 나쁜 점은 줄이는 수준이어야지 없는 것을 만드는 것은 사기다. 사업을 하다 보면 누구나 그런 유혹을 느낀다. 사기인지 아닌지 헷갈릴 때도 많다. 자꾸 '호구' 같은 사람이 없는지 찾게 된다. 그런데 생각보다 호구가 없다.

사기를 쳐서 한 번 성공할 순 있지만 발전할 수는 없다. 한 번은 모르고 넘어갈 수 있어도 두 번, 세 번이 되면 온 동네 소문이 다 난다. 아무리 작은 것이라도 사기 치면 언젠가 뒷다리를 잡힌다. 제 발등을 자기가 찍는 것이다. 누군가 당신이 어떤 사람인지 물어봤을 때 '그 사람은 믿을 만하다'는 말이 나와야 한다."

직원 만족

"우리 회사 부회장과 사장들, 임원들에게 항상 '좋은 부하가 되지 말고 좋은 상사가 되어라'고 말한다. 회장인 나를 만족시키려고 하지 말고 직원들에게 인정받기 위해 노력하라는 이야기다.

카리스마는 아랫사람을 엄하게 대한다고 생기지 않는다. 존경을 받을 때 생긴다. 카리스마를 지닌 상사가 많아야 기업이 발전한다. 회장이 없어도 회사는 돌아가지만 임직원들이 없으면 회사는 존재할 수 없다.

리더는 교만해선 안 된다. 가급적이면 종교를 가지라고 권하는 이유다. 나는 독실한 크리스천은 아니지만 종교가 가진 힘에 대해서는 말할 수 있다.

성경의 마태복음 5장 7절은 복 받는 것에 대한 이야기다. 신이 원하는 건 인간이 천당에 가는 게 아니다. 인류가 평화롭게 사는 것이다. 인류 평화를 위해 신이 인간에게 준 첫 번째 당근이 천당이고, 두 번째 당근은 복 받을 짓을 하면 복을 준다는 것이다. '긍휼히 여기는 자는 복이 있나니 그들이 긍휼히 여김을 받을 것이다'라는 말씀이 이 얘기다. 복을 받으려면 긍휼을 실천해야 한다. 예수가 이 땅에 와 있다면 어려운 사람들을 보듬어주고 같이 살려고 할 것이다. 그래야 복이 온다. 신의 뜻을 지키지 않으면 복이 오지 않는다. 세상의 모든 문제를 푸는 해답이다. 우리나라가 발전할 수 있겠냐는 질문에 대한 답도 마찬가지다. 우리나라가 복을 받으려면 빈부격차와 양극화 문제를 해결하면 된다."

미래 지향

"글로벌 투자자들이 필요로 하는 사업이라면 자금을 조달하는 데 큰 문제가 없다. 그들이 원하는 사업이 무엇인지, 미래 사업 전망에 대한 방향만 제대로 잡으면 된다. 'HOW TO'는 중요한 게 아니다. 많은 사람들이 현재의 상황을 분석해 사업을 디자인하는데 글로벌시장은 오직 미래에 관심이 있다. 그리고 그들은 철저히 투명한 기업에만 투자한다.

기술이 있다면 국내에서 투자를 받으려고 하지 말고 처음부터 글로벌시장의 문을 두드리는 것이 좋다. 국내 투자자들은 성공과 실패, 이분법으로 판단하는 경우가 많다. 성공하는 사업은 맞고 실패할 것 같은 사업은 틀린 것이다. 맨해튼 투자자들은 확률을 분석하고 그에 따라 투자 여부를 결정한다. 실패할 수 있어도 가능성이 있다면 투자한다. 나 역시 그렇게 투자를 받았다.

이런 이야기를 하면 영어도 못하는데 어떻게 맨해튼에 가서 투자를 받느냐고 버럭하는 사람들이 있다. 그때마다 나도 했는데, 당신이라고 왜 안 되겠냐고 되묻는다. 지금이야 통역이라도 쓰지만 그때 내 영어는 알아듣는 게 신기할 정도로 형편없었다. 영어를 못해도 상관없다. 필요한 사람이 알아듣는다. 내가 영어를 대충 해도 진정성이 있으면 알아듣게 되어 있다."

6

CELL.TRIONISM
CELL.TRION.ISM
CELL.TRIONISM
CELLTRIONISM

도약

CELLTRIONISM

세계 최초의 항체 바이오시밀러 램시마는
EMA(유럽의약품청)와 FDA(미국식품의약국)의 허가를 받았다.
이러한 성과를 내기까지 셀트리온은 안팎으로 외롭고 긴 싸움을 계속했지만 결국 해냈다.
셀트리온은 그들의 꿈을 현실로 바꾸었고 이제 도약을 준비하고 있다.
"지금까지 셀트리온은 꿈을 실현하기 위한 회사였습니다.
이제 꿈을 실현한 회사가 됐어요. 도약할 일만 남았습니다."(서정진)

JP모건의 투자

"약속을 반드시 지키는 사람이라고 하더군요. 그것만큼 확실한 보증은 없습니다."

첫 삽 뜬 삼성바이오파크

삼성의 바이오 공장이 2011년 5월 27일 첫 삽을 떴다. 송도는 더 이상 질척이는 갯벌이 아니었다. 셀트리온이 1공장을 착공하던 2002년과 비교할 수 없었다. 아파트 단지가 즐비했고 각종 편의시설이 들어섰다. 삼성의 계획은 공개된 삼성바이오파크 조감도만큼이나 화려했다. 3개월 전인 2월 25일, 삼성은 서울 서초동 삼성 본관에서 기자간담회를 열고 3000억 원 규모의 바이오의약품 위탁생산CMO 합작사를 설립한다고 발표했다. 삼성전자와 삼성에버랜드가 각각 40퍼센트, 삼성물산이 10퍼센트를 투자했고 나머지 10퍼센트는 미국 퀸타일즈가 참여했다. 합작회사의 이름은 삼성바이오로직스로 확정됐다. 바이오로직스는 생물의약품을 뜻한다.

삼성은 2020년까지 바이오제약 분야에 총 2조 1000억 원을 투자하기로 했다. 셀트리온이 2000억 원의 외자 유치로 겨우 한숨을 돌렸을 때 삼성은 10배에 달하는 금액을 퍼부었다. 그런데 막상 뚜껑을 열어보니 실망스럽기 그지없었다. 약을 개발하는 것이 아니라 다른 회사가 주문한 의약품을 그대로 생산해주는 CMO 사업이었기 때문이다.

긴장했던 셀트리온은 내심 안도했다. 삼성의 1공장은 3만 리터급으로 5만 리터인 셀트리온의 1공장보다 규모가 작았다. 삼성은 3400억 원을 투입해 2013년 상반기 생산을 목표로 했다. 시험 삼아 3만 리터짜리를 지어보고 '되겠다' 싶으면 키우려는 계산이었다. 삼성은 설계와 시공에 심혈을 기울였고 세밀한 부분까지 꼼꼼히 신경을 썼다. 최고급 자재와 설비도 투입했다. cGMP(current GMP, 선진 의약품 제조 및 품질관리 기준) 승인만 난다면 얼마가 들어도 상관없었다. 삼성그룹의 전폭적인 지원 아래 아끼지 않고 돈을 팍팍 썼다. 삼성물산, 삼성엔지니어링 등 계열사에서 공장 좀 지어봤다는 실력자들이 전부 동원됐다. 2012년 여름 태풍 '볼라벤'이 강타하면서 삼성은 고생을 많이 했다. 그럼에도 1년 6개월 만에 초스피드로 기계적인 완공을 끝냈다. 삼성바이오로직스(삼바) 사람들은 1~3공장 중 가장 힘들게 지었던 1공장에 대한 애착이 남다르다. 삼성은 반도체 공장에서 쌓은 노하우를 적용해 자체적으로 공장을 설계하고 효율적인 시공 방식으로 공사 기간을 단축했다. 창의적인 발상으로 완전히 새로운 바이오 공장을 만들었다. 2공장은 1공장의 5배인 15만 리터로 지은 것만 봐도 자신감이 어느 정도였는지 엿볼 수 있다. 삼성은 여기에 만족하지 않고 3공장을 단일 공장으로는 세계 최대인 18만 리터로 지었다. 삼성은 불과 8년 만에 바이오 공장 건축의 대가가 됐다. 2공장은 7000

억 원, 3공장은 8500억 원이 들었다. 1공장보다 5~6배나 큰데 비용은 두 배 정도밖에 들지 않았다. 규모의 경제를 실현한 것이다. 거꾸로 생각하면 삼성이 1공장을 얼마나 비싸게 지었는지 알 수 있다. 셀트리온이 같은 해 완공한 9만 리터짜리 2공장은 3000억 원이 들었다. 물가상승률을 감안하더라도 이보다 3분의 1 규모의 공장에 더 많은 돈을 들인 셈이다.

가진 자의 여유가 부러웠던 셀트리온은 "공장을 금으로 도배했느냐"며 삼바 공장을 조롱했다. 그러나 2공장, 3공장이 완성됐을 땐 셀트리온도 입을 다물 수밖에 없었다. 삼바는 바이오 공장 시공에 재능을 발견했고 바이오의약품 위탁생산 사업에서 한발 더 나아가 위탁건설 사업도 구상 중이다. 해외 제약바이오 기업의 의뢰를 받아 바이오 공장을 지어주고 설비를 관리해주는 것이다. 유럽 바이오 공장들이 대부분 30~40년 전에 지어져 녹슬어가고 있다는 점을 감안할 때 이 사업은 삼바에게 또 다른 기회가 될 수 있을 것으로 보인다.

삼바는 삼성이 가진 '혼자서도 잘해요' DNA를 입증했다. 합작사이긴 했으나 퀸타일즈(현 IQVIA)의 지분은 10퍼센트에 불과했다. 퀸타일즈는 임상시험 대행회사여서 삼바가 CMO 사업의 기틀을 마련하는 데 기여한 바가 크지 않다. 삼성은 자신이 가장 잘할 수 있는 방법으로 할 때 성공했다. 모두의 예상을 깨고 삼바는 8년 만에 CMO 업계를 평정했다. 바이오 사업의 첫 단추가 제대로 끼워지자 삼성은 바이오시밀러 개발을 병행했다.

셀트리온은 아랑곳하지 않고 임상시험에 전력투구했다. 자가면역질환 치료제 레미케이드 바이오시밀러와 허셉틴 바이오시밀러의 임상 3상이 막바지를 향해 달려가고 있었다.

그 당시 국내에서 바이오시밀러를 개발하는 회사는 셀트리온과 삼성만이 아니었다. LG생명과학과 한화케미칼, 이수앱지스 등 서너 곳이 더 있었다. 셀트리온만 빼고 다 대기업이다. 셀트리온이 하는 걸 보고 바이오시밀러를 만만하게 생각했던 사람들이 생각을 고쳐먹게 된 사태가 터졌다. 2011년 8월 LG생명과학이 개발한 엔브렐 바이오시밀러 'LBEC0101'이 임상1상 도중에 부적합 판정을 받은 것이다. 국내 대기업 중 바이오의약품 분야에서 가장 오랜 경험을 가진 LG도 임상1상 문턱을 넘지 못했는데 셀트리온이 어떻게 글로벌 임상을 진행하고 있는지 의아하다는 반응이 나왔다.

셀트리온은 그해 10월 2공장 준공식을 대대적으로 개최했다. 9만 리터 규모로 단일 공장으로서는 세계 최대였다. 이 기록은 삼성이 4년 뒤 2공장을 준공하면서 깨졌다. 셀트리온은 한 번에 14만 리터의 항체의약품을 생산할 수 있는 규모를 갖추게 됐다. 서정진은 이날 하늘색 넥타이와 핑크색 칼라꽃 부토니에르로 화사하게 꾸미고 단상에 올라섰다.

"삼성이 IT산업을 통해 우리나라를 이끌고 있습니다. 우리나라를 이끌어갈 새 주자가 나와야 하는데 바이오산업이 그 후보 중 하나입니다."•

다분히 의도가 있는 발언이었다.

이날 기자간담회에서도 삼성에 대한 질문이 쏟아졌다. 삼성이나

• "글로벌재정 위기 바이오시밀러엔 기회", 머니투데이, 2011. 10. 5.

LG 등 대기업의 바이오시밀러 사업 진출에 대해 서정진은 "반대할 이유가 없다"고 했다.

"2015년 바이오시밀러 시장이 60조 원쯤 될 겁니다. 셀트리온이 최대한 생산해도 3조 원에 불과합니다. 우리나라 기업들이 같이 성장한다는 것은 환영할 만한 일이에요. 후발 주자에 대한 견제보다는 페어플레이를 하면서 서로 협력하는 것이 좋다고 생각합니다. 그래서 송도에 모이는 것 아니겠습니까? 송도가 항체 쪽으로 특화된 바이오클러스터가 될 겁니다."

서정진은 지금까지 셀트리온에 총 1조 4000억 원을 투자했다고 강조했다. 삼성과 비교해 절대 뒤지지 않는다는 점을 부각시키고 싶었던 것 같다. 그는 셀트리온이 다른 회사보다 4년 정도 앞서 있다는 점도 강조했다. 셀트리온이 바이오시밀러 개발에 투입한 돈은 4000억 원. 허셉틴 바이오시밀러 임상에 1500억 원, 레미케이드 바이오시밀러에 1000억 원, 임상시약 생산에 각각 700억 원씩 1400억 원이 들었다. 이제 10년 동안의 결실이 모습을 드러내려는 찰나였다.

서정진은 임상이 잘되고 있느냐는 기자의 질문에 "끝나기 전까지는 모른다"고 했다.

"임상시험은 90퍼센트 이상 끝났습니다. 문제가 생겼으면 임상시험이 중단됐겠죠. 환자 이탈도 거의 없습니다. 글로벌 임상은 11월에 끝낼 겁니다."

서정진은 임상시험과 관련된 내용은 신중하게 답했다. 그는 "요즘 바이오 회사들은 FDA 허가 얘기를 너무 쉽게 한다"며 "최종 발표가 나기 전까지는 누구도 확정적으로 이야기해선 안 된다"고 했다. 허가에 대해서는 극도로 조심스러워하던 서정진은 2공장 완공 때 거침없이 3공장 계획을 밝혔다. 그러나 이후로 10년 동안 3공장 건설은 시작도 하지 않았다. 셀트리온은 바이오시밀러에 집중하면서 CMO 사업에서는 점차 손을 뗐다. 자체 개발 제품을 생산하기에도 설비가 부족했기 때문이다. 셀트리온은 개발회사로 변신했고 이때부터 삼바와는 다른 길을 가게 된다.

대북 리스크

"속봅니다. 김정일 북한 국방위원장이 사망했습니다."

2011년 12월 19일 낮 12시, 서울 광화문 전광판이 새빨간 긴급 뉴스 표시로 물들었다.

송도 셀트리온 회의실에도 긴장감이 감돌았다. 미국 JP모건 관계자들과 텔레콘퍼런스를 중단한 지 5분이 지나가고 있었다.

"그렇게 전화를 뚝 끊으시면 어떻게 합니까!"

김형기 셀트리온 수석부사장이 길길이 날뛰었다.

"김정일이 죽었다는데 내가 뭐라고 그러냐! 싹싹 빌기라도 할까?"

답답한 서정진도 한 소리를 했다.

글로벌 투자은행인 JP모건은 셀트리온의 계열사 셀트리온헬스케어에 투자하는 방안을 검토하고 있었다. 이날은 JP모건에서 독립한 사모펀드 원에퀴티파트너스(One Equity Partners, OEP)가 최종 결정을 내리기 전 마지막 회의였다. 하필 이날 김정일의 사망 소식이 전해졌다. OEP의 투자 규모는 무려 2540억 원이었다. 수천억 원을 한번에 끌어모을 수 있는 절호의 기회였다. 싱가포르 테마섹에 이어 글로벌 1위

투자은행인 JP모건의 투자를 받으면 셀트리온의 위상도 덩달아 높아질 게 분명했다. 무엇보다 자금 수혈이 시급했다. 셀트리온헬스케어는 당장 12월 말 대출 만기가 돌아오는 채권과 집행해야 할 자금까지 수백억 원이 필요했다. 한 달 전인 2011년 11월 셀트리온은 첫 바이오시밀러인 '램시마'의 글로벌 임상●을 마쳤다. FDA의 허가를 받기 위한 준비 작업에도 돈이 들어갈 터였다. 램시마는 2010년 11월부터 1년간 전 세계 874명의 환자를 대상으로 임상을 하는 데만 2000억 원이 들었다. 허가를 받고 나서도 문제였다. 판매와 마케팅에도 막대한 비용이 들기 때문이다.

셀트리온은 램시마 개발 비용을 혼자 감당하지 못했기에 셀트리온헬스케어가 1000억 원 이상 개발비를 공동 부담했다. 이 때문에 주주이익 침해와 지원성 거래 의혹이 제기됐다. 이런 문제를 해소하려면 투자 기관으로부터 투자금을 조달할 수밖에 없었다. 어떻게든 JP모건을 잡아야 했다.

셀트리온헬스케어는 이번 투자를 성사시키기 위해 지난 6개월 동안 JP모건의 강도 높은 실사를 감내했다. 까다로운 외국인 투자자에게 합격점을 받기 위해 셀트리온 임직원들은 혼신을 다해 투자 유치 자료를 만들었다.

"말 그대로 영혼까지 갈아 넣은 기분이었다"고 당시 셀트리온헬스케어 관계자는 회상했다.

양측은 투자 직전 검토해야 할 서류를 꼼꼼히 확인했다. 시간이 가

● FDA나 EMA는 전 세계 의료기관에서 다양한 인종의 환자를 대상으로 글로벌 임상3상을 해야 의약품 허가를 내준다. 질병에 따라 충족시켜야 하는 임상 환자 수가 다른데 희귀질환은 10여 명, 당뇨나 고혈압 같은 만성질환은 1000명을 넘기는 경우도 있다.

까워질수록 피로한 기색의 실무자들은 극도로 예민한 상태가 됐다. 회의장에는 팽팽한 긴장감이 흘러 상대편의 숨소리까지 전달되는 것 같았다.

다행히 실무적인 절차는 큰 문제 없이 마무리됐다. 회의는 순탄하게 진행됐고 최종 결정권자가 마지막 사인을 하는 단계로 넘어갔다. 시종일관 심각한 표정으로 서류를 확인하던 데이비드 한 OEP 사장의 얼굴에도 안도의 미소가 언뜻 스쳤다. 한국계 미국인인 데이비드 한은 리먼브라더스, 모건스탠리 등에서 M&A 뱅커로 일하다 2005년 OEP에 합류했다. 유창한 한국어 실력을 바탕으로 OCI, 셀트리온 등 유망한 한국 기업들을 발굴해 투자해왔다.

텔레콘퍼런스 전파는 인천에서 뉴욕까지 1만 1051킬로미터 거리를 빛의 속도로 날아 다시 OEP 본사 회의실을 비췄다. 북한발 미사일이 전파 방해의 최대 복병이 될 것이라고는 아무도 예상하지 못했다.

회의 중단

외신들이 김정일의 사망 소식을 긴급 타전하자 회의 참석자들이 웅성거리기 시작했다. 데이비드 한은 다급한 목소리로 "김정일이 사망한 것 같은데, 알고 있느냐"고 물었다. 실무진은 노트북과 스마트폰으로 인터넷 뉴스를 검색했다. 처음 듣는 얘기였다. 서정진은 TV를 켜라고 지시했다.

"YTN에는 아직 안 나오는데, CNN에는 혹시 나왔습니까?"

서정진이 되물었다. 당황하긴 JP 모건 측도 마찬가지였다.

"김정일이 도대체 왜 죽었습니까?"

데이비드 한은 김정일의 사망 소식도 알지 못하는 서정진에게 질문을 쏟아냈다.

"북한이 미사일을 쏜 것 같은데 지금 상황은 어떻습니까? 김정일 사망 이후 한국의 지정학적 리스크가 고조될 것 같은데, 어떻게 평가하시죠?"

이런 상태로는 회의를 계속 진행할 수 없을 것 같았다. "저희도 처음 듣는 이야기여서 아는 바가 없습니다. 자, 이렇게들 하지 말고 저희도 진상을 파악하는 데 시간이 필요하니 브레이크 타임을 가진 뒤 다시 얘기합시다!"

서정진이 회의 중단을 선언했다. 아쉬운 건 서정진이었다. 그런데도 그는 "딜을 하려면 하고 말려면 말고 10분 뒤에 다시 보자"며 전화를 덜컥 끊었다.

"당장 다음 주 돈이 필요한데 어떻게 하시려고요?"

김형기는 바짝바짝 말라가는 입술로 서정진을 닦달했다.

"김정일이 죽든 말든 돈을 보내달라고 할 순 없잖아."

"만약 JP모건이 다시 전화 안 걸면 어쩌실 건데요?"

"아 몰라, 나중에 생각하자."

김형기의 얼굴이 새파래졌다.

"안 되겠습니다. 그럼 10분간 우리끼리 대책 회의를 합시다."

김형기가 제안했다.

"대책이 없는데 무슨 대책 회의를 해? 담배나 피우자."

서정진은 담배에 불을 붙였다. 머리를 맞대고 궁리한다고 해도 뾰족한 수가 나올 리 없었다.

기적과도 같은 투자

시간은 셀트리온 편이 아니었다. 김정일 사망 소식이 퍼지면 한국 주식시장은 요동칠 게 뻔했다. 포기하고 있던 중에 텔레콘퍼런스 요청을 알리는 알람이 울렸다. 화면에 나타난 사람은 딕 캐신 OEP 회장이었다. 미국 금융투자업계를 움직이는 유태인 거물 중 한 명이다. 그는 2001년 약 6조 원의 거금을 굴리는 OEP를 설립하면서 글로벌 투자업계의 주목을 받았다. 완벽한 일 처리로 정평이 난 그는 가만히 있어도 카리스마가 뿜어져 나왔다.

딕 캐신의 표정은 읽기 어려웠다. 서정진은 딕 캐신 회장이 "돈을 입금했으니 통장을 확인해보라"고 말했다고 기억했다. 사실 정식으로 투자금이 들어온 것은 그로부터 한 달 뒤였다. 얼마나 절실했던지 "투자하겠다"는 딕 캐신의 말은 서정진에게 "입금됐다"는 말과 동의어로 들렸다. 딕 캐신이 빠른 결단을 내리지 않았다면 투자는 영영 성사되지 못했을 것이다. 예상대로 이날 한국 금융시장은 '패닉'이었다. 코스피지수는 장중 4퍼센트 하락했고 원달러환율은 1190원대까지 치솟았다. 정부는 비상대응체제에 돌입했다. 사이버 공격이 발생할 가능성에 대비해 오후 2시 사이버위기경보가 발령됐다. 혼돈의 시간에 빠져든 한국에, 그것도 불확실성이 난무하는 바이오 회사에 글로벌 투자은행이 거액의 수표를 선뜻 건네기는 쉬운 일이 아니었다.

OEP가 계약서에 도장을 찍은 뒤 가슴을 쓸어내린 김형기가 물었다.

"잘됐으니 망정이지 대체 무슨 배짱으로 그러셨습니까?"

"배짱은 무슨. 할 얘기 없어서 객기 부린 거지."

"아무리 그래도 회사를 놓고 객기를 부리다니요. 숨넘어가는 결정을 하실 때마다 제가 환장하겠습니다."

"그러면 내가 숨넘어가는 결정을 안 내리게 좀 만들어 봐."

그제야 긴장이 풀린 서정진이 농담을 했다.

겉으론 강심장인 척했지만 서정진에게도 JP모건의 투자는 '기적'이었다. 서정진은 "만약 그때 김형기의 말대로 대책을 강구해 전략적으로 대응했다면 투자를 받지 못했을 것"이라며 "우리가 아무리 꼼수를 부린다고 해도 세계적인 투자 기관인 JP모건을 이길 수는 없다"고 했다.

딕 캐신은 훗날 투자 이유를 묻는 서정진에게 "솔직히 나도 잘 모르겠다. 왠지 당신 편을 들어주고 싶은 마음이 들었다"고 말했다. OEP는 텔레콘퍼런스를 중단한 후 진행한 회의에서 "서정진을 한번 믿어보자"고 결론을 내렸다. 김정일이 사망한 게 셀트리온 탓은 아니니까. 딕 캐신이 말했다.

"당신에 대해 많이 알아봤습니다. 평판이 아주 좋더군요. 투자자들이 말하길 당신은 자신이 한 약속을 반드시 지키는 사람이라고 했습니다. 그것보다 더 큰 보증은 없습니다."

OEP는 2012년 1월 셀트리온헬스케어의 상환전환우선주 2500만 주를 2540억 원에 사들였고 이듬해인 2013년 8월 신주인수권부사채와 전환사채도 추가로 인수했다. 총 3000억 원을 투자했다. OEP는 셀트리온헬스케어의 지분 30퍼센트를 가진 2대 주주로 올라섰다. 서정진 다음으로 주식을 가장 많이 보유하게 됐다. JP모건에서 독립한 OEP는 2017년 7월 셀트리온헬스케어가 코스닥시장에 상장하면서 엄청난 수익을 거두게 된다. OEP는 2018년 9월부터 3년간 여섯 차례의 블록딜을 통해 주식을 조금씩 내다 팔았는데, 이렇게 확보한 금액은 2조 200억 원에 이른다. 3000억 원을 투자해 8년 만에 7배의 수익을 올린 것이다. OEP는 2020년 7월 셀트리온헬스케어의 잔여 지분을 모두 정리하고 셀트리온헬스케어와 완전히 결별했다. 코로나19 사태로 글로벌 증시의 불확실성이 커졌던 2020년에만 9300억 원을 현금화했다. 그해 싱가포르 국부펀드 테마섹의 자회사 아이온 인베스트먼트도 셀트리온과 셀트리온헬스케어의 주식 약 6300억 원어치를 매각했다. 코로나19 위기에서 해외 기관투자자들은 셀트리온의 투자로 짭짤한 이득을 챙겼다.

그들의 투자는 치밀한 계산에서만 비롯된 것은 아니었다. 테마섹은 서정진의 낡은 구두에서 그의 진정성을 알아봤고 JP모건은 그가 위기에서도 솔직하게 대처하는 모습에서 확신을 가졌다. 서정진이 글로벌 사모펀드의 마음을 움직인 것은 학력도, 인맥도, 화려한 언변도 아니었다. 신뢰는 그 어떤 것보다도 강력한 힘을 발휘했다.

세계 최초의 바이오시밀러

"페이퍼(보고서)에 없는 것은 필드(현장)에 있다."

우리는 틀리지 않았다

"이제 사기꾼이라는 말을 듣지 않아도 된다."

램시마의 허가 소식이 전해지자 서정진이 내뱉은 첫마디다. 2012년 7월 23일 식품의약품안전청(현 식품의약품안전처)은 램시마의 품목 허가를 발표했다. 세계 최초 바이오시밀러가 탄생한 순간이었다. 전 세계 제약바이오업계의 이목이 쏠렸다. 국내 언론들은 한국이 바이오시밀러 시대를 열었다고 환호했다.

램시마는 존슨앤드존슨이 개발한 항체의약품 레미케이드를 복제한 제품이다. 이 약물은 자가면역질환을 치료하는 데 사용된다. 자가면역질환은 면역체계에 이상이 생겨 외부 침입자가 아닌 자기 자신을 공격해 생기는 병이다. 공격하는 부위가 장이면 크론병이나 궤양성 대장염, 관절이면 류머티즘성 관절염, 강직성 척추염 등으로 나타난다.

항체의약품은 단백질 구조가 매우 복잡하고 살아 있는 세포로 만들기 때문에 똑같이 복제할 수 없다. 세포의 변이가 계속 이뤄지고 공정 환경이 매번 달라지기 때문이다. 화학구조식만 알면 같은 약을 계속 찍어낼 수 있는 합성의약품과는 다르다. 완전히 동일한 약을 만드는 것이 아니라서 '비슷하다'는 의미의 '시밀러similar'로 부른다.

비슷하게 만드는 것도 쉽지 않다. 셀트리온은 2002년 프로젝트명 CT-P13으로 불렸던 램시마 개발에 착수해 허가를 받기까지 10년이 걸렸다. 연구개발과 임상에 투입된 비용은 2000억 원이다. 왜 이렇게 오랜 시간과 많은 비용이 드는지는 약물 구조를 보면 알 수 있다. 항체의약품의 구조는 가느다란 철사를 뭉쳐놓은 철 수세미처럼 생겼다. 기본 골격은 헤비 체인(heavy chain, 중쇄)과 곁가지인 라이트 체인(light chain, 경쇄)으로 이뤄지는데, 바이오시밀러를 개발하려면 두 체인의 염기서열을 동일하게 만들어야 한다. 의약품의 안전성과 효능을 좌우하는 핵심 구조가 같아야 하는 것이다. 하지만 당단백질의 사슬 구조는 조금씩 다르다. 철사에 미세한 거스러미들이 제멋대로 난 것과 비슷하다. 여기서 기능이나 물리적 특성에 차이가 난다. 이 간극을 좁히는 게 기술이다. 식약청은 "항체 바이오시밀러는 분자량이 크고 구조가 복잡해 여태껏 어느 제약사도 만들지 못했다"며 "국내 업체가 개발이나 임상이 어려운 바이오시밀러를 세계 최초로 개발했다는 측면에서 의의가 크다"고 평가했다.

오리지널 의약품 제조사들도 생산과 품질 문제에서 자유로울 수 없다. 오리지널도 생산 조건과 시기에 따라 제품 특성에 차이가 난다.

오늘 만든 약물과 내일 만든 약물의 농도와 상태도 균등하지 않다. 오히려 바이오시밀러보다 효능이 떨어지는 제품이 나오기도 한다. 잘 만들어진 '시밀러'가 오리지널의 효능을 능가할 수도 있다.

서정진은 "같은 동물세포에서 같은 DNA로 만들더라도 단백질의 구조가 조금씩 달라 제조 공식을 일반화하는 데만 수년이 걸렸다"고 했다. 그는 풀리지 않는 문제가 있으면 전문가를 수소문해 어디든 찾아갔다. "페이퍼에 없는 것은 필드에 있다"는 게 서정진의 지론이다. 전 세계 바이오 회사와 전문가들에게 자문을 구하고 귀동냥을 하다 보니 점점 노하우가 생기기 시작했다. 셀트리온은 수많은 실험과 연구를 통해 오리지널과 품질에 차이가 없는 바이오시밀러를 개발해냈다.

"가능하다고 해서 시작했는데 아무도 믿지 않았습니다. 의심의 눈초리를 달고 산 세월이 벌써 10년입니다. 결국 우리 생각이 틀리지 않았다는 것을 입증한 것이 무엇보다 기쁩니다."•

서정진은 이날 "만감이 교차한다"며 이렇게 말했다.

서정진은 램시마가 새로운 시장을 열었지만 치열한 경쟁에 직면할 것을 알고 있었다. 그럼에도 비싼 오리지널 바이오의약품보다 가격이 저렴하고 똑같은 약효를 내는 바이오시밀러가 새로운 제약산업을 창출할 것을 확신했다. "숱한 경쟁자들이 쫓아오겠지만 결국 먼저 길을 연 셀트리온이 인정받게 될 것"이라고 말한 이유이다.

한국 식약청의 허가는 시작에 불과했다. 이제는 램시마의 EMA(유럽의약품청) 허가에 모든 것이 달려 있었다. 해외시장에 램시마가 출시되고 전 세계 의료진에 얼마나 신뢰를 주느냐가 관건이었다.

• 항체바이오시밀러 식약청 첫 허가…셀트리온 서정진 회장, 한국경제신문, 2012. 7. 24.

1년 수고가 물거품으로?

2012년 겨울, 대한민국은 18대 대통령 선거 유세전으로 소란스러웠지만 셀트리온 본사는 세상과 고립되어 있었다. 임직원들은 램시마의 국내 허가 이후 정신없는 나날을 보냈다. 셀트리온 사람들은 회사와 일에 빠져 살았다. 가정이 깨진 직원들도 여럿 있었다. 홍승서 전 셀트리온헬스케어 사장은 "누가 시킨 것도 아닌데 집에 안 가고 밤낮으로 일에 매달려 있는 직원들이 대부분이었다"며 "지금 생각해보면 정말 이해할 수 없는 일"이라고 했다.

램시마는 그해 7월 우리나라 식약청의 승인을 받고 EMA 허가를 기다리고 있었다. 램시마가 글로벌시장에서 인정받으려면 EMA의 허가를 받아야 했다. 모든 이목이 유럽으로 집중됐다. EMA에서 아무 소식이 없자 임상에 실패한 것 아니냐는 얘기가 흘러나왔다. 2012년 6월 최고 6만 원을 찍었던 셀트리온 주가는 점점 하락해 2012년 말에는 4만 원대 중반에 주저앉아 있었다.

속이 바짝바짝 타들어갈 즈음 기별이 왔다. EMA는 램시마 임상 3상의 분석법이 잘못됐다고 했다. 면역분석법 과정에서 데이터 추출 방법을 바꾸라는 것이었다. EMA가 지적한 부분을 이해하려면 임상 과정을 알아야 한다. 의약품을 허가받기 위해서는 임상 1상부터 3상까지 단계를 밟아야 한다. 1상은 건강한 사람에게 약물을 투여했을 때 안전한지, 인체에 어떤 작용을 일으키는지 살펴보는 단계다. 효능보다는 안전성에 초점이 맞춰져 있다. 임상1상에서 안전성이 입증되면 임상2상부터 본격적으로 환자가 투입된다. 약물의 치료 목표 질병을 가진 환자에게 약물을 투여하고 효과적인지 평가한다. 2상은 2a,

2b 두 가지로 나뉜다. 2a는 약물이 어떤 기전으로 치료 효과를 내는지 판단하는 과정이다. 이를 개념 증명, POC Proof of Concept라고 한다. 작용 기전이 확인되면 약물의 용량을 점차 늘려가면서 환자의 상태 변화를 연구한다. 일정 용량 이상을 투여할 경우 부작용이 일어나는지 안전성에 대한 평가도 함께 진행한다. 이 자료를 바탕으로 2b에서는 최적의 치료 효과를 내는 용량을 정하게 된다. 여기서 확인된 용량을 가지고 대규모 환자를 상대로 임상3상이 진행된다. 2상에 성공했다는 것은 약물의 효능이 어느 정도 입증된 것으로 해석할 수 있다.

하지만 실제 환자를 대상으로 수행하는 3상에서 원하는 결과에 도달하지 못할 수 있다. 임상3상에서는 약의 유효성을 확증하고 안전성 자료를 확립하는 것이 목표다. FDA나 EMA는 전 세계 의료기관에서 다양한 인종의 환자를 대상으로 글로벌 3상을 해야 허가를 내준다. 질병에 따라 충족시켜야 하는 임상 환자 수가 다른데 희귀질환은 10여 명, 당뇨, 고혈압과 같은 만성질환은 1000명을 넘기는 경우도 있다. 그래서 임상 단계 중 가장 많은 비용이 든다. 규제 기관은 임상3상 데이터를 토대로 허가 여부를 정한다. 기존에 치료제가 없었거나 완전히 새로운 기전을 가진 혁신 신약이면 퍼스트 인 클래스First in Class 약물로, 기존 약물의 부작용을 줄였거나 효과가 더 좋거나 지속시간을 늘렸다면 베스트 인 클래스Best in Class 약물이라는 칭호가 붙는다. 부작용보다 환자가 얻는 이익이 커야 치료제로 인정을 받을 수 있다. 바이오시밀러는 오리지널과 사용법과 투여 용량이 동일하다. 용량을 탐색하는 2상을 건너뛰고 임상 1상과 3상만 수행하면 된다. 임상 단계가 훨씬 간소화되는 것이다. 대신 오리지널과 안전성과 효능이 똑같다는 걸 증명하는 번거로운 과정을 거쳐야 한다.

셀트리온은 램시마와 오리지널 제품 레미케이드의 동등성을 입증하기 위해 무려 30여 가지 분석법을 사용했다. 임상3상은 환자 606명을 대상으로 54주간 진행됐는데 이 기간 동안 환자마다 9번 이상 피를 뽑아야 했다. 단순 계산으로 5454개(606×9)의 혈액 샘플이 생기고 이것을 30가지 방법으로 분석하면 16만 3620개의 데이터가 도출된다. 데이터 수집에만 1년 이상 걸리는 실로 방대한 작업이다. 시간을 조금이라도 단축하려면 미리 분석법을 정립하고 효율적으로 임상을 설계하는 것이 매우 중요했다. 그래야 약물 투여, 혈액 채취, 분석기 가동, 데이터 분석 등을 동시다발적으로 착착 진행할 수 있었다. 만약 잘못된 분석법을 적용했다간 기껏 힘들게 모은 환자 혈액 샘플을 날리고 처음부터 임상을 해야 할 수도 있었다.

이런 최악의 상황을 피하기 위해 셀트리온은 EMA와 상의해 분석법을 정립했다. 데이터 분석은 EMA 허가 경험이 풍부한 유럽 임상시험 대행회사 아이콘에 맡겼다. 한국에서는 EMA나 FDA에 허가를 신청해본 제약바이오 회사가 한 곳도 없었다. 규제 기관들도 바이오시밀러가 처음이어서 임상 가이드라인이 제대로 없었다. 운전면허시험에 비유하면 셀트리온은 본인이 직접 주행 코스를 설계하고 시험을 보는 것과 같았다. 다만 문제가 너무 쉬우면 실력을 의심받을 수 있으니 누구도 딴죽을 걸 수 없을 정도로 정교하게 코스를 설계한 다음 합격점보다 높은 점수로 시험에 가뿐히 통과하는 모습을 보여줘야 했다.

셀트리온은 EMA와 분석법을 일일이 상의해가며 임상을 촘촘히 설계했다. 그럼에도 불구하고 지적이 나오자 패닉에 빠졌다.

퇴로는 없다

서정진은 일단 현장에 가서 사태를 파악하라고 지시했다. 기우성은 임상 및 허가 담당자를 데리고 무작정 아이콘이 있는 영국 사무실로 날아갔다. 아이콘에 램시마 임상을 의뢰한 것이 2010년이었으니 두 회사가 같이 일한 지 3년이 다 되어가고 있었다. 아이콘은 본사가 아일랜드 더블린에 있지만 램시마 임상은 영국에서 수행했다. 이 회사는 램시마의 임상 분석을 위해 바이오업계에서 최첨단으로 꼽히는 스웨덴 자이로랩 사의 '자이로스' 시스템을 사용했다. EMA는 자이로스 분석에는 문제가 없으나 분석 지점을 두 곳이 아닌 세 곳으로 하라고 요구했다. 기우성은 "쉽게 말해 곡선 그래프를 미적분하는 것을 생각하면 된다"며 "우리가 두 지점을 정해서 델타 값을 구했다면 EMA는 세포 단위의 엔트리로 쪼개야 정확하기 때문에 세 지점을 정해 값을 도출하라고 했다"고 설명했다. 두 지점으로 하든 세 지점으로 하든 최종 결과에는 큰 차이가 없었다. 셀트리온은 기존 방식이 틀린 것이 아니라고 주장할 수도 있었지만 그러지 못했다. 변방의 작은 바이오 회사인 셀트리온은 EMA와 논쟁을 벌여 의견을 관철시킬 수 있는 위치가 아니었다. 그대로 자료를 제출했다가 EMA가 시키는 대로 안 했다고 트집을 잡아 'FAIL(실패)' 도장을 찍어버릴 가능성도 있었다. 아이콘 측도 EMA의 룰을 따르는 게 좋겠다는 의견을 냈다. 기우성은 눈앞이 캄캄했다. 16만 건의 데이터를 다시 분석하려면 최소 6개월이 걸린다는 계산이 나왔다. 셀트리온에게 주어진 시간은 고작 두 달이었다. 2013년에 허가를 받는 것은 불가능했다. 국제전화로 서정진에게 자초지종을 보고했다. 서정진은 불같이 화를 냈다. "어떻게든 해결하고 오라"고 호통 치는 소리가 전화통 너머로 들려왔다. 서정진이 길길이 날뛰는 모습이 바로 눈앞에 있는 듯 기우성은 몸서리를 쳤다.

셀트리온 직원들이 묵는 영국 힐튼맨체스터호텔 18층 유리창 밖으로 눈발이 날렸다. 상황이 급박하게 돌아가자 셀트리온 품질 담당자도 인천 송도에서 영국으로 날아왔다. 기우성은 우선 상황을 차근차근 정리했다.

'여기서 해결 못 하면 끝이다. 그런데 대책이 없다. 나를 믿는 수밖에 없다. 운이 끝내주게 좋은 사람이지 않은가. 나 스스로 결정한 일은 실패한 적이 없었다. 뭐든 방법을 찾아보자.'

기우성은 아이콘 담당자들을 소집했다. 장시간 실무진과 미팅을 마친 뒤 그가 말했다.

"우리는 지금 아슬아슬한 외줄타기를 하고 있습니다. 이런 상황에서는 무조건 앞으로 가야지 뒤로 되돌아가면 다 죽습니다. 두 달 안에 다시 분석한 자료를 EMA에 제출하는 것밖에는 방법이 없습니다."

아이콘의 책임자는 한숨을 쉬며 "내일까지 시간을 달라"고 했다.

기우성은 엘리베이터 안에서 골똘히 생각에 잠겼다. 그저 이 상황에서 벗어나 도망치고 싶었다. 엘리베이터 문이 열리면 전혀 다른 곳에 도착해 있었으면 좋겠다는 생각까지 들었다.

"살면서 공간이동 방법에 대해 진지하게 고민해본 적은 그때가 처음이었습니다. 호텔 18층에서 아래를 내려다보는데 아무 생각 안 하고 그냥 떨어지고 싶더군요. 이렇게 죽으나 저렇게 죽으나 똑같은데 한번 해볼까 하고 말이죠."

갑자기 서정진이 한 말이 불현듯 떠올랐다. '나만 믿고 따라오라는 리더가 있으면 죽을 고비에서도 살 수 있다.'

6개월을 2개월로 줄이다

다음 날 회의에서 기우성은 '24시간 플랜'을 제시했다. '하루 8시간을 일하면 6개월이 걸리지만 24시간 일하면 2개월이면 된다'는 게 그의 논리였다.

"한 번 했던 거니까 처음보다는 시간이 훨씬 줄어들 겁니다. 자이로스 시스템에 능숙한 인력을 총동원하고 교대 근무조를 편성해서 24시간 장비를 가동해봅시다. 당신들이 잘 시간에는 저도 일하겠습니다."

아이콘 임직원들은 "저 사람 제정신이냐"는 표정이었다. 유럽에서는 얼토당토않은 얘기였다. 당장 휴가를 간 직원과 연초까지 휴가를 갈 예정인 사람들은 어떻게 할 것이며, 인력을 충원해도 사람이 기계가 아닌 이상 24시간 쉬지 않고 어떻게 일을 하느냐는 볼멘소리가 쏟아졌다. 반발을 예상한 그는 최후의 통첩을 날렸다.

"쉽지 않다는 거 잘 압니다. 하지만 이번 일을 초래한 것은 아이콘의 책임도 있습니다. 임상수탁 계약서상에는 랩(실험실)의 실수로 고객의 임상 데이터에 문제가 생겼을 때는 모든 책임을 진다는 조항이 있어요. 지금 '24시간 플랜'에 동의해주지 않으면 임상을 접고 한국으로 돌아가 소송 준비를 하겠습니다. 동의한다면 이번 일은 다시 문제 삼지 않겠습니다."

유럽인들이 소송에 약하다는 약점을 공략한 것이다. 셀트리온이 초강수를 두자 아이콘은 어쩔 수 없이 전 세계 지사에서 자이로스 시스템으로 데이터 분석이 가능한 연구원을 수소문했다. 미국, 러시아에서 급조한 인력들이 영국으로 파견됐다. 그런데 문제가 또 있었다. 분석 장비가 1대밖에 없었던 것이다. 일정한 데이터가 나오려면 동일한 장비를 사용해야 하는데 24시간 플랜을 가동하려면 최소 3대가 필요했다. 장비는 자이로랩의 본사인 스웨덴에서 생산했다. 스웨덴으로 전화를 걸어 긴급 상황임을 알리고 장비 두 대를 주문했다. 돈은 얼마가 들어도 상관없으니 최대한 빨리 사용할 수 있게 해달라고 단단히 일렀다. 다행히 일주일 만에 장비가 왔다. 아이콘 담당자들과 셀트리온 직원들이 모두 투입돼 밤낮으로 분석 장비 3대를 돌렸다. 그리고 거짓말처럼 2개월 안에 EMA가 원하는 데이터 분석을 만들어냈다.

"바이오도 전공하지 않은 제가 밸리데이션(validation, 데이터 검증)을 직접 했다면 믿으시겠습니까? 지식적으로 완벽하지 않아도 포기하지 않으면 해낼 수 있습니다."

기우성은 펜을 꺼내 새하얀 A4 용지 귀퉁이에 작은 점 하나를 찍었다.

"이 점을 통과할 수 있느냐고 물으면 사람들은 불가능하다고 합니다. 종이 여백이 눈에 먼저 들어오니까 점이 너무 작아 보이거든요. 그런데 이 점만 뚫어져라 쳐다보면 점이 구멍처럼 크게 보입니다. 점만 보고 가다 보면 샛길이 나타나기도 하고 처음에 생각지 못했던 솔루션이 생겨요. 물론 문제가 끊임없이 터집니다. 인력 부족 문제를 해결하니 장비 문제가 터지는 것처럼요. 이럴 때 '이게 문제다, 저게 문제다'라면서 다른 곳으로 눈을 돌리면 절대 점을 뚫고 나가지 못합니다. 우리는 오로지 이 점 하나만 보고 달려왔어요."

셀트리온은 '24시간 플랜'으로 고비를 넘겼다. 최종 보완 자료를 EMA에 제출하고 나니 2013년 봄이었다. 램시마와 관련한 모든 임상 데이터는 셀트리온의 손에서 떠났다. 개발사가 할 수 있는 일은 EMA 산하 약물사용자문위원회가 램시마의 판매 승인 권고 의견을 내주기만을 기도하는 것뿐이었다.

잔인한 4월

램시마의 유럽 허가를 신청한 지 1년이 되던 2013년 3월, 시장의 의구심은 포화 상태에 이르렀다. 셀트리온을 둘러싼 온갖 루머들은 무색무취의 유해가스처럼 가득 차 작은 불꽃 하나에도 폭발할 수 있는 지경이었다. 유럽 허가에 온 정신이 빠져 있던 셀트리온은 위험수위를 알리는 경보음을 듣지 못했다.

셀트리온헬스케어의 실적 발표는 화약에 불을 붙인 격이었다. 2013년 4월 5일 셀트리온헬스케어는 2012년 사상 최대 적자를 기록했다고 발표했다. 셀트리온헬스케어는 셀트리온이 개발한 바이오시밀러의 국내외 판매를 전담하는 회사다. 이 회사가 금융감독원에 제출한 감사보고서에 따르면 2012년 매출은 338억 원, 영업손실은 223억 원이었다. 반면 셀트리온은 같은 해 매출 3489억 원, 영업이익 1970억 원으로 사상 최대 실적을 냈다. 개발회사는 '대박'이 났는데 판매회사는 '쪽박'을 찼으니 희한한 일이었다. 가뜩이나 램시마의 유럽 허가가 나오지 않던 차에 의혹은 눈덩이처럼 커졌다. 사실상 한 몸과 마찬가지인 셀트리온과 셀트리온헬스케어 두 회사의 매출이 10배 가까이 차이가 나는 것은 수상하다는 이야기가 흘러나왔다. '실적 논란'은 걷잡을 수 없을 정도로 파다하게 퍼져나갔다.

이 문제는 특이한 지배구조와 관련이 있었다. 셀트리온은 바이오시밀러 연구개발과 생산을 맡고, 셀트리온헬스케어는 국내외 제품 판매를 전담하지만 직접적인 지분 관계가 없는 별개의 회사다. 서정진 회장이 각각 지배하고 있다. 연결재무제표를 작성할 의무도 없다. 일반적으로 개발사와 판매사의 실적이 연동되는 게 맞지만 따로 움직인다고 해도 회계 문제로 보긴 어렵다.

감사보고서를 해석하면 셀트리온은 2012년 셀트리온헬스케어에 바이오시밀러 제품 3273억 원어치를 팔았다. 셀트리온헬스케어는 이를 해외시장에서 팔지 못한 채 재고로 쌓아뒀다. 유럽 허가를 받지 못했으니 당연했다. 셀트리온헬스케어의 매출은 국내 판매사인 셀트리온제약에 납품한 338억 원이 전부였다. 이 때문에 이 회사의 재고자산은 2012년 2981억 원 증가했다. 셀트리온이 한 식구인 셀트리온헬스케어에 팔 수 없는 물건을 떠넘겨 '가짜 매출'을 일으켰다는 비판이 쏟아졌다.

이런 논란이 처음은 아니었다. 램시마가 국내 허가를 받기 전인 2011년 10월 14일에도 셀트리온은 한바탕 곤욕을 치렀다. 한국경제신문이 '실적 부풀리기' 의혹을 제기하면서다.• 2010년 셀트리온이 셀트리온헬스케어에 1809억 원어치의 제품을 팔았지만 셀트리온헬스케어가 셀트리온에 지불한 돈은 531억 원에 불과했다는 점을 문제 삼은 것이다.

회사 주가는 폭락했다. 셀트리온은 긴급 대응에 나섰다. 기사가 보도된 날 오전 11시 20분 여의도 대우증권 본사에서 반박 기자회견을 열었다. 셀트리온은 바이오시밀러 허가에 실패할 경우 셀트리온헬스케어에 환불해줘야 하는 금액을 인식하는 부분에서 차이가 생겼다고

• 대장주 셀트리온 실적 의혹 벗어날까, 한국경제신문, 2011. 10. 14.

해명했다. 셀트리온은 돌려주지 않아도 되는 부분을 매출로, 환불 가능성이 있는 금액은 선급금으로 재무제표에 올렸다. 셀트리온헬스케어는 돌려받는 돈을 장기선수금으로 처리했다. 계산이 복잡해질 수밖에 없는 구조다. 셀트리온이 개발도 하고 판매까지 하는 게 회계 처리 면에서는 제일 깔끔하다. 그랬다면 애초부터 가짜 매출이나 분식회계, 사기꾼 논란은 나오지 않았을 것이다.

고육지책

이 문제에 대해 서정진은 늘 답답하게 생각했다. 셀트리온 입장에서는 회사를 두 개로 만들 수밖에 없었던 사정이 있었다. 바이오시밀러 개발 리스크를 분산하기 위해 셀트리온헬스케어를 세웠던 것이다. 셀트리온은 투자금을 있는 대로 끌어모아 더 이상 자금을 유치할 여력이 없었다. 서정진은 셀트리온의 2대 주주였던 KT&G를 찾아가 바이오시밀러 판매회사를 설립해달라고 요청했다. 셀트리온으로부터 바이오시밀러의 해외 판권을 가져가는 대신 허가를 받기 전에는 임상시험에 사용할 시제품을 구매하고 개발비와 생산비를 부담해달라고 설득했다. 판매회사는 해외 의약품 유통회사에 시제품을 공급하다가 판매 허가가 나면 전 세계 시장에 바이오시밀러를 팔아 수익을 올리면 된다. 독점 판권을 이용해 판매 수수료를 원하는 대로 정할 수 있으니 밑지는 장사는 아니었다.

문제는 바이오시밀러가 최종 판매 허가를 받지 못할 경우였다. 셀트리온은 규제 당국의 승인 이전에 생산한 시제품은 환불이 어렵다는 조건을 달았다. KT&G는 단칼에 거절했다. 국내 대기업들에게도 제안했지만 다들 손사래를 쳤다. 셀트리온이 바이오시밀러 사업에 성공할 거라고 생각한 사람은 거의 없었다.

서정진은 판매회사를 세우기 위해 셀트리온의 전신인 넥솔을 소환한다. 넥솔은 2008년 8월 셀트리온과 글로벌 판권 계약을 체결하고 2009년 4월 셀트리온헬스케어로 사명을 바꾼다. "백방으로 뛰어다녔지만 결국 아무도 투자해주지 않아서 어쩔 수 없이 셀트리온헬스케어를 만들었습니다. 모든 뒷감당은 제가 하겠다고 했어요. 그런데 이제 와서 일감 몰아주기부터 사익 편취까지 각종 의혹에 시달리니 나로선 회사를 없앨 수도 없고 답답할 따름입니다." 훗날 서정진은 이렇게 토로했다.

셀트리온헬스케어의 처참한 실적은 후폭풍을 불러왔다. 2981억 원의 재고 논란이 일자 김형기 셀트리온 부사장은 통장 잔고까지 공개하겠다고 나섰다. 하지만 논란은 수그러들지 않았다. 서정진은 직접 인터뷰를 자처하고 해명에 나섰다. 러시아, 브라질, 필리핀 등 일부 국가에서 램시마를 직접 판매할 수 있게 되면서 현지법인에 재고물량을 쌓아둔 것이라는 설명이었다.*

"바이오의약품은 다른 공산품처럼 생산해서 해외로 실어 보내면 끝이 아닙니다. 유럽 현지에서 품질에 이상이 없는지 테스트를 하고 다시 판매 승인을 받는 후속 절차에 9개월이 걸려요. 이 때문에 현지 판매유통회사들은 우리에게 안정적으로 1년 6개월 치 분량의 재고를 보유하도록 요구합니다. 제품 출시 전에는 판매회사에 6개월 치 재고

* [마켓인사이트] 또 '실적 논란' 셀트리온, "3000억 재고 논란, 6월이면 결론날 것", 한국경제신문, 2013. 4. 11.

를 공급하는 조건으로 계약을 맺는 게 업계의 관행입니다."

서정진은 실적 부풀리기에 대해서도 해명했다. 셀트리온헬스케어의 주요 주주인 원에쿼티파트너스 등의 동의가 없으면 셀트리온에 마음대로 자금을 집행할 수 없다는 것이다. 셀트리온은 국가별 판매 계획을 3개월마다 업데이트해 주주사들과 긴밀하게 논의하고 자금을 집행해왔다고 했다.

서정진은 "바이오시밀러 최대 시장인 유럽에서 6월 램시마 판매 승인이 나면 모든 의혹이 가실 것"이라고 자신했다.

모든 것은 램시마의 성패 여부에 달려 있었다. 해외 판매가 본격화되면 가짜 매출에 대한 의구심은 해소될 것이라고 서정진은 생각했다.

안일한 생각이었다. 7년 뒤 램시마가 전 세계 70여 개국에서 처방되고 있는 시점에서도 셀트리온은 여전히 분식회계 의혹에 시달리고 있다. 바이오시밀러가 성공한 마당에 셀트리온헬스케어가 존재해야 할 필요성이 있느냐는 의문도 제기된다.

"만에 하나 유럽 승인이 거절될 경우 모든 짐은 혼자 지고 가겠습니다. 승인이 나지 않으면 셀트리온헬스케어는 리스크에 노출되지만 셀트리온 투자자에게는 큰 피해가 없을 겁니다."

서정진은 당시 한국경제신문과의 인터뷰에서 의미심장한 말을 남긴다. "셀트리온은 글로벌기업에 매각하면 된다"고 말한 것이다. 투자금을 날릴 것을 우려한 셀트리온 주주들을 일단 안심시키기 위한 발언이었다.

매각 선언

"돼지 장사 하지 않고 자식 농사 짓는다. 수익이 아니라 명분을 위해 일한다."

폭탄선언

모든 일은 일주일 새 일어났다. 서정진의 인터뷰가 게재된 다음 날인 4월 11일부터 일주일간 150만 주의 공매도*가 이뤄졌다. 2013년 4월 11일 셀트리온헬스케어가 가지고 있던 약 3000억 원의 재고 논란에 대해 회사가 공식 입장을 발표한 이후 시장은 크게 요동쳤다. 불길은 잡으려고 할수록 더욱 거세졌다. 서정진의 해명도 소용이 없었다. 오히려 그의 발언은 창고에서 잠자고 있던 램시마의 존재를 더 부각시켰다. 바이오의약품을 개발해본 적도, 해외시장에 판매해본 적도 없

- * 말 그대로 '없는 것을 판다'는 뜻이다. 주식을 보유하지 않은 상태에서 우선 매도 주문을 내고 결제일이 돌아오는 3일 안에 주식을 구입해 메우는 방식이다. 주가 하락이 예상되는 경우 공매도로 시세 차익을 얻을 수 있다.

는 한국에서 투자자들에게 바이오 사업을 이해시키기란 불가능했다. 의약품 허가를 받는 데 왜 이렇게 오랜 시간이 걸리는지, 왜 재고 물량을 10개월 치나 쟁여둬야 하는지, 또 다른 의혹이 꼬리에 꼬리를 물고 늘어졌다.

2년 전의 악몽이 똑같이 재현됐다. 이번엔 임상 환자 사망설, 회장 도주설에서 창고 매출과 분식회계 문제까지 더해졌다. 셀트리온은 시가총액 5조 원에 육박하는 코스닥시장 1위 기업이었다. 주식시장의 관심이 집중될 수밖에 없었다. '찌라시'가 기승을 부리자 주가는 추락했다. 공매도 세력은 신이 나서 칼춤을 췄다. 2013년 4월 10일부터 거래일 6일 동안 하루 거래량 대비 공매도 비율은 16.6퍼센트에 달했다.

서정진은 공매도와 전면전을 선포했다. 임직원들에게 디데이를 4월 16일로 못 박고 할 수 있는 방법은 모조리 동원했다. 셀트리온은 수백억을 쏟아부어 자기주식을 매입했다. 최대주주인 서정진도 사재를 털어 본인 명의로 주식을 사들였다. 공매도를 박멸하기 위해 그가 매입한 주식의 가치는 수천억 원에 달했다.

수사기관에게도 도움을 요청했다. 주가조작 세력을 색출하는 게 급선무였다. 그동안 공매도 세력의 시장 교란 행위가 나타날 때마다 인터넷 포털, 증권 관련 게시판, SNS 등을 통해 회사에 관한 허위 사실과 각종 악성 루머의 조직적 유포 행위가 포착됐다. 셀트리온은 11일 '세력'과 연관된 것으로 보이는 악성 루머 유포자 30명을 경찰에 고발했다. 이들 중 3명은 경찰 조사 결과 노숙자에게 30만 원을 주고 명의를 도용한 아이디를 사용한 것으로 드러났다. 셀트리온은 이날 회사 홈페이지에 "이번 수사가 불법 세력의 실체를 밝혀내는 단서가 될 것"이라며 "앞으로 작전 세력에 도움을 주는 행위를 지속적으로 모니터링하고 고발 조치하겠다"고 경고했다.

공매도 세력은 셀트리온을 비웃듯 더욱 활개를 쳤다. 4월 15일에는 공매도가 최고조에 이르렀다. 이날 공매도 비율은 23.87퍼센트까지 치솟았다. 이날 거래된 셀트리온 주식의 4분의 1이 공매도였던 셈이다. 세력과 연계된 계좌로 의심되는 거래까지 포함하면 공매도 비율은 이보다 높을 것으로 회사 측은 추정했다.

더 이상 손쓸 방법이 없었다. 국내외 투자 기관들로부터 전화가 폭주했다. 소액주주들의 비명도 무시할 수 없었다. 셀트리온을 믿지 못하겠다는 소리가 여기저기서 터져 나왔다. 셀트리온 임원들은 그때의 상황을 떠올리며 "난리도 그런 난리가 없었다"고 했다. 송도 본사 임원실에서 소집된 비상 회의는 끝날 줄을 몰랐다. 시시각각 바뀌는 상황을 보고받고 새로운 대책을 강구하느라 화장실도 제대로 갈 수 없었다. 철야 근무를 마친 서정진과 임원들은 회사 근처의 '영빈관'에서 지냈다. 영빈관은 외국에서 손님들이 오면 접대용으로 사용하기 위해 마련한 게스트하우스인데 전시 상황에서는 임시 작전 본부가 됐다.

D-1일인 4월 15일 밤 영빈관에 모여 있던 셀트리온 임원들은 서정진이 평소와 다르다는 걸 눈치챘다. 창업 멤버들은 대우차 시절까지 20년을 함께했으니 눈빛만 봐도 무슨 생각을 하는지 읽을 수가 있었다. 서정진은 공매도에 대한 분노와 피로가 극에 달해 심신이 매우 불안정한 상태였다. 우울증과 공황장애가 찾아왔다. 수면 부족까지 겹치면서 점점 이성을 잃어갔다. 의지와 집념이라면 누구보다 자신 있었는데 이제는 약한 충격에도 깨어질 듯한 '유리 멘털'이 됐다. 16일로 넘어가는 자정 무렵 왠지 모를 '쌔한' 느낌을 감지한 김형기는 서정진에게 전화를 걸었다.

"잠도 안 오는데 소주나 한잔하시죠."

서정진은 "피곤해서 좀 쉬어야겠다"고 전화를 끊었다. 수석부사장이던 김형기와 기우성은 서정진이 결국 '일'을 터뜨릴 것이라 예상하고 있었다.

"회장님이 귀신이면 우리는 귀신 잡는 무당이에요. 다음 날 새벽에 올라가서 말려야겠다고 생각했습니다."

기우성이 말했다.

2013년 4월 16일, 서정진은 오전 11시 서울 여의도 63빌딩 별관 2층 파인룸에서 긴급 기자회견을 열었다. 그는 전날 밤 임원들이 알아차리지 못하게 조용히 회견 장소를 잡으라고 지시했다. 결심이 확고하게 선 그를 아무도 막지 못했다. 서정진은 이날 셀트리온을 매각하겠다는 '폭탄선언'을 한다. 투기 세력에 맞서 사투를 벌여온 코스닥 대장이 결국 무릎을 꿇는 순간이었다.

'셀Sell'트리온의 운명

"저는 오늘 중대 결심을 발표하기 위해 이 자리에 섰습니다. 셀트리온을 투기 세력의 계속되는 의혹과 공격에 맞설 수 있는 굳건한 회사로 만들기 위해 다국적 제약사를 대상으로 회사 매각 작업을 진행하기로 결심했습니다."

서정진의 말에 회견장이 술렁였다. 긴급 기자회견 통보를 듣고 헐레벌떡 63빌딩으로 뛰어온 기자들은 충격에 빠졌다. 전혀 예상치 못한 시나리오였다. 회사에서 손을 떼겠다니, 그것도 코스닥 시가총액 1

위 기업의 창업자가 자식처럼 키운 회사를 버리겠다는 말에 다들 얼빠진 표정이었다. 단연 신문 1면 기사감이었다.

기자들의 손이 정신없이 바빠졌다. 웅성이던 장내는 곧 타닥타닥하는 키보드 소리로 가득 찼다.

"매각 시기는 램시마의 유럽 승인 이후가 될 것입니다. 제가 보유하고 있는 셀트리온, 셀트리온헬스케어, 셀트리온제약의 지분을 매각할 계획이며, 모든 경영권을 포기하겠습니다."

인터넷 속보가 쏟아졌다.

서정진은 두 가지 매각 이유로 소액주주와 회사를 댔다. "공매도로 인해 소액주주들이 더 이상 피해를 입는 것을 두고 볼 수 없다"고 그는 말했다. "저를 내려놓는 것이 저를 믿고 함께해준 셀트리온그룹 임직원들과 해외 파트너사들이 부당한 피해를 입지 않고 안정적으로 성장, 발전하는 길이라고 판단했습니다."

서정진은 자금력이 풍부한 다국적 제약사라면 공매도 세력으로부터 회사를 지켜줄 수 있을 것이라고 생각했다. 램시마의 성공을 위해서도 잘된 일인지 몰랐다. 다국적사의 브랜드 인지도와 판매 네트워크가 결합된다면 셀트리온의 바이오시밀러는 세계시장으로 날아오르는 날개를 다는 셈이었다. 하지만 셀트리온의 DNA는 지구상에서 사라질 게 분명했다. 한국은 개발 주도권을 빼앗기고 생산기지로 전락할 것이다. 서정진은 "제가 꿈꿔왔던 한국에 본사를 둔 글로벌 제약회사의 꿈은 접게 되겠지만 셀트리온은 다국적 제약사에 편입되어 안정적인 성장기반을 다지게 될 것"이라며 "인수를 희망하는 업체들 중 회사에 가장 도움이 되는 곳을 택하겠다"고 말했다.

셀트리온의 탄탄한 항체의약품 파이프라인과 생산설비, 품질 시스템에 군침을 흘리는 거대 제약사들이 적지 않았다. 인수합병 제안도 꽤 있었다. 월스트리트의 거물급 투자자들도 회사를 매각하라고 여러 차례 권유했지만 서정진은 번번이 거절했다.

"월가 사람들과 친해지자 제게 부자가 될 수 있는 중요한 비밀을 알려주겠다고 하더군요. 새끼 돼지를 키워서 중간 정도에 컸을 때 팔라는 얘기였습니다. 어른이 되면 덩치가 커져서 사육비가 많이 들고 몸값도 제대로 받을 수 없으니 계속 새끼 돼지를 쳐서 팔라고 말이죠." 서정진이 말했다.

유명한 바이오 벤처 창업자들도 비슷한 이야기를 했다. "고생스럽게 끝까지 가지 말고 시장의 기대감이 최고조에 올랐을 때 회사를 매각하라"고 했다. 제약바이오 기업은 성패 여부가 불확실할 때 회사의 가치를 가장 높게 평가받았다. "소문에 사고 뉴스에 팔아라"는 주식 투자 원칙은 바이오업계에선 통하지 않았다. 뉴스가 나올 때 주식을 팔면 이미 늦었다. 신약 허가 소식이 전해지면 오히려 주가가 떨어지는 경우가 많다. 주가를 상승시킬 재료가 모두 소진됐기 때문이다. 그래서 바이오 벤처들은 계속해서 새로운 파이프라인(신약후보물질)을 발표해 주가를 띄우고 창업자는 보유지분을 팔아 두둑하게 이익을 챙겼다. 그들의 목표는 성공이 아니라 돈이었다. '희망'을 먹고 사는 바이오업종은 다른 산업에 비해 주가의 거품도 심했고 그만큼 창업자들의 모럴해저드(도덕적 해이)도 심각했다. 유혹의 손길이 뻗쳐올 때마다 서정진은 단호히 고개를 흔들었다.

"한국의 사업가들은 돼지 장사를 하지 않고 자식 농사를 짓는다. 수익이 아니라 명분을 위해 일한다."

정치인도 아닌 기업가가 '명분' 타령이냐고 비꼬는 사람들도 있었다. 그럼에도 서정진은 중요한 결정을 내릴 때마다 명분을 먼저 생각했다. 나보다 임직원을, 개인보다 전체를 먼저 생각했고 단기적 관점이 아니라 장기적 측면에서 판단했다. 정의롭지 못한 방법으로 이익을 취하기보다 손해를 보더라도 옳다고 생각하는 길을 택했다. 그러다 보니 의리를 지키려다 피해를 입은 적이 한두 번이 아니다. 서정진은 "거창한 윤리 의식이나 철학이 있어서가 아니라 그저 사람들이 누구나 알고 있고 당연하게 여기는 '상식'에 맞게 살려고 노력했다"며 "그런데 기업을 하다 보니 상식대로 살기가 참 힘들더라"고 했다.

공매도 척결

서정진이 회사를 매각하기로 결정한 것은 '공매도 척결'이라는 명분이 컸다. "회사가 탐욕스러운 투기 세력에게 농락당하는 것을 가만히 두고 볼 수는 없었다"고 그는 말했다. 이날 기자회견에서 서정진은 공매도에 무방비로 노출된 상황에 대해 낱낱이 공개했다. 셀트리온 주식은 2011년 4월부터 2년간 공매도 금지 기간을 제외한 432일의 거래일 중 412일(95.4%) 동안 공매도가 지속됐다. 2012년 4월 12일에는 일 거래량 대비 공매도 비율이 35.3퍼센트에 달했다.

서정진은 정부와 국내 금융투자업계에 대한 실망감과 불만도 드러냈다.

"국내에는 우리에게 투자할 금융자본이 없었고 우리의 독특한 모델을 이해해주지도 않았습니다. 대신 시기와 질투가 있었습니다."

국내 자본은 투자를 절실히 필요로 하던 때 셀트리온을 외면했다.

외국 기관투자자의 도움으로 회사가 겨우 살아나자 이번엔 투기 세력의 공격이 회사의 발목을 잡았다. "무수히 많은 악성 루머와 허위 사실이 자본시장에서 유포되고 회사에 대한 의혹과 문제제기가 반복 재생되고 있습니다. 우리 회사에 투자한 해외 투자회사들조차 오히려 한국에 대해 회의를 갖는 단초가 되고 있습니다."

서정진의 얼굴은 상기됐지만 목소리는 차분하고 단호했다. 그는 "관계 기관과 당국에 공매도 조사를 수차례 요청했는데도 나아진 게 없다"며 "증권시장에 정상 범위를 벗어나는 공매도 행위와 시세조종 등 불법 행위를 모니터링하고 제한할 수 있는 규정이 있는데 제대로 작동하고 있지 않다"고 지적했다.

당국의 안이한 인식에 속이 터질 대로 터진 개인 주주들은 코스닥시장에서 공매도를 제한해야 한다고 주장했다. 개인투자자가 대부분인 코스닥시장에서 기관의 공매도는 소액주주들의 공포감을 조장해 주가를 인위적으로 떨어뜨리기 쉽다는 것이다. 코스닥시장이 머니게임을 일삼는 투기 자본에게 좋은 놀이터가 되고 있다는 지적도 나왔다. 서정진은 "한국 사회에서는 창업자가 계속해서 꿈을 어어가기에는 벽이 높다"며 "새 정부가 국정과제로 내세운 창조기업 육성에 있어 우리의 사례가 구조적 모순을 해결하고 가야 하는 방향을 알려주는 이정표가 되길 바란다"고 힘줘 말했다.

서정진은 "한편으론 홀가분하다"고 했지만 전혀 홀가분한 모습이 아니었다.

"우울증과 공황장애가 왔습니다. 우울증은 죽고 싶은 병이고 공황장애는 죽을 것 같은 병이라고 합니다. 아이러니하게도 두 병은 서로의 가장 좋은 치료제예요. 우울증에 걸린 사람이 공황장애를 겪으니

죽지 않더군요. 솔직히 말해 지쳤습니다. 이제 다 내려놓고 자연인으로 돌아가고 싶습니다."

착잡한 표정을 짓는 서정진의 사진과 그의 당돌한 발언은 다음 날 주요 일간지와 경제지 1면을 도배했다. 서정진은 기자회견을 한 지 이틀 뒤인 4월 18일 아침, 인기 라디오 프로그램 〈손석희의 시선집중〉에도 출연한다. 어떻게 해서든 공매도 사태를 이슈화하겠다고 작정한 것이다. 그는 이틀 연속 공매도 세력과 정부를 향해 맹공을 퍼부었다. 매각 발표에 대해선 "소화기로 불을 끌 수 없을 정도여서 불자동차를 부른 것"이라고 했다. "1조 5000억을 투자해서 사업하는 기업이 6000억 원씩 써가면서 공매도를 방어하는 게 말이 됩니까. 회사와 직원들이 자사주를 샀는데도 이제는 더 이상 견딜 수 없어서 사회적으로 고발하는 수밖에 없었습니다."

사면초가

코스닥 대장의 절규는 취임한 지 두 달도 안 된 박근혜 정부의 안마당까지 전해졌다. 정부의 눈치를 보지 않고 거침없이 쓴소리를 날린 기업인은 많지 않았기에 금융 당국은 서정진의 제동에 당황했다. 코스닥 시총 1위 기업이 다국적회사에 팔린다는 소식은 국가경제 측면에서 달가운 소식이 아니었다. "한국에선 기업을 못 해먹겠다"는 파격적인 언행은 정재계뿐만 아니라 온 국민의 관심을 집중시키기에 충분했다. 이 일로 서정진과 셀트리온은 미운털이 박히게 된다. 맨손으로 바이오 성공 신화를 쓴 뚝심의 사나이 서정진은 돌출 행동을 일삼는 막무가내 기업인으로 각인됐다. 서정진은 훗날 회사 매각 발표를 한 것을 후회한다고 말했다.

하지만 서정진의 발언은 그가 의도했던 '소기의 목적'을 달성하는 데는 성공했다. 공매도 논란이 일파만파 번졌다. 하지만 금융 당국은 눈 하나 깜짝하지 않았다. 한국거래소는 "공매도는 합법적인 거래 행위"라며 "기업을 직접 경영하는 오너 대주주가 공매도로 인해 손해나 피해를 볼 일은 없는데 왜 공매도 탓을 하는지 모르겠다"고 했다.•

금융위원회는 "개별종목에 대한 공매도 제한은 원칙적으로 신중해야 한다"고 했다. 신제윤 금융위원회 위원장은 국회 업무보고에서 "공매도 규제를 강화하면 시장에 충격을 줄 수 있다"면서 "제도적으로 개선할 점이 있는지 살펴보겠다"고 말했다.••

'악의 축'으로 지목된 금융투자업계도 가만히 있지 않았다. 실적 논란을 잠재우기 위해 지분매각이라는 초강수를 둔 것이 아니냐는 말들이 흘러나왔다. 불똥은 셀트리온의 주식담보대출로 튀었다. 셀트리온은 수천억 원의 연구개발비를 충당하기 위해 주식을 담보로 돈을 빌려왔다. 서정진이 지분 97퍼센트를 가지고 있는 지주회사 셀트리온홀딩스는 2006년부터 2013년까지 약 20차례에 걸쳐 총 2400억여 원을 대출받았다. 우리은행, KDB대우증권, 농협중앙회 등이 셀트리온 주식을 담보로 대출을 해줬다. 담보로 잡힌 주식은 전체 발행주식의 10퍼센트가량인 1000만여 주에 달했다. 셀트리온의 물류를 맡고 있는 셀트리온GSC도 셀트리온 주식 약 700만 주를 담보로 약 1500억 원의 대출을 받았다. 두 회사가 셀트리온 주식으로만 4000억 원의 대

• 공매도에 꺾인 셀트리온..일부선 실적부실 의혹', 조선일보, 2013. 4. 17.

•• "공매도 질렸다" 서정진의 마지막 승부수?, 한국경제신문, 2013. 4. 17.

출을 일으킨 것이다. 이렇게 자가발전식의 '돌려막기' 대출로 힘겹게 버텨왔는데 주가가 떨어지니 셀트리온은 난감한 상황이었다. 문제는 셀트리온홀딩스와 셀트리온GSC가 2013년 상반기까지 대출금 1800억 원을 갚거나 만기를 연장해야 하는 데 있었다.

셀트리온이 실적 논란에 대한 해명 없이 공매도 탓만 하고 있다는 비판도 제기됐다. 한 증권사 애널리스트는 "지금까지 셀트리온의 매출로 밝혀진 것이 다 창고에 있어 회계상 이익일 뿐 현금흐름상 이익이 아니다"라며 "서정진 회장은 억울하다고 했지만 셀트리온이 공매도를 자초한 것"이라고 공격했다.

한국거래소는 "공매도가 주가 하락을 불렀다"는 셀트리온 측의 주장도 반박했다. 2012년 말부터 서정진 회장, 셀트리온 주주들의 요청을 받아 공매도와 주가 하락의 관련성을 검토했는데 공매도 증감과 주가의 상관관계는 없었다는 것이다.

거래소는 셀트리온의 공매도 금지 요구에 난색을 표했다. 공매도가 헤지거래•의 순기능을 가지고 있다는 점에서다. 가격변동위험을 피하기 위해 선물시장에서 주식시장과 정반대 형태로 거래하는 행위 자체는 불법이 아니다. 거래소는 셀트리온을 공매도 금지 대상으로 선정할 기준을 마련하는 것도 쉽지 않다고 봤다. 셀트리온보다 공매도가 잦은 종목이 많고, 공매도가 많아도 주가가 오르는 종목도 있기 때문이다. 금융감독원 관계자는 "검사는 기소로, 판사는 판결로, 우리는 조사 결과로만 말할 뿐"이라면서도 "공매도는 결국 회사의 펀더멘털

• 증권시장에서 발생하는 또는 발생할 가격변동으로부터 야기되는 위험을 회피하기 위해 이미 보유하고 있거나 보유할 예정인 현물 포지션에 대응해 동일한 수량의 반대 포지션을 선물시장에서 취하는 것.

(경영실적, 기술력 등)을 이기지 못하는 법"이라고 비아냥거렸다.●

제약바이오업계도 달려들었다. 세계 최초 바이오시밀러랍시고 설쳐대던 꼴이 가뜩이나 못마땅하던 차였다. 한 제약업계 CEO는 "국내에선 어쩔 수 없이 램시마의 승인을 내줬지만 예상보다 약효가 낮게 나와 유럽 승인을 받지는 못할 것 같다"면서 "자신이 없으니 가짜 매출을 만들어 장난하는 게 아니냐"고 직격탄을 날렸다. 셀트리온이 금융당국을 겨냥해 쏜 화살은 되돌아와 서정진의 등에 꽂혔다.

증발한 1조 8천억 원

공매도 사태를 해결하기 위한 매각 발표는 더 큰 참사를 불러왔다. 악성 루머의 날갯짓은 공매도 바람을 일으켰고 셀트리온을 혼돈 속에 빠뜨렸다. 나비효과는 여기서 그치지 않았다. 거대한 쓰나미가 몰려오고 있었다.

미국 시간으로 2013년 4월 18일 블룸버그 통신은 셀트리온이 유럽에서 진행 중인 리툭산 바이오시밀러 CT-P10의 임상3상을 '조기 종료'했다고 보도했다. 리툭산은 스위스 로슈가 개발한 의약품으로 혈액암 치료에 쓰이는 항체의약품이다. 한국에 뉴스가 전해진 시간은 4월 19일 금요일 오전이었다. 시장은 삽시간에 공포 분위기에 휩싸였다. 주가는 급락했고 개장 두 시간여 만인 11시 하한가를 기록했다.

이번 일은 EMA의 용어를 잘못 해석한 데서 빚어진 해프닝이었다.

● 금융당국 "공매도와 주가 하락은 무관", 국민일보, 2013. 4. 19.

임상을 중단한 건 맞지만 약물 부작용 등 실패로 인정할 만한 이유로 임상을 완전히 접는 것은 아니었다. 셀트리온은 또 다시 해명에 나섰다. 임상3상 설계를 바꾸면서 기존의 제출 계획을 폐기한 것으로, '종료'가 아니라 '취소'라는 설명이었다. 셀트리온은 "이달 중 임상1상이 끝나면 5~6월 실험 결과를 발표하고 새로운 임상시험 디자인에 대한 IND(임상시험 계획서)를 재신청할 계획"이라고 밝혔다.

셀트리온은 EMA에도 임상 정보에 관한 수정을 요청했다. 하지만 시장은 셀트리온보다 블룸버그를 더 신뢰했다.

블룸버그발 임상 중단 뉴스는 셀트리온을 거래일 4일 연속 하한가로 몰아넣었다. 지옥 같은 주말이었다. 블룸버그는 셀트리온의 해명을 듣고 일리가 있다고 판단했는지 22일 월요일 오전 기사를 수정했다. 임상 '중단'을 '연기'로 바꿨다. 하지만 달라진 건 없었다. 2013년 1월 최고 5만 7900원까지 갔던 셀트리온의 주가는 이날 2만 6650원으로 반 토막이 났다. 서정진이 회사 매각 계획을 밝힌 이후 사흘 만에 시총 1조 8000억 원이 증발했다. 셀트리온 소액주주들 커뮤니티인 '씽크풀'의 토론방은 그야말로 초상집이었다. 나흘 연속 하한가는 셀트리온 역사에 최악의 사례로 기록됐다. 결과적으로 공매도 피해에서 회사와 주주를 지키려고 했던 서정진의 결정은 엄청난 역효과를 가져왔다. 시장은 창업자의 명분과 희생 따위는 믿지 않았다. 다른 바이오 회사 경영자들이 그랬듯 '먹튀'로 비칠 뿐이었다.

만장일치, 퍼펙트!

"Unanimous decision, 100% perfect!(만장일치, 퍼펙트)"

저항의 대가

금융 당국에 '반기'를 든 대가는 가혹했다. 금융감독원은 주가조작 혐의로 서정진을 조사했다. 기술력 논란, 분식회계 의혹에 이어 주가조작이 대미를 장식했다. 한국거래소는 서정진과 셀트리온의 거래내역 중 시세조종 행위로 의심할 만한 자료를 금감원에 넘겼다. 금감원은 셀트리온이 자사주를 매입한 시기를 전후해 서정진과 시세조종 세력이 주식을 매매해 적잖은 차익을 거뒀다고 의심했다.

공교롭게도 2013년 5월 3일 증권범죄 합동수사단이 야심차게 출범한다. 검찰과 금감원, 국세청 등 금융 범죄 관련 기관이 모여 꾸려진 조직으로 위법이 확인되면 금융 당국의 조사 없이 바로 합동수사단이 패스트트랙 방식으로 조사할 수 있도록 했다. 내부자 거래나 시세조종, 부정거래 행위가 주요 수사 대상이었다. 코스닥시장의 '핫이슈'로 떠오른 셀트리온이 첫 번째 표적이 될 것이라고들 했다.

사태는 서정진의 생각과 전혀 다른 방향으로 흘러가고 있었다. 서정진의 진짜 의도가 무엇인지 의구심이 증폭됐다. 셀트리온을 매각하면 서정진이 얼마를 손에 쥐게 될지에 관심이 쏠렸다. 서정진은 지주회사인 셀트리온홀딩스 주식 97.28퍼센트, 셀트리온GSC 주식 68.42퍼센트, 셀트리온헬스케어 주식 50.31퍼센트를 보유하고 있었다. 지주회사인 셀트리온홀딩스의 주식 평가액이 1조 2250억 원, 셀트리온GSC와 셀트리온헬스케어의 평가액은 각각 5321억 원, 698억 원으로 1조 8269억 원에 달했다.● 셀트리온의 주가가 떨어진 것을 감안하더라도 서정진이 최소 1조 5000억 원을 거머쥘 것이란 분석이 나왔다.

'먹튀' 논란 탓인지 국세청은 셀트리온과 자회사 거래 과정에서 부정이 없었는지 살펴보기 시작했다. 금감원은 셀트리온이 무상증자 전에 자사주를 매입한 것이 미공개 정보를 이용한 불공정거래행위일 수 있다고 의심했다. 주주들은 강력 반발했다. 청와대와 금감원 홈페이지에 '금감원이 괘씸죄를 적용해 셀트리온에 보복수사를 하고 있다', '회사를 공격하는 불법 공매도 세력을 조사해달라고 했는데 엉뚱하게 회사와 주주들에게 화살을 돌렸다'는 항의 글이 올라왔다.

서정진은 "원래 의도와 달리 사태가 왜곡됐다. 그래도 상관없다. 다만 진짜 보호해야 할 대상자, 소액주주들을 생각하면 가슴이 아프다"고 한탄했다.●●

● '알쏭달쏭 서정진 셀트리온 회장의 노림수', 일요시사, 2013. 4. 22.

●● 셀트리온 미스터리 코스닥 대장株 셀트리온 '제2의 황우석 사태' 되나, 주간동아, 2013. 4. 29.

해리포터의 '볼드모트'처럼 바이오업계에서 언급해서는 안 되는 금기어가 등장했다. 여론은 셀트리온을 '제2의 황우석 사태'로 몰아갈 기세였다. 황 교수의 이름이 나오자 식품의약안전처는 화들짝 놀랐다. 만에 하나 모든 의혹이 사실이라면 원죄는 램시마 허가를 내준 식약처가 뒤집어쓰게 되었다. 가뜩이나 윗선의 압박으로 억지로 허가를 내준 것이 아니냐는 소리를 듣던 차였다.

식약처는 EMA 허가가 언제 나오는 것이냐고 채근했다. 셀트리온 측은 이정석 식약처 바이오생약국장(현 한국바이오의약품협회 회장)에게 관련 부서 직원들을 모아달라고 했다. 셀트리온 임상 허가 담당자들은 그간 EMA와 씨름했던 일들을 소상히 들려줬다. 2012년 말 EMA의 지적에 따라 임상 데이터를 재분석해 그해 초 제출했고 허가 일정이 다소 지연됐다고 설명했다. 식약처는 경악했다. 6개월 걸리는 분석 작업을 2개월 만에 끝냈으니 바이오 전문가들이 보기엔 가짜 데이터였다.

"어떻게 이런 자료로 허가받을 수 있다고 확신하시죠?"

식약처 모 과장이 물었다.

"8 곱하기 6이나 24 곱하기 2의 결과가 똑같으니까요. 이해하시겠어요?"

기우성이 말했다. 남들이 하루 8시간 일할 때 24시간을 쏟아부었다는 의미였다. 사실 셀트리온은 그 이상 증명할 수 있는 게 없었다. EMA에서 받은 리포트에는 허가와 관련한 심사 서류는 절대 외부에 유출하거나 공유해선 안 된다고 명시돼 있다. 셀트리온 측은 EMA가 램시마의 품목 허가 신청서에 '긍정적Positive'이라고 최종 평가한 문서 원본을 꺼냈다.

"복사하면 안 된다고 해서 여기 원본을 가져왔습니다. '포지티브'라고 해서 반드시 통과한다는 보장은 없지만 저도 영국에서 사선을 넘어왔어요. 어차피 식약처에서도 연구실과 병원 실사를 할 텐데 탄로 날 거짓말을 왜 하겠습니까. 최선을 다해 허가를 받도록 하겠습니다. 식약처가 곤란한 상황인 것을 충분히 알지만 저희를 믿어주세요."

셀트리온 임상 담당 임원이 호소했다. 식약처 직원들은 더 이상 캐묻지 않고 돌아갔다.

도장 깨기

산 사람은 살아야 하고 남은 자는 버텨야 했다. 셀트리온의 노력은 눈물겨웠다. 램시마의 후속 투수들을 끌어내 마운드에 내세웠다. 첫 번째는 독감 치료제였다. 2013년 4월 29일 셀트리온은 영국 의약품·보건의료제품규제청으로부터 독감 항체 신약 CT-P27의 임상1상 시험을 승인받았다고 발표했다. 영국에서 사람을 상대로 임상시험에 들어가고 계획대로 완료되면 2015년부터 시판될 것이라고 했다.● 독감 치료제의 임상 소식은 의외로 '약발'이 있었다. 주가는 사흘 만에 반등했다. 전 국민의 공포심을 불러일으켰던 독감의 치료제는 그 위력을 무시할 수 없었다. 두 달 뒤 중국에서 H7N9형 조류인플루엔자가 유행하자 셀트리온은 이 기회를 놓칠세라 CT-P27이 조류 독감에도 효과가 있다고 발표했다. 공동연구 협약을 맺은 중국 군사의

● CT-P27은 2019년 임상2상을 마쳤고 3상을 남겨두고 있다.

학과학원 산하 병원미생물안전국가중점연구실이 세포 기반 효능 시험을 진행한 결과 H7N9 바이러스를 억제하는 효과를 보였다는 것이다. 그해 말에는 유일한 독감 치료제였던 타미플루에 내성을 보인 환자들에게도 이 약이 효과가 있다고 홍보했다. 셀트리온은 2012년 전임상부터 2013년 말 임상1상을 마칠 때까지 CT-P27의 효능과 효과를 속속들이 알리기에 나선다. 독감 치료제는 임상 초기 단계부터 일약 셀트리온의 차세대 신약으로 떠오르게 된다.

셀트리온은 두 번째 투수로 유방암 치료제 '허셉틴' 바이오시밀러인 CT-P06을 등판시켰다. 이 제품은 '허쥬마'라는 이름으로 2013년 6월 4일 식약처에 품목 허가를 신청한다. 램시마의 뒤를 잇는 두 번째 바이오시밀러다. 허쥬마의 오리지널 제품인 허셉틴은 미국 바이오 회사 제넨텍이 개발한 바이오의약품이다. 스위스 로슈가 제넨텍을 인수하면서 판권을 갖고 있다. 허쥬마가 나오면서부터 셀트리온은 로슈의 눈엣가시 같은 존재가 된다. 가격이 저렴한 바이오시밀러가 나오면 오리지널 개발사는 타격을 입을 수밖에 없다. 셀트리온은 허쥬마에 이어 세 번째로 '트룩시마'를 내놓는데 공교롭게 이 제품도 로슈의 '맙테라'를 복제한 것이다. 셀트리온이 특별한 악감정이 있어서 로슈의 제품을 두 개나 복제한 것은 아니다. 연간 수조 원의 매출을 올리는 블록버스터 항체의약품들을 로슈가 장악하고 있으니 바이오시밀러 개발사라면 로슈와의 대결은 피할 수 없는 운명이었다.

셀트리온은 허쥬마와 트룩시마를 개발하는 동안 로슈와 사사건건 부딪힌다. 철옹성 같은 특허 장벽을 쌓아놓은 로슈는 바이오시밀러의 진입을 막기 위해 할 수 있는 소송은 모조리 걸었다. 막강한 법무팀을 자랑하는 빅파마의 힘은 실로 대단했다. 한 개의 특허를 피하기 위해 돌고 돌아 문제를 해결하면 또 다른 산이 나타났다. 하지만 집념의 셀트리온은 포기를 몰랐다. 존슨앤드존슨, 애브비, 노바티스 등 기라성 같은 빅파마의 특허를 하나둘 격파하며 신들린 '도장 깨기' 신공을 보여준다. 셀트리온은 그들이 쳐놓은 촘촘한 특허망에서 용케 빠져나온 몇 안 되는 바이오시밀러 회사다. 로슈는 셀트리온의 끈질김을 잘 알았기 때문에 심하게 견제했다. 로슈 본사는 국내 법인인 한국로슈에 셀트리온의 동향을 수시로 보고하라고 지시했다. 셀트리온이 무슨 일을 꾸미고 있는지, 임상 진척 상황은 어떤지, 서정진의 신변에 특이 사항은 없는지 등등 사소한 것까지 요구했다. 두 회사가 '그렇고 그런 사이'임에도 불구하고 로슈는 셀트리온의 유력한 인수 후보로 거론됐다.

셀트리온 인수설에 대한 로슈 측의 불편한 심기는 2013년 4월 30일 한국로슈의 창립 30주년 기념행사에서 드러난다. 한국 기자들의 눈치 없는 질문에 당시 한국로슈 대표 스벤 피터슨은 인수 가능성을 일축하며 "로슈는 오리지널 의약품 생산과 신약 개발에 투자하는 것만을 목표로 한다"고 말했다.• 마치 우리는 '진품'을 만드는 회사라 짝퉁에는 관심이 없다는 얘기처럼 들렸다.

셀트리온이 누구의 품에 안길지는 초미의 관심사였다. 로슈에 이어 사노피, 머크, 아스트라제네카, 테바가 후보자 명단에 줄줄이 이름을 올렸다. 그럴 때마다 지목된 주인공들은 '사실무근'이라며 손을 내저었다. 세 번째 인수설이 터지자 셀트리온은 2013년 7월 31일 회사 홈페이지에 "확정된 사실이 없다"는 글을 올렸다. 사람들의 관심은 '누

• 로슈그룹 셀트리온 인수 소문은 사실 무근, 경향신문, 2013. 5. 2.

가 셀트리온을 인수하느냐'보다 '인수할 곳이 있느냐'에 초점이 맞춰지기 시작했다. 기사 헤드라인은 '셀트리온, 글로벌 제약사에 팔린다'에서 급기야 '이번엔 팔리나'가 됐다.● 인수 대상자의 실체는 매각 작업 1년이 지나도록 여전히 미궁 속이었다.

명줄을 쥔 상대

셀트리온 임직원들에게 '가장 기억에 남는 날이 언제냐'고 질문하면 많은 사람들이 '2013년 5월 31일'이라고 답한다. 홍승서 전 사장, 기우성 부회장, 이상준 수석부사장, 권기성 연구개발본부장, 박재휘 허가 담당장이 그랬다. 이날은 램시마의 유럽 허가를 받기 위해 유럽 약물사용자문위원회를 상대로 'OE(Oral Explanation, 대면 미팅)'가 있던 날이다.

OE는 EMA가 합격 도장을 찍어주기 전 통과해야 하는 마지막 단계다. 이 단계까지 오는 데 얼마나 험난한 과정을 거쳤는지 이해하려면 해외의 의약품 허가 절차를 살펴보면 된다. 임상3상 시험이 종료된 이후 벌어지는 일들은 이렇다. 개발사는 관련 자료와 허가 신청서를 해당 국가의 의약품 담당 규제 기관에 제출한다. 통상 FDA와 EMA에 제일 먼저 신청서를 낸다. 두 곳에서 허가를 받으면 전 세계에 약을 판매할 수 있다. 특히 FDA는 의약품 생산 및 품질관리 기준의 '끝판왕'으로 불린다. 허가 신청서는 약물 종류에 따라 이

● '셀트리온 이번엔 팔리나', 매일경제, 2014. 1. 7.

름이 달라지는데 신약은 NDANew Drug Application, 바이오의약품은 BLABiologics License Application라고 한다. 규제 기관은 신청서의 요건이 제대로 갖춰졌는지, 필요한 서류는 첨부됐는지 30일 내에 살펴본 다음 이상이 없으면 그제야 신청서를 '접수'하고 이를 개발사에 알려준다. 이때부터 심사관들이 꼼꼼하게 데이터를 살펴보고 시판해도 될지 여부를 결정하는 심사에 돌입한다. 최종 허가까지 최소 1년이 걸린다. 아무런 문제 없이 순조롭게 심사가 진행됐을 때 1년이고 FDA가 만족할 만한 수준을 충족하지 못하면 3년이고 4년이고 기약이 없다.

개발사가 가장 압박감을 느끼는 단계는 단연 OE다. 명줄을 쥔 심사위원을 눈앞에서 상대해야 하기 때문이다. FDA와 EMA는 의약품 전문가들로 이뤄진 약물사용자문위원회에서 최종 허가 여부를 논의하는데, 이를 미국에서는 '애드컴Adcom, Advisory Committee', 유럽에서는 '챔프CHMP, Committee for Medicinal Products for Human Use'라고 한다.

CHMP는 EU 회원국의 의약 전문가들로 구성된다. 소속 위원들은 의약품에 대한 과학적 평가 결과를 바탕으로 약물을 허가해도 좋을지 논의하고 이견이 없으면 만장일치로 승인을 결정한다. 합의에 이르지 못할 경우 최종 투표를 통해 다수결로 승인 여부를 결정한다. 허가해야 한다는 의견이 많으면 CHMP는 EMA에 '허가 권고' 의견을 전달하고 EMA는 이를 공식 문서로 작성해 외부로 공표한다. EMA는 CHMP의 권고일로부터 90일 이내에 최종 판매 결정을 내린다. EMA가 CHMP의 의견을 뒤집는 일은 거의 없다. 그럼에도 두 번의 과정을 거치는 이유는 의약품 시판으로 인한 부작용을 최소화하고 각국의 상황을 반영하기 위해서다. CHMP에서 어떤 이야기가 오갔는지는 참석한 위원들 외에는 알 수 없다. CHMP는 허가 대상 약물이 과거에는 없었던 새로운 작용 기전을 갖고 있거나 질환군별 최초일 경우 개발사를 불러 OE를 한다. 개발사는 약물에 대해 설명하고 CHMP 위원들은 궁금한 사항을 질문한다. '매도 먼저 맞는 놈이 낫다'는 말은 제약업계에선 통하지 않는다. 나중에는 안 맞아도 된다. CHMP 앞에서 한번 OE를 하면 더 이상 의문점이 남지 않을 정도로 먼지까지 탈탈 털리기 때문에 비슷한 기전의 약물들은 자동으로 OE가 면제다.

램시마는 항체 바이오시밀러로는 전 세계에서 처음 허가를 신청한 사례여서 반드시 OE를 거쳐야 했다. 약물 자체에 대한 것뿐만 아니라 바이오시밀러라는 특수한 카테고리에 대해서도 설명해야 했다. 램시마 이후 다른 바이오시밀러 개발사들은 셀트리온 덕에 상대적으로 허가를 받기 쉬웠다. 다소 억울할 수 있지만 세계 최초라는 왕관이 감내해야 하는 무게이기도 했다.

아무도 가지 않은 길

CHMP는 OE에서 나올 질문 내용을 사전에 알려주지 않는다. 예상 질문을 뽑아 철저히 준비해야 된다. 질문에 제대로 답변하지 못하면 EMA까지 가지 못한 채 '탈락'할 수 있다.

셀트리온이 OE에서 나올 램시마 예상 질문 리스트를 뽑아보니 무려 1000개가 나왔다. 어디에서부터 어디까지 발표해야 할지 감이 잡히지 않았다. OE를 해본 경험도 없고 시간도 없었던 셀트리온은 전문 컨설턴트로부터 '입시 코디'를 받기로 했다. 글로벌 임상시험 대행 회사 파렉셀에 컨설팅을 의뢰했다. 컨설턴트들은 모두 수업 마지막에는 약속이나 한 듯 "우리도 사실 바이오시밀러는 처음이라…"며 말꼬리를 흐렸다. 셀트리온은 예상 질문을 추리고 또 추려 가장 중요한 '엑기스'만 짜내 1시간짜리 프레젠테이션을 만들었다. 램시마 임상에 참여한 의사들에게 자문을 받고 잘못된 부분은 없는지 거듭 확인했다. 예행연습도 수차례 했다. 실수하지 않으려면 만전에 만전을 기해야 했다. 이 모든 과정을 컨설팅받는 데 돈이 계속 들어갔다.

처음엔 발표장에서 살아서 나오기 위해 돈을 쓰는 줄 알았다. 그런데 그게 아니었다. 발표장에 들어가기 위한 모든 게 돈이었다. 일단 CHMP 앞에서 발표를 하려면 임상의학계에서 명망이 높은 핵심 오피니언 리더, 즉 'KOLKey Opinion Leader'을 섭외해야 했다. 세계적인 석학들은 한 번 초청하는 데 수천만 원이 들었다. 철저히 과학적인 데이터에 근거할 것 같은 약물 허가 심사는 주관적 요소의 영향을 은근히 많이 받았다. 유명한 의사나 학계 권위자의 '보증'을 받지 못하면 임상시험의 신뢰성은 떨어진다. 더구나 셀트리온처럼 무명의 바이오 회사가 세계 최초의 약물을 개발했다는 걸 믿어주는 사람은 많지 않았다. 셀트리온이 거금을 치러가며 업계에서 가장 경험이 많고 최고로 꼽히는 임상시험 대행회사, 컨설팅 회사들과 계약한 것은 일종의 '학력 세탁' 같은 것이었다. 그들만의 리그에 들어가기 위해선 그들이 인정하는 권위에 의존하는 게 가장 쉽고 빠른 방법이었다.

'권위'를 얻으려면 값을 치러야 했다. 역시 문제는 돈이었다. 셀트리온은 KOL을 섭외하는 데 무척 애를 먹었다. 일례로 세계 류머티즘 학계에서 저명한 A 교수에게 램시마의 KOL을 맡아달라고 요청했더니 그는 상상을 초월하는 금액을 제시했다. 램시마 매출의 일부를 수수료로 달라는 것이었다.

셀트리온은 이 문제를 매우 현명하게 풀어냈다. 셀트리온 담당자는 A 교수에게 전화를 걸어 "램시마의 KOL로 꼭 모시고 싶다"고 간곡히 부탁했다. 그가 제안한 수준의 수수료도 지급하고 싶다는 의사를 전달했다. 그러면서 "두 가지 문제만 해결하면 된다"고 전제했다. 먼저 그 교수가 최근 다른 제약사가 개발 중인 약물의 임상을 승인받았다는 사실을 언급했다. 의사가 여러 임상에 참여하는 것이 불법은 아니지만, 단기간에 서로 다른 약물의 임상 전문가로 '겹치기 출연'을 하게 되면 도의적인 문제가 생길 수 있다.

두 번째는 셀트리온이 예외적으로 A 교수에게만 고액 수임료를 지불할 경우 향후 불공정 계약과 관련한 소송에 휘말릴 우려가 있다는 점을 지적했다. 특혜 논란이 불거지면 회사와 A 교수 모두 타격을 입게 된다. 셀트리온 측은 "규정에서 위배되지 않는 선에서 지급하고 램시마가 유럽 허가를 받으면 인센티브를 드리겠다"고 역제안했다. 상대방이 손해를 보지 않으면서 납득할 수 있는 새로운 대안을 제시한 것이다.

셀트리온은 파트너와 '윈윈'하는 거래를 성사시키는 방법을 알고 있었다. 자신의 명성과 능력을 수임료를 통해 인정받고 싶은 교수의 욕구를 존중했고, 임상의학자로서 지켜야 할 도의적인 책임과 제약사와의 계약 규정을 내세워 그를 설득했다. A 교수는 얼마 지나지 않아 셀트리온의 제안을 수락했다.

운명의 날

결전의 날은 생각보다 빨리 다가왔다. 2013년 5월이 되자 셀트리온 본사 허가 담당 직원들의 신경은 극도로 날카로워졌다. OE 날짜는 5월 31일이었다. 램시마와 관련된 직원들은 5월 중순부터 회사에 없었다. 발표 2주 전부터 런던에서 '스탠바이' 하고 있었기 때문이다. CHMP는 EMA 본부에서 열렸다. 당시 EMA 본부는 영국 런던의 금융 중심지인 카나리 워프에 있었다.•

연구부문 총괄 책임자인 홍승서 셀트리온 사장도 런던행 비행기에 몸을 실었다. 회사는 4월의 사태로 여전히 혼돈 상태였다. 연일 셀트리온의 주가 폭락과 매각 뉴스가 대문짝만하게 실렸다. 복잡한 생각을 떨쳐버리려고 잠을 청했지만 머릿속은 점점 또렷해졌다. 그는 오로지 CHMP 위원들 앞에서 성공적으로 발표를 끝내야 한다는 일념뿐이었다. 불안이 엄습할 때마다 "이번 발표에 회사의 앞날이 달려 있다"고 되뇌며 마음을 다잡았다.

셀트리온 직원들은 히드로공항 근처 힐튼호텔에 짐을 풀었다. 런던 시내 호텔은 비용을 감당할 수 없었다. 셀트리온 임직원 스무 명에 KOL로 섭외한 임상 의사와 교수들을 합치면 약 50명이나 되는 대규모 인원이었다. 발표 전날 아침 셀트리온은 영국에서 가장 비싼 호텔 중 하나인 포시즌호텔을 빌려 리허설을 하기로 했다. 하지만 미국과 유럽 등지에서 온 의사들은 시차로 피곤하다며 들은 척도 하지 않았다. 직원들은 점점 초조해지기 시작했다.

• EMA 본부는 1995년 설립된 이후부터 23년간 런던에 있었으나 이후 영국이 EU 탈퇴를 선언하면서 2019년 3월 네덜란드 암스테르담으로 옮겨 갔다.

OE 시간은 오전 11시. EMA 본부까지는 차로 1시간 정도 걸렸다. 하지만 런던은 교통체증이 워낙 심해서 오전 8시에는 숙소에서 나와야 했다. 셀트리온 직원들은 의사들에게 일일이 양해를 구했다. 리허설도 싫어하는 의사들이 새벽 기상을 반길 리 없었다.

불평불만을 늘어놓는 의사들을 구슬리느라 쩔쩔매고 있을 때 백발의 노교수가 나섰다. 독일에서 램시마 임상을 진행한 보훔 루르대학 유르겐 브라운 류머티즘 학과장이었다. 그는 강직성 척추염과 류머티즘성 관절염 분야의 세계적인 석학으로 학계에서도 존경받는 인물이었다. 브라운 교수는 전날 밤 11시까지 빨간펜을 들고 발표 자료를 다듬었다. A와 THE까지 고칠 정도로 세세한 부분까지 일일이 손봤다.

브라운 교수의 열정은 지쳐 있던 직원들에게 실낱같은 희망이었다. 고된 수정 작업이 끝나고 직원들이 그를 호텔방까지 모셔다드리고 돌아오자 시간은 자정을 넘어가고 있었다. "될 것 같다는 느낌이 그때 왔다"고 기우성은 말했다.

발표장은 생각보다 작았다. 교실보다 조금 큰 방에는 발표자가 설 수 있는 연단이 설치돼 있었다. 연단 앞에는 CHMP 위원들이 앉아 있었는데, 당시 EU에 가입한 27개국에서 두 명씩 참석해 총 54명이었다. 심사관들 뒤에는 임상 의사와 컨설턴트, 셀트리온 임직원들이 앉았다. 회사 측 사람은 14명 정도였다. 공간이 협소해 직원들이 모두 들어가지는 못하고 절반은 밖에서 기다렸다.

발표의 시작은 홍승서가 맡았다. 프레젠테이션 슬라이드를 띄우고 10분 동안 간략하게 회사를 소개했다. 다국적 제약사들 앞에서 수백 번 해왔던 일이었다. 눈 감고도 스크립트를 줄줄 외울 수 있었다. 이번엔 왠지 모르게 목소리에 힘이 들어갔다. 회사 소개가 끝나자 파렉셀의 영국인 규제 담당 컨설턴트가 15분가량 램시마 임상에 대해 발표했다. 이후 30분 동안 질의응답이 이어졌다. 1시간이 어찌나 정신없이 지나갔는지 발표장에 있었던 이들도 내용을 정확하게 기억하지 못했다. 홍승서는 ADCC와 관련된 질문이 나왔다고 했다. ADCC는 항체의존성세포독성검사를 말한다.

"오리지널인 레미케이드와 램시마의 ADCC에서 약간 차이가 나는데 문제가 없느냐는 질문이 나왔습니다. 그거 말고 별다른 질문은 없었던 것 같은데요."

이상준 셀트리온 수석부사장은 '외삽extrapolation' 문제가 논란이 됐다고 했다. 외삽이란 오리지널 의약품의 적응증 중 일부만 동등성을 입증해도 나머지 적응증을 인정해주는 것을 말한다. 예를 들어 레미케이드는 자가면역질환의 일종인 류머티즘성 관절염, 강직성 척추염, 염증성 장질환, 크론병 등에 사용할 수 있도록 허가를 받았다. 그런데 레미케이드를 복제한 램시마는 류머티즘성 관절염과 강직성 척추염 환자만을 대상으로 글로벌 임상을 진행했다. 이 경우 임상을 하지 않은 염증성 장질환이나 크론병 환자에게도 램시마 처방을 허용해줘도 되는지 논란이 될 수 있다. 오리지널 개발사 측은 당연히 바이오시밀러 개발사에게 유리한 외삽을 반대했다.

박재휘 셀트리온 허가 담당장은 "심사관들의 의견은 'All or Nothing'이 지배적이었다"고 했다. 모든 적응증에 허가를 해주든지 아니면 아예 허가를 내주지 않든지 결론은 둘 중 하나뿐이었다는 얘기다. 램시마의 승인은 곧 바이오시밀러를 오리지널을 대체할 제품으로 인정한다는 것을 의미했다.

CHMP 심사관들이 어떤 질문을 했는지는 확실치 않다. 몇 년 뒤 FDA 허가 때의 경험까지 뒤죽박죽 섞여서 사람들마다 이야기가 조금씩 달랐다. 심리적 압박감의 영향으로 기억이 조금씩 왜곡된 것이다. 질의응답 시간이 끝나자 EMA 행정관이 셀트리온 측에 "잠시 나가달라"고 요청했다. 발표장에 있던 임직원들은 영문도 모른 채 어리둥절해하며 쫓기듯 방에서 나왔다. 바깥에서 서성이던 직원들이 이들을 에워쌌다. 복도는 한순간에 아수라장이 됐다. 안에서 무슨 일이 벌어지고 있는지 궁금해서 미치기 일보 직전의 상태였다.

"어떻게 됐어요?"

"까다로운 질문은 없었어요?"

"심사관들이 뭐래요?"

"우리 될 것 같아요?"

폭풍 질문이 쏟아졌다. 한국에서는 분 단위로 결과를 묻는 국제전화가 걸려왔다. 본사에서 어찌나 보챘는지 발표장 안에 도청기라도 설치하고 싶은 심정이었다고 당시 런던에 있었던 한 직원은 말했다.

한국 시간은 자정을 넘기고 있었다.

만장일치, 퍼펙트

40, 50분 정도 기다렸을까. CHMP 심사관이 발표장 옆방으로 오라고 했다. 그곳에는 심사관 중 대표로 보이는 4명이 앉아 있었다. 50명의 다른 심사위원들은 모두 돌아가고 발표장은 텅 비어 있었다. 이들에게는 범접할 수 없는 '포스'가 느껴졌다. 50여 명이 떼거지로 있었

을 때와는 분위기가 사뭇 달랐다. 셀트리온 측이 착석하자 이내 무거운 침묵이 흘렀다. 견딜 수 없었던 누군가가 입을 뗐다.

"Positive or Negative?"

대답을 듣는 순간 직원들은 서로 얼싸안고 울음을 터뜨렸다. 7년 동안 그렇게도 원했던 답이었다.

홍승서는 "통과했다는 말보다 그다음에 허가 담당자가 했던 말을 잊을 수 없다"고 했다. 투표에서 허가 찬성표가 얼마나 나왔냐고 묻자 CHMP 심사위원은 이렇게 대답했다고 한다.

"Unanimous decision, 100% perfect!(만장일치, 퍼펙트!)"

런던 시간은 오후 5시, 한국은 새벽 2시였다. 기우성은 서정진에게 전화해 울먹이며 말했다.

"만장일치로 허가받았습니다."

서정진은 제대로 말을 할 수 없었다. 한참 뒤에야 겨우 수고했다며 아무 생각 말고 오늘은 마음껏 먹고 쉬라는 특명을 내렸다.

임직원들은 템스강이 내려다보이는 중국집에서 저녁을 먹었다. 원탁에 삼삼오오 둘러앉자마자 시원한 맥주부터 주문했다. 홍승서는 "한 모금 마시니 더 이상 넘어가지 않았다"고 했다. 긴장이 풀린 탓에 술이 들어가지 않았던 것이다. 런던에 도착했을 때부터 극심한 스트레스로 물도 마시지 못한 직원들이 꽤 있었다. 다들 얼굴은 웃고 있었지만 '산송장'들이었다.

기우성은 동료들에게 감춰왔던 속내를 털어놨다.

"사실 나 오늘 허가 못 받으면 여기서 약 먹고 죽으려고 했다."

서정진도 이 일을 이야기한 적이 있다. 발표 전날 밤 기우성이 서정진에게 전화해 이렇게 말했다는 것이다.

"내일 드디어 결판이 납니다. 회장님께서는 살아계셔야 합니다. 여기서 문제가 생기면 제가 모든 걸 책임지고 사임할 테니 꼭 살아계십시오."

서정진이 그게 무슨 소리냐고 물었을 땐 전화가 이미 끊긴 후였다. 시간이 흐른 뒤 서정진이 기우성에게 물었다.

"그런데 그때 무슨 약을 먹고 죽으려고 했니?"

"자낙스요."●

"자낙스는 두 통 먹어도 안 죽어. 졸피뎀을 먹어야지!"

서정진은 바이오 사업의 험난한 길을 이야기할 때면 이 일화를 꺼낸다.

"램시마는 우리 직원들이 실패하면 죽을 각오를 하고 만든 약입니다. 한국의 바이오산업이 거저 이뤄진 게 아니에요."

● 불안장애가 있을 때 복용하는 신경안정제.

험난한 아메리칸드림

"이제 꿈을 실현한 회사가 됐어요. 도약할 일만 남았습니다."

산 너머 산

셀트리온 임직원들은 유럽 허가가 떨어지면 지긋지긋한 의혹을 해소할 수 있을 것이라 믿었다. 그러나 그렇지가 않았다. 램시마가 식약처 허가를 받았을 땐 공신력 있는 해외 기관의 허가를 받아오라더니 유럽 EMA 허가에 성공하자 미국 FDA 허가를 받아야 진짜라고 했다. 산 너머 산이었다.

램시마를 유럽으로 실어 보내느라 정신없었던 2014년 2월 5일, 서정진에게 출국금지 명령이 떨어졌다. 증권선물위원회가 2013년 10월 주가조작 혐의로 셀트리온을 고발한 지 4개월 만에 검찰이 움직였다. 수사는 급물살을 탔다. 검찰은 서정진과 회사 관계자들의 계좌를 추적해 자금 출처를 조사했다. 셀트리온의 주식거래 과정에 관여했던 사람들이 줄줄이 소환됐다. 검찰은 서정진과의 통화 내역이 담긴 음성 녹음파일이 있는지 샅샅이 뒤졌다. 미공개 정보를 이용한 주식거래 혐의를 입증하기 위해서였다. 서정진은 "하루가 멀다 하고 주변 사람들이 불려 다니는 것을 옆에서 보고 있자니 너무 괴로웠다"고 했다. 검찰 수사는 체중 감량 효과가 강력했다. 서정진의 살이 빠진 것은 이때가 유일했다.

핼쑥해진 서정진은 두 달 뒤 피고발인 신분으로 소환돼 조사를 받았다. 검찰이 집중 추궁한 것은 두 가지였다. 서정진이 시세조종을 직접 지시했는지, 계열사 자금을 투입해 주가를 움직인 이유가 무엇인지였다. 서정진은 "공매도 투기 세력이 나타날 때 소극적 매수를 했을 뿐 특정 목적을 가지고 주식을 매매한 것이 아니다"라고 거듭 설명했다. 검찰은 믿지 않았다.

검찰은 반년 동안의 수사 끝에 무혐의 처분을 내렸다. 서정진은 2011년 5, 6월과 9, 10월, 2012년 5월부터 2013년 1월까지 세 차례에 걸쳐 주가를 조작한 혐의를 받았다. 이 중 2011년 이뤄진 자사주 매입은 무죄로 결론 났다. 통상적인 주가조작 행위와 달리 시세차익을 노리지 않았다는 점에서다. 셀트리온은 자사주를 매입했지만 주가가 오른 뒤 되팔지 않았다. 부당이득을 노렸다고 볼 수 없었다. 검찰은 공매도 세력에 대항하기 위해 회사 측의 대응이 불가피했다는 점을 이해해줬다.

셀트리온이 주가를 띄우기 위해 자사주를 매입했다는 의혹에서도 검찰은 물증을 찾지 못했다. 주가가 오른 것은 자사주 매입보다 자체 개발한 램시마가 국내 허가를 받은 영향이 컸다. 허가 관련 정보를 가장 잘 알고 있는 회사가 주가가 오를 것을 알면서 자기주식을 매입할 이유가 없다. 게다가 주가가 하락했을 때 회사가 자사주를 사들여 주가를 방어하는 것은 불법이 아니다. 죄가 있다면 서정진이 증권선물위원회에 대든 '괘씸죄'가 가장 무거웠다.

서정진은 하늘같은 증권선물위원회와 주식시장의 '큰손'에게 삿대질한 죗값을 톡톡히 치렀다. 서울중앙지법은 자본시장과 금융투자업에 관한 법률 위반으로 서정진과 김형기, 주주동호회장 이 모 씨에게 각각 벌금 3억 원의 약식명령을 내렸다. 셀트리온, 셀트리온홀딩스, 셀트리온GSC에도 같은 혐의로 각각 벌금 1억 원이 떨어졌다. 찝찝한 마무리였다. 그나마 다행스러운 점은 검찰이 공매도 세력의 존재를 일부 인정했다는 것이다. 증권선물위원회는 "공매도 세력이 조직적으로 움직인 사실을 확인하지 못했다"며 죄를 셀트리온에 뒤집어 씌웠다. 그러나 검찰은 "셀트리온이 자사주를 매입할 당시 공매도에 이용될 가능성이 큰 대차거래• 수요가 비정상적으로 늘었다"며 "외국계 투자은행 6곳을 비롯한 외국인의 공매도가 전체의 93퍼센트였다"고 했다. 하지만 여기까지가 끝이었다. 공매도 세력은 셀트리온이 혼자서 대적할 상대가 아니었다. 공매도를 뿌리 뽑아야 한다는 서정진의 공허한 외침은 소리 없이 묻혔다.

소액주주들을 보호하려고 시작했던 공매도 세력과의 전쟁은 무참한 패배로 끝났다. 셀트리온은 시세조종 혐의를 벗은 것만으로도 감사해야 했다. 서정진은 이번 일로 참는 법을 배웠다. 때론 조용히 있는 게 낫다는 걸 깨달았다. 잘못된 것을 고쳐보겠다고 날뛰었지만 사

• 주식을 유상으로 빌려주고 계약 종료 시 동종 동량의 주식으로 상환하도록 약정하는 거래. 상환기간은 보통 1년이며 주로 외국인 기관에 의해 이뤄진다. 주식을 빌려 매도한 후 가격이 떨어지면 다시 이를 매수해 차익을 얻기 위해 활용한다.

람들은 그를 골치 아픈 트러블메이커로 바라봤다. 임직원과 회사는 상처를 입었고 주주들에게도 도움이 되지 못했다. 공매도 세력은 여전히 극성을 부렸다. 그렇다고 셀트리온이 백기 투항한 것은 아니었다. 증권사나 기관투자자들과 돈독한 관계를 유지하는 다른 회사들과 달리 셀트리온은 공매도 의심 세력에게 거리를 뒀다. 개발 진행 상황은 주주총회에서 주주들에게 가장 먼저 알리고 모든 사안은 공시를 통해서만 발표했다. 주식 투자자들 사이에서 셀트리온은 기관투자자와 개인투자자 사이에 정보격차가 없는 유일한 종목으로 불렸다. 소액주주와의 의리를 지키기 위한 소심한 복수였다.

소유와 경영의 분리, 그 첫발

회사 매각 작업과 검찰 수사가 동시에 진행되면서 서정진의 심경에는 많은 변화가 있었다. 그는 회사를 떠날 준비를 했다. 서정진은 임원진을 소집해 그동안 자신이 하던 업무를 하나씩 인수인계했다. 언제라도 대표이사 자리를 내려놓을 수 있도록 정관도 바꿨다. 2014년 3월 단독대표체제였던 셀트리온은 공동대표체제가 가능하도록 회사 정관을 변경했다. 서정진은 주주총회에서 이 안건을 통과시키며 말했다.

"기업을 운영하면서 항상 소유와 경영을 분리해야 한다는 소신을 갖고 있었습니다. 창업자가 성을 쌓아 올린 다음에는 전문경영인을 전진 배치해서 성을 지켜야 합니다. 적절한 시기가 오면 경영권을 전문경영인에게 넘겨주고 소유와 경영의 분리를 실천하려고 합니다."

셀트리온은 이사회 인원도 8명에서 10명으로 늘렸다. 회사가 인수합병된 이후 파트너사와 공동경영을 준비하려는 것으로 보였다. 셀트리온은 JP모건을 주관사로 선정해 매각 작업을 진행하고 있었다. 서정진이 보유한 지분 가치는 1조 7000억 원. 투자은행업계에서 손꼽히는 대어급 거래로 임석정 한국JP모건 대표가 진두지휘했다. 임석정은 1995년부터 20년간 한국JP모건 총괄대표를 역임한 인물로 국내 증권업계의 최장수 최고경영자이자 가장 창의적인 투자은행가로 꼽힌다. 그는 2008년 셀트리온이 나스닥 상장을 준비할 때 조언을 했고 2011년 원에쿼티파트너스의 투자 유치 때도 중요한 역할을 했다. 2013년 2월 셀트리온이 3억 달러, 원화로 3300억 원의 대규모 해외전환사채를 발행했을 때 이를 성사시킨 것도 임석정이다. 해외시장에 직접 상장하지 않고 국내 주식을 담보로 파생상품을 만드는 참신한 발상으로 해외투자자를 끌어모은 것이다.

5년 뒤 두 사람은 다시 의기투합한다. 2018년 2월 서정진이 93.86퍼센트의 지분을 보유한 셀트리온홀딩스는 임석정이 창업한 투자회사 SJL파트너스로부터 2000억 원을 유치했다. SJL파트너스는 셀트리온홀딩스가 발행하는 전환사채를 인수하고 2대 주주로 올라섰다.• 이 거래를 위해 임석정은 유럽계 사모펀드 운용사 CVC캐피털 한국회장 자리를 박차고 나와 투자회사를 차렸다.

• 셀트리온홀딩스 2대주주 된 '임석정 펀드', 한국경제신문, 2018. 3. 1.

다시 현장으로

서정진은 팔려갈 처지였던 셀트리온이 큰손이 되리라는 걸 예감했던 걸까? 2014년 7월, 서정진은 셀트리온 3사 매각 중단을 지시한다. 검찰 수사가 종결되고 램시마로 회사 실적이 좋아지기 시작했다. 우울증과 공황장애로 불안정했던 심리 상태도 차츰 안정을 찾았다. 여기까지 힘들게 왔는데 다국적 제약사에 회사를 넘길 수 없다는 생각도 고개를 들었다. 램시마는 노르웨이에서 국가 입찰을 따냈고 속속 다른 국가들을 파고들었다. 미국과 일본의 허가도 남은 상태였다. 유럽을 뚫었으니 다른 나라도 문제없었다. 셀트리온은 드디어 돈을 버는 회사가 됐다. 서정진은 비굴하게 돈을 빌리러 다니지 않아도 된다고 만세를 불렀다. 자체 매출로 회사 경영이 가능하다는 사실이 얼마나 감격스러웠는지 그는 "추가 자금조달은 없다. 당분간 무차입 경영을 하겠다"고 선언했다.

"지금까지 셀트리온은 꿈을 실현시키기 위한 회사였습니다. 이제 꿈을 실현한 회사가 됐어요. 도약할 일만 남았습니다."

"못 해먹겠다"고 나자빠졌던 회장님이 180도 달라졌다. 그의 '폭탄선언'에서 비롯된 매각 사건은 웃지 못할 해프닝으로 막을 내렸다. 서정진이 자신의 말을 완전히 뒤집은 것은 셀트리온 매각 발표가 유일하다. 하지만 회사 매각은 사안이 워낙 중대했기 때문에 사람들의 뇌리에 깊숙이 박혔고 두고두고 언급됐다. '서구라' 이미지가 굳어진 것도 이 사건의 영향이 크다.

셀트리온 안팎에서는 당분간 서정진의 종신독재체제가 이어질 것으로 예상했다. 램시마까지 성공시킨 마당에 경영승계 작업이 가속화

할 것이라는 얘기도 흘러나왔다. 그 무렵 서정진의 장남 서진석 셀트리온 수석부사장이 KAIST 박사학위를 받고 만 서른에 셀트리온 연구소에 입사했다. 2014년 말 서정진의 동생 서정수도 셀트리온 사장으로 승진했다. 서정진이 아들과 동생에게 중책을 맡기고 가족 경영을 시작하려고 한다는 해석이 나올 만했다. 그러나 1년 뒤인 2015년 3월 서정진은 셀트리온 대표이사에서 물러났다. 서정진의 남자로 불리는 김형기와 기우성이 셀트리온 공동 대표이사에 올랐다. 그동안 준비했던 전문경영인체제의 막이 올랐다. 홍승서는 셀트리온헬스케어 사장으로 투입됐다. 램시마의 유럽 판매에 총력을 기울이기 위해서였다. 서정진에게는 새로운 직함이 생겼다. 셀트리온헬스케어 유럽 담당 BD(사업 개발). 램시마를 비롯해 셀트리온이 개발한 바이오시밀러를 해외에 판매하러 다니는 일이다. 30대 '영맨'뿐인 셀트리온헬스케어에 노익장 영업 사원이 투입되자 무게감이 더해졌다. 검찰 수사를 받느라 옴짝달싹하지 못했던 서정진은 대표 자리를 박차고 나와 신발 끈을 고쳐 맸다. 유럽 판매 법인에 새로운 진용이 갖춰졌다.

"출국 금지로 집 밖에 못 나갈 때 제일 궁금한 게 뭔지 아십니까? 기내식 메뉴판이에요."

몸이 근질근질하던 서정진은 새로 임명된 대표이사 둘에게 국내 사정을 맡겨놓고 다시 험지로 향했다.

이름만 대기업

셀트리온은 창립 14년 만인 2016년 대기업으로 지정됐다. 대기업의 기준은 뭘까? 자산 총액이 5조 원 이상이면 공정거래위원회가 상호출자제한 기업집단, 즉 대기업으로 분류한다. 셀트리온은 대기업이라고 하기에는 외형이 초라했다. 직전 해인 2015년 실적을 보면 매출 6000억 원, 영업이익 2500억 원, 직원 수 2000여 명, 자산 규모 4조 8000억 원이다. 계열사라고 해도 사람들이 알 만한 회사는 셀트리온 삼총사(셀트리온, 셀트리온제약, 셀트리온헬스케어)와 셀트리온스킨큐어, 셀트리온엔터테인먼트 정도다. 스킨큐어와 엔터테인먼트는 돈도 잘 벌지 못했다. 그런데도 셀트리온은 2016년 4월 기준 자산 규모 5조 8550억 원을 찍었다. 1년 만에 무려 1조 1000억 원이 늘었다. 보유 주식 가치가 상승하면서다. 셀트리온은 2015년 4월 시가총액 10조 원을 돌파했는데, 코스닥 상장사 중 유일했다. 다른 지표는 별 볼 일 없는데 주가만 혼자 '하드캐리'한 덕분에 대기업의 반열에 오른 것이다. 이런 사례는 찾아보기 어렵다. 다른 기업들처럼 M&A로 몸집을 불리거나 부동산 투자를 한 것도 아니고, 그저 본업에 충실했을 뿐인데 절로 자산가치가 증식됐다. 셀트리온에 대한 한결같은 믿음으로 똘똘 뭉친 주주들이 주가를 떠받쳤기에 가능했던 일이다.

벤처기업으로 출발해 눈부신 성장을 거둔 것은 자축할 만한 일이었지만 셀트리온은 곧 이것이 기뻐할 일만은 아니라는 걸 알게 된다. 좋을 게 하나도 없었다. 대기업으로 지정되면 공정거래법상 상호출자, 신규 순환출자를 비롯해 채무보증이 금지된다. 이렇게 되면 투자금 확보에 걸림돌이 생긴다. 금융보험사가 가진 계열사 주식의 의결권도 제한을 받는다. 대기업 집단을 대상으로 한 규제는 공정거래법 등 30여 개에 달한다. 고민이 깊어질 수밖에 없었다. 그런데 하늘이 도왔는지 공정위는 3개월 뒤 셀트리온을 대기업에서 빼준다. 대기업

집단 지정 기준을 자산 5조 원에서 10조 원 이상으로 높이기로 한 것이다. 셀트리온은 안도하며 대기업 직위를 얼른 반납했다. 그런데 문제가 생겼다. 대기업 지정에서 벗어나도 일감 몰아주기와 같은 총수 일가의 사익 편취 규제는 그대로 적용되었다. 총수 일가 지분이 상장사 30퍼센트 이상, 비상장사 20퍼센트 이상인 계열사의 내부거래 금액이 연간 200억 원 또는 국내 연 매출의 12퍼센트 이상이면 일감 몰아주기 규제가 적용된다. 2년의 유예기간 동안 이 문제를 해결하지 않으면 과징금을 물거나 형사 고발 등의 제재를 받게 된다. 셀트리온헬스케어는 서정진이 30퍼센트 이상 지분을 가지고 있고 매출의 대부분이 셀트리온에서 나왔다. 바이오시밀러를 팔아주겠다는 회사가 없어서 서정진이 총대를 멘 것이 결국 자충수가 됐다. 서정진은 총수 일가에 부를 이전하기 위한 부당거래가 아니라는 것을 설명했으나 받아들여지지 않았다. 서정진은 셀트리온과 셀트리온헬스케어의 거래로 2012년과 2013년 2년간 귀속 증여세 132억 원을 냈다.

대기업이 될 뻔했던 사건으로 셀트리온은 공정거래위원회의 주요 감시 대상이 됐다. 셀트리온과 관계사들 간의 독특한 지배구조도 도마 위에 올랐다. 서정진이 셀트리온홀딩스를 통해 셀트리온을 지배하고 셀트리온과 셀트리온헬스케어는 지분 관계가 전혀 얽히지 않은 별개 회사라는 점은 이상하게 보일 수 있다. 셀트리온은 공정거래위원회로부터 계열사 자료 제출 누락, 지주회사의 부채액 초과, 자회사 지분 부족 등의 제재를 받았다. 공정거래위원회가 휘두르는 채찍은 급성장하는 회사라면 피할 수 없다.

빅 이벤트

셀트리온이 램시마로 FDA 허가를 받은 것은 2016년 4월 6일이다. 2014년 8월 허가를 신청하고 나서 약 2년이 걸렸다. 램시마가 세계 최초의 바이오시밀러로 EMA 허가를 받은 시점으로부터도 2년 8개월 뒤였으니 꽤 오랜 시간이 흘렀다. 김형기 셀트리온 부회장은 이날 광화문 포시즌호텔에서 대대적으로 기자간담회를 열었다. 서정진은 FDA 승인이 나면 국내 최고의 호텔에서 떵떵거리며 발표하겠다고 예전부터 생각해왔다. 마침 2015년 하반기 미래에셋자산운용이 서울의 심장부인 광화문에 세계적인 호텔 체인인 포시즌호텔을 완공했다. 서정진은 허물없이 지내는 박현주 미래에셋그룹 회장에게 민원을 넣었다. 서정진은 공손한 자세로 "조만간 우리 회사에 큰 이벤트가 있을 것 같은데 잘 부탁드린다"고 했다. 장소 선정이 끝났지만 셀트리온 홍보팀은 예약 문제로 전전긍긍했다. FDA는 승인 날짜를 미리 알려주지 않는다. 금요일이나 매월 말일 퇴근 전에 의약품 승인 목록을 한꺼번에 올리는 경우가 종종 있었다. 미국 시간으로 금요일 오후면 한국 시간으로는 토요일 새벽이다. 주말에 기자회견을 할 수도 없고 난감해진다. 행사 준비를 담당하는 셀트리온 홍보팀은 고민이 이만저만이 아니었다. 포시즌호텔은 문을 연 지 얼마 안 된 핫플레이스여서 당일 예약은 어림없었다. 사정을 설명하러 호텔로 찾아간 셀트리온 직원은 놀라 자빠질 뻔했다. '세기의 대결'이라는 현수막이 큼지막하게 붙어 있고 취재진이 장사진을 치고 있었다. 셀트리온을 이렇게 높이 평가해주는가 싶어 감격하고 있을 때 기자들이 어딘가로 우르르 몰려갔다. 프로 바둑기사 이세돌 9단이었다. 2016년 3월 이세돌과 구글이 만든 인공지능AI 프로그램 '알파고'의 대국이 이곳에서 열렸다. 인간과 AI의 승부는 지구촌을 달군 화젯거리였다. 대국과 허가 시기가 겹쳤다면 알파고는 셀트리온과의 화제성 대결에서 불계승을 거뒀을 것이다.

FDA는 셀트리온 직원들의 마음을 꿰뚫어봤는지 그로부터 2주 후 허가를 내준다. 한국 시간으로 수요일 새벽, FDA 허가가 떨어지고 동이 트자마자 이건혁 셀트리온 홍보팀장은 부리나케 포시즌호텔로 달려갔다. 미국과 한국의 시차 때문에 준비할 시간이 있었다. 셀트리온이 바이오시밀러 허가로 기자회견을 연 것은 이때가 마지막이다. 이후 트룩시마와 허쥬마가 승인을 받았을 때는 아무런 행사도 열지 않았다. 셀트리온에게 글로벌 허가는 당연한 일이 됐기 때문이다. 이제는 허가를 받지 못하는 게 특별한 이벤트다.

첫 FDA 승인 발표는 한 달 전부터 특급 호텔을 빌려 준비했을 정도로 셀트리온에게 큰 의미가 있었다. 그만큼 어려웠다. FDA는 인정사정 봐주지 않는다. 아메리칸 스타일로 해야 만족한다. 미국인 환자를 포함시켜 임상시험을 하고 서류도 다시 작성해서 내야 겨우 합격이다. 미국 제약사들의 방해 공작도 허가가 늦어지는 요인이다. 유럽은 공공보험제도가 발달돼 있어 오리지널보다 가격이 최대 절반 가까이 싼 바이오시밀러를 도입하는 게 유리하다. 미국은 사보험이 시장을 장악하고 있어 유럽과 상황이 다르다. 버락 오바마 대통령 때부터 조금씩 변화가 생겼지만 그전까지 바이오시밀러는 안중에도 없었다.

미국 제약사들이 얼마나 무자비하게 굴었는지는 셀트리온이 괴롭힘당한 것을 보면 알 수 있다. 이들은 처음엔 힘을 합쳐 '씨 말리기' 전략을 구사했다. 바이오시밀러가 아메리카 대륙에 뿌리내리지 못하게 말려 죽이는 것이다. 1차적으로 특허로 방어벽을 쌓아놓고 오바마 정부가 의료 개혁을 위해 제정한 바이오의약품 가격 및 혁신법BPCIA에 위헌소송을 제기했다. 이 법은 FDA가 바이오시밀러를 신속하게 심사하고 바이오의약품과 가격경쟁이 가능하도록 하는 내용으로 일명 '바이오시밀러법'으로 불린다. 빅파마들이 바이오시밀러의 진입을 결사반대하는 동안 셀트리온은 끈질기게 달려들어 임상에 성공했다. 산도즈, 삼성바이오에피스, 암젠 등이 뒤따랐다. 2012년 6월 미국 법원은 바이오시밀러법을 합헌으로 결정했다. 대세는 바이오시밀러로 돌아섰다. 제약사들은 국지전에 돌입했다. 이제부터는 '시간 끌기' 전법에 돌입했다.

소송전

존슨앤드존슨은 한국 법인 한국얀센을 동원해 온갖 훼방을 놓았다. 2013년 4월 한국얀센은 셀트리온에 상표권 침해소송을 걸었다. 셀트리온의 '램시마'가 자사 제품 '레미케이드'의 상품명과 로고를 베꼈다는 내용이다. 존슨앤드존슨은 제품명의 앞 세 글자 Rem이 표절이라고 주장했지만 패소했다. 이어 존슨앤드존슨은 로고가 비슷하다며 특허청에 이의신청을 제기했다. 레미케이드 로고는 달팽이, 램시마는 장미꽃 그림이다. 색깔도 모양도 다르지만 소용돌이무늬가 닮았다는 것이었다. 이의신청은 당연히 기각됐다. 여기서 물러날 존슨앤드존슨이 아니었다. 한국 외에도 캐나다, 남아공, 필리핀, 인도 등지에서도 소송을 제기했다.

하지만 이건 시작에 불과했다. 존슨앤드존슨은 셀트리온을 상대로 물질특허 침해소송을 제기했다. 제조 물질에 부여되는 물질특허는 특허 분야의 방탄유리다. 램시마의 오리지널 제품인 레미케이드의 물질특허는 2014년 만료되는데, 존슨앤드존슨은 2001년 새로운 물질특허를 등록해 만료일을 2018년으로 연장해두었다. 그런데 추가 등록한 특허가 기존과 별 차이가 없는 것으로 드러났다. 미국 특허청은 이중 특허를 받아들일 수 없다고 판단했고 존슨앤드존슨은 2년 동안 세 차례에 걸쳐 특허청에 이의신청을 했다. 삼세판 모두 기각돼 더 이상 방법이 없게 된 존슨앤드존슨은 미국 특허청 내부 기관인 특허심판원에 네 번째 항소 신청서를 제출했다. 램시마를 필사적으로 저지하기 위한 몸부림이었다. 존슨앤드존슨은 가능한 소송은 모조리 걸었다. 항체를 배양하기 위한 배지 특허 등 자잘한 것을 포함하면 소송 건수만 스무 개가 넘는다. 그런 노력에도 불구하고 미국 매사추세츠 연방법원은 물질특허 소송에서 셀트리온의 손을 들어줬다. 존슨앤드존슨은 항소했으나 이길 가능성은 희박했다. 드디어 램시마의 미국 진출에 최대 걸림돌이 사라졌다.

그럼에도 셀트리온은 2016년 4월 FDA 허가 직후 제품을 바로 출시하지 못했다. 미국 공중보건서비스법 때문이다. 미국에서 바이오시밀러를 판매하려면 제품 허가를 받고 시판하기 180일 전 오리지널 제조사에 고지해야 한다. 허가 이후 6개월 동안 바이오시밀러를 팔지 못한다는 얘기다. 규제 당국의 승인을 받았는데 또 보고하라는 건 이중 규제다. 그런데도 바이오시밀러 진입을 막겠다는 고약한 심보를 가진 오리지널 제약사들은 반드시 FDA의 허가를 받은 뒤 원 개발사에게 알려야 바이오시밀러 판매가 가능하다고 주장했다. 결국 램시마는 2016년 11월이 돼서야 출시될 수 있었다. 6개월이면 수백억 원을 벌 수 있는 시간이다. 바이오시밀러 회사들은 반발했다. 미국 대법원은 이듬해 6월 FDA 허가가 나기 전 경쟁사에 시판 고지를 해도 된다고 판결한다. 덕분에 삼성바이오에피스는 2017년 4월 램시마의 대항마 '렌플렉시스'를 허가받은 지 3개월 만인 7월에 출시할 수 있었다.

셀트리온은 초도 물량으로 약 2600억 원어치의 램시마를 비행기로 실어 미국에 보내며 흐뭇한 미소를 지었다. 판매는 세계 1위 제약사 화이자가 전담할 테니 걱정할 게 없었다. 화이자는 셀트리온과 미국 판권 계약을 맺었던 호스피라를 인수하면서 램시마 판매를 떠맡게 됐다. 셀트리온은 화이자를 전적으로 신뢰하고 마케팅과 영업을 일임했다. 램시마 이름도 화이자의 판단에 따라 바뀌었다. 미국 판매명은 성분명인 인플릭시맙에서 따온 '인플렉트라'로 결정됐다. 미국에 성공적으로 안착하는 게 우선이었기 때문에 토 달지 않았다. 실수였다. 셀트리온은 이때 겪은 시행착오를 토대로 후속 제품 허쥬마와 트룩시마를 미국에서 출시할 때는 원래 제품명을 고집하며 판매 마케팅 분야에서도 자기 목소리를 냈다. 파트너사인 테바가 셀트리온의 역량을 존중했고 셀트리온의 브랜드 위상도 높아졌기 때문이다.

셀트리온의 아메리칸드림은 이 글을 쓰는 시점에서도 이뤄지지 않았다. 2016년 11월 미국에 출시된 램시마의 2020년 1분기 시장점유율은 10퍼센트대에 머물러 있다. 유럽에서는 출시 1년 만에 30퍼센트를 돌파했는데 미국에서는 4년째 고전 중이다.*

셀트리온은 다른 국가에서는 파죽지세로 시장을 장악했다. 램시마

* 셀트리온 바이오시밀러 '램시마', 유럽시장 점유율 30% 넘었다, 한국경제신문, 2016. 7. 14.

의 유럽 시장 점유율은 2019년 2분기 59퍼센트를 찍었다. 오리지널 의약품을 완전히 제쳤다. 같은 기간 혈액암 치료제 '트룩시마'는 38퍼센트, 유방암·위암 치료제 '허쥬마'는 15퍼센트의 점유율을 기록했다. 트룩시마가 2017년 2월, 허쥬마가 같은 해 11월 승인을 받았으니 2년여 만에 이뤄낸 성과다. 셀트리온이 잘한 것도 있지만 주변 환경이 받쳐줬기에 가능했다. 유럽은 정부가 오리지널 대신 바이오시밀러를 사용하라고 권고한다. 바이오시밀러 처방 데이터가 축적되면서 의료진의 신뢰를 얻은 것도 처방이 늘어난 이유다. 하지만 셀트리온은 미국에서도 FDA 허가만 받으면 매출이 순조롭게 늘어날 것으로 생각했다가 허를 찔렸다.

존슨앤드존슨의 반격

존슨앤드존슨은 세 번째 작전을 가동했다. 2016년 11월 보험사에 막대한 리베이트를 제공하고 레미케이드를 사용했을 때만 보험을 적용해주도록 압박했다. 미국 보험사들은 저마다 보험 처리가 되는 약을 적어놓은 선호 의약품 목록을 갖고 있다. 보험사와 제약사의 계약 관계에 따라 바뀌는데 대부분 오리지널 의약품이 주요 자리를 꿰차고 있다. 오리지널 제약사들은 바이오시밀러는 리스트에 올리지 말라는 조건도 걸었다. 그래서 환자들은 램시마를 처방받을 수 있는 기회가 거의 없었다. 셀트리온은 유럽에선 날개 돋친 듯 팔리는 약이 왜 미국에서만 찬밥 신세인지 이해할 수 없었다. 미국 의사들이 유럽보다 보수적이고 자존심이 세서 바이오시밀러 처방을 꺼린다는 말을 철석같이 믿었다. 알고 보니 의료계의 문제가 아니라 제약사가 보험사의 멱살을 잡고 협박하고 있었던 것이다. 존슨앤드존슨 정도의 빅파마는 보험사를 좌지우지할 정도의 파워를 가지고 있다. 특정 보험사 환자에게는 약을 제공하지 않겠다고 으름장을 놓으면 끝장이다.

보험사는 제약사와 보험 가입자 양쪽에서 돈을 받는 셈이니 일석이조다. 예를 들어 오리지널이 100원, 바이오시밀러가 70원인데 오리지널 제약사가 보험사에 30원의 리베이트를 줬다고 치자. 보험사는 오리지널만 보험 적용 의약품 목록에 올려놓고 환자에게 원래 약값 100원의 30퍼센트인 30원을 환급해준다고 얘기한다. 환자는 오리지널을 쓰든 바이오시밀러를 쓰든 부담하는 약값이 70원으로 동일하니 바이오시밀러를 사용할 이유가 사라진다. 그럼에도 바이오시밀러를 요구하는 환자가 있다면 의사는 환자의 머리에 이상이 생긴 게 아닌지 살펴볼 것이다. 같은 값이면 유명 제약사가 개발한 오리지널을 처방받는 게 당연하다. 수많은 환자에게 오랜 기간 처방됐기 때문에 약물 자체로 문제가 생길 위험이 적어서다. 만에 하나 문제가 생겨도 회사가 튼튼하니 보상받기 쉽다. 특히 바이오의약품과 같은 고가의 전문의약품은 환자가 선택할 여지가 거의 없다. 의사가 이야기해주지 않으면 바이오시밀러라는 게 있는지, 이 약이 어떤 것인지 환자들은 알기 어렵다. 이렇게 의사가 오리지널을 처방하면 보험사는 가입자가 낸 보험료를 그대로 챙길 수 있다. 오리지널 제약사가 리베이트로 약값을 70원으로 깎아줬기 때문에 보험사는 환자에게 한 푼도 지원하지 않아도 된다. 환자가 약값을 온전히 내는 것이나 다름없다.

제약사는 보험사와 어둠의 거래를 통해 비밀을 공유하고 더욱 끈끈해진다. 게다가 경쟁 제품의 진입을 원천 봉쇄하는 효과까지 있다.

정부만 눈감아주면 제약사, 의료계, 보험사 모두 '해피'하기에 리베이트는 암암리에 지속된다. 손해를 보는 것은 환자다. 리베이트가 없다면 제약사 간 가격경쟁을 통해 환자가 부담하는 약값이 더 낮아질 수 있기 때문이다.

하지만 존슨앤드존슨은 그렇게 놔두지 않았다. 그들은 정면 승부 대신 측면 공격을 감행했다. 리베이트로 옆구리를 사정없이 가격당한 셀트리온은 정신이 혼미해졌다.

그나마 대적할 만한 선수인 화이자가 셀트리온 대신 싸워주고 있다는 것은 불행 중 다행이었다. 화이자는 2017년 9월 램시마의 패색이 짙어질 무렵 존슨앤드존슨을 상대로 반독점법 소송을 걸었다. 보험사에 리베이트를 주고 레미케이드를 우선순위에 두도록 한 계약이 독점금지법을 위반했다는 지적이다. 존슨앤드존슨은 레미케이드를 택하는 보험사에 약값을 깎아주고 레미케이드의 효과가 떨어질 경우에만 램시마를 선택하도록 압박한 것으로 알려졌다. 화이자가 나서자 꾹 참고 있던 미국 최대 드러그스토어 월그린과 종합유통업체 크로거도 존슨앤드존슨을 상대로 소송에 뛰어들었다. 이 사건은 2년 뒤에야 정식 조사가 시작된다. 우리나라의 공정거래위원회에 해당하는 미국 연방거래위원회는 2019년 여름 존슨앤드존슨의 거래 관행이 합법적이었는지 수사에 나섰다.

사면초가에 몰린 존슨앤드존슨은 리베이트 의혹을 전면 부인했다. 소송은 장기전에 돌입했다. 셀트리온은 존슨앤드존슨에게 반칙 판정이 내려질 때까지 가드를 올리고 맞고 있어야 한다.

화이자의 속내

램시마를 출시한 지 3개월 만인 2017년 4월 화이자는 FDA에 레미케이드 바이오시밀러 '익시피'의 허가를 신청했다. 램시마를 팔면서 이와 똑같은 제품을 개발하는 것은 상도덕에 어긋난다고 볼 수 있다. 화이자의 브랜드파워라면 램시마를 밀쳐내고 오리지널과 싸워볼 만했다. 이 소식이 알려지자 국내에서는 난리가 났다. 화이자가 익시피를 미국에 출시하면 셀트리온을 두 번 죽이는 셈이다. 판매 파트너와 제품, 둘 다 잃기 때문이다. 셀트리온은 자사 홈페이지에 부랴부랴 글을 올려 사태 진화에 나섰다. 판매 계약에 비경쟁조항을 포함하고 있기 때문에 화이자가 익시피를 미국에 판매하는 것이 불가능하다고 설명했다. 그럼에도 화이자의 행동은 갑을관계를 완전히 뒤집어놓았다. '아쉬운 건 우리(화이자)가 아니라 너희(셀트리온)'라는 선전포고 같았다. 외부에서 보기에도 화이자가 바이오시밀러를 못 만들어서 램시마를 파는 게 아니라 인수한 호스피라가 맺은 계약 때문에 어쩔 수 없이 판매하는 것으로 비쳤다.

FDA는 셀트리온의 사정은 아랑곳하지 않고 2017년 12월 초스피드로 익시피 허가를 내준다. 화이자가 신청서를 넣은 지 8개월 만이다. FDA는 램시마 이후로는 일사천리로 바이오시밀러 승인을 내줬다. 이 일로 셀트리온은 적지 않은 충격을 받았다. 이제야 모든 수수께끼가 풀린 기분이었다. 자체 개발 제품이 있는 화이자가 램시마 판매에 열과 성을 다할 리가 없다. 램시마가 1년간 흠씬 두들겨 맞는 것을 보고 있다가 뒤늦게 소송을 제기한 것도 그제야 이해가 갔다. 자사 제품이 출시를 앞두고서야 소송전을 벌인 셈이었다. 셀트리온 직원들은 화이자에 대한 실망감과 불만을 드러냈다.

"세계 1위 회사니까 뭔가 다를 줄 알았어요. 엄청난 능력이 있는 것 같았는데 몇 년 동안 일해보니 아니더라고요. 우리처럼 절박하지 않았던 것이죠."

셀트리온은 미국 판매가 부진한 이유에 대한 질문이 나올 때마다 한숨을 푹 쉬며 이렇게 말했다.

화이자는 램시마 판매가 지지부진하자 나름 노력하는 모습을 보이면서 2018년 8월 FDA에 청원서를 제출하기도 했는데, 이런 노력은 화이자 본인들의 미래 사업을 위한 사전 정지 작업이기도 했다. 화이자는 익시피 이후 리툭산 바이오시밀러(럭시엔스), 아바스틴 바이오시밀러(지라베브) 등 후속 제품을 잇달아 선보였다. 미국 국립보건원의 임상시험 등록 사이트 '클리니컬 트라이얼'을 찾아보면 익시피와 럭시엔스는 2014년 8월, 지라베브는 2015년 2월, 임상3상을 시작한 것으로 돼 있다. 램시마가 유럽 허가를 받았을 때 화이자도 바이오시밀러 사업을 준비하고 있었던 것이다.

화이자는 2015년 9월 호스피라를 인수하면서 공교롭게 바이오시밀러 사업이 중복됐다. 호스피라는 셀트리온 바이오시밀러 3종의 판권을 가지고 있었다. 화이자는 램시마만 남겨놓고 트룩시마, 허쥬마 2개의 판권을 셀트리온에 반납했다. 익시피보다 개발 속도가 빠른 램시마를 들여와 하루라도 먼저 파는 게 이득이라 판단했기 때문이다. 연구개발 자금이 풍부한 화이자는 램시마 판권을 가지고 있으면서도 익시피를 죽이지 않고 마지막까지 개발을 완수했다. 그리고 2018년 12월 일본에 출시했다. 화이자와 셀트리온은 미국에선 아군, 밖에선 적군이 됐다.

서정진은 화이자의 행보에도 꿈쩍하지 않았다. 그는 "이제 전세가 역전됐다"고 했다. "램시마는 하나의 브랜드가 됐습니다. 화이자 브랜드로 바이오시밀러를 내놓더라도 램시마를 뛰어넘을 수 없습니다. 우리가 판매 계약을 해지하자고 요구했지만 화이자가 끝까지 램시마를 붙잡고 놔주지 않는 것만 봐도 알 수 있는 것 아닙니까?"

셀트리온과 화이자의 파트너십이 언제까지 이어질지는 알 수 없다. 2025년 램시마 판매 계약이 끝나면 경쟁자로 돌아설 가능성이 높다. 셀트리온이 합성의약품으로 반격에 나선 뒤로 두 회사의 관계에 균열은 점점 커지고 있다. 셀트리온은 2019년 화이자의 슈퍼 항생제 '자이복스'의 복제약 'CT-G1'의 허가를 받고 미국 시장에 출시했다. 글로벌 케미컬 프로젝트 첫 번째 타깃으로 화이자를 겨냥한 것이다. 서정진이 "화이자를 뛰어넘겠다"는 의미심장한 발언을 한 데는 다 이유가 있었다.

탐구 | 그들은 어떻게 끝내 해내는가

"셀트리온이라서 해내는데, 다른 기업들은 못 하는 게 분명 있습니다."

FORM 483의 위력

2017년 5월 22일, 미미가 송도 셀트리온 본사를 방문했다. 전날 인천국제공항으로 입국한 미미는 호텔에 짐을 풀자마자 관광도 하지 않고 바이오 공장부터 둘러보겠다고 했다. 셀트리온은 이미 "미미가 뜬다"는 첩보를 입수하고 한 달 전부터 회사 전체에 비상령을 내렸다. 본사와 공장 전체가 발칵 뒤집어졌다. 그해 5월은 근로자의 날, 석가탄신일, 어린이날, 19대 대통령 선거일까지 징검다리 휴일이 4일이나 끼어 있었다. 직장인들은 연차를 써서 최장 11일의 휴가를 떠났지만 셀트리온 사람들은 쉬지 못했다. 야근을 불사하며 공장을 쓸고 닦고, 기름칠하고 조이고, 난리가 났다. 대통령이 방문한다고 해도 이 정도는 아니었을 것이다.

미미는 상상했던 모습과 딴판이었다. 백인이라는 점만 들던 대로였다. 예쁘지도 사랑스럽지도 않았으며 심지어 남자였다. 미미의 '체험 삶의 공장'은 무려 2주 동안 이어졌다. 그는 매일 송도로 출근해 생산설비를 꼼꼼히 확인하고 알아듣기 어려운 영어로 이것저것 질문을 했다. 자기가 회사 주인이라도 되는 양 마음대로 공장과 본사를 휘젓고 다니더니 할 일을 마치자 간다는 말도 없이 고국인 미국으로 돌아갔다.

그로부터 3개월 뒤 미미는 셀트리온에 편지를 보내왔다. 수신인은 오명근 셀트리온 품질담당 부사장, 제목은 'Form 483'이었다. 미미의 편지는 셀트리온을 충격의 소용돌이로 몰아넣었다. 편지는 FDA 공식 문건이었다. 미미의 실체는 FDA 소속 조사관. Form 483은 조사관이 현장 실사를 마친 후 발행하는 문건 서식 번호를 의미했다.

미미는 셀트리온의 제조 공장에서 12가지 위반 사항이 발견됐다고 지적했다. 생산시설 벽면에 곰팡이가 발견됐고 육안상 출처를 확인할 수 없는 미세입자가 관찰됐다는 것이다. 그는 바이오시밀러를 담는 약병 마개의 결함도 문제 삼았다. 약병의 진공 상태에 문제가 있어 약물 품질에도 영향을 줄 수 있다는 지적이었다. 미미는 송도 공장에서 생산한 램시마 일부에서 이물질이 검출됐다는 점도 언급했다. 또 멸균 공정이 적절히 이뤄지지 않았고 무균처리공간의 모니터링 시스템에서도 결점이 발견됐다고 했다. 제조시설에서 적절하지 않은 설계가 발견됐다는 등 이전 실사에서는 아무 말 없이 지나갔던 문제들이 거론됐다.• FDA는 위반 사항을 '원인 불명의 불일치'라고 설명했고 셀

• 셀트리온 램시마 GMP기준 미충족...美서 문건 공개 , 데일리팜, 2017. 9. 8.

트리온이 알아서 원인을 파악해 시정한 다음 보고하라고 했다. FDA를 만족시키지 못하면 제품 회수 및 판매 중단, 허가 취소, cGMP 자격 박탈에다가 최악의 경우 공장 폐쇄다. 이 모든 것이 미미의 손에 달려 있었기에 셀트리온은 한 달 전부터 신경을 곤두세웠던 것이다.

셀트리온의 긴박한 상황은 그해 9월 6일 미국 규제업무전문가협회가 해당 문건을 스캔한 파일을 홈페이지에 올리면서 만천하에 알려진다. 나중에 알게 된 사실이지만 Form 483은 통상적으로 발부되는 주차위반 딱지 같은 것이다. 글로벌 제약바이오 회사들도 수십 차례 받은 이력이 있다. 실사에서 지적 사항이 하나라도 발견되면 무조건 받는다. 실사 내용이 기업비밀과 관련이 있고 영업활동에 영향을 줄 수 있어서 FDA는 회사 측에 개별적으로 통지한다.

그런데 규제업무 전문가들이 모인 공공단체가 셀트리온처럼 대기업도 아닌 일개 중소기업의 공문서를 공론화한 것은 과거에는 볼 수 없었던 일이다. 규제전문가협회는 셀트리온이 Form 483을 수령한 사실을 공개하면서 램시마가 미국에서 예상보다 잘 팔리지 않는 진짜 이유일 수 있다고 분석했다. 판매회사 화이자는 존슨앤드존슨의 불공정 계약 때문이라고 주장하지만 실은 램시마의 품질 문제라는 것이다. 일각에서는 미국 규제 전문가를 꽉 잡고 있는 존슨앤드존슨이 램시마에 흠집을 내기 위해 협회를 이용한 것이라는 의혹을 제기했다. 그렇지 않다면 그 많은 Form 483 수령자 중 구태여 셀트리온만 콕 집어 공격할 이유가 없기 때문이다.

Form 483은 엄청난 파장을 몰고 왔다. 국내에서 FDA 승인을 받은 의약품을 생산하는 회사가 없었기 때문에 이 문건이 무엇인지, 후속 절차가 어떻게 되는지 아는 사람이 없었다. 이러다 허가가 취소되는 게 아닌지 투자자들은 걱정이 태산 같았다.

두 달 전인 2017년 7월, 인도 바이오콘이 허셉틴 바이오시밀러를 생산하는 방갈로 공장 실사에서 FDA의 지적을 받고 허가가 지연되는 사건이 벌어졌다. FDA가 해외 바이오시밀러업체를 단단히 벼르고 있다는 얘기가 나왔다. 인도, 중국, 일본 등지에서 바이오시밀러를 만드는 회사들이 우후죽순 생겨나 심사 기준을 강화하는 것으로 풀이됐다. 한국은 자칫 잘못하면 후발국들과 도매금으로 주저앉을 수도 있었다. 셀트리온 측은 즉각 홈페이지에 게시글을 올리고 진화에 나섰다.

"Form 483을 수령한 건 맞지만 의약품 품질과 무관한 사안이고 FDA의 요구사항 리스트에 기재된 사항은 지난 7월 개선 내용을 보고했다"고 말이다. 셀트리온은 대수롭지 않다는 듯 침착하게 대응했으나 속은 타들어가고 있었다.

더 높은 수준으로 정면 돌파

FDA가 지적한 12가지 사항 중에는 단기간에 개선하기 어려운 문제가 있었다. 약물을 병에 주입하는 완제 의약품 공정에서 적발된 결함인데, 이 공정이 이뤄지는 공간의 기체 밀도와 음압, 온도 등 오염 상태를 감시하는 '무균 프로세스'가 잘못됐다는 지적이었다. FDA의 선진 의약품 제조 및 품질관리 기준은 결과는 물론이고 과정을 중시한다. 의약품 품질을 지속적으로 유지할 수 있는지를 가장 중요하게 여긴다. 의약품의 오염 여부와 무관하게 주변 환경을 변화시킬 수 있는 어떠한 변수도 허용하지 않는다. 기우성은 이해하기 쉽게 젓가락질에 비유했다.

"밥을 먹을 때 '젓가락이 내려간다, 음식을 집는다, 입으로 가져간다'를 평균 3초에 한다고 가정합시다. 이걸 1초 안에 훅 해치우면 바람이 일면서 입속에 먼지가 들어갈 가능성이 높아지죠. 실제로 오염이 발견된 것은 아니지만 에어 플로air flow가 깨졌을 때 바이러스가 들어가면 어떻게 할 것이냐는 게 FDA의 지적이었습니다."

실무진이 회의한 결과, 시스템을 개선하고 오염 우려가 없다는 사실을 입증하려면 최소 2년이 소요되는 것으로 파악됐다. 실제로 FDA의 지적 사항을 완벽히 개선하려면 빨라야 1년 반이 걸린다는 통계도 있었다. 정석대로 하면 1초로 하던 젓가락질을 3초로 바꾸고 1년치 생산 데이터를 제출해서 재검사를 받아야 한다. 시간이 촉박한 셀트리온은 머리를 썼다. 완전히 새로운 검증 방식을 제안했다. 예를 들어 1초로 젓가락질을 했을 때의 공기 흐름과 압력, 온도 변화, 유입되는 공기 속 세균 숫자 등 다양한 변수를 추가로 체크해 오염도 확률을 계산하겠다고 주장한 것이다. 셀트리온이 시스템을 뜯어고치지 않는 대신 기존 규정보다 깐깐한 가이드라인을 내세우자 FDA 측은 눈이 휘둥그레졌다.

"정말로 이렇게 할 수 있단 말입니까?"

자신만만하게 "그렇다"고 대답한 셀트리온 사람들은 아마도 돌아서서 눈물을 흘렸을 것이다. '못 하면 우린 끝장난다고요.'

셀트리온은 개선된 데이터와 함께 오염 우려가 없다는 보고서를 2017년 11월 FDA에 제출했다. 그런데 3개월 뒤인 2018년 1월 또다시 FDA의 워닝 레터(Warning letter, 경고장)가 날아왔다. Form 483보다 강도 높은 문서였다. FDA 실사 과정을 살펴보면, 첫 번째 단계는 FDA가 일정과 장소를 통보하는 Form 482를 회사에 발송하면서 시작된다. 실사에서 지적 사항이 있으면 개선 사항 목록이 담긴 Form 483이 발부되고 회사는 수령 후 영업일 15일 내에 지적 사항에 대해 답변해야 한다. 그리고 FDA는 실사 종료 이후 30일 안에 최종 실태조사 보고서를 작성한다. 여기에는 실사 내용과 결과가 세 가지 등급으로 기재돼 있다. 최고 등급은 개선할 점이 없는 NAINo Action Indicated, 그다음이 자발적 시정이 필요한 VAIVoluntary Action Indicated다. 골치 아픈 경우가 부적격인 OAIOfficial Action Indicated인데 이 등급이 나오면 경고장을 받는다. 옐로카드라고 보면 된다. 두 장을 받는다고 퇴장당하는 건 아니고 잘못을 시정한 다음 확인을 받으면 통과다. 물론 레드카드도 있다. 드물긴 하지만 OAI 등급도 과분하다고 판단될 때는 그 자리에서 허가 취소나 공장 폐쇄 명령이 내려진다. 이런 불미스러운 일에 휘말린 회사는 사실상 제약바이오업계에서 퇴출이라고 보면 된다.

셀트리온 방식

FDA는 셀트리온을 OAI 등급으로 분류했고 2공장 완제 공정에 대한 추가 보완 자료 제출을 명령했다. 사태는 쉽사리 해결될 것 같지 않았다. 이때다 싶었던 삼성바이오로직스는 "우리는 FDA 워닝 레터를 단 한 번도 받은 적이 없다"고 은근슬쩍 자랑했다. 삼성바이오로직스 직원들은 무결점을 의미하는 문구가 새겨진 단체 티셔츠를 맞춰 입고 공장 로비 앞에서 활짝 웃으며 사진을 찍었다. 이 사진은 기업 홍보 브로슈어에 실려 있다. 삼성바이오로직스는 "바이오의약품 생산이 얼마나 어려운 것인지 이제 알겠느냐"고 득의만만했다.

셀트리온은 한 번에 FDA를 설득할 수 있을 줄 알았다. 2017년 11월 EMA가 실시한 정기 감사에서는 무사통과했기 때문에 안심을 했던 것 같다. 그러나 이번엔 문제가 심각했다. 셀트리온이 처음에 지적받은 것은 램시마 제조공정과 관련한 것이었지만 두 번째는 새로 FDA 허가를 신청한 트룩시마와 허쥬마의 승인과도 관련이 있었다. 의약품 허가 실사에서 불만족스러운 점이 있으면 FDA는 추가 보완 공문을 회사에 보내는데, 여기서 통과해야 제품 허가 절차가 재개된다. 문제점을 개선하지 못하면 모든 파이프라인이 '올 스톱'할 수 있는 위기였다. 셀트리온은 FDA를 찾아가 다른 해결책을 제시했다. 제3기관에게 검증받은 객관적인 자료로 멸균 시험 관련 데이터를 내겠다고 제안한 것이다.

"실무진이 보고한 문제는 A였는데 FDA가 지적한 핵심은 B라고 합시다. A로 가면 2년이 걸려요. 핵심인 B로 바로 가는 새로운 방법은 6개월이면 되는데 FDA가 동의를 해야 합니다 그래서 FDA를 설득했습니다. 이런 얘기를 하면 사람들은 FDA도 로비가 되냐고 묻습니다. 로비가 아니라 시스템을 다시 설계한 것이라고 말해줍니다. 2년 걸릴 일을 6개월로 당긴 회사는 저희밖에 없을 겁니다. 바이오업계가 셀트리온을 특이하게 보는 이유죠."

기우성은 이런 일 처리 방식을 '셀트리온 컬처'라고 말한다. "셀트리온이기 때문에 되는 게 있고 다른 기업들은 못 하는 게 분명 있습니다. 문제를 어떻게 풀었냐고 물으면 우리 스태프 중 똘똘한 사람들 몇 명 붙였다고밖에 얘기할 수 없어요. 산도스가 리툭산 바이오시밀러를 먼저 개발했지만 우리가 2년 먼저 허가를 받았습니다. 다 이유가 있지 않겠습니까? 셀트리온 컬처를 가지고 있기 때문에 할 수 있었던 겁니다. 외부에서 보기에는 터프할 수 있습니다. 그런데 터프하게 해야 진전이 되고 남들이 하지 못한 아웃풋을 냅니다. 그래서 기존 프로세스대로 하는 사람들은 우리를 이해 못 해요. 회장님이 조사를 많이 받은 것도 다 이런 것 때문입니다. 6개월 걸리는 걸 2개월에 하고, 2년 걸리는 걸 6개월에 하니까 다들 가짜라고 해서 오해를 많이 받았죠."

모든 일에서 가장 중요한 것은 커뮤니케이션이다. 셀트리온이 제출한 보완 자료는 합격 판정이 났고 트룩시마는 2018년 11월, 허쥬마는 한 달 뒤인 2018년 12월 FDA 허가를 받았다. 계획보다 1년 늦어졌다.

셀트리온 사람들이 미미라는 이름만 들어도 소스라치게 놀라는 것도 이런 이유에서다. 미미는 까다롭기로 유명했다. 그가 지나간 자리는 전 세계 어디든 초토화가 됐다. 미미가 실사를 하고 가면 어김없이 Form 483 문서와 워닝 레터가 날아왔다. 이 소문은 업계에 파다하게 퍼졌다. 미미의 이름과 인상착의, 특징 등 신상 정보는 업계에 공유됐고 실사관으로 미미가 온다고 하면 다들 벌벌 떨었다. 셀트리온 직원들은 그때 미미만 오지 않았어도 무난하게 승인을 받았을 거라고 말한다. 실력도 중요하지만 조사관 뽑기 운은 더 중요하다는 것이다.

미미는 이 조사관의 별명이다. '미친 미국인'의 줄임말. 셀트리온 직원들은 커뮤니티 앱 블라인드에 작별 인사를 남겼다.

"미미, 잘 가라. 다신 오지 마."

7

CELL.TRIONISM

CELLTRION.ISM

CELL.TRIONISM

CELLTRIONISM

원칙

CELLTRIONISM

셀트리온의 인재상은 원칙 준수, 창의성, 도전 정신, 세계제일주의다.

원칙 준수는 나머지 세 덕목을 모두 아우르는 가치다.

셀트리온 서정진 회장은 직원들의 사기 진작을 위해 기업가가 하지 말아야 할 4가지로 "채용, 진급, 구매, 급여에 관여하는 것"을 든다.

셀트리온과 서정진의 원칙은 과연 무엇일까.

무엇이 셀트리온의 오늘을 만들었을까.

돈은 사장이 벌어온다

"너희는 맡은 일만 제대로 해라. 돈은 내가 벌어오겠다."

어떤 상황에서도 급여는 제1순위

서정진이 가장 확고하게 지킨 것이 있다면 임직원들의 월급날이다. 셀트리온 임직원들은 지금까지 단 한 번도 제 날짜에 월급을 받지 못한 적이 없다. 아무리 어려운 상황이어도 서정진은 어떻게든 돈을 빌려와 임직원들의 급여를 마련했다. 부도 위기에서도 매달 월급이 제때 나왔다.

그는 비상 경영을 이유로 "회식비를 줄이라"는 지시도 해본 적이 없다. 셀트리온은 "힘들 땐 먹어야 힘이 난다"는 신념 아래 먹는 데는 돈을 아끼지 않았다. 그래서 회사의 어려운 사정을 몰랐던 직원도 적지 않았다. 그들은 회사가 중소기업이라는 생각조차 하지 않았다. 국내 상위 제약사 수준의 급여와 대우를 받았으니 그럴 만도 했다. 월급과 회식비는 직원들이 회사에 대한 자부심을 가지는 데 일조했다.

서정진이 급여를 중시한 것은 임직원들과의 약속이기 때문이다. 혈연, 지연으로 결속된 가족, 친구와 달리 회사와 직원은 돈으로 맺어진 관계다. 액수가 얼마든 급여는 고용주와 근로자의 관계를 형성하고 유지하게 해주는 근간이다. 회사가 근로계약서대로 월급을 제때 주지 못하면 그 관계는 지속될 수 없다. 결국 '급여=사람=회사의 경쟁력'이다. 서정진은 이 공식의 첫 번째 조건을 충족시키지 못해 사람을 놓치는 상황이 오는 것을 두려워했다. 셀트리온에 가장 필요한 것은 뛰어난 연구개발 인력과 유능한 엔지니어들이다. 그들을 잃어버리는 것은 파산 위기보다 더 큰 리스크다. 사람이 있으면 어떤 어려움도 헤쳐나갈 수 있지만 사람이 떠나면 회사는 망한다. 더군다나 서정진은 초창기 업계 최고 대우를 해주는 조건으로 직원들을 스카우트했기 때문에 더욱 직원들의 급여에 집착할 수밖에 없었다. "돈은 원하는 대로 줄 테니 일단 오라"고 질러놓고 보는 경우가 많아서 그의 어깨는 천근만근 무거웠다.

서정진은 월급 외에 스톡옵션을 두둑하게 챙겨줌으로써 약속을 지켰다. 그가 공약 이행률을 높일 수 있었던 비법은 '큰소리치기'와 '예외 두지 않기' 두 가지로 요약된다. 그는 "내가 한 약속은 반드시 지킨다니까"라는 말을 자주 하는데 이것은 자기 주문과도 같다. 여러 사람들 앞에서 공언함으로써 자신을 더욱 채찍질하는 것이다. 지킬 수 없을 것 같을 때 밀고 나가는 것도 비결이다. 약속은 한 번 어기기 시작하면 계속 어기게 된다. 회사가 월급을 한 번 못 주기 시작하면 두 번, 세 번은 쉬워진다. 다음번에 또 회사가 재정 위기에 빠지면 의사결정 순위에서 급여는 뒷전으로 밀린다. 경영진도 제 날짜에 임금을 지급하는 것을 당연히 여기지 않게 된다. 임직원의 희생을 강요하는 것도 모자라 월급으로 생색을 내는 악덕 기업인들이 나오는 이유다. 서정진은 이런 것을 두고 "기본적인 원칙이 제대로 지켜지지 않는다"고 이야기한다. 그는 자금을 집행할 때 급여를 우선순위에 뒀고 "임금 체불은 없다"는 자신만의 원칙을 지켜나갔다. 물론 적자가 눈덩이처럼 불어나는 것을 보면서 직원들에게 안정적인 대우를 보장해주기란 쉽지 않다. 하지만 "이번 달 월급은 무조건 준다"라고 12번 다짐하면 1년이다. 셀트리온이 매출을 내기까지 서정진은 60번 이를 악물었다. 그다음부터는 '플라이휠(성장을 만드는 선순환 수레바퀴)'이 돌아가면서 이런 결심을 할 필요가 없어졌다.

월급쟁이의 마음을 안다

서정진이 급여를 대하는 자세가 재벌 그룹의 오너 경영인들과 다른 이유는 또 있다. 월급을 주는 입장이 아니라 받는 입장에 있었다는 것이다. 그는 밑바닥부터 시작했다. 넉넉하지 않은 집안에서 자랐고 초등학교 미술 교사였던 아내와 맞벌이를 하면서 두 아들을 키우고 노부모를 부양했다. 대기업에 다니며 초고속 승진을 했어도 빠듯한 월급으로 가정을 꾸려나가는 대한민국의 평범한 중산층이었다. 식구들을 먹여 살려야 했기에 힘들어도 직장을 그만둘 수 없었다. 서정진의 아내 박경옥은 "남편은 첫 직장인 삼성전기에 있을 때부터 밤 10시 반 전에 들어온 적이 거의 없었다"고 했다. "양말을 벗으면 발이 퉁퉁 부어 있었고 발바닥에서는 열이 났어요. 얼마나 뛰어다녔는지 입에서는 단내가 풀풀 났죠. 그렇게 몸이 부서져라 일하는 걸 알았기 때문에 창업을 한다고 했을 때 반대할 수 없었습니다."

IMF 경제위기로 졸지에 실업자가 되면서 서정진은 '밥벌이'의 소중함을 더욱 뼈저리게 느꼈다. 회사가 지급하는 급여는 직원 1명이 아닌 그에게 딸린 식구들의 생존이 걸린 문제라는 것을 체득했다. 월급쟁이 생활 17년의 경험 덕분에 그는 직원들의 입장에서 생각할 수 있게 됐다.

잘되면 직원 덕, 잘못되면 경영자 탓

"저는 직장 생활이 얼마나 힘든지 잘 압니다. 그래서 회사가 어느 정도 커지면 실천하겠다고 다짐한 게 있습니다. '내가 직장인일 때 하기 싫었던 일은 우리 직원들에게 시키지 말자' 또 '내가 하고 싶었던 것은 직원들이 꼭 하게 해주자'라고 말입니다."

서정진은 '내가 해봐서 아니까' 직원들이 눈치 보지 않고 당당하게 월급을 받는 기업문화를 만들었다.

"우리 회사 경영지원 부서에서 매년 제게 임금 인상 테이블을 가지고 옵니다. 올해는 연봉을 몇 프로 올려야 하고 인센티브가 어떻고 복잡하게 설명을 해요. 그러면 제가 이야기합니다. '대한민국에서 제일 많이 줘' 우리 회사의 임금 정책은 이거 하나입니다. 저는 경영지원팀에게 이렇게 보고하지 말고 '직원들에게 월급을 이만큼 주려면 얼마를 벌어와야 한다'고 제게 숙제를 달라고 합니다. 제가 벌어서 채우겠다고 말이죠. 그랬더니 직원들이 제게 내주는 숙제가 너무 많아졌습니다. 가끔 '괜히 그런 말을 했나' 하고 후회합니다."

대부분의 기업 경영자들은 임직원에게 '돈을 벌어오라'고 지시한다. 매년 매출 목표를 세우고 달성하지 못하면 질책한다. 서정진은 반대다. 창업 초기부터 그가 투자를 전담했기 때문에 "돈은 사장이 벌어 오는 것"이라는 생각을 갖고 있다. 일반적인 제조업과 달리 초기 투자 비용이 많이 드는 바이오 사업의 특성 때문일 수도 있다. 서정진은 바이오시밀러 개발 당시 임상시험 비용이 많이 들어 걱정하는 직원들에게 "너희는 맡은 일만 제대로 해라. 돈은 내가 벌어오겠다"고 말했다고 한다. 그는 "회장은 스폰서여야 한다. 회장이 회사의 주인공이면 실패한 회사다"라고 말한 적이 있다. 은퇴하는 이유도 "회장이 우리 회사의 주인공이 아니기 때문"이라고 했다.

그는 기업의 성과는 경영진의 능력에 달려 있다고 생각한다. 잘되는 회사는 직원들이 잘해서이고 안되는 회사는 경영자가 잘못했기 때문이다. 이런 마인드는 급여에 대한 인식을 완전히 바꿨다. 회사가 주는 대로 받아야 하는 수동적인 개념이 아니라 직원들이 회사에 요구해서 쟁취하는 능동적인 개념인 것이다.

연봉 협상은 보통 회사가 일방적으로 밀어붙이는 형식적인 경우가 많다. 셀트리온에서는 그런 일이 일어나지 않는다. 서정진은 "우리 회사에는 노조가 없다"며 "만들지 말라고 해서 없는 게 아니라 노조가 있을 필요가 없기 때문"이라고 했다. 직원들을 믿고 그들의 입장에 서 봤기에 할 수 있는 말이다.

많은 창업자들이 회사를 자기 것으로 여긴다. 그래서 회사가 먼저이고 직원은 나중이다. 아무리 좋은 실적을 내도 창업자가 회사를 세웠기에 가능한 일로 여긴다. 회사가 창출하는 부가가치, 일자리 등 성과를 모두 자신의 공으로 돌린다. 직원들의 기여는 안중에 없으니 사람을 아끼지 않게 되는 것이다.

서정진은 기업가를 "직원들을 위해 희생하는 사람"이라고 정의한다. 직원을 위해 비굴하고 굴욕적인 일도 감수하는 게 회사의 대표가 해야 할 일이라는 것이다. 서정진은 "가끔은 다 내려놓고 쉬고 싶을 때도 있지만 그러지 못하는 것은 직원들 때문"이라며 "이제는 네 식구가 아니라 3000명을 먹여 살려야 해서 책임감이 막중하다"고 말한다.

뜨거운 관계

자신의 이익을 위해 직원을 부리는 사장이 아니라 직원들의 월급을 주기 위해 발로 뛰는 사장을 직원들은 미워할 수가 없다. 셀트리온 직원들과 이야기해보면 이들이 근로계약서 한 장으로 맺어진 찢어지기 쉬운 관계가 아니라는 것을 알아차릴 수 있다. 창업자를 중심으로 구성원들을 뭉치게 하는 뜨거운 무언가가 셀트리온에는 있다.

외부에서 보면 이런 회사 분위기에 거부감을 느낄 수도 있다. 서정진에 대한 존경심을 넘어 맹목적 추종자처럼 보이는 임직원도 있다. 그를 추종하는 세력은 그가 '라면 갑질' 논란에 휘말렸을 때 본 모습을 드러냈다. 서정진이 대한항공 기내에서 승무원에게 라면을 세 번이나 다시 끓여오라고 지시했다는 뉴스가 나오자 인터넷에는 서정진을 두둔하는 댓글로 도배가 됐다. 그중에는 임직원들도 적지 않았다. 셀트리온 직원들은 "우리 회장은 그럴 사람이 아니다"라며 그를 감쌌다. 직장인의 커뮤니티 앱 '블라인드'에서는 대한항공 직원들과 셀트리온 직원들끼리 싸움이 벌어지기도 했다.

사건은 서정진이 이코노미석에 탄 직원들을 쉬게 해주려고 일등석 전용인 칵테일 바로 부른 데서 비롯됐다. 여객기 사무장은 이를 규정 위반이라고 제지했고 서정진은 강하게 항의했다. 해당 승무원이 서정진이 '라면 빵빵이'를 시켰다고 언론에 제보하면서 이 일은 갑질 논란으로 일파만파 퍼졌다. 서정진은 "그동안 다른 항공사에서는 문제가 없었는데 그 승무원이 직원들을 빨리 내보내라고 해서 말다툼을 한 것은 맞다"며 "라면은 덜 익어서 돌려보낸 것이지 의도적으로 그런 것은 아니다"라고 해명했다.

직원들은 서정진이 논란에 휘말리는 것을 제 일처럼 안타까워했다. 서정진의 갑질 논란은 이례적으로 조용히 묻혔다. 임직원들이 앞장서서 진화에 나선 것이 효과를 발휘한 것이다.

기준은 스스로 정한다

"우리는 엄연한 시장 개척자이다."

어떻게 더 잘할 것인가

세계 최초의 바이오시밀러 '램시마'가 탄생했을 때 셀트리온은 스스로를 '퍼스트 무버first mover'라고 불렀다. 퍼스트 무버는 새로운 분야를 개척한 창의적인 선도자를 말한다. 셀트리온은 이후에도 시장에 가장 먼저 선보인 바이오시밀러에 항상 '퍼스트 무버 제품'이라는 타이틀을 달아 홍보했다. 바이오시밀러는 오리지널 제품인 신약을 비슷하게 만든 것이니 제일 먼저 출시됐다고 해도 선구자로 보긴 어렵다. 하지만 서정진은 그렇게 생각하지 않았다. "우리가 개발한 제품이 오리지널과 비교해 뒤지지 않고 경쟁사들보다 앞서가는 선두 주자이기 때문에 엄연한 시장 개척자"라며 꿋꿋하게 밀어붙였다. 셀트리온이 고집을 부린 덕분인지 언젠가부터 바이오시밀러업계에서는 퍼스트 무버라는 용어가 보편적으로 사용되기 시작했다. 시장 선점 효과의 중요성이 부각되면서다. 지금은 바이오시밀러 중 가장 빨리 출시된 제품을 자연스레 퍼스트 무버라고 부른다. 진짜 1등은 제쳐두고 그다음부터 들어오는 주자들 중 가장 빠른 사람에게 왕관을 씌워주는 셈인데, 이런 이상한 관행에 이의를 제기하는 사람도 없다. 오히려 서로 퍼스트 무버로 불리기 위한 속도 전쟁이 한창이다. 신약을 중심으로 돌아가던 제약바이오업계의 고정관념을 셀트리온이 완전히 바꿔놓은 것이다.

전통적인 제약산업의 관점에서 본다면 신약만이 최초의 발명이자 혁신이다. 하지만 제약산업의 바깥에 있었던 서정진의 눈에 바이오시밀러는 놀랍도록 혁신적인 제품이었다. 이유는 간단했다. 오리지널 약이 있어도 비싸서 쓸 수 있는 환자가 많지 않으니 가격을 낮추는 것만 해도 대혁신이었다. 한국생산성본부에서부터 대우차 시절을 거치면서 줄곧 해온 일이 투입 대비 산출을 높이는 업무 효율 개선이었기에 그는 이 방면에서 전문가였다.

서정진은 "하늘 아래 완전히 새로운 사업은 없다"는 생각으로 바이오시밀러 사업에 접근했다. 정말 괜찮은 사업 아이템은 누군가가 했거나 이미 하고 있는 사업인 경우가 많다. 누가 더 잘할 수 있느냐가 중요하다. 서정진은 환자와 의료진의 욕구를 세심하게 파악하고 충족시켜주는 제약사라면 기회를 잡을 수 있으리라고 확신했다. 슈퍼 '갑'인 거대 제약사들이 마음대로 주무르는 의료 환경에서 틈새시장은 곳곳에 널려 있었다.

30대에 창업해 억만장자가 된 사업가 MJ 드마코는 『부의 추월차선』에서 "기회는 욕구와 같이 간단한 것"이라며 "불편을 해결하고 더 나은 서비스를 제공하며 고통을 치유하고 형편없는 사업을 퇴출시키는 것이 모두 사업 기회가 된다"고 명쾌하게 정리한다. 기회는 도처에 널려 있으며 그것이 기회라는 걸 알아차릴 수 있는 능력이 중요하다는 얘기다. 사업 기회를 포착하는 측면에서 서정진은 뛰어난 감각을 지녔다고 할 수 있다. 드마코의 정의를 적용하자면, 바이오시밀러는 바이오의약품 공급 부족이라는 불편을 해결하고, 저렴하고 양질인 제품을 제공하며, 더 많은 환자의 고통을 치유하고, 폭리를 취하는 제약사를 퇴출시킬 수 있는 기회의 조건을 모조리 갖추고 있다.

자신의 위치에서 새롭게 본다

서정진은 혁신을 받아들이는 방식도 다른 제약바이오 회사 CEO들과 달랐다. 그들은 바이오시밀러를 복제약으로 얕잡아보고 관심을 가지지 않았다. 신약을 내놓을 수 있는 몇 안 되는 빅파마들이 만들어 놓은 생각의 틀에 갇혀 있었던 것이다. 그 결과 자신의 능력과 사업 기회를 제대로 파악하지 못했다. 위에서 보면 백두산이나 한라산이나 비슷해 보인다. 평지에서 봐야 산맥이 얼마나 높고 험준한지 알 수 있다. 이처럼 객관적인 현실 인식에서 출발한 사람만이 자신만의 길을 찾을 수 있다.

꿈은 크게 가지되 세부 목표는 작게 세워서 하나씩 성취하는 것이 중요하다. 셀트리온은 자신의 위치에서 바이오시밀러 사업을 바라봤고 자신만의 방식으로 혁신을 정의했다. 개미 바이오 벤처가 연간 수십조 원을 벌어들이는 공룡 제약사들과 같은 운동장에서 뛸 수 없다는 것을 애초부터 인정하고 작은 것부터 바꾸기 시작했다. 신약 개발사들이 포진한 메이저리그가 아니라 바이오시밀러 개발사들이 모인 마이너리그에서 퍼스트 무버의 개념을 정립할 수 있었던 것은 이 때문이다.

셀트리온은 바이오시밀러업계에서 게임의 룰을 만들었고 새로운 경쟁체제를 구축했다. 그러자 바이오시밀러를 거들떠보지도 않던 노바티스, 화이자 등 거대 제약사들도 슬그머니 발을 들이기 시작했다. 셀트리온이 스스로를 복제약 회사로 여겼다면 지금처럼 발전하지 못했을 것이다. 업계 사람들이 보기에는 별것 아닌 것도 서정진은 새롭게 바라봤다. 바이오 전문가들이 당연하게 여기는 방식을 셀트리온은 효율적으로 개선하려고 했다. 이런 태도는 새로운 길을 개척한다는 자부심을 가지게 만들었고 계속 앞으로 나아갈 수 있는 원동력이 됐다.

한솥밥 식구

"우리 회사에서 가장 심혈을 기울인 곳은 구내식당이다."

출장지에서 함께 아침을

대한민국의 회식 문화는 악명 높다. 밀레니얼세대는 고전적인 방식의 회식에 극도로 거부감을 드러낸다. 이런 분위기를 반영하듯 "저녁 회식 하지 마라"는 내용의 칼럼이 엄청난 센세이션을 일으키기도 했다. 칼럼을 쓴 문유석 작가는 "직원들도 밥 먹고 술 먹을 돈 있다. 친구도 있다. 없는 건 당신이 뺏고 있는 시간뿐"이라며 회식 주동자들에게 일침을 날렸다.•

서정진은 이런 말을 귓등으로도 듣지 않는다. 그는 회식을 매우 중요하게 생각한다. 일부러 건수를 만들고 참석을 강요하는 것은 아니

• 문유석 판사의 일상유감, 중앙일보, 2017. 1. 10.

지만 일단 '회장이 떴다' 하면 일정이 끝난 후 회식이 관례처럼 돼 있다. 고기를 굽고 폭탄주를 돌리는 자리가 아니라 말 그대로 회사 사람들이 함께 밥 먹는 자리다. 회식은 때를 가리지 않는다. 셀트리온에서는 저녁 회식보다 아침 회식이 일상적이다.

해외 출장이 잦은 서정진은 동행한 직원들의 아침 식사를 꼭 챙긴다. 아침 8시에 자신의 숙소로 직원들을 불러 아침상을 차려준다. 메뉴는 소박하다. 현지 한인 마트에서 공수한 라면과 김치, 즉석밥이다. 해장이 필요한 직원들은 얼큰한 라면을 그렇게 좋아한다고 한다. 2020년 1월 미국 샌프란시스코에서 열린 JP모건 헬스케어 콘퍼런스 출장에서도 서정진은 '라면 끓이는 남자'를 자처했다. 다른 직원들이 나서는데도 손수 끓이겠다고 물리칠 정도로 '라면 부심'이 대단하다. 서정진은 꼬들꼬들한 면발에 탱글탱글한 계란을 올린 라면 한 솥을 상에 올리고서는 40여 년간 간직해온 비법을 직원들에게 풀어놓는다. 군대 시절 먹던 '뽀글이'에서부터 샌프란시스코에서 노숙자로 지내며 먹었던 컵라면까지 라면에 얽힌 파란만장한 인생 이야기도 곁들여진다. 서정진의 통역사로 그와 항상 동행하는 임이랑 셀트리온 대리는 "그냥 라면이 아니라 떡라면, 스팸라면, 김치라면처럼 조금씩 메뉴가 바뀐다"며 "타지에서 먹으니 맛있을 수밖에 없다"고 했다. 회장님 숙소에 아침을 먹으러 가는 게 부담스러울 것 같아 은근슬쩍 속내를 물어봤지만 젊은 직원들도 크게 불만이 없는 눈치다. 잠을 더 자고 싶거나 일정이 있는 사람은 아침 회식에 참석하지 않아도 된다. 그저 밥만 먹고 각자 뿔뿔이 흩어져 일터로 나간다.

아침 회식은 서정진이 출장지에서 숙소를 결정할 때 고려하는 중요한 요소 중 하나다. 그는 여러 명의 직원들과 출장을 갈 때면 취사가 가능한 주방과 거실이 딸린 레지던스에 주로 묵는다. 그는 "회사에서 호텔 스위트룸을 예약해줬는데 비싸기만 하고 직원들이 드나들기 불편해하더라"며 "직원들이 회의실로 쓸 수 있고 밥도 같이 먹을 수 있는 곳으로 거처를 정한다"고 했다. 서정진은 셀트리온 유럽 법인이 있는 네덜란드 암스테르담에 장기 출장을 나왔을 때도 현지 직원용 사택에서 지냈다. 소속도 네덜란드 법인 주재원이었다. 서정진의 입국 서류를 훑어보던 네덜란드 공무원이 "기업 총수가 주재원 신분으로 해외에 나와 일하는 건 처음 봤다"고 했다고 한다. 서정진은 2018년부터 글로벌 직접판매망을 구축하기 위해 전 세계를 돌아다녔는데 1년의 3분의 2 이상을 해외에서 체류하다 보니 아예 주재원으로 등록했다. 그는 해외 출장을 나오면 현지 법인 직원들과 먹고 자고 일하며 거의 24시간을 같이 보낸다. 한번은 네덜란드 법인장이 "직원들이 자던 침대라서 불편하실 텐데 호텔에서 주무시는 게 낫지 않겠느냐"고 물었더니 서정진은 이렇게 답했다.

"호텔 침대는 새 거냐?"

수많은 투숙객들이 드나드는 호텔 침대나 직원들이 사용하던 침대나 실은 다를 게 없다는 얘기다.

서정진은 명품 옷이나 시계도 없고 5성급 호텔도 좋아하지 않는다. 그나마 관심을 보이는 것은 음식인데 스스로 미식가라고 주장한다. 그는 "사람들이 내 배를 보고 엄청 많이 먹고 말술을 마실 것이라고 생각하는데 오해"라며 "식사량도 적고 술도 거의 마시지 않는다"고 억울해했다. 가장 좋아하는 음식은 김치찌개, 자주 가는 음식점도 김치찌개로 소문난 기사식당이라고 한다.

서정진은 해외 파트너사들을 접대하면서 미슐랭 스타 레스토랑부터 VIP들의 예약만 받는 식당까지 안 가본 곳이 없다. 맛있다는 음식을 두루 섭렵한 덕분에 자연스레 미식가가 됐다. 서정진은 와인에도 조예가 깊다. 와인 리스트를 보고 와이너리와 빈티지에 대해 척척 설명해주고는 주문한 음식과 어울리는 와인을 추천해주기도 한다. 요리와 와인의 조합을 상상하려면 와인의 맛과 특징에 대해 해박한 지식을 갖고 있어야 한다. 서정진은 외모와 달리 소주나 폭탄주를 싫어하고 와인을 선호하는데 천천히 음미하면서 조금씩 마실 수 있기 때문이라고 한다.

그의 와인 사랑은 와인 수집으로도 이어진다. 인천 연수구 옥련동에 있는 셀트리온의 별장 영빈관 지하에는 와인 창고가 있다. 그랜드워커힐호텔 출신의 김윤기 소믈리에가 와인을 관리하는데 와인 시음을 비롯해 와인 구매, 보관까지 그가 총괄한다. 규모가 크진 않지만 보유한 와인의 품질과 등급은 국내 유명 호텔과 비교해도 뒤지지 않는다는 게 김 소믈리에의 말이다. 이곳에는 와인뿐만 아니라 위스키, 코냑 등 양주도 갖추고 있다.

일하고 싶은 분위기가 중요하다

영빈관의 셰프도 국내 유명 호텔에서 스카우트한 실력자다. 해외 고객사나 외부 손님을 접대하기 위해 만든 영빈관은 현재 임직원들에게 개방하고 있다. 인천 송도가 개발되기 전이었던 셀트리온 창립 초기에 중요한 손님을 모시고 갈 호텔이나 레스토랑이 없어서 만들었는데 이제는 필요가 없어졌기 때문이다. 고급 주택을 개조한 영빈관에는 최대 10~12명 정도가 함께 식사할 수 있는 방 3개가 있다. 돌잔치, 환갑, 스몰 웨딩 등 소규모 가족 모임 용도로 사용할 수 있다. 음식과 와인 값은 무료다. 사내 복지 차원에서 회사가 부담한다. 10명을 초대한다고 하면 일류 호텔급 요리에 와인까지 100만 원 이상의 혜택을 누리는 셈이다. 인천 변두리에 위치하고 있다는 지리적 약점에도 불구하고 영빈관은 임직원들에게 반응이 좋다. 음식도 맛있고 조경도 뛰어나서 1년 치 주말 예약이 꽉 차 있다. 셀트리온그룹 전체 직원 수가 3000명에 육박하면서 예약 경쟁은 더 치열해졌다.

영빈관을 무료로 개방한 것처럼 서정진은 임직원들이 먹고 마시는 데 쓰는 돈을 아까워하지 않는다. 회식비에도 상한선이 없다. 부정청탁금지법이 시행되면서 식사비를 1인당 3만 원으로 제한하는 기업들도 있지만 셀트리온에는 해당되지 않는 이야기다. 오히려 2019년 1월 시무식에서 서정진은 회식비를 대폭 풀겠다고 했다. 그는 청주상공회의소가 주최한 신년 인사회에서 이렇게 말했다.

"올해는 직원 1인당 120만 원을 지급하고 무조건 지역 식당에서 밥 먹으라고 당부했습니다. 회식비 예산도 통제하지 말라고 했습니다. 어려운 시기가 될 것이라고들 하는데 우리가 밥을 먹는 것만으로도 소상공인들이 행복해질 수 있습니다. 대기업이 먼저 돈을 풀어야 합니다."•

서정진은 "여기 오신 청주 기업인들이 직원들에게 20~30만 원씩 더 주면 지역 경제가 잘 돌아갈 게 아니냐"고도 했다. "경제는 거저 살아나지 않습니다. 경제는 심리고 그 심리가 꺾이면 안 됩니다."

• 서정진 회장 "회식비 계속 풀어 자영업자 돕겠다", 뉴데일리, 2019. 1. 3.

경제 살리기에 대한 서정진의 생각은 확고하다.

“경제가 발전하려면 어떻게 해야 하느냐. 간단합니다. 돈을 많이 벌면 돼요. 어떻게 하면 돈을 벌 수 있느냐면 사람들이 돈을 벌고 싶은 마음이 들게 해줘야 합니다. 국가경제는 경제학이든 경영학이든 이론으로 하는 게 아닙니다. 운영을 어떻게 하느냐와 관련이 있습니다. 가장 중요한 건 분위기예요. 으쌰으쌰 하는 분위기가 조성돼야 합니다.”

서정진에게 회식은 일하고 싶은 분위기를 만드는 장치다. 서정진과 막역한 사이인 이순우 전 상호저축은행중앙회장이 한 가지 일화를 들려줬다. 셀트리온이 설립된 2002년 우리은행 기업금융단 단장이었던 이순우는 서정진이 우리은행에 투자를 받으러 오면서 인연을 맺었다. “아마 제가 우리은행 부행장으로 있을 때일 겁니다. 한번은 야심한 시각에 서정진이 ‘형님’ 하고 전화가 왔어요. 술도 못 마시면서 우리 지점 계장, 대리급들을 데리고 그 시간까지 저녁을 먹고 있다고 합디다. 그때는 셀트리온도 살 만해졌고 우리은행의 주요 고객이어서 무슨 일이 있으면 제게 직접 와서 이야기해도 되는데 그런 적이 없어요. 어려울 때 거래하던 작은 지점까지 찾아가서 말단 직원들에게 고맙다고 인사하고 밥 사주고 술 사주고 하더라고요. 자기 회사 직원들도 아닌 남의 회사 직원들 회식까지 살뜰히 챙기는 걸 보고 뭘 해도 될 사람이라 생각했습니다.”

밥은 먹여 보낸다

이순우는 2011년 우리은행 은행장, 2013년 우리금융지주 회장에 올랐다. 서정진의 경영 철학에 감명을 받은 그는 은행장으로 취임한 직후 인천 송도의 셀트리온 본사를 견학한다. 서정진은 회사를 구경시켜주면서 "우리 회사에서 가장 심혈을 기울인 곳이 여기"라며 구내식당을 보여줬다. "우리 회사의 주인님들이 식사하시는 곳인 만큼 식단과 인테리어에 특별히 신경을 썼다"는 설명도 덧붙였다. 이순우는 "서정진에게 '셀트리온의 주인이 직원들이면 너는 뭐냐'고 물었더니 자신은 봉사자라고 하더라"며 "쇼크를 받고 돌아와서 회현동 본점 7층의 구내식당을 최신식으로 리모델링했다"고 했다. 이순우는 은행장으로 재임하던 시절 구내식당을 주말에 결혼식 연회장으로 사용하도록 임직원에게 개방하고 자신에게 배정된 차량을 웨딩 카로 쓸 수 있게 했다. 서정진의 영향이다.

밀레니얼세대에게 회식비 무제한이나 별장 무료 식사권은 그다지 매력적이지 않을지 모른다. 없어서 못 먹는 시대가 아니다. 그럼에도 셀트리온에는 "밥은 먹고 다니냐"에서 시작해 "밥은 먹여서 보낸다"로 끝나는 따뜻한 정서가 남아 있다. 밥벌이를 위해 모인 사람들이 밥벌이와 상관없이 밥을 함께 먹는 행위는 의미가 있다. 횟수는 전보다 줄었지만 셀트리온의 회식은 구성원들이 얼마나 끈끈하고 촘촘하게 연결돼 있는지 보여주는 하나의 지표다.

본질에 집중한다

"우리 회사에 투자하는 사람들이라면 우리가 한국 회사라는 건 알아야지."

수단은 수단이다

서정진의 영어는 거침없다. 우리말을 할 때도 직설화법으로 유명한데 영어는 더하다. 영어를 모르는 사람도 무슨 말인지 이해할 수 있을 정도다. 그만큼 간단하고 명료하다. 요즘 세대는 충격을 받을 수도 있다. 서정진은 F와 WH를 모두 'ㅎ'으로 발음하는 옛날식 아재 영어를 구사한다. 창업자founder는 '화운더', 무엇what은 '홧'으로 발음해 무슨 소리인지 어리둥절한 적도 있다.

한번은 샌프란시스코에서 서정진이 미국인 운전기사 에릭에게 이야기하는 것을 보고 깜짝 놀랐다. 몇 안 되는 단어를 사용해서 자유자재로 자기 의견을 표현하는 게 아닌가.

"헤이 에릭, 위 고우 투 더 커피숍. 홧 이즈 더 빌리지 네임? 노노노,

이츠 레스토랑 네임. 빌리지 네임."(에릭, 우리가 가는 커피숍이 있는 동네 이름이 뭐지? 아니 그건 식당 이름이고, 동네 이름 말이야.)

한마디로 이런 식이다. 서정진은 계속 '헤이, 에릭'을 찾으며 이것저것 물어봤다. 에릭은 지금까지 자신이 태운 VIP 고객들이 말을 건네는 경우가 거의 없었다고 한다. 서정진은 굉장히 특이한 고객이었을 것이다. 에릭은 소살리토 집값이 최소 50억이라면서 "프레지던트 서에게는 비싸지 않을 수도 있겠다. 당신은 내가 만난 사람 중 제일 부자"라고 엄지손가락을 치켜올렸다. 이런 말을 스스럼없이 할 정도로 두 사람은 금세 친해졌다.

말을 잘하는 것과 외국어로 이야기하는 것은 다른 문제다. 한국 CEO들은 특히 영어 울렁증을 겪기 쉽다. 지위나 체면을 생각해서 고급 비즈니스 어휘와 완벽한 문장을 구사하려고 애쓰기 때문이다. 서정진은 콩글리시라도 일단 뱉고 본다. 한국말 하듯 스스럼없다. 그에게는 필살기가 있다. 보디랭귀지와 특유의 친화력이다. 그는 초급 영어로도 미국인을 들었다 놨다 웃기기까지 한다.

서정진은 '글로벌화'를 주창하지만 정작 본인은 영어 공부에 관심이 없다. 그가 따로 영어 수업을 받는다거나 영어 공부를 한다는 이야기는 들어보지 못했다. 그는 해외에서도 YTN이나 아리랑TV 같은 국내 채널을 틀어놓는다. 서정진과 통화할 때면 전화선 너머로 한국어 뉴스 채널 소리가 들려서 그가 해외 출장 중인지 알아차리지 못한 적도 많다. "블룸버그나 월스트리트저널도 좀 보셔야 하는 것 아니냐"고 했더니 "우리나라 뉴스 속보가 얼마나 빠른데 모르는 소릴 한다"며 "진짜 중요한 뉴스는 한국에서도 다 해준다"고 능청스럽게 말했다. JP모건 헬스케어 콘퍼런스와 같은 국제무대에서도 그는 한국어를 고집한다. 이 행사에 참가하는 500여 개 기업 중 영어로 발표하지 않는 회사는 셀트리온뿐이다. 중국, 일본 회사들도 모두 통역을 쓰지 않고 영어로 한다. CEO가 영어를 잘 못할 경우 영어가 유창한 CFO나 COO를 연사로 세운다. 셀트리온보다 먼저 발표한 삼성바이오로직스도 김태한 사장이 영어로 모든 발표를 소화했다. 영어 실력자인데도 프레젠테이션 내용을 통째로 외워 수십 번 연습한 다음 무대에 설 정도다. 그에 비하면 서정진은 별다른 노력을 기울이지 않는 셈이다. 서정진에게 "김태한 사장처럼 영어로 발표할 계획이 없느냐"고 물었더니 이런 대답이 돌아왔다.

"통역이 있는데 왜?"

핵심은 콘텐츠

서정진이 한국어로 발표할 수 있는 건 '콘텐츠'에 자신이 있기 때문이다. 글로벌 제약사 CEO들은 회사가 공개해도 좋다고 허락한 내용만 언급할 수 있다. 경영 실적, 임상 데이터, 파이프라인 등 이미 알려진 것들로 새로울 게 없다. 서정진의 발표는 그야말로 제멋대로다. 누구의 허락도 받을 필요가 없는 그를 아무도 제지할 수 없다. 서정진이 입을 열 때마다 그동안 알려지지 않았던 사업 계획과 전략들이 쏟아져 나온다. 전문경영인과 오너의 차이다. 그의 발언은 대부분 '공시 대상'이다. 그래서 회장이 공식 석상에 설 때마다 셀트리온 홍보팀 직원들은 신경을 곤두세운다. 회사의 경영에 중대한 영향을 미칠 사안을 발표하면 바로 거래소에 이실직고하기 위해서다. 서정진이 이번엔 어떤 폭탄선언을 할지 궁금한 사람들은 그의 발표를 들으러 올 수밖에 없다. 해외에서는 오너 경영인이 직접 기관투자자들 앞에 서는 것 자체를 신기하게 여긴다. 서정진이 질문에 즉각 답을 해주고 전면에서 소통하는 것에 대한 반응도 좋다. 발표 이후에 마련된 서정진의 질의응답 세션에는 전 세계 기관투자자와 경쟁사 직원들이 성황을 이룬다. 신제품 출시 일정과 가격 정책처럼 실무진만 알 수 있는 질문이 쉴 새 없이 쏟아지는데 서정진은 모든 질문에 답을 한다. 담당자가 보충 설명을 할 때도 있지만 서정진이 알지 못하는 내용이라고 넘긴 적은 한 번도 없었다. 서정진은 질문한 것 이상의 대답을 해주므로 매번 질의응답에 주어진 시간을 넘긴다. 서정진은 "동시통역에 시간이 걸리기 때문에 질문을 많이 받지 못하는 것을 양해해달라"고 하면서도 영어로 할 생각이 없다. "우리 회사에 투자하는 사람들이라면 우리가 한국 회사라는 것 정도는 알아야 하는 것 아니냐"는 게 그의 생각이다.

서정진이 영어를 쓰지 않는 또 다른 이유는 정확한 의사소통을 위해서다. "지금은 통역이라도 쓰지만 셀트리온 창업 초기 맨해튼에 투자를 받으러 다닐 때 내 영어는 알아듣는 게 신기할 정도였다"고 말하는 걸 보면 자기 객관화가 뛰어난 사람이다. 그는 중요한 건 영어가 아니라 콘텐츠, 즉 사업 아이템이라고 항상 강조한다.

"창업자들에게 맨해튼에 가서 투자를 받으라고 했더니 사람들이 '내 실력으로는 못 한다'고들 해요. 그러면 '나도 그냥 했는데 왜 못 하냐'고 말합니다. 아무것도 없는 나도 했거든요. 영어 못해도 상관없습니다. 필요한 사람이 알아들어요. 투자자들이 필요로 하는 사업을 하면 투자를 받는 데 문제가 없어요."

서정진도 과거에는 영어로 스트레스를 받은 적이 있었다. 그는 "미국에 처음 와서 가장 놀랐던 건 거지들도 다 영어를 술술 잘하는 것을 봤을 때였다"며 "여기서 왜 이러고 있느냐고 물어봤다"고 했다. 한국인이 한국말 하는 것처럼 미국인이 영어를 하는 건 당연한데, 영어를 잘하면 엄청난 능력자로 우러러보는 고정관념이 있었다는 걸 뒤늦게 깨달은 것이다. 그 뒤로 서정진은 영어를 콤플렉스로 여기지 않았다. 그는 "내가 영어까지 잘하면 통역사들은 어떻게 먹고 사느냐"면서 "나보다 영어를 잘하는 사람이 많은데 그 사람들을 쓰면 된다"고 했다.

더 중요한 것이 있다

서정진의 지론대로 셀트리온은 사람을 뽑을 때 영어보다 실력과 됨됨이를 중요하게 본다. 외국인 임직원이 거의 없는 것도 이런 이유다. 2020년 6월 말 기준으로 셀트리온의 외국인 임원은 자비에르 캄포사노 완제기술위원회 상무와 키스 왓슨 연구개발 상무, 둘뿐이다. 상무급 이상 주요 임원진은 국내파다. 서정진은 "초기에는 해외파를 많이 영입했는데 지금은 대부분 회사를 떠났다"고 했다. 현재 회장, 부회장, 연구소장까지 모두 유학을 다녀오지 않은 순수 국내파다. 그래서 회장과 부회장은 모두 전담 통역사를 두고 있다. 보고나 회의를 할 때는 무조건 한국어를 쓴다.

셀트리온에서는 자기 분야에 전문성이 있으면 영어가 어눌해도 크게 개의치 않는 분위기다. 도전하고 배우려는 자세와 태도만 있으면 영어는 자연스레 늘게 돼 있기 때문이다.

많은 회사들이 영어를 못하면 능력이 없다고 여긴다. 영어를 공부하지 않으면 안 되는 환경을 만들어 임직원을 몰아세우기도 한다. 회의 시간에 영어를 쓰도록 강요하거나 토익 800점을 넘지 못하면 승진할 수 없거나 필수적으로 영어 강좌 10시간을 이수해야 하는 식이다. 영어를 못하면 업무를 처리할 수 없는 회사라면 모르겠다 싶지만 이런 환경은 외국인을 만날 기회도 없는 작은 벤처기업들도 예외가 아니다.

셀트리온은 시류에 역행하는 회사다. 남들이 세계화를 부르짖을 때 혼자 가슴팍에 태극기를 달고 '대한민국 만세'를 외치는 것 같다. 임직원의 95퍼센트가 한국인이기도 하지만 기업문화 자체도 한국적이다. 서정진은 "조국은 애증의 대상"이라면서도 "우리는 토종 한국 기업"이라고 말한다. 한국인이 전 세계에서 가장 뛰어나고 일을 잘한다는 근거 없는 민족우월주의를 펼치기도 한다. 기우성은 심지어 "제아무리 똑똑하다는 유태인도 한국인의 머리를 따라갈 수 없다"고 말한다. 아마도 서정진과 창업 멤버들이 부모 세대가 이룩한 한강의 기적 속에서 성장했고 민주주의와 산업화 과정을 지켜본 세대이기에 그럴 것이다. 셀트리온은 한국인의 집념과 헝그리 정신이 지금의 회사를 만들었다고 자부한다. 그래서 한국인의 DNA를 잃지 않기 위해 우리말을 소중히 여기는 것인지도 모른다.

사람이 전부다

"직원들이 하고 싶어 하는 것을 하게 해줘야 한다."

돈으로 모든 걸 할 수는 없다

2018년 5월 27일 인천국제공항. 한껏 멋을 부린 백발 신사 열댓 명이 출국장에 나타났다. 칠순을 훌쩍 넘은 남자들의 단체 여행은 흔치 않아 시선이 집중됐다. "선생님, 꼭 해외여행 처음 가는 학생 같아요." 제자들이 졸업 40년 만에 고등학교 은사님들을 모시고 일본 여행을 떠나는 길이었다.

'꽃보다 스승', 이 행사를 기획한 것은 서정진이다. 성공한 기업가들이 모교에 기부금을 낸 적은 많아도 단체 해외여행을 보내줬다는 이야기는 들어본 적이 없다. 서정진의 제물포고 1학년 때 담임 윤낙영 선생님은 "제자가 해외여행을 보내줬다고 하면 다들 놀라고 부러워한다"고 했다. 이 기획은 서정진이 어떻게 사람을 챙기는지 보여주는 단적인 예다. 그는 상대방의 기억 속에 남을 수 있는 확실한 방법으로 자신의 마음을 전달한다. 서정진의 모친은 2013년 3월 심근경색으로 쓰러져 갑자기 세상을 떠났는데 그는 "제대로 된 해외여행 한 번 시켜드리지 못한 게 한이 된다"고 말한 적이 있다. 아마도 은사님께 소중한 추억을 선물하고 싶다는 마음으로 이 행사를 준비했을 것이다.

서정진은 주변 사람을 행복하게 하는 데 돈을 쓴다. 직원들이나 친구, 선후배들에게 밥을 사는 데 돈을 아끼지 않는 것도 같은 이유다. 쏠 땐 통 크게 쏘면서 생색을 내지 않는다. 졸업 40주년 기념 여행도 제물포고 동창 중 일부만 알고 있다. 외부에 알려지는 걸 원치 않았다. 지금껏 학교와 동창회에 후원금을 낼 때도 그랬다. 좋은 일을 할 때 그는 항상 동기들과 같이했다.

서정진은 회사가 안정궤도에 오르고 난 뒤에는 웬만해선 동창회나 동기들의 지원 요청을 뿌리치지 않았다. 돈만 내지 않고 중요한 행사 땐 빠지지 않고 참여했다. 모금 활동도 도맡았다. 서정진은 "동기들이 맨날 돈 걷어오는 일을 시켰다"며 "내가 걷으면 빨리 걷히기 때문"이라고 했다. 그만의 비법은 따로 있었다. 돈이 없다고 하면 그 자리에서 빌려주는 방법이다. "졸업 30주년 때 동기회장이 제게 5억을 벌어오라고 했어요. 전원을 참여시키라는데 징그럽게 안되더라고요. 돈을 걷으러 가면 자기가 먼저 낼 생각은 안 하고 '걔는 얼마 냈냐' 하고 벤치마킹만 합니다. 도저히 안 되겠다는 생각이 들어서 일단 꿔주고 나중에 받기로 했습니다. 3주 만에 5억 원을 모았어요. 그다음 날부터 제 비서가 꿔준 돈 갚으라고 독촉 전화를 했죠. 아직도 3000만 원을 못 받았어요."

서정진은 애초부터 빌려준 돈을 다 받으리라고 생각하지 않았다. 졸업 30주년이던 2007년은 셀트리온의 형편이 좋지 않았을 때다. 돈이 없던 시절에도 그는 돈 때문에 쩨쩨하게 굴지 않았다. 돈을 떼일 위험을 감내하면서 사람들을 독려할 수 있는 최선의 방법을 찾았다. 불특정 다수에게 도움을 요청하면 다른 이가 도와줄 거라 생각하고 책임을 회피하는 것이 사람 심리다. 하지만 일대일 개인 채무 관계로 바뀌면 빚을 갚아야 한다는 압박감이 생긴다. 서정진은 본인이 총대를 메고 나섰을 때 동기들이 외면하지 않으리라고 믿었다. 그런 행동이 주위의 눈치만 살피며 잔머리를 굴리던 '짠돌이'들을 변화시켰다. 계산기는 옆으로 밀어두고 동료들의 참여를 이끌어내는 리더십이 효과를 발휘한 것이다. 서정진이 사람을 챙기는 또 다른 방식이다.

상황이 나쁠 뿐이다

서정진은 부탁을 잘 거절하지 못한다. 이런 성격 때문에 손해도 많이 봤다. 애플투자증권에 투자했다가 한 푼도 못 건지고 홀랑 날린 것이 대표적이다. 서정진은 셀트리온과 거래하던 토마토저축은행과의 '관계' 때문에 출자에 참여했다. 애플투자증권은 설립 5년 만인 2013년 끝내 폐업한다. 서정진은 이 과정에서 수백억 원의 손실을 입었고 애플투자증권을 통해 주가를 조작하고 시세를 조정했다는 혐의로 검찰 조사를 받게 된다. 주가조작 혐의는 무혐의로 결론 났지만 셀트리온의 이미지는 타격을 입었다. 검찰의 강도 높은 압박 조사와 사람들의 비난에 시달린 서정진은 마음에 상처를 입었다. 언젠가 그가 "그때

부탁을 들어주지 않았더라면…"이라고 후회하는 것을 본 적이 있다. 하지만 서정진의 말투에서 남을 원망하거나 증오하는 마음은 느껴지지 않았다.

서정진은 사람을 미워하지 않았다. "그럴 수밖에 없었던 상황이 있었을 것"이라면서 이해하려는 쪽이다. 마음속 깊이 원한을 묻어두면 본인만 힘들어진다고 생각한다. 그는 '알고 보면 세상에 나쁜 놈은 없다'는 성선설 신봉자이기도 하다. '사람이 궁지에 몰리면 못 할 게 없다'는 말도 자주 한다. 죽을 고비에서 살려고 발버둥을 쳐본 경험으로 체득한 것이다. 사기꾼으로 손가락질받으면서 겪은 설움과 억울함을 잘 알기에 그는 벼랑 끝에 몰린 사람에 대한 측은지심을 갖고 있다. 다른 사람에게서 절박했던 자신의 과거 모습을 발견하면 손을 뿌리치지 못하는 것이다.

서정진은 과거로 돌아간다고 해도 자신이 부탁을 거절하지 못했을 것이라는 점을 잘 알고 있다. 그가 수백억 원을 날리게 만든 사람을 "만나지 말았어야 했다"고 말한 것은 상대방이 아니라 자신을 향한 질책이다. 그렇게 자신의 책임으로 돌리면 오히려 속이 편하다. 괴로워할 일이 줄어든다. 사람을 좋아하고 거절을 못 하는 단점을 장점으로 승화하는 방법이다. 서정진은 과거의 잘못을 훌훌 털어버리고 나면 다시 끄집어내는 일이 거의 없다. 그가 '애플'을 입에 올릴 때는 금융투자업계 사람들 앞에서 자기 비하 유머를 던질 때뿐이다. 숫자만 아는 따분한 경제계 인사들도 서정진이 "제가 가장 싫어하는 과일이 '도마도'랑 '애뿔'입니다"라고 말하면 뒤늦게 알아듣고 '빵' 터진다.

확고하다면 하게 한다

서정진이 '정' 때문에 망한 것은 이뿐만이 아니다. 가장 유명한 경우는 영화 〈자전차왕 엄복동〉이다. 외부 투자 없이 오롯이 셀트리온이 150억 원이라는 거액을 쏟아부은 영화다. 2019년 3월 1일 개봉한 〈자전차왕 엄복동〉은 제작비 150억 원을 투입해 고작 17만 명의 관객을 모았다. 한 네티즌은 영화 흥행 성적을 계산하는 새로운 척도로 엄복동의 이니셜을 딴 'UBD'를 사용하자고 제안해 폭발적인 호응을 얻었다. 영화의 관객 수를 계산할 때 '1UBD=17만 명'으로 표기하자고 조롱한 것이다. 여기에서 그치지 않고 제작비까지 고려한 UBDD UBD per Dollar라는 단위까지 등장했다.

사람들은 서정진을 두고 영화 보는 안목이 없다고 했다. 하지만 그의 눈은 정확했다. 엄복동은 서정진이 집어던졌던 시나리오다. "시나리오를 보고 '이게 뭐야?' 했습니다. 투자할 생각이 정말 하나도 없었어요." 서정진이 말했다. 그가 인천에 대한 애정으로 투자했던 첫 번째 영화 〈인천상륙작전〉이 700만 명의 관객을 모으며 성공한 것만 봐도 그의 감은 틀리지 않았다.

서정진의 마음을 돌린 것은 배우 이범수와 김유성 감독의 몹쓸 열정이었다. 셀트리온엔터테인먼트 대표를 맡고 있는 이범수는 서정진과 고향 선후배 사이로 친분이 깊다. 이범수는 엄복동을 꼭 영화화하고 싶다며 서정진을 끈질기게 설득했다. 제작자로서 첫발을 내딛는 중요한 프로젝트였다. 서정진은 눈을 반짝이며 열의를 보이는 사람에게 유독 약하다. 그는 "성공한 기업가가 되려면 직원들이 하고 싶어 하는 것을 하게 해줘야 한다"고 말한 적이 있다.

"저는 결정하기 전에 직원들에게 반드시 세 번 물어봅니다. '정말 하고 싶은가? 최선을 다할 자신이 있나? 실패하더라도 할 것인가?' 이 질문에 모두 '그렇다'고 하면 가능성이 없어 보여도 뒤도 안 돌아보고 하라고 합니다. 망해도 본전이라 생각하니 결정을 내리기가 쉽더군요. 그런데 우리 직원들은 지금까지 자기들이 하고 싶다고 한 것들을 다 해냈어요. 그래서 전 성공한 사업가가 됐습니다. 제가 잘해서 된 게 아니라 우리 직원들이 한 겁니다."

제작자와 감독의 끈질긴 공세에 서정진은 두 손을 들었다. 일제강점기 용산 자전차 경주장에 10만 명이 모였다는 사실이 서정진의 마음을 움직였다.

"암울했던 당시엔 자전차 시합 승패가 살아갈 수 있고 버틸 수 있는 이유였던 것이죠. 이 영화는 우리 할아버지, 아버지 세대에 미안한 마음에서 만들었습니다."•

2019년 2월 26일 〈자전차왕 엄복동〉 시사회 무대 인사에서 서정진이 한 말이다. 그는 흥행하지 못하리라는 것을 어느 정도 예감했던 것 같다. 시사회 첫날부터 "돈 벌려고 만든 영화가 아니다. 적자가 나도 괜찮다"고 한 걸 보면 말이다.

"아시다시피 우리 회사의 메인은 제약과 화장품입니다. 이 작품을 개봉한 뒤 저는 일본에 약 팔러 가야 해요. 일본 측에서 좀 난감해하는 눈치이기는 하더라고요. 뭐 어쩌겠어요? VIP 시사회에는 정지훈(〈자전차왕 엄복동〉의 주연)의 일본 팬들이 대거 참석했는데 어떻게 보면 걔나 나나 둘 다 망했어요."

• "흥행보다 위로"…'엄복동' 자전차에 쏟아부은 150억 가치, 일간스포츠, 2019. 3. 1.

서정진의 예언은 이번에도 이뤄졌다. 영화가 개봉된 뒤 나온 기사 제목은 이랬다.

"돈 안 벌어도 된다더니 정말 '폭망' 중"

원래 제작비 70억 원을 예상하고 만들었지만 결과적으로 2배가 넘는 150억 원이 투입됐다. 서정진은 "돈을 벌려고 했다면 당연히 외부 투자를 유치했을 것"이라며 "잘되면 물론 좋겠지만 잘되지 않아도 손해는 우리만 본다. 건질 수 있을지 없을지는 따지지 않고 썼다"고 했다.

서정진이 흥행을 목표로 하지 않은 것은 개봉 시기에서도 알 수 있다. 〈자전차왕 엄복동〉은 원래 2018년 개봉할 예정이었지만 서정진은 이듬해인 2019년, 영화계의 비수기인 3월, 그것도 3월 1일을 고집했다. 삼일절과 대한민국 임시정부 수립 100주년의 의미를 기리기 위해서는 3월이어야 한다는 것이었다. 완성된 필름은 1년 동안 묵혀둬야 했다. 외부 투자자가 없었기에 가능한 일이었다.

실패는 잘못이 아니다

비용을 100퍼센트 자체 부담해 영화를 제작한 것은 굉장히 이례적인 일이다. 더욱이 수십억 원 이상 드는 블록버스터는 투자배급사들이 투자자를 여럿 모아야 비로소 진행된다. 이렇게 해도 중간에 엎어지는 경우가 허다하다. 〈자전차왕 엄복동〉은 서정진이라는 든든한 '스폰서'를 뒀기에 제작비가 2배로 불어나도 일사천리로 촬영이 진행됐다. 그러나 영화관에 걸린 후에는 엄복동의 자전차보다 빠른 속도로 내려졌다. 셀트리온은 출입 기자들에게 영화 관람권을 나눠줬는데 예매하려고 보니 상영관이 사라진 뒤였다.

첫 영화에서 호된 신고식을 치른 서정진은 비웃음거리가 됐다. '사업의 귀재'가 영화 투자에 실패한 것은 네티즌들이 물어뜯기 좋은 먹잇감이었다. "이 정도 폭망이면 엔터테인먼트 사업을 접어야 하는 거 아니냐"는 얘기가 나왔다. 주주들의 불만도 커졌다. "회삿돈으로 영화산업에 투자해 손실을 초래한다"는 비난이 쏟아졌다. 사실 엄복동에 투자한 셀트리온홀딩스와 셀트리온스킨큐어는 상장사가 아니어서 주주들이 입은 피해는 없었다. 그럼에도 논란이 일자 서정진은 영화로 인한 결손금 80억 원은 개인 돈으로 부담하는 것이라고 해명했다. 그제야 사태는 비로소 잠잠해졌다.

서정진은 영화가 망했다고 실무자들을 질책하지 않았다. 주변에서 "영화배우가 제작자로 성공하는 경우는 드물다"며 "앞으로는 이범수가 들이미는 작품에 투자하지 마라"고 해도 '허허허' 웃을 뿐이다.

서정진은 최선을 다했다면 실패해도 책임을 묻지 않는다. 실패는 잘못이 아니니까.

"내가 이범수한테 그랬어. 3년 후에 다시 개봉해보자고. 영화를 본 사람이 별로 없으니까 신작과 다를 게 없잖아. 크하하하."

내 인생, 남에게 묻지 않는다

"아직 성공하지 않았을 뿐이다. 불가능하다고 함부로 말하지 마라."

프레임을 걷어야 해결책이 보인다

각계각층의 유명 인사들에게서 성공 비결을 듣는다는 취지로 열린 청년 포럼에 연사로 초대받은 서정진은 멘토링 행사와는 전혀 어울리지 않는 말로 분위기를 싸늘하게 만들었다.

"멘토링이라는 말을 많이 하는데, 그 단어 안 좋아합니다. 지 인생 지가 사는 건데 누가 어드바이스 해요? 누가 한 수 지도해주면 인생이 바뀌더라? 여러분은 줏대도 없고 자존심도 없습니까?"

주최 측은 당황한 기색이 역력했다. 서정진은 이미 심기가 약간 불편한 상태였다. 진행자는 '엄친아, 엄친딸 소리를 들어본 적 있느냐?'부터 시작해 '나는 금수저인가 흙수저인가?' 등의 질문을 던졌다. 그가 질색하는 단어가 모조리 등장했다. 성공한 사람들도 처음부터 잘

나간 것은 아니라는 걸 보여주려고 일부러 집어넣은 표현이었다. 그걸 알면서도 서정진은 질문이 잘못됐다고 일갈했다.

"제가 젊을 땐 엄친딸, 엄친아라는 말이 없었습니다. 흙수저라는 말도 당연히 없었죠. 여러분들이 만든 허상입니다. 요즘 젊은이들은 관념의 허구 속에 살고 있어요. 흙수저, 금수저를 논하는 게 여러분에게 대체 무슨 도움이 됩니까? 관념의 틀에 갇혀 있으면 빠져나오려고 해도 탈출구를 찾을 수 없습니다."

대본에 충실했을 뿐인 진행자는 서정진의 훈계를 들어야 했다. '금수저를 부러워 말고 흙수저를 부끄러워 말자'는 주장은 흙수저를 콤플렉스로 여기고 있다는 뜻이다. 프레임을 걷어내지 않는 한 해결책을 찾을 수 없다. 내 수저든 남의 수저든 수저의 색깔이나 재질에 신경 쓰지 않아야 해결되는 일이다. 서정진은 그런 세상을 만들기 위해 금수저와 흙수저로 분류하는 짓을 관둬야 한다고 말한 것이다.

아직 성공하지 않았을 뿐이다

성공과 실패도 마찬가지다. 서정진은 '관념의 허구'라는 말을 즐겨 쓰는데, 그가 생각하는 대표적인 허상이 성공이다. 누군가의 도전을 성공과 실패로 판단할 자격이 있는 사람은 아무도 없다. 서정진은 "관 뚜껑이 닫히기 전까지 실패란 없다. 단지 아직 성공하지 않았을 뿐이다. 불가능하다고 함부로 말하지 마라"는 명언을 남겼다. 남들이 규정한 성공 관념에 휘둘리지 말라는 얘기다. 서정진은 성공이 과정이라는 것을 알고 있다. 주변을 돌아봤더니 성공하려고 기를 쓰고 노력한 사람들 중에서 그보다 성공한 사람은 없었다. 어떻게 하다 보니 사람들이 말하는 성공이란 것을 하게 된 셈이지 오직 성공을 목표로 달려간다고 해서 되는 일이 아니었다. 그런데도 사람들은 신기루처럼 잡히지 않는 허상을 좇고 있다. 성공한 사람이 쓴 책을 읽고 강연을 듣고 그들의 비밀을 알려준다는 행사를 쫓아다닌다. 쉽고 빠르게 성공하는 지름길을 알아내려고 한다. 이렇게 잔머리를 굴리는 '똑똑한' 사람들도 모르는 게 있다. 성공은 좌표가 정해지지 않은 목적지이기에 지름길이 존재할 수 없다는 것. 엉겁결에 성공이라는 종착지에 도달한 사람은 자신의 경험을 들려줄 순 있어도 방향을 알려줄 순 없다. '멘토링'이라는 단어에 그가 극도로 거부감을 드러낸 이유다.

'니 인생 니가 사는 건데 왜 남한테 물어보냐'고 일갈하는 그의 말에 청중은 움찔했다. 서정진이 청년들 앞에 선 까닭은 믿을 건 자신밖에 없다는 이야기를 하고 싶었기 때문이다. "여러분의 인생은 여러분 겁니다. 누구에게 자문받으려고 하지 말고 그냥 하세요."

서정진은 우리나라 젊은이들이 구세대에게 자문을 받을 필요가 없을 정도로 훌륭한 자질을 갖췄다고 생각한다. 셀트리온 직원들을 보니 여러 방면에서 기성세대를 월등히 능가하더라는 것이다. '밀레니얼 세대'라 불리는 2030들은 대한민국에서 가장 똑똑한 집단이다. 외국어는 기본이고 엑셀, 파워포인트를 비롯한 각종 프로그램을 능수능란하게 다루며 토론, 발표 어느 것 하나 못하는 게 없다. 어학연수와 다양한 인턴 경험까지 장착한 이들은 어디 내놔도 꿀릴 게 없다. 셀트리온에서도 30대 초반 직원이 혼자 전 세계 각지에 나가 일당백을 해내고 있다.

"요즘 젊은이들이 나약하다는데 저는 그렇게 생각하지 않습니다.

여러분 세대는 우리 세대보다 훨씬 실력 있고 경쟁력이 있습니다. 우리 회사가 성공한 것만 봐도 알 수 있습니다. 바뀌어야 할 건 여러분이 아니라 기성세대입니다. 우리 때는 그냥 시키는 대로 무조건 했어요. 여러분 세대는 내가 왜 이 일을 해야 되는지 이해를 해야 합니다. 그런 차이를 모르니 편견을 가지고 약하다고 몰아세운 겁니다. 여러분의 장점을 최대한 살릴 수 있게 해주면 못 할 게 없습니다. 우리나라에 엄청난 보배들이 많아요. 이들이 능력을 발휘할 수 있게 해주면 우리 회사 같은 사례가 또 나올 겁니다."

아주 작은 목표부터 시작한다

서정진은 빤한 이야기는 하지 않았다. 대신 엉뚱한 방법을 제안했다.

"대학 전공은 전혀 중요하지 않습니다. 대학은 앞으로 살면서 위기가 닥쳤을 때 헤쳐나갈 기본 소양을 배우는 겁니다. 꿈은 변합니다. 언제든 바뀔 수 있어요. 전 사업가가 되겠다는 꿈을 꿔본 적이 없어요. 직장생활을 하다가 회사가 망해서 백수가 되는 바람에 사업을 한 것이니까요. 전 의학, 생명공학 전공자도 아닌데 독학해서 전 세계를 다니며 의사들 앞에서 강의하고 약을 파는 사람이 됐습니다. 제가 바이오 회사 대표를 하고 있을 줄은 꿈에도 몰랐습니다."

세상은 예측할 수 없을 정도로 빠르게 변한다. 재능으로 취급되지 않았던 것, 이를 테면 먹는 것이 재능이 되고 '먹방'으로 돈을 번다. 변하는 건 사람도 마찬가지다. 모든 것이 불확실할 때는 미치도록 좋아하는 일을 하는 게 그나마 본전을 찾을 수 있는 방법이다. 실패해도 덜 억울하기 때문이다. 하지만 내가 좋아하는 일은 남들도 좋아할 테니 성공 확률이 낮다. 문제는 잘하는 것, 좋아하는 것을 찾지 못했을 때다. 그럴 땐 잘하는 것도, 좋아하는 것도 없었던 '옛날 사람' 서정진에게서 아날로그적 해법을 찾을 수 있다. 서정진은 "절박해지라"고 했다. 절박함이 재능을 뛰어넘을 수 있는 최고의 무기라는 것이다.

서정진은 외국어 학습을 예로 들었다. "터키어는 우리나라 말과 어순이 같습니다. 터키까지 비행기로 11시간이 걸리는데 직원들에게 기내에서 터키어 단어 50개를 외우라고 하고 공항에 도착하면 웬만한 의사소통을 할 수 있습니다. 그다음은 100개, 그리고 일주일에 500개 단어로 늘리면 조금 더 유창해집니다. 일주일 만에 4년 동안 공부한 것만큼 할 수 있게 돼요. 영어는 평생 공부해도 안되는데 일주일 만에 되는 건 당장 필요하기 때문입니다. 영어는 바로 써먹을 일이 없으니 오래 걸리는 겁니다. 제가 미국에서 2년간 있으면서 바이오 사업을 공부했습니다. 허구한 날 이게 무슨 사업이고 앞으로 어떻게 될 것이고 한국에 돌아가면 뭘 해야 할지 2년을 고민하다 보니 제 방에 전 세계 제약산업 지도가 다 있더라고요. 그렇게 공부하고 나서 노벨상을 받은 석학들하고 이야기했더니 저보고 자기들도 미처 생각 못 했던 걸 당신이 해냈다고 하더군요. 특별할 게 없는 제가 성공할 수 있었던 이유를 아무리 생각해봐도 절박했던 것밖에 없습니다. 절박한 놈은 아무도 못 이겨요."

서정진과 같은 베이비붐세대의 꿈은 매우 단순했다. 돈을 많이 버는 것이다. 먹고살기 바빴던 그들의 부모는 "하고 싶은 일을 하고 살아라"고 말하지 않았다. 진로 고민은 사치였다. 요즘은 꿈이 없으면 문제아 취급을 받는다. 꿈을 꾸라고 강요하고 기왕이면 크게 꾸라고 한다. 꿈이 꿈을 꾸지 못하게 옭아맨다. 서정진은 "꿈은 얼마든지 바꿔도 된다. 현재 꿈이 무엇인지 중요한 게 아니다"라고 말한다. "꿈은 눈사람 같습니다. 처음부터 커다란 눈사람 모양을 만들려면 잘 안돼요. 작은 눈 뭉치를 만들어서 살살 굴려야 합니다. 작은 목표에서 시작해서 점점 더 크게 만드는 겁니다. 될 때까지 해보면 자신감도 점점 붙습니다. 그다음엔 계속 앞으로 가면 됩니다."

분위기 싸늘하게 만들기의 달인이 무대에서 내려올 때는 뜨거운 박수가 행사장에 가득 찼다.

인사이트

서정진의 성공 비결

"가족, 친구, 직장 동료에게 좋은 사람이 되세요."

대단한 '평판 부자'

서정진은 현존하는 대한민국 창업자 중 가장 성공한 사람이다. 2020년 7월 말 블룸버그통신이 집계한 세계 '500대 부자' 순위에서 서정진은 177위에 올랐다.• 국내 기업 역사상 대이변이다. 이건희 전 삼성전자 회장의 재산 규모는 179억 달러(약 21조 원), 서정진은 98억 달러(약 11조 7000억 원)에 달했다. 삼성, 현대, 신세계, 롯데 등 재벌가의 틈바구니 속에서 흙수저 출신의 기업가가 맨주먹으로 수십조 원의 부호에 등극한 것은 기적 같은 일이다.

서정진은 자수성가한 사업가의 대명사이자 샐러리맨의 신화가 됐

• 올해 이건희 회장보다 돈 더 많이 번 '이 사람' 누구?, 아시아경제, 2020. 7. 29.

다. 부와 명예, 사회적 지위, 모든 것을 거머쥐었다. 누가 봐도 성공한 인생이다. 하지만 남들이 인정하기 전부터 그는 이미 성공한 인생을 살았던 것 같다. 서정진의 주변 인물들을 만나고 나서 느낀 것이다. 기자라는 직업상 서정진에 대해 우호적인 사람보다 비판적인 시각을 지닌 사람들을 더 많이 만났다. 서정진의 '실체'를 파헤치기 위해 그의 주변을 탐문했고 안티 세력들의 뒷담화에도 귀를 기울였다. 그들의 이야기를 분석한 결과 서정진을 비방하는 사람들은 세 부류로 갈렸다. 경쟁사 임직원이거나 셀트리온에 투자해 손실을 입은 주식 투자자, 이도 저도 아니라면 서정진을 아예 만나보지도 않은 사람들이다. 서정진은 적어도 자신과 인연을 맺은 사람들에게서는 놀라울 만큼 두터운 신뢰를 얻고 있었다.

정작 본인은 자신이 어떤 평가를 받고 있는지 알지 못했다. 서정진과 동고동락했던 인물들을 몰래 수소문하고 다니는 내게 그는 "옛날 사람들은 뭣 하러 만나느냐"고 퉁명스레 말했다.

"다들 셀트리온이 잘된 게 자신들의 공로라고 하지? 항간에 떠도는 말을 전부 믿지는 마."

셀트리온의 이름을 팔고 다니면서 사업을 홍보하거나 서정진과의 인맥을 이용해 사리사욕을 챙기려는 사람들을 숱하게 봐왔던 것이다.

하지만 그의 예상과는 정반대였다. 그와 일해본 이들은 나이, 학벌, 직위, 출신을 막론하고 '대단한 사람'이라고 입을 모았다. 서정진이 있었기에 지금의 셀트리온이 있다는 걸 부인하는 사람은 단 한 명도 없었다.

이 정도 평판을 갖고 있다면 성공 못 하는 게 이상하다고 느껴질 정도다.

주변을 행복하게 하라

"많은 사람들이 성공하려고 기를 쓰고 노력하는데 그렇게 해서 성공한 사람은 없습니다. 하다 보니 성공하는 거죠." 한 강연에서 서정진이 한 말이다.

서정진의 성공 비결은 간단했다. 내 부하, 동료, 상사를 행복하게 해주는 것이다. 그런 다음 고객, 파트너, 투자자에게도 똑같이 하면 된다. 그들에게 인정을 받는다면 성공은 따라오게 되어 있다. 실제로 그는 "내 주변 사람이 나로 인해 행복하다면 성공한 것"이라는 말을 여러 번 했다.

그는 젊은이들을 만나면 항상 이런 질문을 던진다.

"친구가 몇 명입니까?"

서정진은 다시 묻는다.

"그중에 당신과 함께 있고 싶어 하는 사람은 몇 명입니까? 지금이라도 부르면 기쁘게 달려올 사람이 있습니까?" 친구가 많다고 자랑하던 사람들도 쉽사리 답하지 못한다. 서정진은 "그런 친구가 없다면 당장 자신을 바꿔야 한다"고 말한다.

"성공에 가장 중요한 것은 '우리'라는 집단입니다. 공부만 잘해선 안 됩니다. 우리 앞에는 할 일이 잔뜩 있고 갈 길도 멉니다. 혼자 가려고 하지 말고 같이 가야 합니다. 지금 친구가 5명이면 10명, 15명으로 만들고 사이가 틀어진 친구가 있으면 먼저 미안하다고 하세요. 성공한 사람이 해주는 이야기니까 한번 속는 셈 치고 '고맙다'는 말을 하루에 열 사람에게 해봅시다. 자신이 없으면 우선 가족들에게 시도해

보면 됩니다. 집에 가면 가족들이 당신 덕분에 웃을 수 있게 하세요. 그러면 성공합니다."

서정진은 자신이 성공한 이유는 운이 좋았기 때문이라고 말한다. 서정진이 말하는 운은 주변 사람들이 가져다주는 것이다.

"운이 좋은 사람이 되려면 복을 받아야 해요. 복은 어디서 오느냐면 바로 여러분의 바로 옆에 있는 사람들에게서 옵니다. 가족, 친구, 직장에서 좋은 사람이 돼야 한다는 겁니다. 그래야 사람들이 당신을 도와줍니다. 실력은 스스로 갖출 수 있지만 운은 그렇지 않아요."

서정진의 운칠기삼론은 인간관계로 귀결된다. 그는 스쳐 지나가는 인연도 소중하게 여긴다. 수많은 인연 중에서 누가 내게 운을 가져다줄지는 아무도 모르는 일이다. 지금 내 앞에 있는 사람에게 그가 최선을 다하는 이유다.

"사람과 사람이 만나는 것은 신의 뜻이에요. 매년 초에 회사에서 시무 예배를 보는데 그때마다 제가 대표 기도를 하면서 항상 하는 말이 있습니다. 올 한 해 우리 직원들 덕분에 그들의 가족과 동료들이 모두 행복하게 해달라는 겁니다. 그리고 나 자신도 '어떻게 하면 우리 직원들을 더 행복하게 해줄 수 있을까' 고민하는 사람이 되게 해달라고 기도합니다. 이게 제가 살면서 가장 중요하게 생각하는 겁니다."

일단 만나라

"저는 사업을 할 때부터 유명해지겠다는 생각은 단 한 번도 해본 적이 없어요. 그저 우리 직원들하고 가족들을 먹여 살리려고 한 건데 이렇게까지 유명해질 것이라고는 상상도 못 했죠. 팔자에도 없는 유명 인사로 살다 보니 힘든 게 한두 가지가 아니더군요. 국회의원이나 연예인은 이름이 널리 알려질수록 좋지만 기업가는 좋은 게 하나도 없어요. 여기저기 불려 다니기만 하고 도와달라는 사람이 몰려옵니다. 저는 기억이 나지도 않는데 제 첫사랑이라고 하는 사람까지 연락이 와요. 선택할 수만 있다면 유명해지지 않는 길을 택했을 겁니다."

힘들어하던 그에게 한 대기업 회장은 "모든 인연을 끊고 지내라"고 조언했다. 서정진은 휴대폰 번호를 바꾸고 '잠수'를 탔다. 두문불출한 지 6개월째에 그는 "더 이상 못 해먹겠다"고 항복을 선언했다.

"지겨워서 안 되겠더라고요. 스트레스를 푸는 유일한 낙이 친구들 만나는 건데 감옥이 따로 없었어요. 그때부터 친구들이 날 찾는 걸 귀찮게 여기면 안 되겠다고 생각했습니다."

서정진은 정 많고 거절을 못 하는 자신의 성격을 인정하고 지혜롭게 거절하는 법을 터득했다. 일명 '우리 지금 만나' 전략이다.

"친구가 나한테 부탁 전화를 하는 순간부터 내가 무엇을 하든 그 친구는 기분이 나쁘게 되어 있어요. 전화를 안 받으면 '이 자식 많이 컸네' 할 테고 전화를 받고 부탁을 안 들어주면 '이 자식 나쁜 놈이네' 하고 적이 되는 거니까요. 제일 좋은 방법은 전화를 받고 나서 '야, 만나서 이야기하자. 밥이나 먹자'라고 하는 겁니다. 그리고 순댓국집에 데려가서 자초지종 이야기를 듣고 나서 '사정은 잘 알겠는데 네가 그런 부탁을 하면 내 입장이 곤란해져. 정말 미안하다' 하고 솔직하게 말합니다. 그리고 나서 '너 내가 거절했다고 나쁜 놈이라고 할 거지?' 하면 열에 아홉은 아니라고 해요. '치사하게 겨우 순댓국 사주더라'고 욕은 해도 부탁 안 들어준 걸로는 욕 안 먹어요."

지혜롭게 거절하라

회사가 커지면서 서정진에게 청탁이 계속 쏟아졌다. 그가 해결할 수 없는 요청도 많았는데 채용 청탁이 대표적이다.

"저희 아버지께서 고향에 다녀오시면 이력서를 몇 장 들고 오십니다. 아들 자랑을 잔뜩 해놨는데 안 받아오실 수 없으니 제게 가지고 오세요. 그럼 제 아내가 한 장당 얼마씩 쳐서 용돈을 드려요. 그 돈으로 그 사람들한테 밥을 사면서 '내 아들이 힘이 있는 줄 알았는데 아무 권한이 없다네'라고 하시라고 말이죠. 그러면서 '손자가 아주 똑똑하다고 하더라'는 얘기도 빼먹지 말라고 일러드립니다. 노인네들끼리 모여서 자식 손주 자랑하시는 게 큰 즐거움인데 이력서를 받아오지 말라고 하면 화나실 거 아니에요. 근데 이렇게 했더니 아버지께서 이력서가 많을수록 좋다는 걸 아시고선 없는 것도 만들어 오시는 것 같더라고요. 소일거리로 이력서 모아서 용돈벌이 하시는 거죠."

"세상 사는 게 다 요령인 것 같다"며 서정진이 들려준 일화다. 아버지의 심기를 불편하지 않게 해드리면서 거절할 수 있고 그의 부친은 용돈도 받고 친구 관계도 지킬 수 있다. 아버지의 친구는 밥을 얻어먹으면서 손자 칭찬도 들으니 어느 누구도 손해 보거나 상처 입지 않는다. '내 주변 사람을 행복하게 하라'는 서정진의 인생철학이 고스란히 드러나는 부분이다.

아직도 가야 할 먼 길

사기꾼과 진짜 사이

내가 바이오 기업을 취재하던 시기에는 유독 사건 사고가 끊이지 않았다. 삼성바이오로직스의 분식회계 논란에 이어 코오롱생명과학의 '인보사' 사태가 터졌고 신라젠, 헬릭스미스 등이 줄줄이 글로벌 임상 3상에서 좌절했다. 한미약품의 기술수출 해지도 잇따랐다. 손실을 본 투자자들은 "우리나라 바이오는 다 사기"라고 했다.

코로나19는 분위기를 반전시켰다. 진단키트 회사를 비롯한 수혜 기업의 주가가 폭등했다. 치료제를 개발한다고만 하면 주가는 하루 만에 상한가를 기록했다. 투자자들은 다시 불나방처럼 달려들었다. 어떤 물질로 어떻게 만드는지, 작용 기전과 임상 단계, 실패 가능성은 따져보지 않고 '성공하면 대박'이라는 말만 믿었다. 이런 투자자의 심리를 악용하는 세력들은 이전보다 더욱 활개를 치고 있다. 그럴듯한 후보물질을 내세워 회사를 만들고 눈먼 돈을 투자받아 상장한 다음 호재가 될 만한 재료로 주가를 띄워 한몫 챙기려는 사기꾼들이 바이오업계 곳곳에 도사리고 있다. 이들은 어려운 의학용어와 난해한 설명으로 교묘하게 위장하기 때문에 전문가들도 판별하기 어렵다. 그러나 바이오 기업의 생태계와 지난한 연구개발 과정을 이해한다면 적어도 그들이 궁극적으로 추구하는 게 뭔지 알아차릴 수 있다. 내가 셀트리온에 대한 책을 쓰게 된 근본적인 이유다.

이 책의 목적은 단순히 한 유명한 바이오 기업의 성공 신화를 알리기 위함이 아니다. 셀트리온의 탄생과 역경, 진화 과정을 통해 우리는 바이오 기업을 이해할 수 있다. 의약품 개발은 왜 어려운지, 왜 오랜 시간이 걸리고 막대한 비용이 드는지, 실패 확률이 높은 이유가 무엇인지, 이들은 어떻게 문제를 해결하며 어떤 사명감을 가지고 일하는지 알게 됐다면 그것으로 충분하다. 지금 이 순간, 될지도 안 될지도 모르는 연구개발에 24시간 매진하는 사람들 덕분에 우리나라 바이오 산업은 성장했다. 그렇기에 성공과 실패 여부로 바이오 기업을 진짜와 가짜로 판가름해서는 안 된다. 셀트리온도 성공하기 전에는 사기꾼으로 불렸지 않은가? 임상 결과가 나쁘면 '쓰레기 회사', 주가가 급등하면 '유망한 회사'로 인식되어선 안 된다. 이제는 바이오 기업들을 깊고 넓은 시각에서 바라볼 때가 됐다. 투기판이 된 지 오래인 바이오업계에서 이 책이 '진짜' 바이오 기업을 구별하는 데 조금이나마 도움이 되었으면 하는 바람이다.

2019년 1월, 은퇴 계획을 전격 발표한 이후 서정진은 시한부 인생을 살았다. 2020년 12월 31일까지 주어진 시간은 2년. 그는 누구보다 치열하게 살았다. 램시마SC 출시를 위해 유럽을 한 바퀴 돌았고 공장 부지를 물색하기 위해 중국을 드나들었다. 일본 다케다제약의 아시아 태평양지역 제품 인수 작업을 진행하느라 일본도 오갔다. 국내에 잠시 들어왔을 때는 정부, 지자체, 언론사 행사로 살인적인 스케줄을 소화했다. 그러다 코로나19 사태가 터졌다. 공교롭게도 셀트리온이 공장을 짓기로 한 곳은 코로나19의 발원지인 중국 우한이다. 2020년 1월 20일 중국 후베이성 정부, 우한시와 12만 리터 규모의 바이오 공장을 짓겠다는 협약식을 맺은 뒤로 모든 작업이 '올 스톱'됐다. 3월에 예정됐던 기공식은 전면 취소됐고 공장 건립 일정은 무기한 연기됐다. 중국 공장이 무산되는 것 아니냐는 우려가 나왔지만 서정진은 "오히려 잘됐다"고 했다. 코로나19 여파로 타격을 입은 우한 경제를 바이오 공장이 살릴 수 있으니 셀트리온에게는 절호의 기회라는 것이다. 코로나에도 불구하고 셀트리온이 계획대로 6000억 원을 투자하겠다고 하자 중국 측은 무척 고마워했다고 한다.

코로나19로 셀트리온은 세계에서 가장 바쁜 기업이 됐다. 서정진은 유럽, 미국 지사와 화상회의를 하느라 24시간 근무체제에 돌입했다. 셀트리온이 코로나19 항체 치료제 개발을 시작한 후 서정진은 하루에 4시간 이상 잠을 잔 적이 없다고 했다. 그러면서 "말년 병장은 청소도 안 시키는데 은퇴 직전 이게 무슨 고생이냐"고 말했다.

서정진이 현업에서 뛰는 마지막 모습을 옆에서 지켜볼 수 있었던 건 행운이었다. '체험 삶의 현장'에서 건져 올린, 살아서 펄펄 뛰는 생생한 이야기들을 들을 수 있었으니 말이다. 서정진은 정신없이 바쁜 와중에도 나의 돌직구 질문에 성심성의껏 대답했다. 두 시간 동안 전화통을 붙잡고 열정적으로 바이오산업의 미래에 대해 이야기하기도 했다. 그는 셀트리온에 뼈아픈 질문을 퍼부었던 내게 왜 이런 '호의'를 베풀었을까? 무엇을 믿고 자신의 속내를 들려줬을까? 그것은 서정진이 사람을 대하는 방식이었다. "지금 당신 앞에 있는 사람에게 최선을 다하라"고 항상 말하는 그는 이 말을 실천하는 사람이다.

그에게 사람을 다루는 특별한 기술 같은 건 없었다. 다혈질에 물불 안 가리는 괴팍한 성격을 가진 그는 가끔 버럭 화를 내기도 하고 허풍을 떨기도 하며 자기주장을 고집하기도 한다. 이상적인 경영자 상과는 거리가 멀다. 그러나 셀트리온 임직원들은 그들과 다를 바 없는 회장에게서 인간미를 느꼈다. 그리고 주저 없이 그를 따랐다. 서정진이 그들을 전적으로 믿고 의지하고 있다는 것을 잘 알기 때문이다. 내가 서정진에게 배운 것은 사람을 믿는 방법이다.

서정진은 미래를 이끌어갈 젊은이들의 잠재력을 믿는다. 그는 우리 사회의 탐구 대상인 MZ세대를 가장 높이 평가하는 기업인이다. 그는 "우리 청년들만큼 똑똑하고 일 잘하는 이들을 본 적이 없다"고 입이 마르도록 칭찬한다. "요즘 세대는 시키는 일만 하고 패배주의에 젖어 있다"고 혀를 차는 기성세대는 동의할 수 없는 말이다. 나 역시 처음 팀장을 맡아 후배들을 이해하지 못할 때가 많았다. 그런데 구세대인 서정진은 '꼰대'와 어른의 경계에서 신세대를 바라봤다. 그가 보는 젊은이들은 결코 나약하지 않다. 직원들이 수동적으로 일한다면 그들에게 일할 동기를 부여하고 제대로 방향을 잡아주지 못한 상사와 회사의 책임이다. 청년들을 좌절하고 포기하게 만든 것은 땀과 노력이 제대로 보상받지 못하는 불공정한 사회다. 그래서 서정진은 젊은이들을 가르치려 들지 않는다. 그들은 자신들이 해야 되는 일이라는 확신이 들면 열정을 바칠 준비가 되어 있다. 서정진은 이들을 알아보고 판을 깔아주었다. 셀트리온은 세계 무대에서 우리 젊은이들이 해내지 못할 것은 없다는 걸 보여주는 증거다.

미래는 희망에서 출발한다

서정진이 바라는 것은 셀트리온이 해냈던 것처럼 청년들의 마음속에 불꽃을 일으키는 것이다. 은퇴 이후 벤처기업을 차리고 창업보육센터를 만들고 문화산업을 육성하려는 이유다.

"대한민국의 미래는 젊은이들에게 어떤 희망을 줄 수 있느냐에 달렸습니다. 우리 세대가 마지막으로 해야 할 일도 바로 희망을 제시하는 겁니다. 그래서 은퇴하면 헬스케어 스타트업을 창업할 겁니다. 저는 꿈을 실현시킨 다음 떠나는 파운더(창업자)입니다. 이 정도 구축했으면 떠날 때 미련 없이 깔끔하게 떠나야 해요. 이제 처음부터 다시 시작하려고 합니다. 20년 전 넥솔을 세웠을 때처럼 일개의 작은 스타트업 창업자로 돌아갑니다."

그는 피 한 방울로 건강 상태를 진단하는 원격의료 헬스케어산업에 도전한다. 빅데이터와 인공지능이 처방을 내리고 드론이 의약품을 배달해주는 시대가 그리 멀지 않았다고 서정진은 말한다. 그는 '나 때는 말이야' 대신 '너 때는 말이야'라고 말하는 사람이다. 새로운 회사에서 그는 새로운 꿈을 꾸고 있다.

그러나 서정진이 셀트리온에서 완전히 손을 뗄 것이라고 생각하는 사람은 아무도 없다. 그의 머릿속에는 여전히 아이디어가 무궁무진하다. 문화콘텐츠 사업이 대표적이다. 서정진은 바이오와 함께 문화 사업을 셀트리온그룹의 양대축을 이끌 핵심사업으로 키우겠다는 생각이다. 셀트리온엔터테인먼트는 드라마와 영화에 지속적으로 투자하고 있으며 해외투자도 확대할 계획이다. 서정진은 유튜브와 넷플릭스를 비롯해 영화사 21세기 폭스를 인수한 디즈니 등 글로벌 콘텐츠 기업들과도 교류하며 협력 방안을 모색하고 있다.

그는 셀트리온, 셀트리온헬스케어, 셀트리온제약 3사의 합병도 추진 중이다. 합병이 마무리되면 시가총액 57조 원(2020년 11월 기준)의 거대 종합제약사가 탄생하게 된다. 제약바이오 사업부가 하나로 합쳐지면 셀트리온은 일감 몰아주기 논란에서 벗어날 수 있다. 서정진은 "합병 이후에는 전 세계 10위권 제약회사로 거듭날 것"이라고 자신했다. 지금과 같은 성장 속도라면 불가능한 일은 아니다. 그러나 강력한 리더십으로 난공불락의 셀트리온을 만든 서정진이 떠난 뒤 회사가 지금처럼 굳건히 유지될지는 미지수다. 셀트리온에는 적지 않은 변화가 있을 것이며 임직원들은 그가 새겨놓은 셀트리오니즘으로 위기를 헤쳐 나가야 할 것이다.

셀트리온이 자신들의 앞날을 알지 못했던 것처럼 10년, 20년 뒤 이 회사가 어떻게 변모해있을지는 아무도 모를 일이다. 셀트리온의 미래에 대해 묻는다면, 나는 서정진에게 배운 대로 답할 수밖에 없다. 그것은 당신이 그들을 믿는지에 달려 있다.

서정진의 성장배경

시골 수재

서정진은 1957년 12월 14일 충청북도 청주시 오창읍 도암리에서 태어났다. 모두가 가난하던 시절이었고, 서정진의 집안 형편은 평범했다. 그의 아버지는 수안보면에 위치한 산림청(국립산림품종관리센터) 공무원이었다. 그가 국민학교에 들어갈 무렵에는 남동생과 여동생 둘이 태어나 식구가 여섯으로 늘어 생활은 갈수록 팍팍해졌다.

서정진의 어머니 정필순은 밥을 굶어도 자식은 공부시켜야 한다는 교육 철학이 확고했다. 그 시절에 두 딸을 포함한 자식 넷을 모두 4년제 대학에 보냈다. 서정진은 그런 어머니의 꿈이자 희망이었다. 어려서부터 영특하다는 소리를 들었던 그는 집안의 기대를 한 몸에 받았다. 동네 어르신들은 "뭘 해도 될 녀석"이라고 했다.

서정진이 처음으로 가능성을 인정받은 것은 국민학교 입학 때다. 청주에서 명문으로 꼽히는 청주교육대학 부설 국민학교 입학시험에 합격한 것이다. 청주에서 날고 긴다는 아이들은 모두 이 학교에 들어가려고 했다. 서정진의 학생기록부에는 '의리가 있고 책임감이 강한 아이'라고 적혀 있다. 시원시원한 성격에 리더십이 강해서 인기도 많았다. 유머 감각이 뛰어나 사람들을 잘 웃겼고 노래를 썩 잘했다고 그의 동창들은 말한다.

그가 중학교에 입학하던 해 서정진의 어머니는 중대한 결단을 내린다. 서울로 가자고 가족들에게 선언한 것이다. 좋은 대학에 가려면 '큰물'에서 공부해야 한다는 생각이었다. 주변에서는 모두 뜯어말렸다. 안정된 직장을 버리고 연고 없는 서울로 이주하는 것은 모험이었다. 서정진의 어머니는 "죽이 되든 밥이 되든 먹고살 방법은 있을 것"이라며 걱정하는 가족들을 일으켜 세웠다. 도전을 두려워하지 않고 밀어붙이는 서정진의 대범함과 추진력은 어머니에게서 물려받은 것이 틀림없다. 서정진의 아버지는 산림청에 사표를 냈다.

가족들 중 서정진만 청주에 남았다. 어렵게 들어간 명문 중학교이니 졸업은 하고 서울로 오라는 부모님의 말씀을 서정진은 순순히 따랐다. 그의 나이 열넷이었다. 서정진은 청주 친척 집에서 학교를 다녔다. 가족들과 떨어져 있던 이 시절, 그는 꽤 힘들었던 것 같다. 활달하던 성격은 점점 소극적으로 바뀌었다. 성적은 중상위권 정도, 눈에 띄지 않는 학생이었다. 청주중학교 1학년 담임이었던 윤혁종 선생님은 "그런 친구가 있었는지 잘 기억나지 않는다"고 했다. 서정진이 2019년 5월 명예 졸업장을 받으러 청주중학교를 방문했을 때 초대된 은사들은 "서정진이 우리 학교에 다녔는지도 몰랐다"고 털어놨다.

서정진의 가족들은 서울 은평구 북한산 자락의 달동네에 정착해 고군분투했다. 아버지는 일거리를 구하러 다니고 어머니는 닥치는 대로 일했다. 집 팔고 품팔이로 살뜰히 모은 돈을 밑천으로 작은 쌀가게를 열었다. 그의 부모는 몸이 부서져라 성실하게 일했다. 쌀만 팔아선 돈이 되지 않았기 때문에 이듬해는 연탄을 들여놨다. 연탄 배달까지 더해지자 눈코 뜰 새 없이 바빠졌다.

중학교 2학년에 올라간 서정진은 어머니께 서울로 가고 싶다고 털어놓는다. 일손이 부족해 허덕이던 때라 부모는 마지못해 허락했다. 서정진은 1971년 중학교 2학년 2학기 때 은평구 응암동 충암중학교로 전학한다. 은평구에서 유명한 사립학교다. 가족과 함께 살게 된 그는 예전의 밝은 모습을 회복했다. 장남의 합류에 집안 분위기도 살아났다. 서정진은 시키지 않아도 가게 일을 거들었다. 자전거로 쌀가마니를 배달하고 산꼭대기 판잣집까지 구석구석 연탄을 날랐다. 시커먼 연탄재와 땀으로 뒤범벅된 채 집집마다 외상값을 받으러 다니기도 했다. 서정진의 동생 서정수(셀트리온제약 대표이사)는 "그래도 불평하거나 반항한 적이 없다"고 했다. "친구 집에 배달을 갈 때는 죽기보다 싫었습니다. 어린 나이여서 창피한 마음이 컸지만 부모님이 힘들게 고생하시는 걸 알기에 안 할 수가 없었어요. 그건 형님도 마찬가지였습니다. 우리는 나중에 커서 절대 장사는 하지 말자고 결심했죠."

서정진은 쌀과 연탄을 나르며 밥벌이의 무게를 뼈저리게 느꼈다. 책상머리에 앉아 공부만 열심히 하면 되는 줄 알았던 시골 소년은 그렇게 성장했다. 장사를 하면서 돈을 알게 되었고 사람을 대하는 방법도 배웠다. 처음 보는 사람과도 쉽게 말문을 트고 누구와도 잘 지내는 서글서글한 성격은 이때부터 만들어지기 시작한 것이다. 서정진이 충암중학교 출신이라는 것을 아는 사람은 거의 없다. 공부하랴 가게 일 도우랴 친구를 사귈 여유도 없었던 듯하다.

서정진이 중학교를 졸업하던 해인 1973년, 쌀가게는 방앗간으로 업종을 전환했다. 방앗간은 쌀이나 연탄을 파는 것보다 많은 수익을 올릴 수 있었다. 그런데 분쇄기와 압착기 등 기계설비를 들여놓는 데 투자금이 많이 들어 가계가 휘청했다. 서정진은 고등학교 입학금이 없어 진학을 포기한다. 중학교, 국민학교에 들어가는 동생들을 먹여 살리기 위해선 방도가 없었다. 자식 교육을 위해 서울에 왔는데 장남이 돈을 버느라 학교에 못 가는 상황이 벌어졌다.

서정진은 방앗간에서 밤낮으로 일했다. 친구들이 부러울 때는 "학교를 못 가는 게 아니라 조금 늦게 가는 것일 뿐"이라고 위로했다. 어머니가 마음 아파할까 봐 일부러 아무렇지 않은 척했다. 부모를 먼저 생각하는 어른스러운 아들이었다. 가족들의 고생을 지켜보면서 서정진은 힘든 일이 있어도 이야기하지 않는 '버릇'이 생겼다. 서정진의 둘째 아들 서준석 셀트리온 이사가 중학생 때 교통사고로 생사의 기로에 섰을 때도 수술에서 회복되고 난 뒤에야 집안에 알렸고 사업 위기로 길바닥에 나앉게 된 상황에서도 가족, 친지 들에게 한 번도 손을 벌린 적이 없다. 서정수는 "사채를 쓰면서도 식구들에게 아쉬운 소리 한 번 안 했을 정도로 형님은 모든 짐을 혼자 짊어졌다"며 "나중에 신체포기각서까지 썼다는 이야기를 듣고 식구들이 속으로 많이 울었다"고 했다.

돈 때문에 고등학교를 재수하게 된 열일곱의 서정진은 묵묵히 방앗간 일을 거들며 주경야독했다. 방앗간은 말린 고추를 분쇄해 고춧가루로 만들어 파는 일도 했다. 그때 매운맛을 톡톡히 봤던 경험이 강렬했던지 그는 2016년 11월 인천재능대학교 강연에서 "중학교를 졸업하자마자 고추 장사를 하면서 학비를 직접 버느라 남들보다 1년 늦게 고등학교에 갔다"고 했다.•

이런 성장배경 때문인지 서정진은 집안 형편을 탓하며 좌절하는 젊은이들을 보면 안타까워한다. 집안에 돈이 얼마나 있는지가 성공을 결정하는 게 아니라고 그는 말한다.••

서정진의 '방앗간 마인드'는 셀트리온 공장을 지을 때도 이어졌다. 그는 건설 담당자들을 불러놓고 바이오의약품 위탁생산CMO을 이렇게 설명했다.

"방앗간에 가면 쌀 찧어달라고 하면 쌀 찧어주고 보리 찧어달라고 하면 보리 찧어주지 않습니까? 고객이 만들어달라는 대로 만들어주는 멀티플렉스 공장을 한번 만들어봅시다."

CMO라는 용어도 생소하던 시절이다. 전문가들이 보면 무식하기 짝이 없는 소리일지 몰라도 그의 설명은 명쾌했다. 서정진은 백신, 단백질, 항체든 간에 개발사가 물질을 가지고 오면 생산해주는 고객 맞춤형 바이오 공장을 꿈꿨다. 셀트리온 1공장 건설을 맡았던 한 엔지니어는 "바이오도 모르던 사람임에도 당시 이런 결정을 했다는 건 인정할 수밖에 없다"고 했다.

• 서정진 셀트리온 회장, 인천재능대 학생에 '꿈을 가져라' 당부, 아주경제, 2016. 11. 7.

•• 서정진 회장 "흙수저 타령 그만하세요…절실함이 중요", 연합뉴스, 2017. 10. 19.

서정진은 또래들보다 한 살 많은 열여덟에 고등학교 입학을 준비한다. 그가 원서를 내던 1974년 서울과 부산을 시작으로 고교평준화정책이 시행되었다. 서정진은 서울에서 가까운 비평준화 지역으로 눈을 돌려 인천의 제물포고에 원서를 냈다. 제물포고는 전국의 수재들이 모이는 학교로 소문이 자자했다. 서정진은 턱걸이로 겨우 합격 통지서를 받는다. 서정진이 제물포고에 입학한 다음 해인 1975년부터 대구와 광주를 비롯해 인천에도 평준화가 시행된다. 서정진은 제물포고의 마지막 비평준화 기수다.

그가 입학하던 1974년은 유독 우수한 학생들이 많이 들어왔다. 평준화를 피해 서울에서 공부 좀 한다는 학생들이 몰려들었기 때문이다. 서정진이 속한 21회 졸업생들은 제물포고 역사상 최강 기수로 꼽힌다. 서정진이 졸업하던 1977년 제물포고는 서울대에 101명을 합격시켜 전국 최다 합격자 수를 기록했다. 서정진의 고교 동기로는 길재욱 한국거래소 코스닥위원회 위원장, 박남춘 인천시장, 박양우 문화체육관광부 장관, 서철원 서울아산병원 종양내과 교수, 장진우 연세대 세브란스병원 신경외과 교수, 조호연 씨티씨바이오 대표, 차동민 전 서울고등검찰청 검사장, 홍종학 전 중소벤처기업부 장관 등이 있다(가나다순).

쟁쟁한 수재들 속에서 공부는 썩 잘하지 못했지만 서정진은 입학 때부터 압도적인 존재감을 드러냈다. 그는 고1 때 키가 175센티미터를 훌쩍 넘어섰다. 전교생 중 가장 큰 축에 속했다. 날렵한 체격에 구릿빛 피부, 강렬한 눈빛으로 상대방을 제압했다. 제물포고에는 안경을 쓰고 피부가 새하얀 '샌님'들이 많았는데 그 사이에 있으니 튈 수밖에 없었다.

하지만 겉모습과 달리 친구들 앞에선 한없이 너그럽고 순박한 소년이었다. 서정진은 불의를 참지 못하고 의리가 있어서 괴롭힘당하는 친구를 그냥 지나치지 못했다. 나이도 한 살 많고 어른스러운 구석이 있는 그를 동기들은 형처럼 의지했다. 서정진의 동급생이었던 박영민 전 미국연합감리교회 목사는 "정진이는 항상 우리 반 제일 뒷줄에서 두 팔로 우리 반 전부를 안아버릴 듯이 떡 버티고 앉아 있었다"며 "이웃집 아저씨처럼 듬직한 울타리 같은 친구"라고 했다.

서정진은 인천광역시 중구 송학동 응봉산 일대에 조성된 자유공원 근처에서 하숙하면서 자유생활을 만끽했다. 한번은 학교 옥상 위 물탱크에서 친구들과 목욕을 하다가 경비 아저씨에게 발각돼 정학을 맞았다. 당시에는 샤워시설이 제대로 갖춰져 있는 집이 드물어서 하숙생들은 물탱크를 애용했다. 열대야로 잠을 못 이루는 밤이면 그만한 풀장이 없었다. 서정진은 "아무리 목이 말라도 졸업할 때까지 3년 내내 학교 수돗물에는 입도 대지 않았다"고 했다. "우리가 목욕한 물을 마셔서 그런지 선생님과 학생들이 아픈 데 없이 아주 건강했어요. 고등학생 때부터 인체에서 얻은 미네랄로 헬스케어 사업을 한 것이지요."

가끔 교무실에 불려갈 짓을 한 것을 제외하면 서정진은 '대체로' 착한 학생이었다. 졸업식 때 단상에 올라가 선행상을 받기도 했다. 제물포고는 원래 학업 우수상만 수여하는데 서정진이 졸업하던 해에만 별도로 선행상을 줬다고 한다. 남몰래 친구를 돕고 궂은일을 마다하지 않던 그를 기특하게 여긴 선생님들이 상을 만들어준 것이다.

서정진은 선행상을 받은 게 울산바위 덕인 것 같다고 짐작했다. 2학년 때 강원도 수학여행에서 소아마비로 잘 걷지 못하는 친구를 업고 울산바위까지 올라간 적이 있었다. 설악산 입구에서 울산바위까지는 넉넉잡아 4시간이 걸린다. 반장인 서정진은 혼자 남겠다는 친구를 내버려둘 수 없어서 "걱정 마, 내가 업고 갈게"라고 큰소리를 쳤다. 다른 친구들도 "힘들면 중간에 교대해주겠다"며 거들었다. 친구를 들쳐 업고 울산바위에 이르렀을 때는 땀이 범벅이다 못해 물에 빠진 사람 같은 몰골이 되었다. 친구는 눈앞에 펼쳐진 장관을 보자 "정진아, 정말 고맙다"며 눈물을 보였다. 주변 경관에 감탄하면서 한참 동안 숨을 돌리고 나니 이미 다른 친구들은 내려간 뒤였다.

"내려갈 생각을 하니 끔찍하더라고요. 하늘이 노래지고 다리는 후들거리는데 친구는 울면서 고맙다고 하니 차마 내려놓을 수가 없었습니다. 수학여행 다녀온 뒤 몸살 심하게 걸렸어요. 그 친구 지금 잘 지내나 모르겠네요."

그가 고3이던 1976년에는 지금의 수학능력시험과 비슷한 대학입학 예비고사를 치른 다음 지원한 대학교에 가서 본고사를 또 봐야 했다. 전기 대학으로 분류된 학교 중 한 곳에 지원해서 떨어지면 후기 대학에 가거나 재수를 해야 했다. 서정진의 동기들 중 절반은 SKY(서울대, 고려대, 연세대)로 불리는 명문대에 진학했다. 그는 전기 대학이었던 건국대에 지원해 가까스로 '인서울'에 성공한다. 재수를 할 돈도 없었고 장학금을 받을 수 있는 전기 대학에 안전하게 합격하는 편이 낫다고 판단한 것이다.

서정진은 1977년 건국대 공업경영학과(현 산업공학과)에 장학생으로 입학한다. 공업경영학과는 자연계열 중 커트라인이 가장 높았다. 국토종합개발계획으로 중화학공업, 건축산업에 대한 투자가 확대되던 시대적 상황이 반영된 것이다.

건대 명물, 대학생 택시 운전사

대한민국에서는 대학 간판의 위력을 무시하지 못한다. 국내 정재계 인사들 중에는 건국대 출신들이 많지 않다. 오죽했으면 서정진이 같은 과 후배인 정청래 더불어민주당 국회의원에게 "그래도 우리 과에서 두 명이 나와서 다행"이라고 했을 정도다. 서정진은 창업을 준비하는 사람들에게 "SKY 출신인가, 나이가 45세 이하인가, 자본금이 있는가"를 물어보는데 세 가지 질문 중 하나라도 "네"라고 대답하면 "성공 가능성이 충분하다"고 이야기한다. 모든 조건을 충족하지 못한 사람이 당신 바로 앞에 있는데 무엇을 두려워하느냐고 말이다. SKY 출신을 묻는 이유는 학벌이 중요하지 않았다는 걸 강조하기 위해서다.

서정진은 열심히 공부했다. 졸업 후 먹고살 일을 찾아야 한다는 압박감에 낭만을 즐길 여유가 없었다. 학벌로는 승부하기 어려우니 성적이라도 뛰어나야 좋은 직장에 들어갈 수 있다는 생각도 들었다. 한번 결심한 것은 이뤄내고야 마는 성미인 그는 도서관에 틀어박혀 공부했다. 서정진은 학기 때마다 '과 탑'을 했고 4년 내내 장학금을 놓치지 않았다. 졸업 때 평균 학점은 4.3점 만점에 4.18점이었다.*

성적도 월등했지만 조기졸업을 한 것도 학생들 사이에서 화제가

* '창업 15년만에 세계적 바이오시밀러회사 일군 서정진 셀트리온 회장', 매일경제, 2017. 12. 13.

되었다. 77학번인 서정진은 6년 만인 1983년에 졸업했는데 군복무 기간 33개월을 제외하면 3년 반 만에 졸업한 셈이다. 커리큘럼이 빡빡하기로 악명 높은 공대생이 4점이 넘는 학점으로 조기졸업 했으니 다들 혀를 내둘렀다.

서정진은 틈틈이 아르바이트도 했다. 복학 후 과외가 전면 금지되자 택시 운전을 했다. 그가 몰고 다니던 노란색 포니 택시는 건대 캠퍼스에서 금세 유명해졌다. 대학생이 택시 운전을 하는 것 자체가 파격이었다. 당시 대학생들은 특권 의식이 있어서 택시 운전처럼 몸으로 하는 일을 꺼렸다. 서정진은 그런 것을 따지지 않았다. 연탄, 신문, 쌀 배달도 했는데 사람 배달이라고 못 할 이유가 없었다.

그는 택시 아르바이트를 뛰다가 수업 시간이 되면 교내 주차장에 차를 대고 강의실로 들어갔다. 수업이 끝나면 노란 포니의 영업 표시등을 켜고 유유히 사라졌다.